工厂电气控制技术

主　　编：殷建国
副主编：马玉国　王久强
参　　编：孙立坤　侯秉涛　王刚权

经济管理出版社

图书在版编目（CIP）数据

工厂电气控制技术/殷建国主编.—北京：经济管理出版社，2006

ISBN 978-7-80207-636-5

Ⅰ．工... Ⅱ．殷... Ⅲ．工厂‒电气控制 Ⅳ．TM571.2

中国版本图书馆 CIP 数据核字（2006）第 083289 号

出版发行：**经济管理出版社**

北京市海淀区北蜂窝 8 号中雅大厦 11 层

电话：(010)51915602　　　　邮编：100038

印刷：三河市延风印装厂	经销：新华书店
组稿编辑：王光艳	技术编辑：杨　玲
责任编辑：王光艳	责任校对：郭红生

787mm×1092mm/16　　　　23.25 印张　　509 千字

2006 年 9 月第 1 版　　　　2014 年 1 月第 3 次印刷

印数：4001—7000 册　　　　定价：38.00 元

书号：ISBN 978-7-80207-636-5

前　言

电气控制技术在企业中的应用非常广泛，主要包括继电—接触器控制、可编程控制器控制技术等。其中继电—接触器控制是一种最基本的控制方式，在通用设备控制系统中仍起着举足轻重的作用。可编程控制器（PLC）是以微处理器为核心，综合计算机技术、自动控制技术和通信技术发展起来的一种新型工业自动控制装置。经过30多年的发展，在工业自动化生产中获得了极其广泛的应用。目前，可编程控制器成为工业自动化领域中最重要、应用最广泛的控制装置之一，已经成为工业生产自动化三大支柱之一。

本书以继电—接触器控制系统和三菱 FX 系列可编程控制器为主要讲述对象。在编写过程中力求由浅入深、通俗易懂、理论联系实际，既有基础的理论知识，又有实际的应用及基本的设计方法等内容。

全书共分三篇，第 1 篇为电气控制技术，第 2 篇为可编程控制器及其应用，第 3 篇为实验与实训。全书共分 9 章，第 1 章主要介绍了常用的电器元件的基本原理及应用方法等；第 2 章主要介绍了继电—接触器控制系统的基本电路及应用等；第 3 章主要介绍了常用机械设备控制系统原理及故障排除方法等；第 4 章主要介绍了电气控制系统的设计方法等；第 5 章主要介绍了 PLC 的基本工作原理、基本硬件组成、三菱 FX 系列 PLC 各类软继电器、基本指令及编程方法等；第 6 章主要介绍了三菱 FX 系列 PLC 的主要功能指令及应用等；第 7 章主要介绍了 PLC 程序设计方法、PLC 控制系统应用设计实例等；第 8 章主要介绍了 FX-10P-E、FX-20P-E 手持编程器的使用方法、SWOPC-FXGP/WIN-C 编程软件的使用方法等；第 9 章主要介绍了电气控制与 PLC 应用的实验与实训内容与方法等。

本书由大连职业技术学院殷建国主编，编写了前言、第 1 章、第 5 章和第 6 章，并完成了全书的组织、统稿和改稿工作；马玉国任副主编，编写了第 7 章和第 8 章；王久强任副主编，编写了第 3 章；孙立坤任参编，编写了第 4 章；侯秉涛任参编，编写了第 2 章；王刚权任参编，编写了第 9 章。在编写过程中得到了编者所在学院领导和老师的大力支持，在此一并表示感谢。

由于编者水平有限，书中错漏之处在所难免，恳请读者批评指正。

编　者

2006 年 8 月

绪　论

一、课程的性质和任务

1. 本课程性质

本课程是一门实用性很强的专业课，也是一门电气自动化专业、机电一体化专业、机电设备维修与管理专业等的主干课。主要内容围绕电动机及其他执行电器为控制对象，介绍各种常用低压电器元件、继电接触器控制系统、PLC 控制系统的工作原理，典型设备的电气控制系统以及电气控制系统的设计方法等。通过本课程的学习，同学们不但可以掌握传统的继电接触器控制系统有关知识，同时还可以掌握现代 PLC 工业控制技术；不但可以掌握电气控制方面的理论知识，同时还将提高实际应用和动手能力。

2. 本课程的基本任务

（1）熟悉常用控制电器的结构原理、用途及型号，达到正确使用和选用的目的。

（2）熟练掌握电气控制电路的基本环节，具备阅读和分析电气控制电路的能力，能设计简单的电气控制电路。

（3）熟悉 PLC 的基本工作原理及应用发展概况。

（4）熟练掌握 PLC 的基本指令系统和典型电路的编程，掌握 PLC 的程序设计方法，能够根据生产过程要求进行系统设计，编制应用程序。

二、电气控制技术的发展概况

电气控制技术随着社会科技进步在不断发展创新。从开始的手动控制发展到自动控制，从单机控制到生产线控制，从简单的控制到复杂的控制，从继电—接触器控制到 PLC 控制。这就要求我们不断地学习新技术，掌握新知识。

1. 电力拖动系统的发展概况

20 世纪初电动机的出现，使得机械设备的动力得到了根本的改变。人们用电动机代替蒸汽机来拖动机床。这种拖动方式就称为"电力拖动"。最初人们用一台电动机来拖动一组机床，这称为成组拖动。只由一台电动机进行拖动，势必在机械传动上十分复杂，另外机床的功能也难以达到工艺要求。在 20 世纪 20 年代，便出现了一台电动机拖动一台机床即单独拖动形式。由于生产发展的需要，对机床的功能提出了新的要求，各种辅助运动如果也用同一台电动机进行拖动，机械传动机构其复杂程度是难以想象的，于是人们开始探索用多台电动机分别拖动各运动机构的拖动方式，这样多电动机拖动方式诞生了，完成了电力拖动由成组拖动到单独拖动再到多电动机拖动方式的转变。

在电力拖动的发展过程中，交流拖动和直流拖动是相辅相成、交替发展的。但是直流电动机比起交流电动机结构复杂，制造和维护都不方便，随着新型电子器件的出现，如晶闸管大功率整流器件等，促使了交流调速的迅速发展。近年来，电动机交流调速已经占有了重要的地位。

2. 电气控制系统的发展概况

在电力拖动系统的发展过程中，电气控制系统也在不断发展以达到新的控制要求。

最初的控制是采用继电器、接触器、按钮、行程开关等组成的继电—接触器控制系统，这种控制系统具有使用的单一性，即根据不同的控制要求设计不同的控制线路，一旦控制要求改变，势必重新设计、重新配线。但是，这种控制系统结构简单、维修方便、抗干扰能力强，所以至今在机床及许多机械设备控制系统中仍广泛使用。

20 世纪 60 年代，出现了一种能够根据生产工艺要求，通过改变控制程序便能达到控制目的的顺序控制器，它是通过组合逻辑元件的插接或编程来实现继电—接触器控制线路的装置。它仍然是靠硬件手段完成自动控制任务的，体积大，功能也受到一定的限制，并没有得到普及应用。

可编程序控制器（简称 PLC 或 PC），是在顺序控制器基础上发展起来的以微处理器为核心的通用自动控制装置。

20 世纪 60 年代后，在工业生产中迫切需要一种使用方便灵活、运行安全可靠、功能完善的新一代自动控制装置。电子技术和计算机技术的发展为此提供了有力的硬件支持。

1968 年，美国通用汽车公司为增强其产品在市场的竞争力，不断更新汽车型号，率先提出采用可编程序的逻辑控制器取代硬件接线的控制电路的设想，并对外招标。1969 年，第一台可编程序的逻辑控制器问世了。

随着电子技术和计算机技术的迅猛发展，集成电路体积越来越小，功能越来越强。20 世纪 70 年代初，微处理机问世，70 年代后期，微处理机被运用到 PLC 中，使 PLC 的体积大大缩小，功能大大加强。

1969 年，美国通用汽车公司将第一台 PLC 投入到生产线中使用，取得了满意的效果，引起了世界各国的关注。继日本、德国之后，我国于 1974 年开始研制可编程序控制器。目前全世界有数百家生产 PLC 的厂家，种类达 300 多种。PLC 无论在应用范围还是控制功能上，其发展都远远超出了当时的设想和要求，目前，PLC 正朝着智能化、网络化方向发展。

大规模半导体器件、大规模集成电路、计算机控制技术、检测技术等的发展，推动了电气控制技术的发展。在控制方式上，电力拖动的控制方式由手动控制进入到自动控制阶段；在控制功能上，从单一发展到多功能，由简单的控制设备到复杂的控制系统；由有触点的硬接线控制系统到以计算机为中心的存储控制系统；电力拖动自动控制方式由断续控制到连续控制；由硬件手段控制到软件手段控制。电气控制技术近年来的发展十分迅猛，这就对我们提出了新的要求，那就是不断学习，不断提高。

目　录

第2篇　可编程控制器及其应用

第 3 篇 实验与实训

第1篇 电气控制技术

各种生产机械大部分都是以电动机为动力来拖动的，电动机是通过某种自动控制方式来进行控制的。最常用的继电—接触器控制系统，又称继电器控制系统，是自动化控制系统的重要组成部分。电气控制应用领域甚广，本篇主要以电动机为控制对象，介绍继电器控制系统。主要内容包括：常用低压电器、电气控制电路的基本环节、常用机械设备控制电路、电气控制系统设计等。

第1章　常用低压电器元件

> **内容提要**：低压电器是电器工业的重要组成部分，在机械行业中是基础配套件，在配电系统中低压成套开关设备主要由各种低压电器元件构成，低压电器元件的功能及性能对低压成套开关设备起着至关重要的作用。

低压电器是指工作在交流 1500V、直流 1200V 及以下的电路中，以实现对电路中信号的检测、执行部件的控制、电路的保护、信号的变换等作用的电器。

低压电器种类繁多，一般分为低压配电电器、低压控制电器、低压主令电器、低压保护电器及低压执行电器等。低压配电电器：用于供、配电系统中进行电能输送和分配的电器；低压控制电器：用于各种控制电路和控制系统的电器；低压主令电器：用于发送控制指令的电器；低压保护电器：用于对电路及用电设备进行保护的电器；低压执行电器：用于完成某种动作或传送功能的电器。有些元件既是低压控制电器又是低压主令电器，如按钮等；既是低压配电电器又是低压保护电器，如熔断器等，所以分类并没有十分明显的界线。

本章以常用的低压电器为主线，以低压控制电器为重点，详细介绍了各种常用的低压电器的结构、工作原理、主要技术参数、选择方法等。在介绍低压电器元件时，加入了大量产品图片，便于认识。在介绍产品的结构及工作原理时，加入了产品的结构示意图，便于理解。

1.1　低压配电电器

低压配电电器是用于供配电系统中的低压电器，完成电能的输送及分配。如刀开关、低压断路器、熔断器等。下面介绍几种常用型号的低压配电电器。

1.1.1 刀开关

刀开关是一种手动电器，广泛应用于配电设备做隔离电源用，有时也用于小容量不频繁起动、停止的电动机直接起动控制用。刀开关由手柄、触刀、静插座、铰链支座和绝缘底板等组成。

图 1-1 HK2 系列刀开关

图 1-2 HK2 系列刀开关的结构和外形图

下面以 HK2 系列刀开关为例进行介绍。这种开关可作小容量交流异步电动机的不频繁直接起动和停止及电路的隔离开关、小容量电源的开关等。

本系列开关是由刀开关和熔断体组合而成的一种电器，装置在一块瓷底板上，上面覆着胶盖以保证用电的安全。图 1-1 和图 1-2 分别为 HK2 系列刀开关的图片及结构和外形图。图 1-3 为刀开关的图形及文字符号。它的结构简单，操作方便。熔丝（又称保险丝）动作后（即熔断后），只要加以更换就可以了。

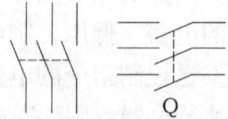

图 1-3 刀开头图形及文字符号

HK2 系列刀开关根据控制回路的电源种类、电压等级和电动机的额定电流（或额定功率）进行选择。

1.1.2 低压断路器

低压断路器又称自动空气断路器或称自动空气开关，是一种既有手动开关作用又能自动进行欠压、失压、过载和短路保护的电器。

低压断路器有单极、双极、三极、四极断路器四种，可用于电源电路、照明电路、电动机主电路的分合及保护等。图 1-4 和图 1-5 分别为 DZ20 系列及 DZ47-63 系列低压断路器图片。图 1-6 为低压断路器图形及文字符号。

1. 低压断路器的结构

低压断路器主要由主触头、操作机构、脱扣器和灭弧装置等组成。

（1）主触头。主触头用来接通和分断主电路。当低压断路器的手柄被推上时，主

图 1-4　DZ20 系列低压断路器

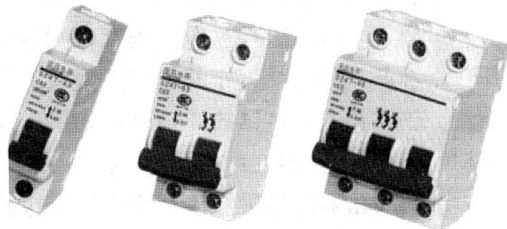

图 1-5　DZ47-63 系列低压断路器

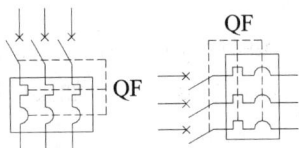

图 1-6　低压断路器图形及文字符号

触头闭合，接通电路；当手柄被拉下时，主触头断开，切断电路。

（2）操作机构。操作机构是实现低压断路器闭合及断开的机构，分为机械式和电动式。

（3）脱扣器。当电路出现故障，脱扣器会感测到故障信号。如过电流、过载、欠电压失电压出现时，相应的脱扣器动作，经自由脱扣器将主触头断开。

（4）灭弧装置。主触头上装有灭弧装置，目的是为了提高分断能力。

2. 低压断路器的工作原理

图 1-7 为三极低压断路器的工作原理图。

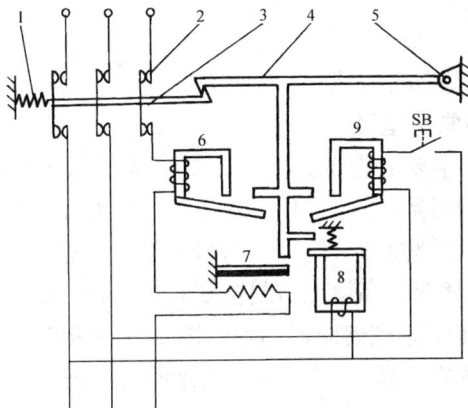

1—分闸弹簧　2—主触头　3—传动杆　4—锁扣　5—轴
6—过电流脱扣器　7—热脱扣器　8—欠压失压脱扣器　9—分励脱扣器

图 1-7　低压断路器工作原理图

当低压断路器的手柄推上后，主触点 2 闭合，三相电路接通，传动杆 3 被锁扣 4 钩住。如果主电路出现过电流现象，则过电流脱扣器 6 的衔铁吸合，顶杆将锁扣 4 顶开，主触点在分闸弹簧 1 的作用下复位，断开主电路，起到保护作用。如果出现过载现象，热脱扣器 7 将锁扣 4 顶开；如果出现欠压失压现象，欠压失压脱扣器 8 将锁扣 4 顶开。分励脱扣器 9 可由操作人员控制，使低压断路器跳闸。

低压断路器的品种繁多，生产厂家也较多，有国产的、有进口的，也有合资生产的。典型产品有 DZ15 系列、DZ20 系列、3VE 系列、3VT 系列、S060 系列、DZ47-63 系列等。选用时一定要参照生产厂家产品样本介绍的技术参数进行。

3. 低压断路器的主要技术参数

（1）额定电压。断路器长期工作时的允许电压。

（2）额定电流。脱扣器允许长期通过的电流。如果电路中通过的电流大于额定电流一定数量时，脱扣器动作，断开主触点。

（3）壳架等级额定电流。壳架中能安装的最大脱扣器的额定电流。

（4）通断能力。能够接通和分断短路电流的能力。

（5）保护特性。断路器动作时间与动作电流的函数曲线。

1.1.3　熔断器

熔断器是一种用于过载与短路保护的电器。熔断器是线路中人为设置的"薄弱环节"，要求它能承受额定电流，而当短路发生的瞬间，则要求其充分显示出薄弱性来，首先熔断，从而保护电器设备的安全。熔断器主要由熔体、触头及绝缘底板（底座）等部分组成。

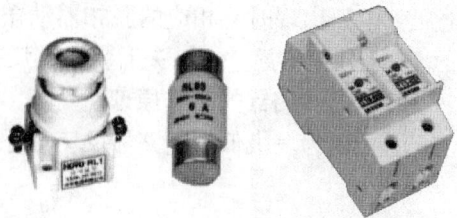

图 1-8　RL1、RT18 熔断器

1. 熔断器的分类与常用型号

熔断器按结构形式主要分为半封闭插入式、无填料密封管式、有填料密封管式等。按用途分为工业用熔断器、半导体器件保护用熔断器、特殊用途用熔断器等。

熔断器的主要部件就是熔体。熔体的材料分为低熔点材料和高熔点材料。低熔点材料主要有铅锡合金、锌等，高熔点材料主要有铜、银、铝等。

图 1-8 为 RL1、RT18 系列熔断器图片，图 1-9 为 RC1 系列半封闭插入式熔断器和 RL1 系列螺旋式熔断器外形图。图 1-10 为熔断器的图形及文字符号。

熔断器的典型产品有 RL1、RL6、RL7、RL96、RLS2 等系列螺旋式熔断器，本类熔断器主要由瓷帽（载熔体）、熔断体（芯子）及底座三部分组成。RL1B 系列熔断器，是带断相保护的螺旋式熔断器。本系列熔断器装有微动开关，其常闭触点连接于控制电路中，当主电路过载或短路时，微动开关动作从而断开控制电路，保护电动机或用电设备，避免断相运行。RT18-□X 系列熔断器具有断相自动显示报警功能。

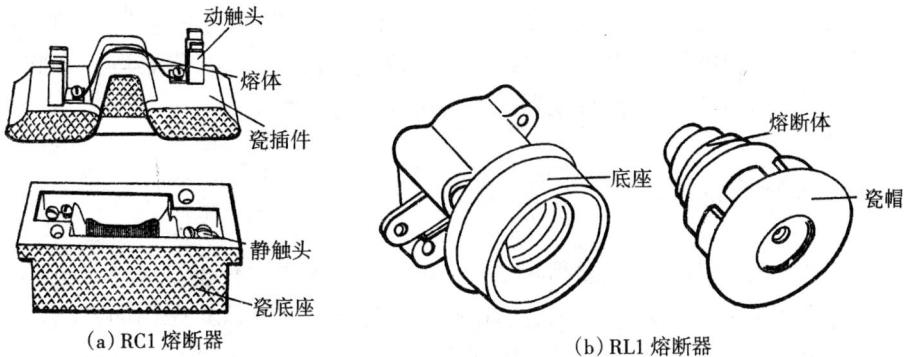

动触头
熔体
瓷插件
静触头
瓷底座

（a）RC1 熔断器

底座
熔断体
瓷帽

（b）RL1 熔断器

图 1-9　熔断器外形图

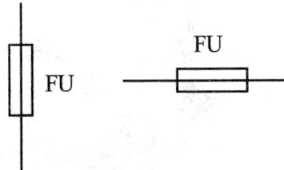

FU

FU

图 1-10　熔断器图形及文字符号

另外，还有 RT14 系列有填料密封管式筒型帽熔断器、NT 系列有填料密封管式刀型触头熔断器、NGT 系列半导体器件保护用熔断器，等等。

熔断器无论其型号如何，无论安装形式如何，无论其附加的功能如何，其主要作用只有一个，那就是，电流过大后其熔体过热而熔断，从而断开电路，保护电路中的用电设备。

2. 熔断器的主要技术参数

（1）额定电压。熔断器长期工作时能够正常工作的电压。

（2）额定电流。熔断器长期工作时允许通过的最大电流。熔断器一般是起保护作用的，负载正常工作时，电流是基本不变的，熔断器的熔体要根据负载的额定电流进行选择，只有选择合适的熔体，才能起到保护电路的作用。

（3）极限分断能力。熔断器在规定的额定电压下能够分断的最大电流值取决于熔断器的灭弧能力，与熔体的额定电流无关。

1.2　低压控制电器

低压控制电器是用于控制电路和控制系统的电器。此类电器要求有较强的通断能力，由于此类电器的操作频率较高，所以要求具有较长的电气和机械寿命。此类电器主要有控制按钮、万能转换开关、组合开关、接触器、电磁式继电器、时间继电器、热继电器、速度继电器、熔断器、电磁阀、电磁离合器及其他控制器等。在此节将介绍接触器、电磁继电器、时间继电器、热继电器及速度继电器。

1.2.1 接触器

接触器是低压电器中的主要品种之一，广泛应用于电力传动系统中，用来频繁地接通和分断带有负载的主电路或大容量的控制电路，并可实现远距离的自动控制。接触器主要应用于电动机的自动控制、电热设备的控制以及电容器组等设备的控制等。

　(a) CJ20 系列交流接触器　　　(b) CJX1 系列交流接触器　　　(c) NC1 系列交流接触器

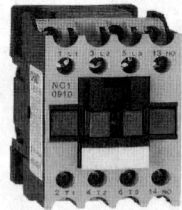

图 1-11　交流接触器

接触器根据操作原理的不同可分为：电磁式、气动式和液压式，绝大多数的接触器为电磁式接触器。根据接触器触头控制负载的不同可分为：直流接触器（用做接通和分断直流电路的接触器）和交流接触器（用做接通和分断交流电路的接触器）两种。此外接触器还可按它的冷却情况分为：自然空气冷却、油冷和水冷三种，绝大多数的接触器是空气冷却式。在此主要介绍最常用的空气电磁式交流接触器。

图 1-11 为交流接触器图片，图 1-12 为交流接触器外形图，图 1-13 为交流接触器的结构和触头系统示意图，图 1-14 为交流接触器图形及文字符号图。

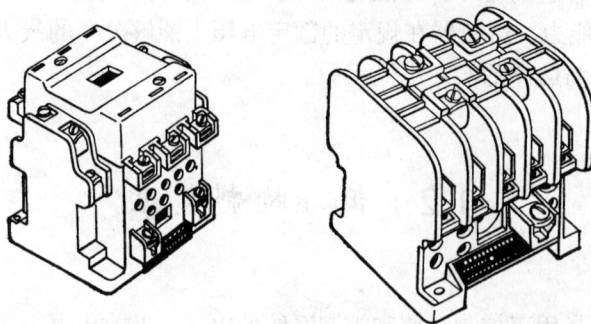

图 1-12　交流接触器外形图

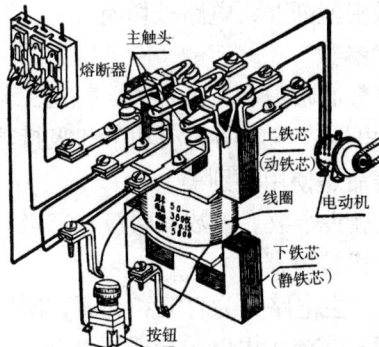

图 1–13　交流接触器的结构和触头系统示意图

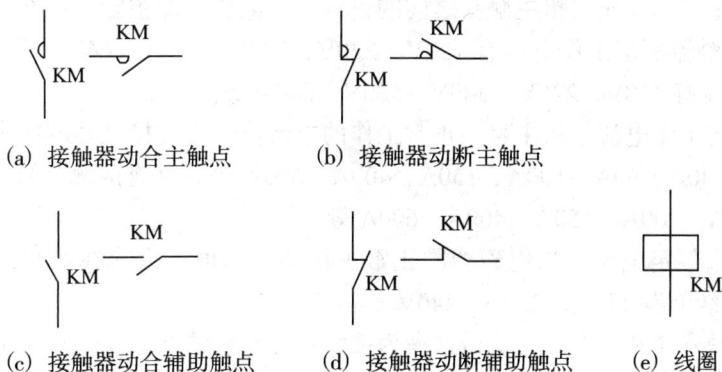

(a) 接触器动合主触点　　(b) 接触器动断主触点

(c) 接触器动合辅助触点　(d) 接触器动断辅助触点　(e) 线圈

图 1–14　交流接触器图形及文字符号

1. 交流接触器的构造和工作原理

交流接触器主要由以下四部分组成：

（1）电磁系统。包括线圈、上铁芯（又叫衔铁、动铁芯）和下铁芯（又叫静铁芯）。

（2）触头系统。包括主触头、辅助触头。辅助常开和常闭触头是联动的，即常闭触头打开时常开触头闭合。

接触器主触头的作用是接通和断开主电路，辅助触头一般接在控制电路中，完成电路的各种控制要求。

（3）灭弧室。触头开关时产生很大电弧会烧坏主触头，为了迅速切断触头开关时的电弧，一般容量稍大些的交流接触器都有灭弧室。

（4）其他部分。包括反作用弹簧、缓冲弹簧、触头压力弹簧片、传动机构、短路环、接线柱等。

接触器的线圈和静铁芯固定不动。当线圈得电时，铁芯线圈产生电磁吸力，将动铁芯吸合，由于动触片与铁芯都是固定在同一根轴上的，因此动铁芯就带动动触片向下运动，与静触片接触，使电路接通。当线圈断电时，吸力消失，动铁芯依靠反作用弹簧的作用而分离，动触头就断开，电路被切断。

2. 接触器的主要技术参数

接触器的主要技术参数有极数和电流种类、额定工作电压、额定工作电流（或额定控制功率）、线圈额定电压、线圈的起动功率和吸持功率、额定通断能力、允许操作频率、机械寿命和电寿命、使用类别等。

（1）极数。接触器主触头个数。极数有两极、三极和四极接触器。三相异步电动机的起停控制一般选用三极接触器。

（2）接触器电流种类。主电路分为直流和交流，所以接触器分为直流接触器和交流接触器。直流接触器用于直流主电路的接通与断开，交流接触器用于交流主电路的接通与断开。

（3）额定工作电压。指主触头之间的正常工作电压，即主触头所在电路的电源电压。交流接触器额定工作电压有 127V、220V、380V、500V、660V 等。直流接触器额定工作电压有 110V、220V、380V、500V、660V 等。

（4）额定工作电流。指主触头正常工作的电流值。交流接触器的额定工作电流有 10A、20A、40A、60A、100A、150A、400A、600A 等。直流接触器的额定工作电流有 40A、80A、100A、150A、400A、600A 等。

（5）线圈额定电压。指电磁线圈正常工作的电压值。交流线圈有 127V、220V、380V，直流线圈有 110V、220V、440V。

（6）机械寿命和电寿命。机械寿命为接触器在空载情况下能够正常工作的操作次数。电寿命为接触器有载操作次数。

（7）使用类别。不同的负载，对接触器的触头要求不同，要选择相应使用类别的接触器。AC 为交流接触器的使用类别，DC 为直流接触器的使用类别。AC1 和 DC1 类允许接通和分断额定电流，AC2、DC3 和 DC5 类允许接通和分断 4 倍额定电流，AC3 类允许接通 6 倍的额定电流和分断额定电流，AC4 允许接通和分断 6 倍额定电流。

AC1 类主要用于无感或微感负载、电阻炉；AC2 类主要用于绕线转子异步电动机的起动、制动；AC3 类主要用于笼型异步电动机的起动、运转中分断；AC4 类主要用于笼型异步电动机的起动、反接制动、反向和点动等。

3. 常用典型交流接触器

典型交流接触器有 CJX1、CJX2、CJ20、CJ21、CJ26、CJ35、CJ40、NC1、B、LC1-D、STB、3TF 等系列。

CJX1 系列交流接触器适用于交流 50Hz 或 60Hz、电压至 660V、额定电流至 630A 的电力线路中，供远距离频繁起动和控制电动机及接通与分断电路，经加装机械联锁机构后，组成 CJX1 系列可逆接触器，可控制电动机的起动、停止及反转。本产品是引进德国西门子公司制造技术的产品，性能等同于 3TB、3TF。

CJX2 系列交流接触器适用于交流 50Hz 或 60Hz，电压至 660V、电流至 95A 的电路中，供远距离接通与分断电路及频繁起动、控制交流电动机，接触器还可组装成积木辅助触头组、空气延时头、机械联锁机构等附件，组成延时接触器、可逆接触器、星三角起动器，并且可以和热继电器直接插接安装，组成电磁起动器，保护过载的电路。

CJ20 系列交流接触器主要用于交流 50Hz（60Hz）、额定电压至 660V（个别等级至 1140V）、电流至 630A 的电力线路中供远距离频繁接通和分断电路以及控制交流电动机，并与适当的热继电器或电子式保护装置组合成电动机起动器，以保护电路或交流电动机可能发生的过负荷及断相。

CJ20 系列接触器型号含义：

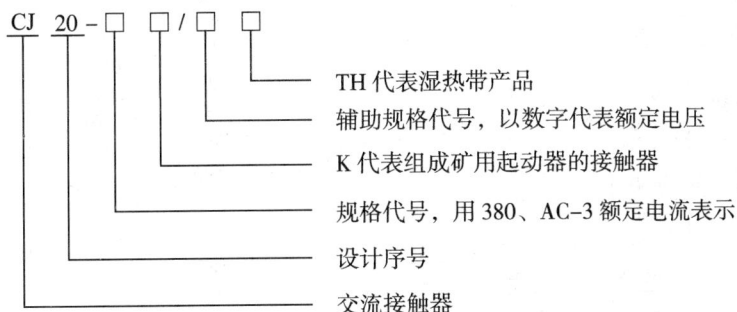

```
CJ 20-□ □/□ □
                    ├── TH 代表湿热带产品
                    ├── 辅助规格代号，以数字代表额定电压
                    ├── K 代表组成矿用起动器的接触器
                    ├── 规格代号，用 380、AC-3 额定电流表示
                    ├── 设计序号
                    └── 交流接触器
```

CJ20 系列交流接触器主要技术数据见表 1-1、表 1-2：

表 1-1　辅助触头约定发热电流及触头组合表

型　号	CJ20-16、25、40	CJ20-63、100、160	CJ20-250、400、630
约定发热电流（A）	10	10	16
触头组合	2 常开，2 常闭	2 常开，2 常闭 4 常开，2 常闭	4 常开，2 常闭 3 常开，3 常闭 2 常开，4 常闭

3TB 系列交流接触器适用于交流 50 或 60Hz，额定工作电压达 660V 的电路系统中，在 AC-3 制下额定工作电压可达 380V，额定工作电流达 630A，供控制电动机及系统并接通分断电路。此产品与 3UA 系列热过载继电器联用形成电磁起动器，对电动机及配电系统进行过载和断相保护。

3TF 系列交流接触器适用于交流 50 或 60Hz，额定工作电压达 660V 的电路系统中，在 AC-3 制下额定工作电压可达 380V，额定工作电流达 630A，供控制电动机及系统并接通分断电路。此产品与 3UA 系列热过载继电器联用形成电磁起动器，对电动机及配电系统进行过载和断相保护。

B 系列接触器是引进德国 ABB 公司技术生产的。B 系列交流接触器主要用于交流 50 或 60Hz，额定电压至 660V，额定电流至 475A 的电力线路中，供远距离接通与分断电力线路或频繁地控制交流电动机之用，具有失压保护作用。常与 T 系列热

表1-2 主要特性表

型 号	额定绝缘电压 (V)	额定工作电压 (V)	约定发热电流 (A)	额定工作电流 AC-3 (A)	额定控制功率 (kW)	额定操作频率 AC-3 (次/小时)	与SCPD协调配合 (注1)	动作特性	线圈控制功率 (VA/W)	
									起动	吸持
CJ20-10	660	220	10	10	2.2	1200	NT00-20/660	吸合电压范围 0.8~1.1Us 释放电压范围 0.2~0.7Us	65/47.6	8.3/2.5
		380		10	4	1200				
		660		5.8	4	600				
CJ20-16		220	16	16	4.5	1200	NT00-32/660		62/47.8	8.5/2.6
		380		16	7.5	1200				
		660		13	11	600				
CJ20-25		220	32	25	5.5	1200	NT00-50/660		93.1/60	13.9/4.1
		380		25	11	1200				
		660		14.5	13	600				
CJ20-40		220	55	40	11	1200	NT00-80/660		175/82.3	19/5.7
		380		40	22	1200				
		660		25	22	600				
CJ20-63		220	80	63	18	1200	NT00-160/660		480/153	57/16.5
		380		63	30	1200				
		660		40	35	600				
CJ20-100		220	125	100	28	1200	NT00-250/660		570/175	61/215
		380		100	50	1200				
		660		63	50	600				
CJ20-160	660	220	200	160	48	1200	NT00-315/660	吸合电压范围 0.8~1.1Us 释放电压范围 0.2~0.7Us	855/325	855/325
		380		160	85	1200				
		660		100	85	600				
CJ20-160/11	1140	1140	200	80		300				
CJ20-250		220	315	250	80	600	NT00-440/660		570/175	152/65
		380		250	132	600				
CJ20-250/06		660		200	190	300		吸合电压范围 0.85~1.1Us 释放电压范围 0.2~0.75Us	1710/565	3578/790
CJ20-400	660	220	440	400	115	600	NT00-500/660		3578/790	250/118
		380		400	200	600				
CJ20-400/06		660		250	220	300				
CJ20-630		220	630	630	175	600	NT00-630/660		3578/790	3578/790
		380		630	300	600				
CJ20-630/06		660	400	400	350	300				
CJ20-630/11	1140	1140		400		300				

注1：与表中熔断器配用，熔断器在分断50kA短路电流时触头不熔焊。Us表示线圈电压。

继电器组成电磁起动器，此时，具有过载及断相保护作用。

B系列接触器型号含义：

B □ □ □ □ □

- 常闭辅助触头数
- 常开辅助触头数
- 常闭主触头数
- 常开主触头数
- 接触器规格
- B 系列交流接触器规格

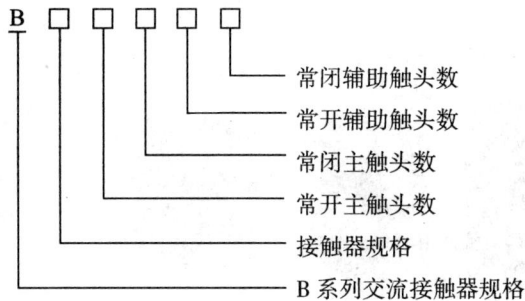

4. 接触器的选择

（1）接触器的类型选择。根据电路中负载电流的种类进行选择。交流负载应选用交流接触器，直流负载应选用直流接触器。如果控制系统中主要是交流负载，直流电动机或直流负载的容量较小，也可以都选用交流接触器来控制，但触头的额定电流应选大一些的。

（2）选择接触器的额定工作电压。接触器的额定工作电压应等于或大于负载的额定电压。

（3）选择接触器的额定工作电流。被选用的接触器的额定工作电流应不小于负载电路的额定电流，也可根据所控制的电动机最大功率进行选择。如果接触器是用来控制电动机的频繁起动、正反转或反接制动等场合，应将接触器的主触头额定电流降低使用，一般可降低一个等级。

（4）根据控制电路要求确定线圈工作电压和辅助触头容量。如果控制线路比较简单，所用接触器的数量较少，则交流接触器的线圈电压一般直接选用 380V 或 220V。如果控制线路比较复杂，使用的电器又比较多，为了安全起见，线圈额定电压可选低一些，这时需要增加一台控制变压器。直流接触器线圈的额定电压应视控制电路的情况而定。而同一系列、同一容量等级的接触器，其线圈的额定电压有几种，可以选线圈的额定电压和直流控制电路的电压一致。直流接触器的线圈要加上直流电压，交流接触器的线圈一般加上交流电压。有时为了提高接触器的最大操作频率，交流接触器也有采用直流线圈的。如果把直流电压的线圈加上交流电压，因阻挠太大，电流太小，则接触器往往不吸合。如果将交流电压的线圈加上直流电压，则因电阻太小，电流太大，会烧坏线圈。

1.2.2　电磁继电器

电磁继电器是自动控制电路中常用的一种元件。实际上它是用较小电流控制较大电流的一种自动开关，是当某些参数达到预定值时而动作使电路发生改变的电器。因此，广泛应用于电子设备中。图 1-15 为 JQX-13F 系列小型大功率继电器图片，图 1-16 为 JZ7 系列电磁继电器图片，图 1-17 为 JZ7 系列电磁继电器外形图，图 1-

图1-15 JQX-13F系列小型大功率继电器

图1-16 JZ7系列电磁式继电器

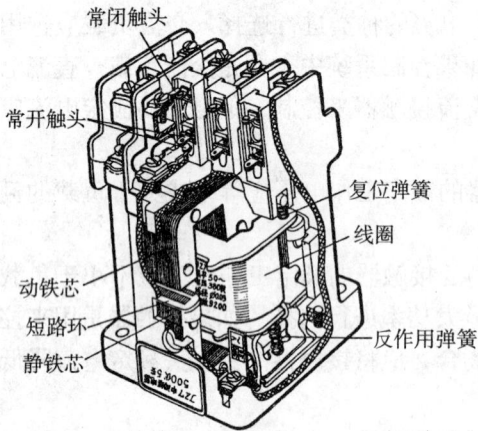

常闭触头
常开触头
复位弹簧
线圈
动铁芯
短路环
静铁芯
反作用弹簧

图1-17 JZ7系列电磁式继电器外形图

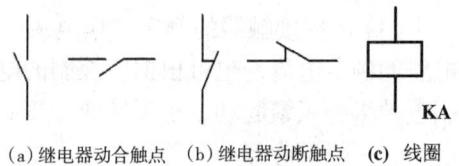

(a)继电器动合触点　(b)继电器动断触点　(c) 线圈

图1-18 继电器图形及文字符号

18为继电器图形及文字符号图。

1. 电磁继电器的基本结构及分类

（1）电磁继电器一般由电磁系统、触头系统、调节系统等组成。

1）电磁系统。包括衔铁、铁芯、轭铁、线圈等，是反应继电器输入量的结构系统。

2）触头系统。包括动、静触头及其附件。触头一般为桥式触头，有常开和常闭两种形式，没有灭弧装置。触头系统是反应输出量的结构系统。

3）调节系统。继电器中设有反作用弹簧，在继电器断电释放时使得触头复位。一般设有改变反作用弹簧松紧程度的调节装置和改变衔铁释放时初始状态磁路气隙大小的调节装置，如调节螺母和非磁性垫片等。

（2）按继电器的使用范围可分四类。

1）保护继电器。用作发电机、变压器、输电线路等的保护。要求线圈和触头控制的电流较小，保证工作准确无误、灵敏度高以及具有较高的热稳定性和电动稳定性。这类继电器的接通和断开的频率一般较低。

2）控制继电器。主要用于电力拖动系统的控制与保护。对这类继电器要求操作频率高，工作可靠，触头容量大以及寿命长等。

3）通信继电器。应用于通信系统，它的特点是操作频率高、动作快、寿命长、体积小、触头容量较小等。

4）航空和航海用继电器。应用于航空和航海设备。要求工作可靠，环境条件适应性强，一般材料较为特殊。

按线圈电流种类分，有交流继电器和直流继电器，按其用途不同可分为电压继电器、电流继电器、中间继电器、时间继电器和速度继电器等。

在此主要介绍控制继电器，即在电力拖动系统中用作控制电路的继电器。

2. 电磁继电器工作原理

电磁继电器的工作原理是：当线圈通电以后，铁芯被磁化产生足够大的电磁力，吸动衔铁并带动弹簧片，使动触点和静触点闭合或分开；当线圈断电后，电磁吸力消失，衔铁依靠弹簧的反作用力返回原来的位置，动触点和静触点又恢复到原来闭合或分开的状态。应用时只要把需要控制的电路接到触点上，就可利用继电器达到控制的目的。

3. 电磁继电器的主要技术参数

（1）线圈额定工作电压或额定工作电流。这是指继电器工作时线圈需要的电压或电流。同一种型号的继电器的构造大体是相同的。为了适应不同电压的电路应用，同一种型号的继电器通常有多种线圈额定工作电压或额定工作电流，并用规格、型号加以区别。

（2）吸合电流。它是指继电器能够产生吸合动作的最小电流。在实际使用中，要使继电器可靠吸合，给定电压可以等于或略高于额定工作电压。一般不要大于额定工作电压的 1.5 倍。否则会烧毁线圈。

（3）释放电流。它是指继电器产生释放动作的最大电流。如果减小处于吸合状态的继电器的电流，当电流减小到一定程度时，继电器恢复到未通电时的状态，这个过程称为继电器的释放动作。释放电流比吸合电流小得多。

（4）触点负荷。它是指继电器触点允许的电压或电流。它决定了继电器能控制的电压和电流大小。应用时不能用触点负荷小的继电器去控制大电流或高电压。

（5）触头数量。它是指继电器具有的常开和常闭触头数量。在不同的控制电路中，所用到的常开和常闭触头数量不同，要根据具体任务选择继电器的规格、型号。

（6）动作时间。有吸合时间和释放时间两种。吸合时间是指从线圈接受电信号起，到衔铁完全吸合止所需的时间。释放时间是从线圈断电到衔铁完全释放所需的时间。电磁继电器动作时间一般为 0.05s～0.2s。

4. 常用典型电磁式控制继电器

常用典型电磁式控制继电器有 JZ7、JZ14、JDZ2、JZC1、JZC4、JJDZ3 等系列，引进的 MA406N 系列中间继电器、3TH（国内型号 JZC）等。

JZ7 系列中间继电器适用于交流 50Hz，电压至 380V 及直流电压 220V 的控制电器中，用来控制各种电磁线圈，以使信号得到放大，或将信号同时传给数个有关的控制元件。

表 1-3 JZ7 系列中间继电器型号、规格、技术数据

基本型号	触头额定电压		触头额定发热电流（A）	触头数量		额定操作频率（次/h）	通电率（%）
	交流（V）	直流（V）		动合（NO）	动断（NC）		
JZ7-44				4	4		
JZ7-62	380	220	5	6	2	1200	40
JZ7-80				8	0		

JZC1（3TH）系列接触器式继电器，应用于交流 50Hz 或 60Hz，电压为 660V 及以下和直流电压 660V 及以下的控制电路中，用来控制各种电磁铁线圈及作为电信号的放大和传递，是实现自动、运动必不可少的低压电器元件。

JZC1 型号及含义：

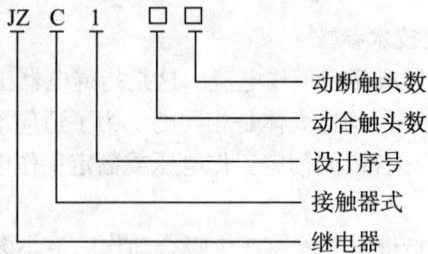

（1）正常工作条件。①工作环境：-25℃～+55℃。②海拔高度：≤2000m。③空气湿度：≤90%（+25℃）。④在无显著摇动和冲击振动的地方。⑤在没有雨雪侵袭的地方。⑥没有会引起爆炸危险的介质，也没有会腐蚀金属和破坏绝缘的气体和导电尘埃。

（2）结构特征。①继电器采用 E 形铁芯，双断点桥式触头系统的直动式运动结构，动作可靠。②JZC1（3TH80）有四对触头可组合，JZC1（3TH82）有八对触头可组合。③继电器动作机构灵活，手动检查方便，结构设计紧凑，可防止外界杂物及灰尘落入继电器的活动部位。④继电器外形尺寸小巧，安装面积小，安装方式可用螺钉紧固，也可扣装在 35 毫米宽的标准安装导轨上，具有装卸迅速方便之优点。⑤触头为桥式双断点结构，触头材料由电性能优越的银锡合金制成，具有使用寿命长及良好的接触可靠性。⑥继电器电磁铁工作可靠、损耗小、噪音小，具有很高的机械强度，线圈的接线端装有电压规格的标志牌，标志牌按电压等级着有特定的颜色，清晰醒目，接线方便，可避免因接错电压规格而导致线圈烧毁。

表1-4 JZC1系列继电器型号、规格、技术数据

型号		JZC1-40、31、22、13、04 (3TH80、40、31、22、13、04)	JZC1-80、71、62、53、44 (3TH82、80、71、62、53、44)
额定绝缘电压 (V)		660	660
额定工作电流 (A)	AC-15 (380V)	1.9	1.9
	DC-13 (220V)	0.15	0.15
	AC-3 (380V)	5	5
机械寿命 (×10⁶)		10	10
电寿命 (×10⁶)	AC-15	1.0	1.0
操作频率 (次/h)	AC-3	1200	1200
	AC-15 DC-13	3600	3600
吸引线圈工作电压 (AC)		(0.85~1.1) Us	
额定控制线圈电压 (V)		50Hz	60Hz
		24、36、48、110、127、220、380、420、440	24、36、48、110、120、220、230、575
吸引线圈功率消耗	吸合 (VA)	<10	<10
	起动 (VA)	<68	<68
约定发热电流 (A)		16	16

5. 电磁式继电器的选用

（1）先了解必要的条件。①控制电路的电源电压，能提供的最大电流；②被控制电路中的电压和电流；③被控制电路需要几组、什么形式的触点。选用继电器时，一般控制电路的电源电压可作为选用的依据。控制电路应能给继电器提供足够的工作电流，否则继电器吸合是不稳定的。

（2）确定使用条件后，可查找相关资料，找出需要的继电器的型号和规格号。若手头已有继电器，可依据资料核对是否可以利用。最后考虑尺寸是否合适。

（3）注意控制柜的容积。若是用于一般用电器，除考虑控制柜容积外，小型继电器主要考虑电路板安装布局。对于小型电器，如玩具、遥控装置则应选用超小型继电器产品。

1.2.3 时间继电器

感受部分在感受外界信号后，经过一段时间才能使执行部分动作的继电器，叫时间继电器。对于电磁式时间继电器，当线圈在接受信号以后（通电或失电），其对应的触头使某一控制电路延时断开或闭合。时间继电器主要有空气阻尼式、电动式、晶

体管式及直流电磁式等几大类。延时方式有通电延时和断电延时两种。

1. 空气阻尼式时间继电器

空气阻尼式时间继电器是根据空气阻尼的原理制成的。它主要由电磁系统、工作触头（微动开关）、延时机构等组成。当衔铁位于铁芯和延时机构之间时为通电延时型，当铁芯位于衔铁和延时机构之间时为断电延时型。图 1-19 为 JS7-A 系列空气阻尼式时间继电器图片，图 1-20 为时间继电器图形及文字符号图，图 1-21 为 JS7-A 系列空气阻尼式时间继电器外形及原理图。JS7-A 系列时间继电器适用于从接受信号至触头动作发出信号之间所需要延时的场合。这种产品被广泛地应用于机床的电气传动控制系统中。

图 1-19　JS7-A 系列时间继电器

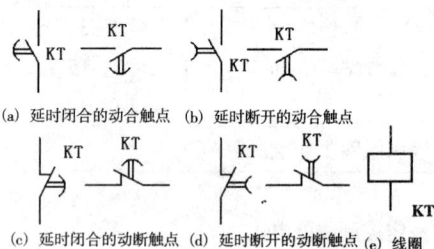

(a) 延时闭合的动合触点　(b) 延时断开的动合触点

(c) 延时闭合的动断触点　(d) 延时断开的动断触点　(e) 线圈

图 1-20　时间继电器图形及文字符号

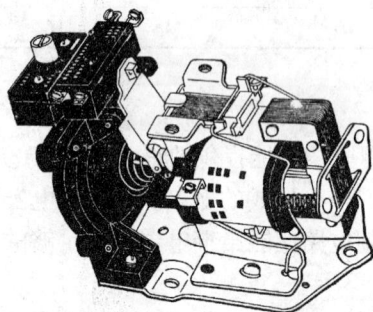

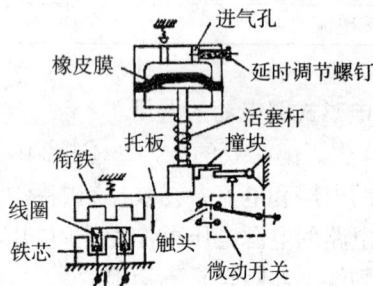

图 1-21　JS7-A 型时间继电器外形及原理图

JS7-A 系列空气阻尼式时间继电器工作原理：当线圈通电时，衔铁及固定在它上面的托板被铁芯吸引而下降，这时固定在活塞杆上的撞块因失去托板的支托也向下运动，但由于与活塞杆相连的橡皮膜向下运动时受到空气阻尼的作用，所以活塞杆下落缓慢，经过一定时间，才能触动微动开关的推杆使它的常闭触头断开、常闭触头闭合。延时时间是：从线圈通电开始到触头完成动作为止这段时间。通过延时调节螺钉，即调节进气孔的大小以改变延时时间。

JS7-A 系列空气阻尼式时间继电器的触头系统共有：延时闭合常开、延时闭合常闭、延时断开常闭、延时断开常开、常开瞬动、常闭瞬动六种。不同型号的 JS7-A

型时间继电器具有不同的延时触头。表 1-5 为 JS7-A 系列空气阻尼式时间继电器技术参数。

JS7-A 系列空气阻尼式时间继电器选用时首先要注意选择的型号，它所具有的瞬

表 1-5　JS7-A 系列空气阻尼式时间继电器技术参数

型　号	延时触头对数				不延时触头对数		电压（V）
	线圈通电后延时		线圈断电后延时		动合 NO	动断 NC	
	动合 NO	动断 NC	动合 NO	动断 NC			
JS7-1A	1	1	—	—	—	—	24、36、110、127、220、380
JS7-2A	1	1	—	—	1	1	
JS7-3A	—	—	1	1	—	—	
JS7-4A	—	—	1	1	1	1	

动触头、延时触头数量，应满足控制线路的要求。其次要注意控制电路电压等级与时间继电器线圈电压要一致。JS7-A 系列空气阻尼式时间继电器延时范围为 0.4~60s 和 0.4~180s 两种。

空气阻尼式时间继电器典型产品有：JS7、JS23、JSK□等系列产品。

2. 电子式、数字式时间继电器

电子式、数字式时间继电器主要有 JS11、JS20、JS14P、H3BA、AH3、ASTP-Y/N、ATDV-Y/N，等等。电子式时间继电器利用旋转刻度盘设定时间，数字式时间继电器利用数字按键设定时间，同时可通过数码管或液晶显示屏显示计时情况。其时间精度远远高于空气阻尼式时间继电器，现在电子式、数字式时间继电器越来越被人们喜欢和采用。

JS11 电子式时间继电器是电动式时间继电器的替代产品，采用规模集成电路，发光二极管指示，数字按键预置时间，具有工作可靠、延时精度高、功耗低、外形美观、安装方便等特点。被广泛应用于电气自动控制线路中做延时元件之用。图 1-22 为 JS11 系列电子式时间继电器图片。表 1-6 为几种电子式时间继电器图片及技术参数。

图 1-22　JS11 系列电子式时间继电器

表 1-6　电子式时间继电器图片及技术参数

型号	H3BA-	AH3-	ASTP-Y/N	ATDV-Y/N
产品照片				
线路图				
工作电压	AC 24V~220V 50Hz DC 24V~125V	AC 24V~ 220V 50Hz DC 24V~110V	AC 24V~220V 50Hz DC24V~110V	AC 24V~220V 50Hz DC 24V~110V
延时范围	秒/分/小时/10小时 0.05~0.5　0.5~5h 0.1~1　1~10h 0.5~5　5~50h 1~10　10~100h	1S、 2S、 3S、 6S、 12S、 30S、 60S、 2M、3M、5M、6M、 12M、60M、2H、 3H、6H、12H、24H	1S、 3S、 6S、 10S、 12S、 30S、 60S、 3M、 6M、 10M、 12M、30M、60M、 3H、 6H、 10H、 12H、24H	1S、 3S、 6S、 10S、 12S、 30S、 60S、 6M、 10M、 12M、 30M、 60M、 3H、 6H、 10H、 12H、 24H
触点形式	H3BA：延时 2 转换 H3BA-8：延时 1 转换 H3BA-8H：延时 1 转换，瞬时 1 转换	AH3-1：延时 1 转换 AH3-2：延时 2 转换 AH3-3：延时 1 转换，瞬时 1 转换	延时 1 转换、瞬时 1 转换	延时 1 转换
动作形式	ST4P：限时动作／自动复位／外部复位 ST4P-8：限时动作／自动复位 ST4P-8H：限时动作／自动复位	AH3-1：限时动作／自动复位 AH3-2：通电延时 AH3-3：断电延时，带瞬动触点	通电延时带瞬动触点	通电延时

1.2.4　热继电器

电动机工作时，正常的温升是允许的，但是如果电动机在过载情况下工作，就会过度发热造成绝缘材料迅速老化，使电动机寿命大大缩短。为了防止上述情况产生，常采用热继电器做电动机的过载保护。

热继电器是电流通过发热元件产生热量来使检测元件受热弯曲，推动执行机构动作的一种保护电器。主要用来保护电动机或其他负载免于过载以及作为三相电动机的断相保护等。图 1-23 为热继电器图片，图 1-24 为热继电器图形及文字符号图，图 1-25 为热继电器结构原理图。

(a) JR36 系列热继电器　　(b) NRE8 电子式热继电器

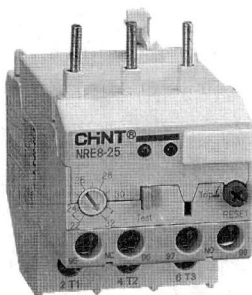

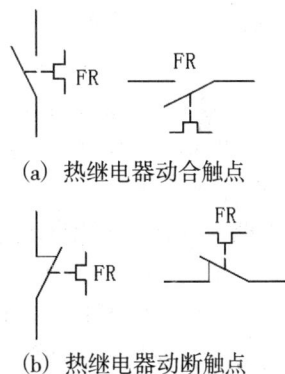

图 1-23　热继电器

(a) 热继电器动合触点

(b) 热继电器动断触点

图 1-24　热继电器图形及文字符号

1. 热继电器的结构和工作原理

热继电器主要由感温元件（或称热元件）、触头系统、动作机构、复位按钮、电流调节装置、温度补偿元件等组成。

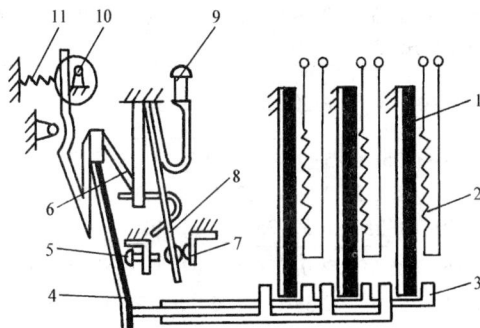

1—主双金属片　2—电阻丝　3—导板　4—补偿双金属片　5—螺钉　6—推杆
7—静触头　8—动触头　9—复位按钮　10—调节凸轮　11—弹簧

图 1-25　双金属片式热继电器结构原理图

感温元件由双金属片及绕在双金属片外面的电阻丝组成。双金属片是由两种膨胀系数不同的金属以机械碾压的方式而成为一体的。使用时将电阻丝串联在主电路中，触头串联在控制电路中。

当过载电流流过电阻丝时，双金属片受热膨胀，因为两片金属的膨胀系数不同，所以就弯向膨胀系数较小的一面，利用这种弯曲的位移动作，切断热继电器的常闭触头，从而断开控制电路，使接触器线圈失电，接触器主触头断开，电动机便停止工作，起到了过载保护的作用。在过载故障排除后，要使电动机再次起动，一般需 2 分钟以后，待双金属片冷却，恢复原状后再按复位按钮，使热继电器的常闭触头复位。

2. 热继电器典型产品及主要技术参数

常用的热继电器有 JRS1，JRS3，JRS5，JR36，JR20，JR21，3UA5，3UA6，LR1-D，T 等系列。

JRS1（LR2-D）系列热继电器用于交流 50Hz（或 60Hz），额定电压至 660V 的电力系统中，用做交流电动机的过载和断相保护。

JR36 系列热继电器适用于交流 50Hz，电压至 690V，电流至 160A 的长期工作或间断长期工作的一般交流电动机的过载保护。继电器具有断相保护、温度补偿、脱扣指示功能，并能自动与手动复位。

JRS3 系列热继电器适用于交流 50/60Hz，电压至 690~1000V，电流 0.1~180A 的长期工作或间断长期工作的一般交流电动机的过载保护。继电器具有断相保护、温度补偿、脱扣指示功能，并能自动与手动复位，继电器可与接触器接插安装，也可独立安装。

表 1-7 JRS3 系列热继电器技术数据

型　号	整定电流范围	可配接触器型号
JRS3-14.5/Z (3UA50)	0.1 ~0.16　0.16~0.25　0.25~0.4　0.4~0.63　0.63~1　0.8~1.25　1.0~1.6 1.25~2　1.6~2.5　2~3.2　2.5~4　3.2~5　4~6.3　5~8　6.3~10　8~12.5　10~14.5	CJX1-9~12
JRS3-25/Z (3UA52)	0.1~0.16　0.16~0.25　0.25~0.4　0.4~0.63　0.63~1　0.8~1.25　1.0~1.6 1.25~2　1.6~2.5　2~3.2　2.5~4　3.2~5　4~6.3　5~8　6.3~10　8~12.5 10~16　12.5~20　16~25	CJX1-16~22
JRS3-36/Z (3UA54)	4~6.3　6.3~10　10~16　12.5~20　20~32　25~36	CJX1-32
JRS3-45/Z (3UA55)	0.1~0.16　0.16~0.25　0.25~0.4　0.4~0.63　0.63~1　0.8~1.25　1.0~1.6 1.25~2　1.6~2.5　2~3.2　2.5~4　3.2~5　4~6.3　5~8　6.3~10　8~12.5 10~16　12.5~20　16~25　20~32　25~36　32~40　36~45	CJX1F-32~38
JRS3-63/F (3UA59)	0.1~0.16　0.16~0.25　0.25~0.4　0.4~0.63　0.63~1　0.8~1.25　1.0~1.6 1.25~2　1.6~2.5　2~3.2　2.5~4　3.2~5　4~6.3　5~8　6.3~10　8~12.5 10~16　12.5~20　16~25　20~32　25~40　32~45　40~57　50~63	CJX1-63
JRS3-88/Z (3UA58)	4~6.3　11~17　12.5~20　16~25　20~32　25~40　32~50　40~57　50~63 57~70　63~80　70~88	CJX1-45~85
JRS3-188/Z (3UA62)	55~80　63~90　80~120　110~135　120~150　135~160　150~180	CJX1-110~170

表 1-8　JRS3 系列热继电器保护特性

项目	整定电流倍数	动作时间	计验条件
1	1.05	>2h	冷态
2	1.20	<2h	热态
3	1.50	<2min	以 1 倍整定电流预热 2h
4	7.2	2s<Tp≤10s	冷态

3. 热继电器的选用

（1）热继电器有三种安装方式，应按实际安装情况选择其安装形式。

（2）原则上热继电器的额定电流应按电动机的额定电流选择。

（3）在不频繁起动的场合，要保证热继电器在电动机起动过程中不产生误动作。

（4）对于三角形接法电动机，应选用带断相保护装置的热继电器。

（5）当电动机工作于重复短时工作制时，要注意确定热继电器的允许操作频率。

1.2.5　速度继电器

速度继电器是利用转轴的一定转速来切换电路的自动电器。它常用于电动机的反接制动的控制电路中，当反接制动的转速下降到接近零时，它能自动地及时切断电流。它由转子、定子和触头三部分组成。速度继电器与电动机同轴，触头串接在控制电路中。图 1-26 为速度继电器的外形、原理、安装和图形及文字符号图。

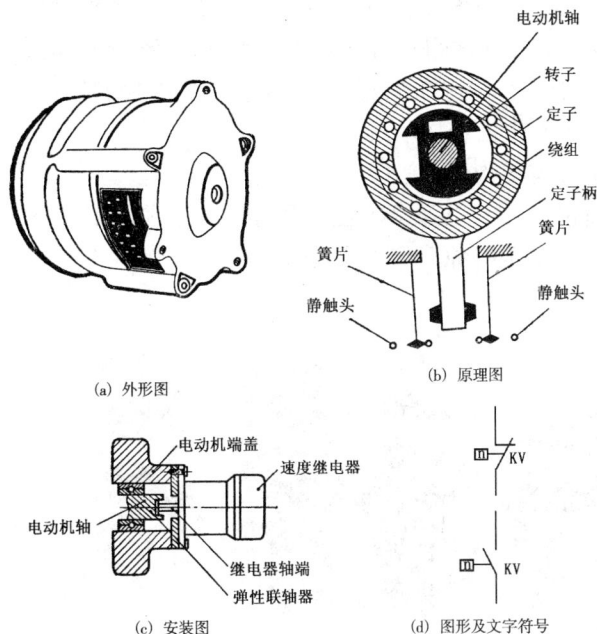

(a) 外形图　　　(b) 原理图

(c) 安装图　　　(d) 图形及文字符号

图 1-26　速度继电器

速度继电器的工作原理与笼型异步电动机相似。

转子是一块永久磁铁，与电动机或机械转轴相连在一起。当轴转动时永久磁铁也一起转动，这样相当于一个旋转磁场。定子外环装有鼠笼型绕组，因切割磁力线而产生感应电动势和感应电流，该电流在转子磁场作用下产生电磁力和电磁转矩，使定子外环跟随转动一个角度。于是定子柄随轴的转动方向动作，使得触头动作，改变状态。当电动机的转速较低（如小于 100r/min）时，触头复位。

常用的速度继电器有 JY1、JFZ0 等系列。

速度继电器的选择主要根据电动机的额定转速、控制要求等来选择。

1.3 低压主令电器

低压主令电器是用于发送控制指令的电器。如按钮、主令开关、行程开关、主令控制器、转换开关等。对这类电器要求操作频率高，电器的机械和电气寿命长，抗冲击性能强等。本节将介绍控制按钮、万能转换开关、组合开关、行程开关等。

1.3.1 控制按钮

控制按钮是一种低压控制电器，同时也是一种低压主令电器。控制按钮除常开触头或常闭触头外，还具有常开和常闭触头的复式按钮。其触头对数有 1 常开 1 常闭，2 常开 2 常闭，以至 6 常开 6 常闭。对复式按钮来说，按下按钮时，它的常闭触头先断开，经过一个很短时间后，它的常开触头再闭合。有些控制按钮内装有信号灯，除用于操作控制外，还可兼作信号指示。

1. 控制按钮的组成与结构形式

控制按钮一般由按钮、复位弹簧、触头和外壳等部分组成。图 1-27 为控制按钮图片，图 1-28 为控制按钮的原理和外形图，图 1-29 为控制按钮的图形及文字符号图。

图 1-27 控制按钮

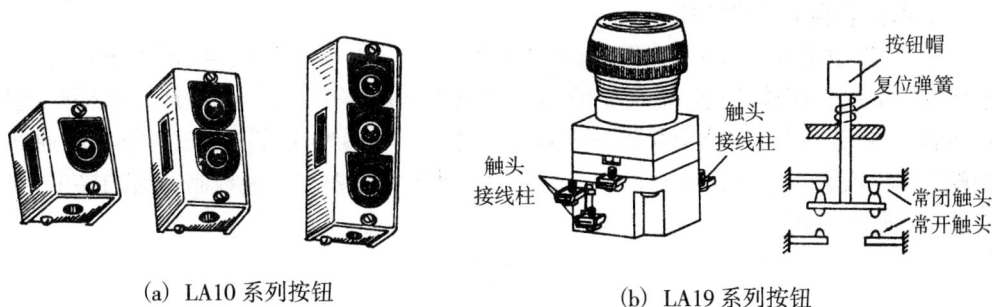

(a) LA10 系列按钮　　　　　　　(b) LA19 系列按钮

图 1-28　控制按钮的原理和外形图

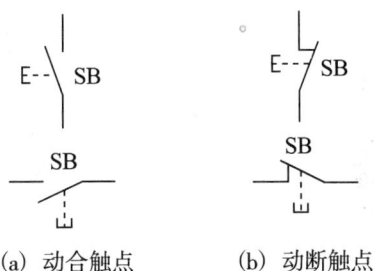

(a) 动合触点　　　　(b) 动断触点

图 1-29　控制按钮图形及文字符号

控制按钮可以做成很多类型以满足不同的控制或操作的需要，结构类型有：①钥匙型。按钮上带有钥匙以防止误操作。②旋转式（又叫钮子开关）。以手柄旋转操作。③紧急式。带蘑菇钮头突出于外，常作为急停用，一般采用红色。④掀钮式。用手掀钮操作。⑤保护式。能防止偶然触及带电部分。控制按钮的颜色可分为红、黄、蓝、白、绿、黑等，操作人员可根据按钮的颜色进行辨别和操作。

2. 控制按钮的主要技术参数及常用型号

控制按钮的主要技术参数有额定电压、额定电流、结构形式、触头数及按钮的颜色等。常用的控制按钮其额定电压一般为交流 380V，额定工作电流为 5A。

常用的控制按钮有 LA10、LA18、LA19、LA20、LA25 及进口和合资生产的产品。

1.3.2　万能转换开关

万能转换开关采用叠装式元件组成，能对电路进行多种转换的控制，它是一种低压控制电器，同时也是一种低压主令电器。广泛用于自动开关、高压油断路器等操作机构的合闸控制、电磁控制站中线路的换接以及电流、电压换相测量等处，还可以用于不频繁起动、停止的小容量电动机的控制。由于其用途广泛，故而叫做万能转换开关。

1. 万能转换开关的结构

图 1-30 为 LW12-16 万能转换开关图片，图 1-31 为万能转换开关结构示意图。它由接触系统、操作机构、转轴、手柄、齿轮啮合机构等主要部件组成，用螺栓组装成整体。在每层触头底座上可装三对触头，由凸轮经转轴来控制这三对触头的通断。凸轮工作位置为 45 度和 30 度两种，凸轮材料为尼龙，根据开关控制回路的要求，凸轮也有不同的形式。

图 1-30　LW12-16 万能转换开关

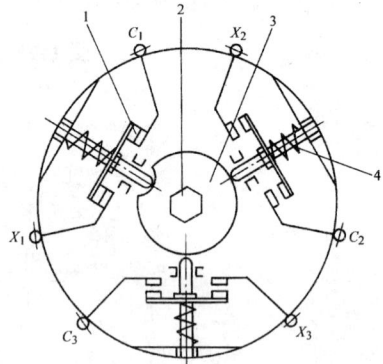

1—触头　2—转轴　3—凸轮　4—触头弹簧

图 1-31　万能转换开关结构示意图

2. 万能转换开关的主要技术参数及常用型号

万能转换开关的主要技术参数有额定电压、额定工作电流、触头数量、定位特性等。

常用型号有 LW5、LW6、LW12-16 系列等。LW5 系列万能转换开关的额定电流为 15A，允许正常操作频率为 120 次 / 时，机械寿命为 100 万次，电寿命为 20 万次。它可根据控制线路的要求，接成多样的触头关合次序的接线。

1.3.3　组合开关

HZ10 系列组合开关适用于交流 50Hz、电压 380V 以下，直流电压 220V 以下的电气设备中作接通或分断电路、换接电源或控制小型异步电动机正、反转之用。本系列开关为不频繁操作的手控开关。图 1-32 为 HZ10 系列组合开关图片。图 1-33 为 HZ10 系列组合开关的结构和外形图。

HZ10 系列组合开关有若干动触片及静触片，它们分别装于数层绝缘体内，动触片装在附有手柄的转轴上，随转轴旋转而变更其通断位置。

HZ10 系列组合开关也可根据电源种类、电压等级、所需触头数、电动机的容量进行选择。

图 1-32 HZ10 系列组合开关

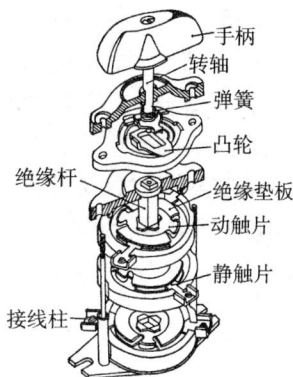

图 1-33 HZ10 系列组合开关结构和外形图

手柄
转轴
弹簧
凸轮
绝缘杆
绝缘垫板
动触片
静触片
接线柱

1.3.4 行程开关

在电力拖动系统中，许多场合常常希望能按照被带动的生产机械的位置不同而改变电动机或传动动力部件的工作情况，例如在某机床上的直线运动部件，当它们到达其边缘位置时，常要求能自动停止或反向运动。另外在某些情况下，要求在生产机械行程中的个别位置上，能自动改变生产机械的运动速度。类似上述这些要求，我们可以利用行程开关来达到。

依据生产机械的行程发出命令，以控制其运动方向和行程长短的主令电器称为行程开关。若将行程开关安装于生产机械行程的终点处，用以限制其行程，则称为限位开关。

(a) 直动式行程开关   (b) 滚轮式行程开关   (c) 微动开关

图 1-34 机械接触式行程开关

1. 行程开关分类及原理

行程开关按其结构分为机械结构的接触式有触点行程开关和电气结构的非接触式接近开关。机械接触式行程开关分为直动式、滚动式和微动式三种。这类开关是利用生产设备某些运动部件的机械位移而碰撞行程开关，使其触头动作。接近开关分为高频振荡型、感应型、电容型、光电型、永磁及磁敏元件型、超声波型等。这类开关不是靠挡块碰压开关发信号，而是在移动部件上装一金属片，在移动部件需要改变工作情况的地方装接近开关的感应头，其感应面正对金属片。当移动部件的金属片移动到感应头上面（不需接触）时，接近开关就输出一个信号，使控制电路改变工作情况。

图 1-34 为机械接触式行程开关图片，图 1-35 为接近开关图片，图 1-36 为行程开关和接近开关图形及文字符号图。

(a) 行程开关动合触点　(b) 行程开关动断触点

(c) 接近开关动合触点　(d) 接近开关动断触点

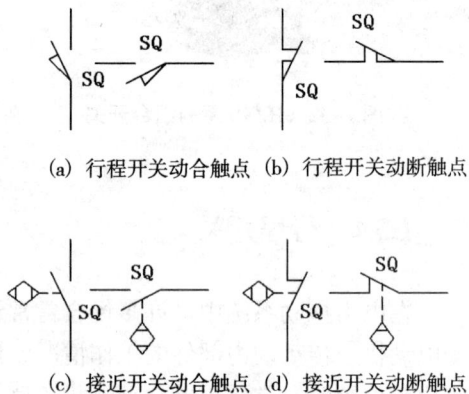

图 1-35　接近开关　　　　　　　图 1-36　行程开关和接近开关图形及文字符号

（1）直动式行程开关。直动式行程开关动作原理与控制按钮相同，其触头的分合速度取决于生产机械的移动速度，当移动速度低于 0.4m/min 时，触头分断太慢易产生电弧。图 1-37 为直动式行程开关结构原理图。

（2）滚轮式行程开关。图 1-38 为滚轮式行程开关结构示意图。当滚轮 1 受向左外力作用后，推杆 4 向右移动，并压缩右边弹簧 10，同时下面的滚轮 5 也很快沿着擒纵件 6 向右滚动，小滚轮滚动又压缩弹簧 9，当滚轮 5 滚过擒纵件 6 的中点时，盘型弹簧 3 和弹簧 9 都被擒纵件 6 迅速转动，从而使动触头迅速地与右边静触头分开，并与左边静触头闭合。滚轮式行程开关适用于低速运行的机械。

（3）微动开关。图 1-39 为微动开关结构示意图。当推杆 5 在机械作用力压下时，弓簧片 6 产生机械变形，储存能量并产生位移，当达到临界点时，弹簧片连同桥式动触头瞬时动作。当外力失去后，推杆在弓簧片作用下迅速复位，触头恢复原来状态。微动开关采用瞬动结构，触头换接速度不受推杆压下速度的影响。

（4）接近开关。接近开关广泛应用于机械、矿山、造纸、烟草、塑料、化工、冶金、轻工、汽车、电力、保安、铁路和航天等各个行业，运用于限位、检测、计数、测速、液面控制和自动保护等，也可连接计算机，可编程序控制器（PLC）等做传感头用。特别是电容式接近开关还可适用于对多种非金属，如纸张、橡胶、烟草、塑料、液体、木材及人体进行检测。应用范围极广。

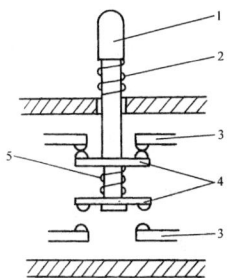

1—顶杆 2—复位弹簧
3—静触头 4—动触头
5—触头弹簧

图 1-37 直动式行程开关

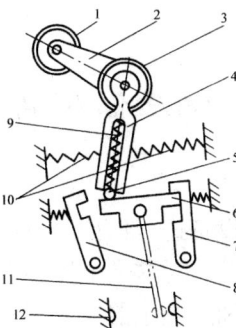

1—滚轮 2—上转臂 3—盘形弹簧
4—推杆 5—小滚轮 6—擒纵件
7、8—压板 9—弹簧
10—弹簧 11—动触头 12—静触头

图 1-38 滚轮式行程开关

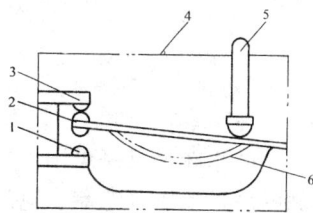

1—常开静触头 2—动触头
3—常闭静触头 4—壳体
5—推杆 6—弓簧片

图 1-39 微动开关

　　电感式接近开关由高频振荡器和放大器组成。振荡器的线圈在接近开关的作用表面产生一个交变磁场，当金属物体接近此作用表面时，金属中产生涡流而吸收了振荡器的能量，使震荡器减弱以至停振。振荡器的振荡及停振这两个信号由整形放大器转换成二进制的开关信号，从而起到"开"、"关"的控制作用。

　　电容式接近开关由高频振荡器和放大器组成，包括一个传感器电极和一个屏蔽电极两个有效部分。这两部分组成了一个电容器。当被检测物体（金属或非金属物体）接近感应面时，电容器的电容值发生变化，如 RC 振荡电路的电容值随着被检测物体的接近而增大，此振荡电路被设置成当电容值增加时才开始振荡。当被检测物体接近时，RC 振荡器开始振荡，并将此信号送到信号触发器并由开关放大器输出开关信号。

2. 常用行程开关型号

　　常用的行程开关有 JLXK1、LX2、LX3、LX5、LX12、LX19A、LX21、LX22、LX29、LX32 等系列。常用的微动开关有 LX31、JW 等系列。常用的接近开关有 LJ、CWY、SQ 系列及引进国外技术生产的 3SG 系列等。

3. 行程开关选择原则

　　（1）根据应用场合及控制对象进行选择。

　　（2）根据环境条件进行选择。

　　（3）根据控制回路电压、电流情况进行选择。

　　（4）根据机械传动情况选择行程开关的头部形式。

　　（5）根据机械传动、控制精度及是否允许接触等选择采用机械接触式行程开关还是非接触式接近开关。

　　一般来说，当物体接近它到一定距离范围内，它就发出信号，控制生产机械的位置或进行计数，要采用接近开关。

1.4　低压保护电器

低压保护电器是用于对电路及设备进行保护的电器。这类电器包括：熔断器、热继电器、电压继电器、电流继电器等。对这类电器要求具有较高的可靠性、较高的灵敏度及一定的通断能力等。熔断器和热继电器在前面的节次已作过介绍，本节将介绍电压继电器和电流继电器。

1.4.1　电压继电器

根据电压大小而动作的继电器称为电压继电器。这种继电器的线圈的导线较细，匝数较多，并联在主电路中。其触头的动作与线圈的电压大小直接有关，在控制系统中起电压保护和控制作用。图1-40为电压继电器图片。

电压继电器分为：过电压继电器和欠电压继电器（或零电压继电器）。

1. 过电压继电器

过电压继电器是当继电器线圈电压超过规定电压上限时，衔铁吸合，触头动作，在电路中用于过电压保护。当线圈电压降低到继电器释放电压时，衔铁才返回释放状态，相应触头也返回到原来状态。一般动作电压为（105%~120%）U_N。

图1-40　电压继电器

2. 欠电压继电器

欠电压继电器是当继电器线圈电压不足于所规定的电压下限时，衔铁吸合，而当线圈电压很低时衔铁才释放，在电路中用于欠电压保护。一般直流欠电压继电器动作电压为（30%~50%）U_N，释放电压为（7%~20%）U_N；交流欠电压继电器动作电压为（60%~85%）U_N，释放电压为（10%~35%）U_N。

1.4.2　电流继电器

根据线圈中电流的大小而动作的继电器称为电流继电器。这种继电器线圈的导线较粗，匝数较少，串联在电路中。触头的动作和线圈电流的大小直接有关。图1-41为电流继电器图片。

电流继电器按吸合电流大小分为：过电流继电器和欠电

图1-41　电流继电器

流继电器。

1. 过电流继电器

过电流继电器在正常工作时电磁吸力不足以克服反力弹簧的力，衔铁处于释放状态。当线圈流过的电流超过某一整定值时，衔铁吸合，触头动作，起到过电流保护作用。一般交流过电流继电器的吸合电流为 $(1.1\sim3.5)I_N$，直流过电流继电器的吸合电流为 $(0.75\sim3)I_N$。瞬动型过电流继电器一般用于电动机的短路保护，延时动作型一般用于电动机过载兼具短路保护。有的过电流继电器带有手动复位机构。当过电流时，继电器衔铁动作后不能自动复位，只能在排除故障后采取人工复位。

2. 欠电流继电器

欠电流继电器是当线圈电流降低到某一整定值时释放的继电器。所以在线圈电流正常时衔铁是吸合的。欠电流继电器在电路中起欠电流保护作用。这种继电器一般用于直流电动机和电磁吸盘的失磁保护。在电器产品中只有直流欠电流继电器，没有交流欠电流继电器。直流欠电流继电器的吸合电流和释放电流调节范围分别为 $(0.3\sim0.65)I_N$ 和 $(0.1\sim0.2)I_N$。

1.5　低压执行电器

低压执行电器用于完成某种动作或传送功能的电器，如电磁阀、电磁离合器等。

1.5.1　电磁阀

电磁阀是用电磁铁推动滑阀移动来控制介质（气体、液体）的方向、流量、速度等参数的工业装置。电磁阀有很多种，不同的电磁阀在控制系统的不同位置发挥不同的作用。最常用的有单向阀、安全阀、方向控制阀、速度调节阀等。电磁阀是用电磁的效应进行控制，可以通过继电器控制电路及 PLC 来控制电磁阀达到预期的控制目的，控制灵活。图 1–42（a）为方向控制电磁阀图片，（b）为电磁阀在液压气动回路中的职能符号，（c）为电磁阀在电气控制回路中的图形文字符号。

下面以气动系统为例子说明电磁阀在工业控制中的应用。所谓气动系统，就是以气体为介质的控制系统。气动系统中，这种能源的介质通常就是空气。在真正使用的时候，通常把大气中的空气的体积加以压缩，从而提高它的压力。压缩空气主要通过作用于活塞或叶片来做功。

气动系统中，电磁阀的作用就是在控制系统中按照控制的要求来调整压缩空气的各种状态。气动系统还需要其他元件的配合，其中包括动力元件、执行元件、开关、显示设备及其他辅助设备。动力元件包括各种压缩机，执行元件包括各种汽缸。这些都是气动系统中不可缺少的部分，而阀体是控制算法得以实现的重要设备。比如单向

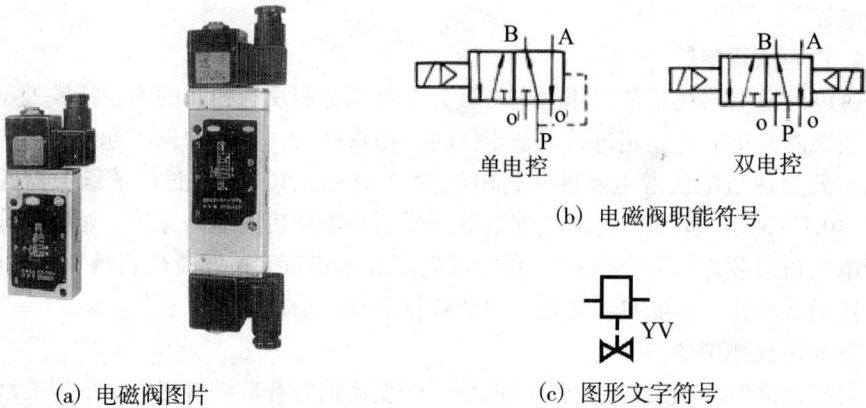

(b) 电磁阀职能符号

单电控　　　　双电控

(a) 电磁阀图片　　　　　　　　(c) 图形文字符号

图1-42　电磁阀

阀让压缩空气从压缩机进入气罐，当压缩机关闭时，阻止压缩空气反方向流动；安全阀当储气罐内的压力超过允许限度，可将压缩空气排出；方向控制阀通过对汽缸两个接口交替地加压和排气，来控制运动的方向；速度调节阀能简便实现执行元件的无级调速。

电磁阀不但能够应用在气动系统中，在油压的系统、水压的系统中也能够得到相同或者类似的应用，比如低功率不供油小型电磁换向阀，密封件不需供油，排出的气体不会污染环境，可用于食品、医药、电子等行业。

现在，电磁阀技术与自动控制技术、计算机技术、电子技术相结合，已经能够进行多种复杂的控制。比如可以把电磁阀应用在智能控制领域，应用在无线控制技术等方面。电磁阀正是因为能够用电磁进行控制，所以它能与现在的各种电子系统很好地接口，这也是它得到广泛应用的一个主要原因。

电磁阀已经广泛地应用在生产的各个领域中，随着电磁控制技术和制造工艺的提高，电磁阀能够实现更加精巧的控制，为实现不同的气动系统、液压系统发挥它的作用。

1.5.2　电磁离合器

电磁离合器又称电磁联轴节。它是利用表面摩擦和电磁感应原理，在两个做旋转运动的物体间传递转矩的执行电器。由于它便于远距离控制，控制能量小，动作迅速、可靠、结构简单，广泛应用于机床的电气控制。摩擦片式电磁离合器应用较为普遍，一般分为单片式和多片式。图1-43为多片式摩擦电磁离合器图片，图1-44为多片式摩擦电磁离合器结构简图，图1-45为电磁离合器图形文字符号。

主动轴与旋转动力源联结，主动轴转动后，主动摩擦片随同旋转。当线圈通电后，产生磁场，将摩擦片吸向铁芯，衔铁也被吸住，紧紧压住各摩擦片。于是依靠

图 1-43　电磁离合器

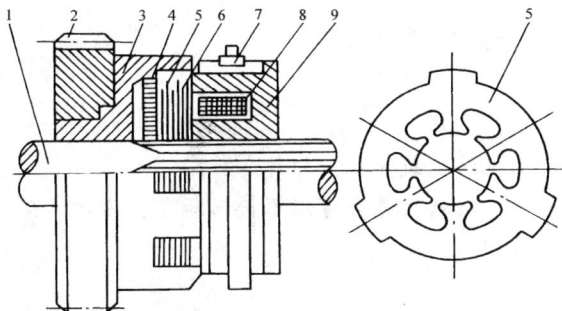

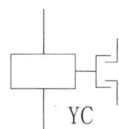

1—主动轴　2—从动齿轮　3—套筒　4—衔铁　5—从动摩擦片
6—主动摩擦片　7—电刷与滑环　8—线圈　9—铁芯

图 1-44　多片式摩擦电磁离合器结构简图

图 1-45　电磁离合器图形文字符号

主动摩擦片与从动摩擦片之间的摩擦力，使从动齿轮随主动轴转动，实现转矩的传递。线圈断电后，由于弹簧垫圈的作用，使摩擦片恢复自由状态，从动齿轮停止旋转。

电磁离合器的采用，能够在电动机一直处于运转的状态下，负载可频繁起停，既避免了电动机的频繁起动、停止，又可达到负载起停迅速的目的。同时一台电动机可以带动多个负载，且负载可以在不同的时刻起动、停止，其作用在自动生产线上尤为突出。

习　题

1. 何为低压电器？
2. 低压电器按用途可以分为哪几类？
3. 简述刀开关的作用及其主要组成部分。
4. 简述低压断路器的结构及各组成部分的作用。
5. 熔断器在电路中起什么作用？
6. 简述交流接触器的工作原理。
7. 接触器的主要技术参数有哪些？其含义是什么？
8. 简述电磁继电器的基本结构。

9. 简述电磁继电器的工作原理。

10. 时间继电器的作用是什么？

11. 热继电器的作用是什么？其保护功能与熔断器有何不同？

12. 速度继电器的作用是什么？

13. 用做急停的按钮一般采用什么形式？什么颜色？

14. 万能转换开关的用途主要有哪些？

15. 行程开关与接近开关的工作原理有何不同？

16. 过电压继电器和过电流继电器的作用是什么？

17. 在气动系统中，电磁阀控制的执行元件是什么？

18. 采用电磁离合器的目的是什么？

19. 能否用过电流继电器来做电动机的过载保护？为什么？

20. 电动机主电路中如果接有低压断路器，是否可以不接熔断器，为什么？

第2章　电气控制电路基本环节

> **内容提要:** 电力拖动自动控制设备,主要是以各类电动机或其他执行电器为控制对象,采用电气控制的方法来实现电动机或其他执行电器的起动、停止、正反转、调速和制动等运行方式的控制,并以此来实现生产过程自动化,满足生产加工工艺要求。

电气控制系统的实现,主要有继电接触器逻辑控制、可编程逻辑控制和计算机控制(单片机、可编程控制器等)等方法。继电接触器逻辑控制方式称作电器控制,其电气控制电路是由各种有触点电器,如接触器、继电器、按钮、开关等组成,具有结构简单、价格便宜、抗干扰能力强等优点,应用于各类生产设备及控制、远距离控制和生产过程自动控制。

目前我国工业生产中应用最广泛、最基本的控制仍是继电接触器控制,而任何复杂的控制电路或系统,都是由一些比较简单的基本控制环节、保护环节根据不同要求组合而成。因此掌握这些基本控制环节是学习电气控制电路的基础。

本章主要内容:电气图常用的图形符号、文字符号、接线端子标记和电气控制系统图;电气控制电路基本控制规律;三相异步电动机的起动控制;三相异步电动机的制动控制;三相异步电动机的调速控制;直流电动机的电气控制;电气控制系统常用的保护环节。

2.1　电气控制系统图

电气控制系统由电气设备和各种电气元件按照一定的控制要求联接而成。为了表达设备电气控制系统的组成结构、设计意图,方便分析系统工作原理及安装、调试和检修控制系统等技术要求,需要采用统一的工程语言(图形符号和文字符号)即工程图的形式来表达,这种工程图是一种电气图,叫做电气控制系统图。

电气控制系统图一般有三种：电气原理图、电器元件布置图与电气安装接线图等。电气控制系统图是根据国家电气制图标准，用规定的图形符号、文字符号以及规定的画法绘制的。

2.1.1 常用电气控制系统的图形符号

1. 图形符号

图形符号常用于图样或其他文件，表示一个设备或概念的图形、标记或字符。电气控制系统图中的图形符号必须按照国家标准绘制。国家电气图用符号标准 GB4728 规定了电气图中图形符号的画法，该标准与国家电气制图标准 GB6980 于 1990 年 1 月 1 日正式贯彻执行。国家标准中规定的图形符号基本与国际电气技术委员会（IEC）发布的有关标准相同。

图形符号包含符号要素、一般符号、限定符号以及常用的非电操作控制的动作符号（如机械控制符号等），根据不同的具体器件情况组合构成。国家标准除给出各类电气元件的符号要素、一般符号和限定符号外，也给出了部分常用图形符号及组合图形符号示例。

（1）符号要素。一种具有确定意义的简单图形，必须与其他图形组合才构成一个设备或概念的完整符号。如接触器常开主触点的符号就由接触器触点功能符号和常开触点符号组合而成。

（2）一般符号。表示一类产品和此类产品特征的一种简单的符号，如电动机可用一个圆圈表示。

（3）限定符号。用于提供附加信息的一种加在其他符号上的符号。

运用图形符号绘制电气系统图时应注意：

1）符号尺寸大小、线条粗细依国家标准可放大与缩小，但在同一张图样中，同一符号的尺寸应保持一致，各符号间及符号本身比例应保持不变。

2）标准中示出的符号方位，在不改变符号含义的前提下，可根据图形布置的需要旋转，或成镜像位置，但文字和指示方向不得倒置。

3）大多数符号都可以附加上补充说明标记。

4）有些具体器件的符号由设计者根据国家标准的符号要素、一般符号和限定符号组合而成。

5）国家标准未规定的图形符号，可根据实际需要，按突出特征、结构简单、便于识别的原则进行设计，但需报国家标准局备案。当采用其他来源的符号或代号时，必须在图解和文件上说明其含义。

2. 文字符号

文字符号用于电气技术领域，是技术文件的编制，以标明电气设备、装置和元器件的名称及电路的功能、状态和特征。国家标准 GB7159-87《电气技术中的文字符号制订通则》规定了电气工程图中的文字符号，它分为基本文字符号和辅助文字符号。

（1）基本文字符号。基本文字符号有单字母符号与双字母符号两种。

单字母符号按拉丁字母顺序将各种电气设备、装置和元器件划分为 23 大类，每一类由一个专用单字母符号表示，如"C"表示电容器类。

双字母符号由一个表示种类的单字母符号与另一个字母组成，且以单字母符号在前，另一字母在后的次序列出，如"F"表示保护器件类，"FU"则表示为熔断器。

（2）辅助文字符号。辅助文字符号用来表示电气设备、装置和元器件以及电路的功能、状态和特征。

（3）补充文字符号的原则。

1）在不违背国家标准文字符号编制原则的条件下，可采用国家标准中规定的电气技术文字符号。

2）在优先采用基本和辅助文字符号的前提下，可补充国家标准中未列出的双字母文字符号和辅助文字符号。

3）使用文字符号时，应按电气名词术语国家标准中规定的英文术语缩写而成。

4）基本文字符号不得超过两位字母，辅助文字符号一般不超过三位字母。文字符号采用拉丁字母大写正体字，且拉丁字母中"I"和"O"不允许单独作为文字符号使用。

3. 主电路各接点标记

三相交流电源引入线采用 L1、L2、L3 标记。

电源开关之后的三相交流电源主电路分别按 U、V、W 顺序标记。

分级三相交流电源主电路采用三相文字代表 U、V、W 的前边加上阿拉伯数字 1、2、3 等来标记。如 1U、1V、1W；2U、2V、2W 等。

各电动机分支电路各接点标记采用三相文字代号后面加数字来表示，数字中的个位数表示电动机代号，十位数字表示该支路各接点的代号，从上到下按数值大小顺序标记。如 U11 表示 M1 电动机的第一相的第一个接点代号。

电动机绕组首端分别用 U、V、W 标记，尾端分别用 U′、V′、W′ 标记。双绕组的中点则用 U″、V″、W″ 标记。

控制电路采用阿拉伯数字编号，一般由三位或三位以下的数字组成，标注方法按"等电位"原则进行。在垂直绘制的电路中，标号顺序一般由上而下编号，凡是被线圈、绕组、触点或电阻、电容等元件所间隔的线段，都应标以不同的电路标号。

2.1.2 电气控制系统图

1. 电气原理图

电气原理图是根据电气控制系统的工作原理，采用电器元件展开的形式，利用图形符号和项目代号来表示电路各电气元件中导电部件和接线端子的联接关系及工作原理。电气原理图并不按电器元件实际布置来绘制，而是根据它在电路中所起的作用画在不同的部位上。

电气原理图的绘制规则由国家标准 GB6988.4 给出。它具有结构简单、层次分明的特点，适于研究和分析电路工作原理，在设计研发和生产现场等各方面得到广泛的应用。图 2-1 为 CW6132 型普通车床电气原理图。

绘制电气原理图的原则：

（1）电器元件的可动部分通常表示在电器非激励或不工作的状态和位置；二进制逻辑元件应是置零时的状态；机械开关应是循环开始前的状态。

（2）原理图上的动力电路、控制电路和信号电路应分开绘出。①动力电路是设备的驱动电路，包括从电源到电动机的电路，是强电流通过的部分；②控制电路由按钮、接触器和继电器的线圈，各种电器的动合（常开）、动断（常闭）触点组合构成控制逻辑，实现需要的控制功能，是弱电流通过的部分。动力电路、控制电路和其他辅助的信号、照明电路、保护电路一起构成电气控制系统电气原理图。

（3）原理图上应标出各个电源电路的电压值、极性或频率及相数；某些元器件的特性（如电阻、电容的数值等）；不常用电器（如位置传感器、手动触点等）的操作方式和功能。

（4）原理图上各电路的安排应便于分析、维修和寻找故障，原理图应按其功能分开画出。

（5）动力电路的电源电路绘成水平线，受电的动力装置（电动机）及其保护电器支路，应垂直电源电路画出。

（6）控制和信号电路应垂直地绘在两条或几条水平电源线之间。耗能元件（如线圈、电磁铁、信号灯等）应位于直接接地的水平电源线上。控制触点应连在另一电

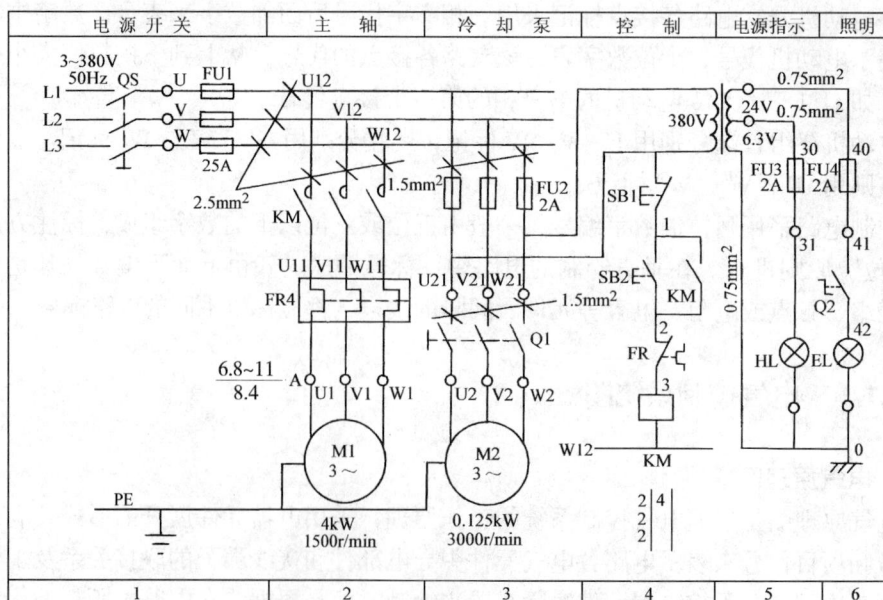

图 2-1　CW6132 型普通车床电气原理图

源线。

（7）为阅图方便，图中自左至右或自上而下表示操作顺序，并尽可能减少线条和避免线条交叉。

（8）原理图上方将图分成若干图区，并标明该区电路的用途与作用；在继电器、接触器线圈下方列有触点表以说明线圈和触点的从属关系。

2. 电气安装图

电气安装图是用来指示电气控制系统中各电器元件的实际安装位置和接线情况的。它包括电器位置图和安装接线图两个部分。

（1）电器位置图。电器位置图是用来详细表明电气原理图中各电气设备、元器件的实际安装位置，可视电气控制系统复杂程度采取集中绘制或单独绘制。图中各电器代号应与有关电路图和电器清单上所有元器件代号相同。

电器设备、元器件的布置应注意以下几方面：

1）体积大和较重的电器设备、元器件应安装在电器安装板的下方，而发热元器件应安装在电器安装板的上面。

2）强电、弱电应分开，弱电应加屏蔽，以防止外界干扰。

3）需要经常维护、检修、调整的电器元件安装位置不宜过高或过低。

4）电器元件的布置应考虑整齐、美观、对称。外形尺寸与结构类似的电器安装在一起，以利安装和配线。

5）电器元件布置不宜过密，应留有一定间距。如用走线槽，应加大各排电器间距，以利于布线和故障维修。

图 2-2 为 CW6132 型车床控制盘电器布置图，图中 FU1～FU4 为熔断器、KM 为接触器、FR 为热继电器、TC 为照明变压器、XT 为接线端子板。

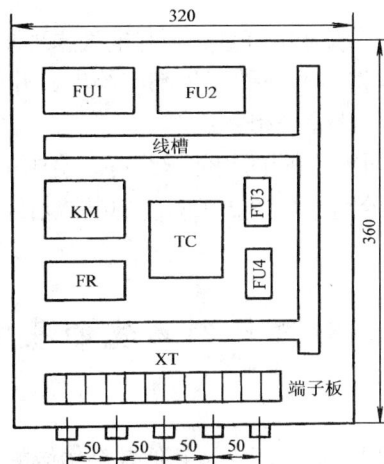

图 2-2　CW6132 型车床控制盘电器布置图

图 2-3 为 CW6132 型车床电气设备安装布置图。图中 QS 为电源开关，Q1 为转

换开关，Q2 为照明开关，SB1 为停止按钮，SB2 为起动按钮，M1、M2 分别为主轴电动机和冷却泵电动机，EL 为照明灯。

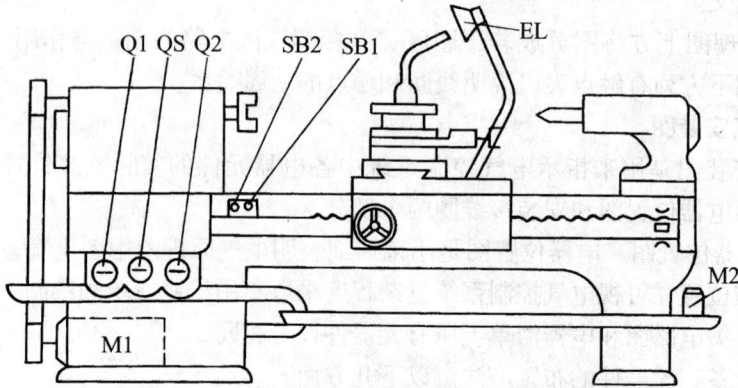

图 2-3　CW6132 型车床电气设备安装布置图

（2）安装接线图。安装接线图用来表明电气设备或装置之间的接线关系，清楚地表明电气设备外部元件的相对位置及它们之间的电气连接，是实际安装布线的依据。安装接线图主要用于电器的安装接线、线路检查、线路维修和故障处理，通常接线图与电气原理图和元件布置图一起使用。

电气接线图的绘制原则是：

1）各电气元件均按实际安装位置绘出，元件所占图面按实际尺寸以统一比例绘制，尽可能符合电器的实际情况。

2）一个元件中所有的带电部件均画在一起，并用点划线框起来，即采用集中表示法。

3）各电气元件的图形符号和文字符号必须与电气原理图一致，并符合国家标准。

4）各电气元件上凡是需接线的部件端子都应绘出，并予以编号，各接线端子的编号必须与电气原理图上的导线编号相一致。

5）绘制安装接线图时，走向相同的相邻导线可以绘成一股线。

图 2-4 是根据上述原则绘制的与图 2-1 对应的电器箱外连部分电气安装接线图。

2.2　继电—接触器控制系统的基本控制环节

电气控制技术在生产过程、科学研究及其他各个领域的应用十分广泛，其涉及面很广，各种电气控制设备种类繁多，功能各异，但就其控制原理、基本线路、设计基础而言是类似的。继电—接触器控制系统的基本控制环节主要有自锁与互锁的控制、

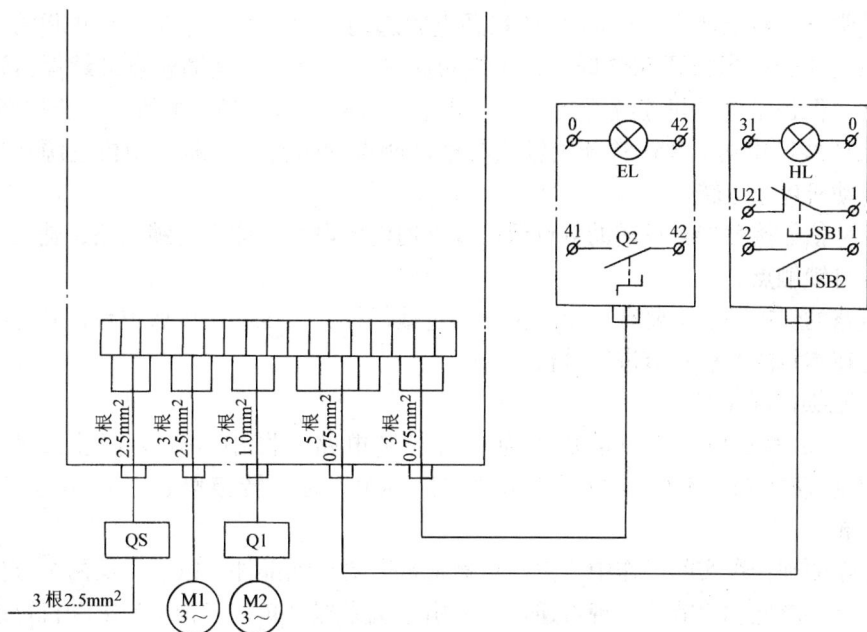

图 2-4 CW6132 型车床电气互连图

点动与连续运转的控制、多地联锁控制、顺序控制与自动循环的控制等。

2.2.1 自锁与互锁的控制

自锁与互锁的控制统称为电气的联锁控制，在电气控制电路中应用十分广泛，是最基本的控制。

1. 自锁控制环节

图 2-5 为接触器控制电动机单向运转电路。图中 Q 为三相转换开关，FU1、FU2 为熔断器，KM 为接触器，FR 为热继电器，M 为三相笼型异步电动机，SB1 为停止按钮，SB2 为起动按钮。其中，三相转换开关 Q、熔断器 FU1、接触器 KM 的主触点、热继电器 FR 的热元件和电动机 M 构成主电路，起动按钮 SB1、停止按钮 SB2、接触器 KM 的线圈及其常开辅助触点、热继电器 FR 的常闭触点和熔断器 FU2 构成控制回路。

电路工作分析：合上电源开关 Q，引入三相电源。按下起动按钮 SB2，KM 线圈通

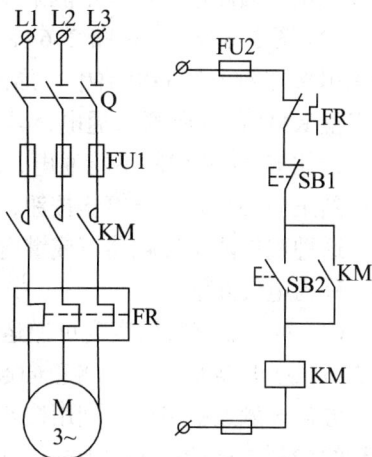

图 2-5 接触器控制电动机单向运转电路

电，其常开主触点闭合，电动机 M 接通电源起动。同时，与起动按钮并联的 KM 常开触点也闭合。当松开 SB2 时，KM 线圈通过其自身常开辅助触点继续保持通电状态，从而保证了电动机连续运转。当需要电动机停止运转时，可按下停止按钮 SB1，切断 KM 线圈电源，KM 常开主触点与辅助触点均断开，切断电动机电源和控制电路，电动机停止运转。

这种依靠接触器自身辅助触点保持线圈通电的电路，称为自锁电路，辅助常开触点称为自锁触点。

电路的保护环节主要有：短路保护、过载保护、欠压和失压保护等，其详细工作原理将在本章的最后一节进行分析。

2. 互锁控制环节

图 2-6 为三相异步电动机可逆运行控制电路。图中 SB1 为停止按钮、SB2 为正转起动按钮、SB3 为反转起动按钮，KM1 为正转接触器、KM2 为反转接触器。

工作原理：在实际工作中，生产机械常常需要运动部件可以正、反两个方向的运动，这就要求电动机能够实现可逆运行。由电机原理可知，三相交流电动机可改变定子绕组相序来改变电动机的旋转方向。因此，借助于接触器来实现三相电源相序的改变，即可实现电动机的可逆运行。

电路工作分析：

（1）由图 2-6（a）可知，按下 SB2，正转接触器 KM1 线圈通电并自锁，主触点闭合，接通正序电源，电动机正转。按下停止按钮 SB1，KM1 线圈断电，电动机停止。再按下 SB3，反转接触器 KM2 线圈通电并自锁，主触点闭合，使电动机定子绕组电源相序与正转时相序相反，电动机反转运行。

此电路最大的缺陷在于：从主电路分析可以看出，若 KM1、KM2 同时通电动作，将造成电源两相短路，即在工作中如果按下了 SB1，再按下 SB2 就会出现这一事故现象，因此这种电路不能采用。

（2）图 2-6（b）是在图 2-6（a）基础上扩展而成的。将 KM1、KM2 常闭辅助触点分别串接在对方线圈电路中，形成相互制约的控制，称为互锁。当按下 SB2 的常开触点使 KM1 的线圈瞬时通电，其串接在 KM2 线圈电路中的 KM1 的常闭辅助触点断开，锁住 KM2 的线圈不能通电，反之亦然。该电路欲使电动机由正向到反向，或由反向到正向必须先按下停止按钮，而后再反向起动。

这种利用两个接触器（或继电器）的常闭辅助触点互相控制，形成相互制约的控制，称为电气互锁。

（3）对于要求频繁实现可逆运行的情况，可采用图 2-6（c）的控制电路。它是在图 2-6（b）电路基础上，将正向起动按钮 SB2 和反向起动按钮 SB3 的常闭触点串接在对方常开触点电路中，利用按钮的常开、常闭触点的机械联接，在电路中形成相互制约的控制。这种接法称为机械互锁。

这种具有电气、机械双重互锁的控制电路是常用的、可靠的电动机可逆运行控制

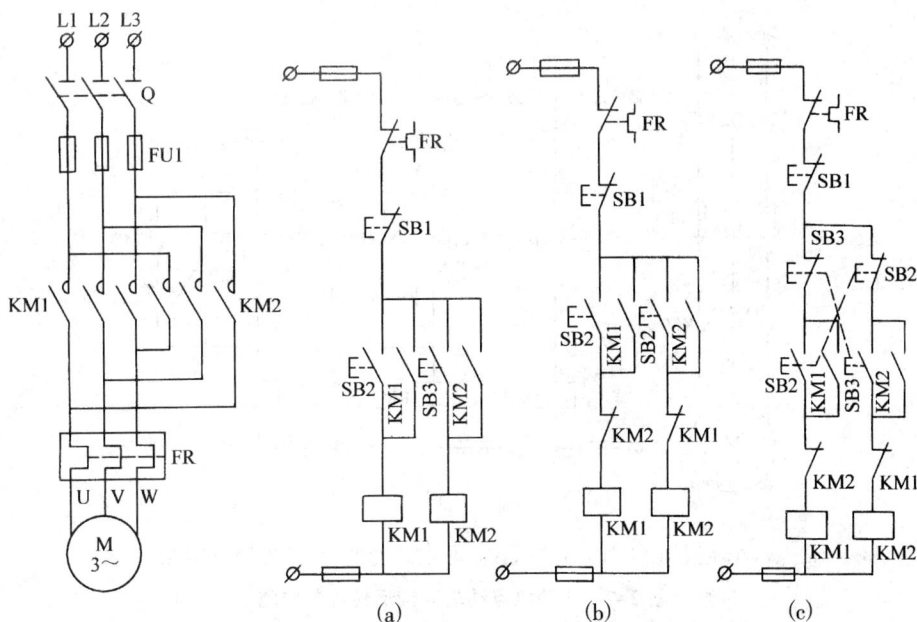

(a)无互锁电路；(b)具有电气互锁电路；(c)具有双重互锁电路

图 2-6　三相异步电动机可逆运行控制电路

电路，它既可以实现正向—停止—反向—停止的控制，又可以实现正向—反向—停止的控制。

电路的保护环节与图 2-5 相同。

2.2.2　点动与连续运转的控制

在生产实践中，某些生产机械常会要求既能正常起动，又能实现位置调整的点动工作。所谓点动，即按按钮时电动机转动工作，松开按钮后，电动机即停止工作。点动主要用于机床刀架、横梁、立柱等的快速移动、对刀调整等。

图 2-7 为电动机点动与连续运转控制的几种典型电路。其具体电路工作分析如下：

图 2-7（a）为最基本的点动控制电路。按下 SB，接触器 KM 线圈通电，常开主触点闭合，电动机起动运转；松开 SB，接触器 KM 线圈断电，其常开主触点断开，电动机停止运转。

图 2-7（b）为采用开关 SA 选择运行状态的点动控制电路。当需要点动控制时，只要把开关 SA 断开，即断开接触器 KM 的自锁触点 KM，由按钮 SB2 来进行点动控制；当需要电动机正常运行时，只要把开关 SA 合上，将 KM 的自锁触点接入控制电路，即可实现连续控制。

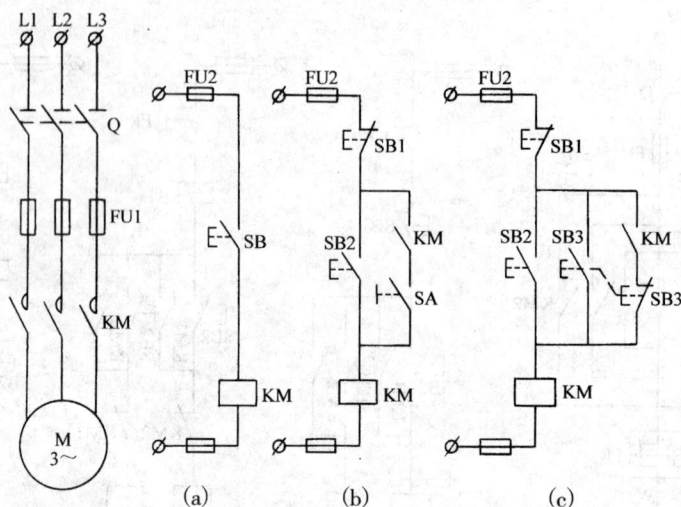

(a) 基本点动控制电路；(b) 开关选择运行状态的电路；(c) 两个按扭控制的电路

图 2-7　电动机点动与连续运转控制电路

图 2-7 (c) 为用点动控制按钮常闭触点断开自锁回路的点动控制电路，控制电路中增加了一个复合按钮 SB3 来实现点动控制。SB1 为停止按钮、SB2 为连续运转起动按钮、SB3 为点动控制按钮。当需要点动控制，按下 SB3 时，其常闭触点先将自锁回路切断，然后常开触点才接通接触器 KM 线圈使其通电，KM 常开主触点闭合，电动机起动运转；当松开 SB3 时，其常开触点先断开，接触器 KM 线圈断电，KM 常开主触点断开，电动机停转，然后 SB3 常闭触点才闭合，但此时 KM 常开辅助触点已断开，KM 线圈无法保持通电，即可实现点动控制。

由以上电路工作分析看出，点动控制电路的最大特点是取消了自锁触点。

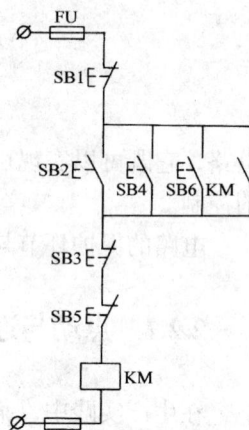

图 2-8　多地控制电路图

2.2.3　多地联锁控制

在大型生产设备上，为使操作人员在不同方位均能进行控制操作，常常要求组成多地联锁控制电路，如图 2-8 所示。

从图 2-8 电路中可以看出，多地控制电路只需多用几个起动按钮和停止按钮，无需增加其他电器元件。起动按钮应并联，停止按钮应串联，分别装在几个地方。

从电路工作分析可以得出以下结论：若几个电器都能控制某接触器通电，则几个电器的常开触点应并联到某接触器的线圈控制电路，即形成逻辑"或"关系；若几个电器都能控制某接触器断电，则几个电器的常闭触点应串联到某接触器的线圈控制电路，形成逻辑"与""非"的关系。

2.2.4 顺序控制环节

在机床的控制电路中，常常要求电动机的起动和停止按照一定的顺序进行。如磨床要求先起动润滑油泵，然后再起动主轴电动机；铣床的主轴旋转后，工作台方可移动等。顺序工作控制电路有顺序起动、同时停止控制电路，顺序起动、顺序停止控制电路，还有顺序起动、逆序停止控制电路。

图 2-9、图 2-10 分别为两台电动机顺序控制电路图，其电路工作分析如下：

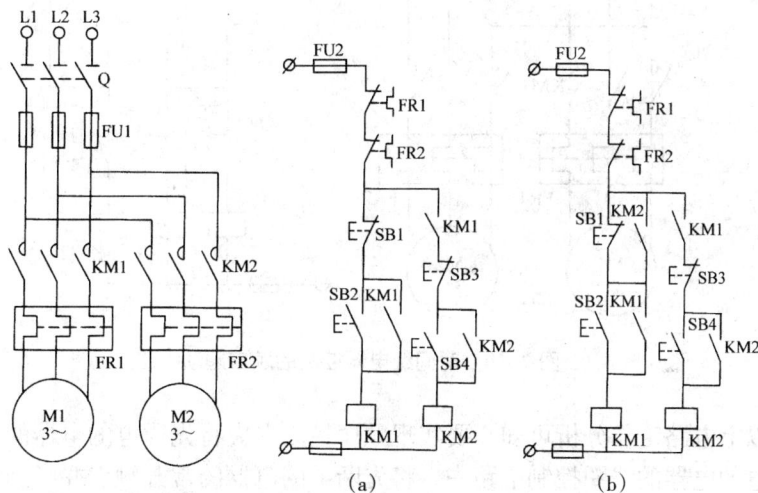

（a）按顺序起动电路；（b）按顺序起动、停止的控制电路

图 2-9　两台电动机顺序控制电路图

图 2-9（a）为两台电动机顺序起动、同时停止控制电路。在此电路的控制电路中，只有 KM1 线圈通电后，其串入 KM2 线圈控制电路中的常开触点 KM1 闭合，才能使 KM2 线圈存在通电的可能，以此制约了 M2 电动机的起动顺序。当按下 SB1 按钮时，接触器 KM1 线圈断电，其串接在 KM2 线圈控制电路中的常开辅助触点断开，保证了 KM1 和 KM2 线圈同时断电，其常开主触点断开，两台电动机 M1、M2 同时停止。

图 2-9（b）为两台电动机顺序起动，逆序停止控制电路。其顺序起动工作不再分析，由读者自行分析。此控制电路停止时，必须先按下 SB3 按钮，切断 KM2 线圈的供电，电动机 M2 停止运转；其并联在按钮 SB1 下的常开辅助触点 KM2 断开，此时再按下 SB1，才能使 KM1 线圈断电，电动机 M1 停止运转。

图 2-10 为利用时间继电器控制的顺序起动电路。其电路的关键在于利用时间继

电器自动控制 KM2 线圈的通电。当按下 SB2 按钮时，KM1 线圈通电，电动机 M1 起动，同时时间继电器线圈 KT 通电，延时开始。经过设定时间后，串接入接触器 KM2 控制电路中的时间继电器 KT 的动合触点闭合，KM2 线圈通电，电动机 M2 起动。

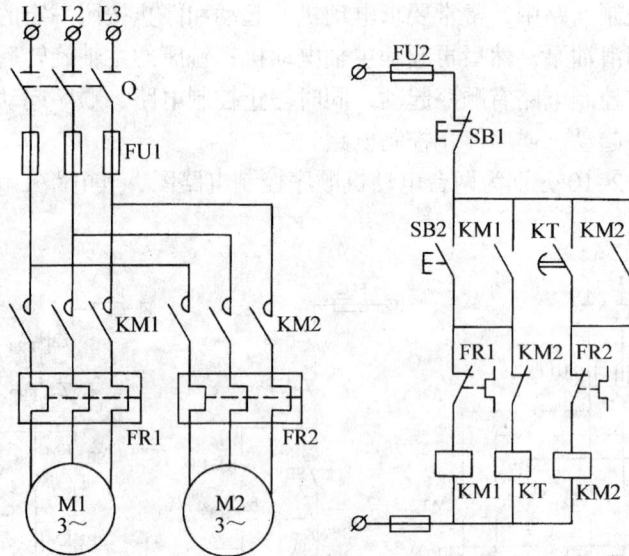

图 2-10   时间继电器控制的顺序起动电路

通过以上电路工作分析可知，要实现顺序控制，应将先通电的电器的常开触点串接在后通电的电器的线圈控制电路中，将先断电的电器的常开触点并联到后断电的电器的线圈控制电路中的停止按钮（或其他断电触点）上。其具体方法有接触器和继电器触点的电气联锁、复合按钮联锁、行程开关联锁等。

2.2.5   自动往复循环控制

机械设备中如机床的工作台、高炉加料设备等均需要自动往复运行，而自动往复的可逆运行通常是利用行程开关来检测往复运动的相对位置，进而控制电动机的正反转来实现生产机械的往复运动。

图 2-11 为自动往复循环运动示意图及控制电路。

在图 2-11（a）中，行程开关 SQ1、SQ2 分别固定安装在机床床身上，定义加工原点与终点；撞块 A、B 固定在工作台上，随着运动部件的移动分别压下行程开关 SQ1、SQ2，使其触点动作，改变控制电路的通断状态，使电动机实现可逆运行，完成运动部件的自动往复运动。

图 2-11（b）为自动往复循环的控制电路，SQ1 为反向转正向行程开关，SQ2 为

正向转反向行程开关，SQ3、SQ4 为正反向极限保护用行程开关。合上电源开关 Q，按下正向起动按钮 SB2，接触器 KM1 通电并自锁，电动机正向起动运转并拖动运动部件前进，当运动部件前进到位，撞块 B 压下 SQ2，其常闭触点断开，KM1 线圈断电，电动机停转；同时，SQ2 常开触点闭合，使 KM2 线圈通电并自锁，电动机反向起动运转并拖动运动部件后退；当后退到位时，撞块 A 压下 SQ1，使 KM2 线圈断电，同时使 KM1 线圈通电，电动机由反转变正转，拖动运动部件由后退变前进，如此周而复始地自动往复循环。当按下 SB1 时，KM1、KM2 线圈都断电，电动机停止运转，运动部件停止。

SQ3、SQ4 用于当行程开关 SQ1、SQ2 失灵，则由极限保护行程开关 SQ3、SQ4 实现保护，切断接触器线圈控制电路，避免运动部件因超出极限位置而发生事故。

利用行程开关按照机械设备的运动部件的行程位置进行的控制，称为行程控制原则，是机械设备自动化和生产过程自动化中应用最广泛的控制方法之一。

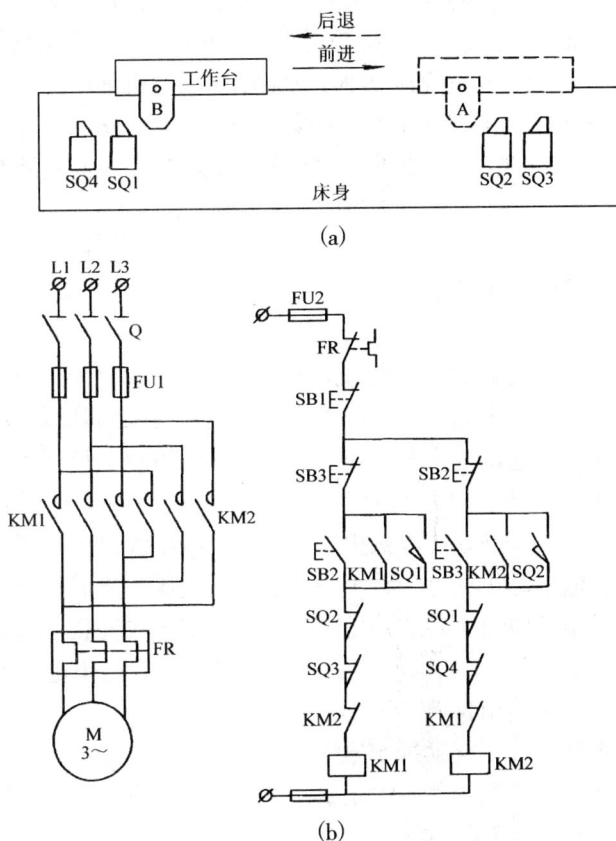

(a) 机床工作台自动往复运动示意图；(b) 自动往复循环控制电路

图 2-11 自动往复循环控制

2.3 三相异步电动机的起动控制

三相笼型异步电动机具有结构简单、坚固耐用、价格便宜、维修方便等优点，获得了广泛的应用。三相笼型异步电动机的起动控制有直接起动与降压起动两种方式。电工学课程中已讲授了如何决定起动方式的知识，我们在这里只讨论电气控制电路如何满足各种起动要求。

2.3.1 直接起动控制电路

笼型异步电动机的直接起动是一种简单、可靠、经济的起动方法，但过大的起动电流会造成电网电压显著下降，直接影响在同一电网工作的其他电动机，故直接起动电动机的容量受到一定限制，一般容量小于10kW的电动机常用直接起动方式。

三相笼型异步电动机直接起动控制电路如图2-5、图2-6、图2-7所示，其电路工作分析在前一节已作详细说明，在此不再重复。此类控制电路的重点在于自锁控制（已在前一节详述）和各种保护环节的作用，请读者认真理解。

2.3.2 降压起动控制电路

三相笼型电动机容量较大时，一般应采用降压起动，有时为了减小和限制起动时对机械设备的冲击，即使允许直接起动的电动机，也往往采用降压起动。

三相笼型电动机降压起动的实质，就是在电源电压不变的情况下，起动时减小加在电动机定子绕组上的电压，以限制起动电流，而在起动后再将电压恢复至额定值，电动机进入正常运行。减压起动可以减少起动电流，减小线路电压降，也就减小了起动时对线路的影响，但电动机的电磁转矩是与定子端电压平方成正比，所以减压起动使得电动机的起动转矩相应减小，故减压起动适用于空载或轻载下起动。

三相笼型电动机降压起动的方法有：定子绕组电路串电阻电抗器；Y—△联接降压起动；延边三角形和使用自耦变压器起动等。

1. 星形—三角形联接降压起动控制电路

正常运行时定子绕组接成三角形的笼型三相异步电动机可采用星形—三角形降压起动的方法达到限制起动电流的目的。

起动时，定子绕组接成星形，待转速上升到接近额定转速时，再将定子绕组的接线换接成三角形，电动机进入全电压正常运行状态。由电工基础知识可知：

$I_{\triangle L} = 3I_{YL}$

因此，Y 联接时起动电流仅为△联接时的 1/3，相应的起动转矩也是△联接时的 1/3。

图 2-12 为星形—三角形起动电路，适用于 125kW 及以下的三相笼型异步电动机作星形—三角形减压起动和停止控制。该电路由接触器 KM1、KM2、KM3，热继电器 FR，时间继电器 KT，按钮 SB1、SB2 等元件组成，并具有短路保护、过载保护和失压保护等功能。

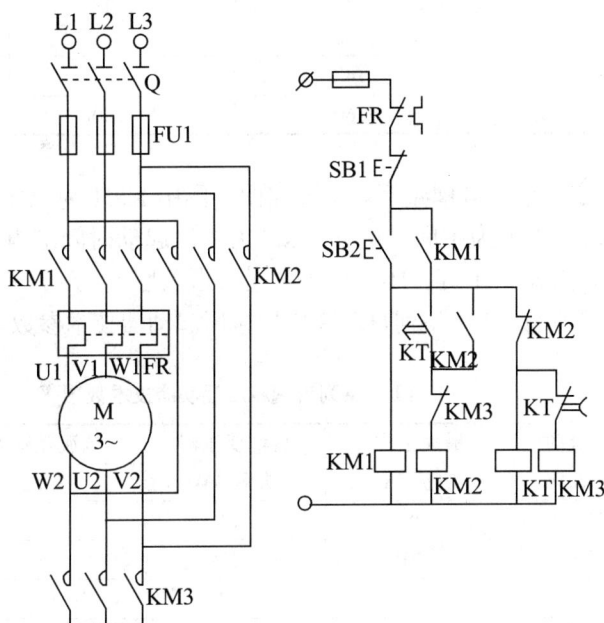

图 2-12　星形—三角形起动电路

电路工作分析：合上电源开关 Q，按下起动按钮 SB2，KM1、KT、KM3 线圈同时通电并自锁，电动机三相定子绕组联接成星形接入三相交流电源进行减压起动；当电动机转速接近额定转速时，通电延时型时间继电器动作，KT 常闭触点断开，KM3 线圈断电释放；同时 KT 常开触点闭合，KM2 线圈通电吸合并自锁，电动机绕组联接成三角形全压运行。当 KM2 通电吸合后，KM2 常闭触点断开，使 KT 线圈断电，避免时间继电器长期工作。KM2、KM3 触点为互锁触点，以防止同时接成星形和三角形造成电源短路。

表 2-1 为 QX4 系列自动星形—三角形起动器技术数据。

2. 自耦变压器减压起动控制

电动机自耦变压器减压起动是将自耦变压器一次侧接在电网上，起动时定子绕组接在自耦变压器二次侧上。起动时定子绕组得到的电压是自耦变压器的二次侧电压，待电动机转速接近额定转速时，切断自耦变压器电路，把额定电压直接加在电动机的定子绕组上，电动机进入全压正常运行。

表 2-1 QX4 系列自动星形—三角形起动器技术数据

型 号	控制电动机功率 /kW	额定电流 /A	热继电器额定电流 /A	时间继电器整定值 /S
QX4-17	13	26	15	11
	17	33	19	13
QX4-30	22	42.5	25	15
	38	58	34	17
QX4-55	40	77	45	20
	55	105	61	24
QX4-75	75	142	85	30
QX4-125	125	260	100~160	14~60

图 2-13 为 XJ01 系列自耦减压起动电路图。图中 KM1 为减压起动接触器，KM2 为全压运行接触器，KA 为中间继电器，KT 为减压起动时间继电器，HL1 为电源指示灯，HL2 为减压起动指示灯，HL3 为正常运行指示灯。

表 2-2 列出了部分 XJ01 系列自耦变压器减压起动器技术参数。

表 2-2 XJ01 系列自耦减压起动器技术数据

型 号	被控制电动机功率 /kW	最大工作电流 /A	自耦变压器功率 /kW	电流互感器变比	热继电器整定电流 /A
XJ01-14	14	28	14	—	32
XJ01-20	20	40	20	—	40
XJ01-28	28	58	28	—	63
XJ01-40	40	77	40	—	85
XJ01-55	55	110	55	—	120
XJ01-75	75	142	75	—	142
XJ01-80	80	152	115	300/5	2.8
XJ01-95	95	180	115	300/5	3.2
XJ01-100	100	190	115	300/5	3.5

电路工作分析：合上主电路与控制电路电源开关 Q，HL1 灯亮，表示电源电压正常。按下起动按钮 SB2，KM1、KT 线圈同时通电并自锁，将自耦变压器接入主电路，电动机由自耦变压器供电作减压起动，同时指示灯 HL1 灭，HL2 亮，显示电动机正进行减压起动。当电动机转速接近额定转速时，时间继电器 KT 通电延时闭合触点闭合，使 KA 线圈通电并自锁，其常闭触点断开 KM1 线圈供电控制电路，KM1 线圈断电释放，将自耦变压器从主电路切除；KA 的另一对常闭触点断开，HL2 指示灯灭；KA 的常开触点闭合，接触器 KM2 线圈通电吸合，电源电压全部加在电动机定子上，电动机在额定电压下正常运转，同时，KM2 常开触点闭合，HL3 指示灯亮，表示电动机减压起动结束。由于自耦变压器星形联接部分的电流为自耦变压器一、二次电流

之差，所以用 KM2 辅助触点来连接。

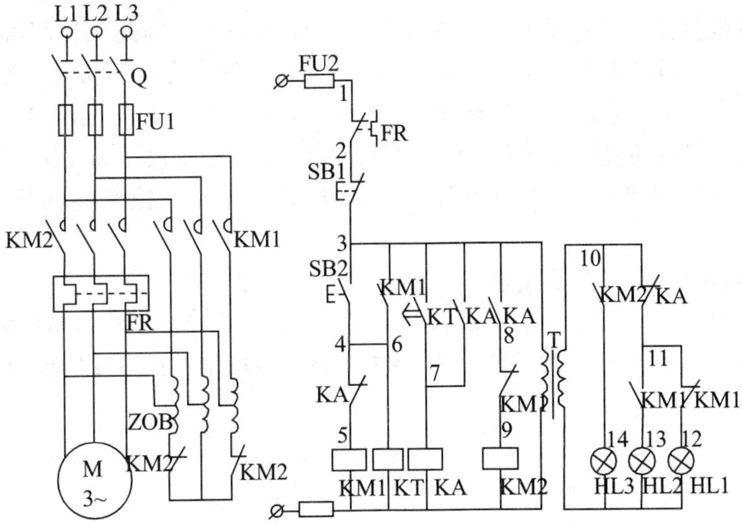

图 2-13　XJ01 系列自耦减压起动电路图

自耦变压器绕组一般具有多个抽头以获得不同的变化，自耦变压器减压起动比 Y—△减压起动获得的起动转矩要大得多，所以自耦变压器又称为起动补偿器，是三相笼型异步电动机最常用的一种减压起动装置。

2.4　三相异步电动机的制动控制

在生产过程中，许多机床（如万能铣床、组合机床等）都要求能迅速停车和准确定位，这就要求必须对拖动电动机采取有效的制动措施。制动控制的方法有两大类：机械制动和电气制动。

机械制动是采用机械装置产生机械力来强迫电动机迅速停车；电气制动是使电动机产生的电磁转矩方向与电动机旋转方向相反，起制动作用。电气制动有反接制动、能耗制动、再生制动，以及派生的电容制动等。这些制动方法各有特点，适用于不同的环境。本节介绍几种类型的制动控制电路。

2.4.1　反接制动控制电路

从电工学课程中我们了解到，反接制动实质上是改变异步电动机定子绕组中的三相电源相序，使定子绕组产生与转子方向相反的旋转磁场，因而产生制动转矩的一种制动方法。

电动机反接制动时，转子与旋转磁场的相对速度接近于两倍的同步转速，所以定子绕组流过的反接制动电流相当于全压起动电流的两倍，因此反接制动的制动转矩大、制动迅速，但冲击大，通常适用于 10kW 及以下的小容量电动机。为防止绕组过热、减小冲击电流，通常在笼型异步电动机定子电路中串入反接制动电阻。另外，采用反接制动，当电动机转速降至零时，要及时将反接电源切断，防止电动机反向再起动，通常控制电路是用速度继电器来检测电动机转速并控制电动机反接电源的断开。

1. 电动机单向反接制动控制

（1）电路图。图 2-14 为电动机单向反接制动控制电路。图中 KM1 为电动机单向运行接触器，KM2 为反接制动接触器，KS 为速度继电器，R 为反接制动电阻。

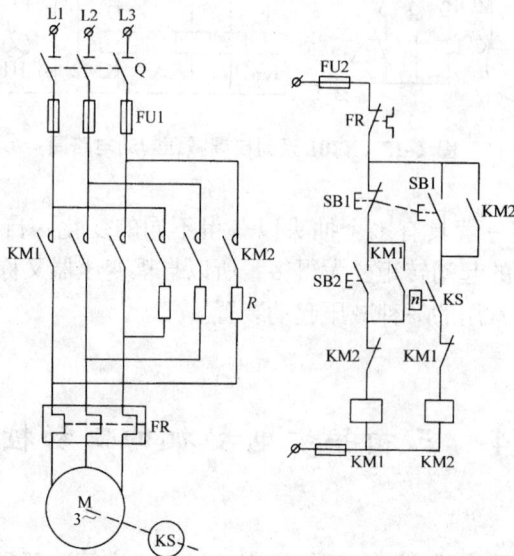

图 2-14　电动机单向反接制动控制电路

（2）电路工作分析。

1）单向起动及运行。合上电源开关 Q，按下 SB2，KM1 通电并自锁，电动机全压起动并正常运行，与电动机有机械联接的速度继电器 KS 转速超过其动作值时，其相应的触点闭合，为反接制动作准备。

2）反接制动。停车时，按下 SB1，其常闭触点断开，KM1 线圈断电释放，KM1 常开主触点和常开辅助触点同时断开，切断电动机原相序三相电源，电动机惯性运转。当 SB1 按到底时，其常开触点闭合，使 KM2 线圈通电并自锁，KM2 常闭辅助触点断开，切断 KM1 线圈控制电路。同时其常开主触点闭合，电动机串三相对称电阻接入反相序三相电源进行反接制动，电动机转速迅速下降。当转速下降到速度继电器 KS 释放转速时，KS 释放，其常开触点复位断开，切断 KM2 线圈控制电路，KM2 线圈断电释放，其常开主触点断开，切断电动机反相序三相交流电源，反接制动结束，电动机自然停车。

2. 电动机可逆运行反接制动控制

（1）电路图。图 2-15 为电动机可逆运行反接制动控制电路。图中 KM1、KM2 为电动机正、反向控制接触器，KM3 为短接电阻接触器，KA1、KA2、KA3、KA4 为中间继电器，KS 为速度继电器，其中 KS-1 为正向闭合触点、KS-2 为反向闭合触点，R 为限流电阻，具有限制起动电流和制动电流的双重作用。

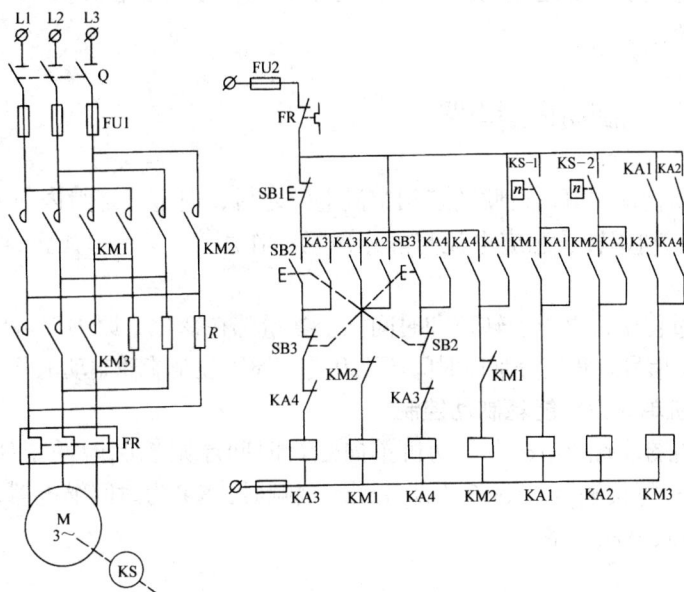

图 2-15　电动机可逆运行反接制动控制电路

（2）电路工作分析。

1）正向减压起动。合上电源开关 Q，按下 SB2，正向中间继电器 KA3 线圈通电并自锁，其常闭触点断开互锁了反向中间继电器 KA4 的线圈控制电路；KA3 常开触点闭合，使 KM1 线圈控制电路通电，KM1 主触点闭合使电动机定子绕组串电阻 R 接通正相序三相交流电源，电动机减压起动。同时 KM1 常闭触点断开互锁了反向接触器 KM2，其常开触点闭合为 KA1 线圈通电做准备。

2）全压运行。当电动机转速上升至一定值时，速度继电器 KS 正转常开触点 KS-1 闭合，KA1 线圈通电并自锁。此时 KA1、KA3 的常开触点均闭合，接触器 KM3 线圈通电，其常开主触点闭合短接限流电阻 R，电动机全压运行。

3）反接制动。需停车时，按下 SB1，KA3、KM1、KM3 线圈相继断电释放，KM1 主触点断开，电动机惯性高速旋转，使 KS-1 维持闭合状态，同时 KM3 主触点断开，定子绕组串入电阻 R。由于 KS-1 维持闭合状态，使得中间继电器 SA1 仍处于吸合状态，KM1 常闭触点复位后，反向接触器 KM2 线圈通电，其常开主触点闭合，使电动机定子绕组串电阻 R 获得反相序三相交流电源，对电动机进行反接制动，电动机转速迅速下降。同时，KM2 常闭触点断开了互锁正向接触器 KM1 线圈的控制电路。当电动机转速低于速度继电器释放值时，速度继电器常开触点 KS-1 复位断开，KA1 线圈断电释放，其常开触点断开，切断接触器 KM2 线圈控制电路，KM2 线圈断电释放，其常开主触点断开，反接制动过程结束。

电动机反向起动和反接制动停车控制电路工作情况与上述相似，在此不再复述。所不同的是速度继电器起作用的是反向触点 KS-2，中间继电器 KA2 替代了 KA1，请读者自行分析。

2.4.2 能耗制动控制电路

能耗制动就是在电动机脱离三相交流电源之后，向定子绕组内通入直流电流，建立静止磁场，利用转子感应电流与静止磁场的作用产生制动的电磁转矩，达到制动目的。

在制动过程中，电流、转速和时间三个参量都在变化，原则上可以任取其中一个参量作为控制信号。我们分别以时间原则和速度原则控制能耗制动电路为例进行分析。

1. 电动机单向运行能耗制动控制

（1）电路图。图 2-16 为电动机单向运行时间原则控制能耗制动电路图。图中 KM1 为单向运行接触器，KM2 为能耗制动接触器，KT 为时间继电器，T 为整流变压器，UR 为桥式整流电路。

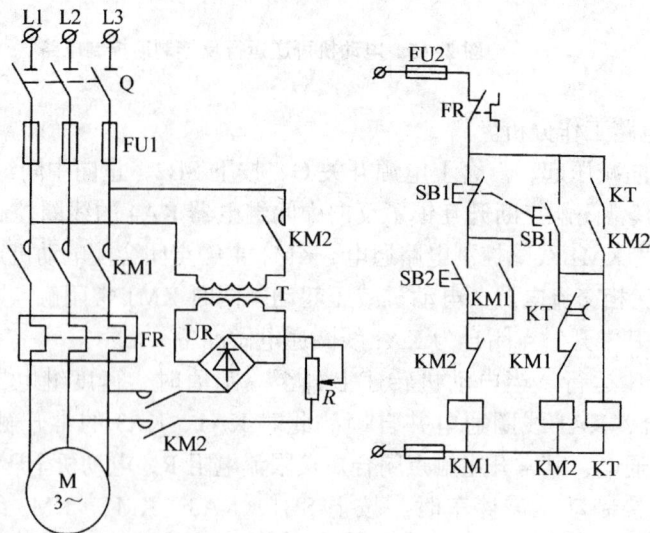

图 2-16 电动机单向运行时间原则能耗制动控制电路

（2）电路工作分析。按下 SB2，KM1 通电并自锁，电动机单向正常运行。此时若要停机，按下停止按钮 SB1，KM1 断电，电动机定子脱离三相交流电源；同时 KM2 通电并自锁，将二相定子接入直流电源进行能耗制动，在 KM2 通电的同时 KT 也通电。电动机在能耗制动作用下转速迅速下降，当接近零时，KT 延时时间到，其延时触点动作，使 KM2、KT 相继断电，制动过程结束。

图中 KT 的瞬动常开触点与 KM2 自锁触点串接，其作用是：当发生 KT 线圈断线或机械卡住故障，致使 KT 常闭通电延时断开触点断不开，常开瞬动触点也合不上时，只有按下停止按钮 SB1，成为点动能耗制动。若无 KT 的常开瞬动触点串接 KM2 常开触点，在发生上述故障时，按下停止按钮 SB1 后，将使 KM2 线圈长期通电吸合，使电动机两相定子绕组长期接入直流电源。

2. 电动机可逆运行能耗制动控制

（1）电路图。图 2-17 为速度原则控制电动机可逆运行能耗制动电路。图中 KM1、KM2 为电动机正、反向接触器，KM3 为能耗制动接触器，KS 为速度继电器。

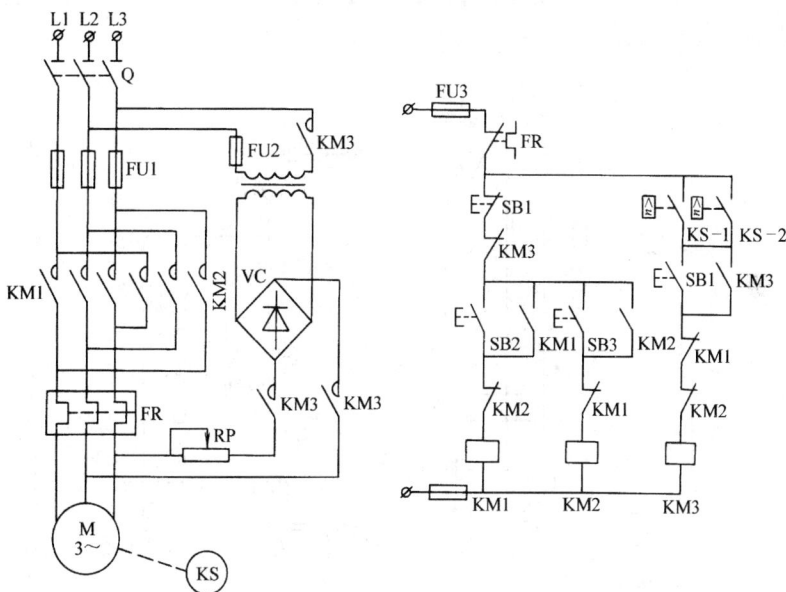

图 2-17　速度原则控制电动机可逆运行能耗制动电路

（2）电路工作分析。

1）正、反向起动。合上电源开关 Q，按下正转或反转起动按钮 SB2 或 SB3，相应接触器 KM1 或 KM2 通电并自锁，电动机正常运转。速度继电器相应触点 KS-1 或 KS-2 闭合，为停车接通 KM3，实现能耗制动做准备。

2）能耗制动。停车时，按下停止按钮 SB1，定子绕组脱离三相交流电源，同时 KM3 通电，电动机定子接入直流电源进行能耗制动，转速迅速下降，当转速降至

100r/min 时，速度继电器释放，其 KS-1 或 KS-2 触点复位断开，此时 KM3 断电。能耗制动结束，以后电动机自然停车。

对于负载转矩较为稳定的电动机，能耗制动时采用时间原则控制为宜，因为此时对时间继电器的延时整定较为固定。而对于那些能够通过传动机构来反映电动机转速的，采用速度原则控制较为合适，应视具体情况而定。

2.4.3 无变压器单管能耗制动控制电路

为简化能耗制动电路，减少附加设备，在制动要求不高、电动机功率在 10KW 以下时，可采用无变压器的单管能耗制动电路。它是采用无变压器的单管半波整流作为直流电源，这种电流体积小，成本低。

图 2-18 为无变压器单管能耗制动电路。图中 KM1 为线路接触器，KM2 为制动接触器，KT 为能耗制动时间继电器。该电路其整流电源电压为 220V，它由制动接触器 KM2 主触点接至电动机定子两相绕组，并由另一相绕组经整流二极管 VD 和电阻 R 接到零线，构成回路。

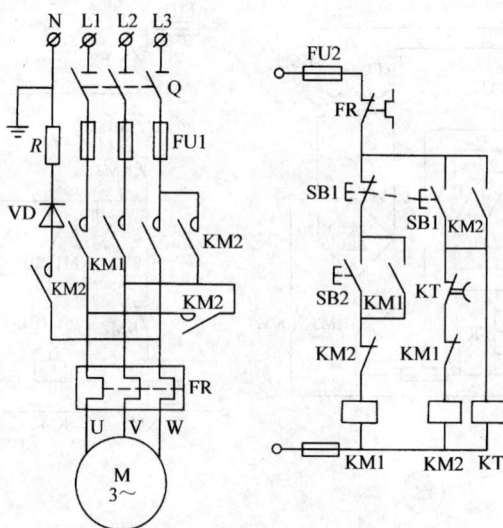

图 2-18 电动机无变压器单管能耗制动电路

该电路工作情况与图 2-16 相似，读者可自行分析。

2.5 三相异步电动机的调速控制

为使生产机械获得更大的调速范围，除采用机械变速外，还可采用电气控制方法实现电动机的多速运行。

由于感应电动机转速 $n = 60f_1(1-s)/p_1$，所以电动机转速与定子绕组的极对数、转差率及电源频率有关。因此，三相异步电动机调速方法有变极对数、变转差率和变频调速三种。变极调速一般仅适用于笼型异步电动机；变转差率调速可通过调节定子电压、改变转子电路中的电阻以及采用串级调速来实现；变频调速是现代电力传动的一个主要发展方向，已广泛应用于工业自动控制中。本节介绍三相笼型异步电动机变极调速控制电路和三相绕线式转子电动机串电阻调速控制电路以及三相异步电动机变频调速的基础知识。

2.5.1 三相笼型电动机变极调速控制

变极调速是通过接触器触点来改变电动机绕组的接线方式，以获得不同的极对数来达到调速目的。变极电动机一般有双速、三速、四速之分。双速电动机定子装有一套绕组，而三速、四速电动机则为两套绕组，图 2-19 为双速电动机三相绕组接线图，(a)图为三角形（四极，低速）与双星形（二极，高速）接法；(b)图为星形（四极，低速）与双星形（二极，高速）接法。

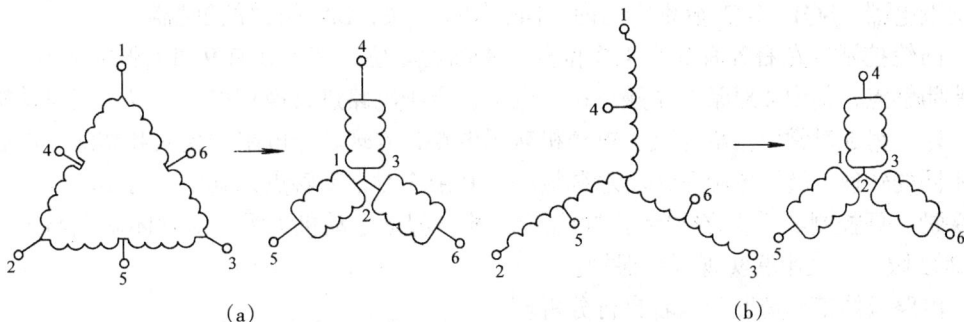

图 2-19 双速电动机三相绕组连接图

图 2-20 为双速电动机变极调速控制电路。图中 KM1 为电动机三角形联接接触器，KM2、KM3 为电动机双星形联接接触器。KT 为电动机低速换高速时间继电器，SA 为高、低速选择开关，其有三个位置："左"位为低速，"右"位为高速，"中间"位为停止。

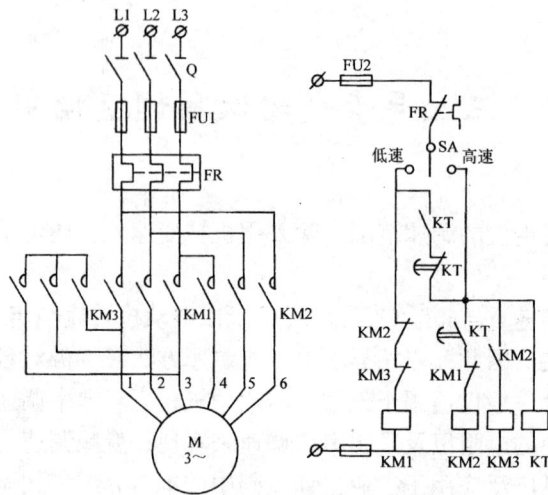

图 2-20 双速电动机变极调速控制电路

该电路的具体工作原理，由读者自行分析。

2.5.2　三相绕线转子电动机转子串电阻调速控制

为满足起重运输机械对拖动电机起动转矩大，速度可以调节的要求，常使用三相绕线转子电动机转子串电阻，用控制器来接通接触器线圈，再用相应接触器的主触点来实现电动机的正反转与短接转子电阻来实现电动机调速的目的。

图 2-21 为凸轮控制器控制电动机调速电路。图中 KM 为线路接触器，KA 为过电流继电器，SQ1、SQ2 分别为向前、向后限位开关，SA 为凸轮控制器。

凸轮控制器左右各有 5 个工作位置，中间为零位，其上共有 9 对常开主触点，3 对常闭触点，其中 4 对常开主触点接于电动机定子电路进行换相控制，以实现电动机正反转，另 5 对常开主触点接于电动机转子电路，实现转子电阻的接入和切除，以获得不同的转速，转子电阻采用不对称接法。其余 3 对常闭触点，其中 1 对用以实现零位保护，即控制器手柄必须置于"0"位，才可起动电动机，另 2 对常闭触点与 SQ1 和 SQ2 限位开关串联实现限位保护。

电路具体工作情况请读者自行分析。

2.5.3　三相异步电动机变频调速控制

交流电动机变频调速是近 20 年来发展起来的新技术。随着电力电子技术和微电子技术的迅速发展，交流调速系统已进入实用化、系列化，采用变频器的变频装置已获得广泛应用。

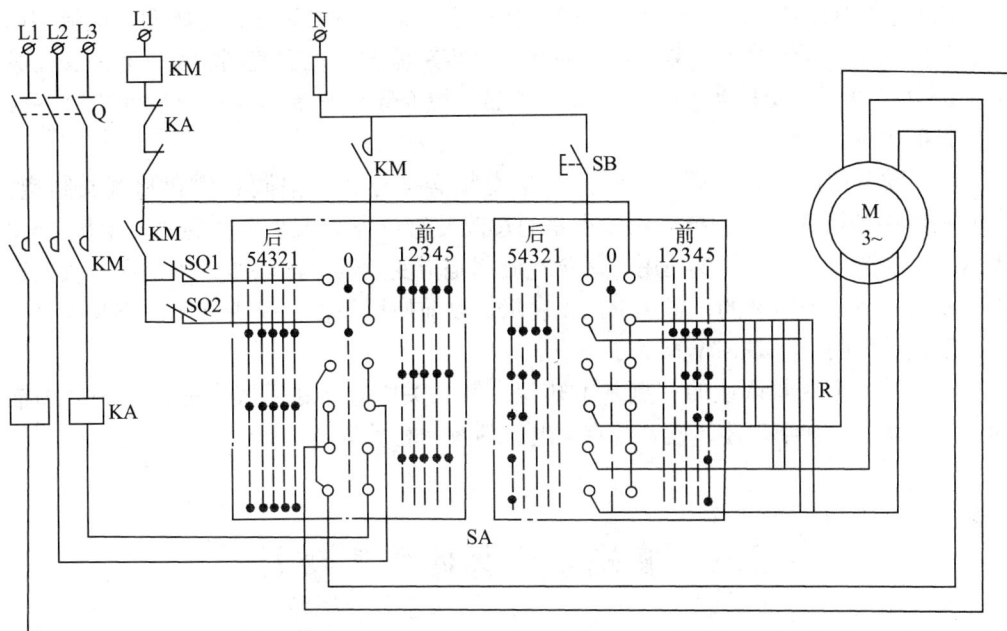

图 2-21　凸轮控制器控制电动机调速电路

1. 变频调速原理

由三相异步电动机转速公式 $n = (1-s)60f_1/p_1$，可知只要连续改变电动机交流电源的频率 f_1，就可实现连续调速。交流电源的额定频率 $f_{1N} = 50Hz$，所以变频调速有额定频率以下调速和额定频率以上调速两种。

（1）额定频率以下的调速。当电源频率 f_1 在额定频率以下调速时，电动机转速下降，但在调节电源频率的同时，必须同时调节电动机的定子电压 U_1，且始终保持 $U_1/f_1 = $ 常数，否则电动机无法正常工作。电动机额定频率以下的调速为恒磁通调速，由于 Φm 不变，调速过程中电磁转矩 $T = C_1\Phi mI_{2s}\cos\varphi_2$ 不变，属于恒转矩调速。

（2）额定频率以上的调速。当电源频率 f_1 在额定频率以上调节时，电动机的定子相电压是不允许在额定相电压以上调节的，否则会危及电动机的绝缘。所以，电源频率上调时，只能维持电动机定子额定相电压 U_{1N} 不变。于是，随着 f_1 升高，Φm 将下降，但 n 上升，故属于恒功率调速。

2. 变频器

三相异步电动机变频调速所用的变频电源有两种：一种是变频机组，另一种是静止的变频装置变频器。变频机组由直流电动机和交流发电机组成，调节直流电动机转速就能改变交流发电机的频率，变频机组设备庞大，可靠性差。随着现代电力电子技术的飞速发展，静止式变频器已完全取代了早期的旋转变频机组。

（1）变频器按变频的原理分为交—交变频器和交—直—交变频器，目前使用最多的变频器为交—直—交变频器。

（2）根据直流环节的储能方式不同，交—直—交变频器又分为电压型和电流型两种。①电压型变频器是指变频器整流后是由电容来滤波，现在使用的交—直—交变频器大部分是电压型变频器。②电流型变频器是指变频器整流后是由电感元件来滤波的，目前少见。

（3）根据调压方式不同，交—直—交变频器又分为脉幅调制型和脉宽调制型。①脉幅调制是指变频器输出电压大小是通过改变直流电压大小来实现的。常用 PAM 表示，这种调压方式已很少使用。②脉宽调制是指变频器输出电压大小是通过改变输出脉冲的占空比来实现的，常用 PWM 表示。目前使用最多的是占空比按正弦规律变化的正弦脉宽调制，即 SPWM 方式。

以上是关于变频调速的一点基本知识，其相关内容将在后续专业课程中详细描述，在此就不再详细表述，读者若有问题，请查阅相关资料。

2.6　直流电动机的电气控制

直流电动机具有良好的起动、制动与调速性能，容易实现各种运行状态的自动控制。因此在工业生产中直流拖动系统得到了广泛的应用，直流电动机的控制已成为电力拖动自动控制的重要组成部分。

直流电动机有串励、并励、复励和他励四种，其控制电路基本相同。本节仅介绍直流他励电动机的起动、反向、制动和调速的电气控制。

2.6.1　直流电动机单向运转起动控制

直流电动机在额定电压下直接起动，起动电流可高达额定电流的 $10\sim20$ 倍，产生很大的起动转矩，导致电动机换向器和电枢绕组的损坏，必须采用加大电枢电阻或减低电枢电压的方法来限制起动电流。同时，他励直流电动机在弱磁或零磁时会产生"飞车"现象，因此在接入电枢电压前，应先接入额定励磁电压，并且在励磁回路中设有弱磁保护环节。

1. 电路图

图 2-22 为直流电动机电枢串入二级电阻，按时间原则单向起动控制电路。图中 KA1 为过电流继电器，KM1 为起动接触器，KM2、KM3 为短接起动电阻接触器，KT1、KT2 为时间继电器，KA2 为欠电流继电器，R3 为放电电阻。

2. 电路工作情况分析

合上电源开关 Q1 和控制开关 Q2，KA2 线圈通电吸合，其常开触点闭合；同时，KT1 线圈通电吸合，其常闭触点断开，切断 KM2、KM3 线圈控制电路，保证起动串入电阻 R_1、R_2。按下起动按钮 SB2，KM1 通电并自锁，其常开主触点闭合，接通电

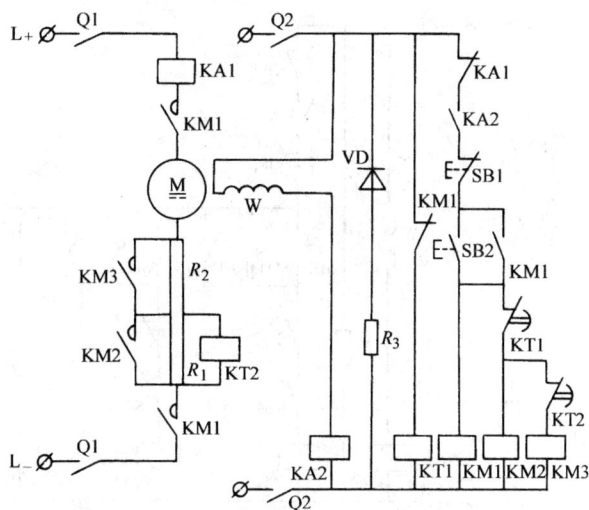

图 2-22 直流电动机电枢串两级电阻，按时间原则单向起动控制电路

动机电枢电路，电枢串入二级电阻起动；同时 KM1 常闭触点断开，KT1 线圈断电，为延时使 KM2、KM3 通电短接电枢回路电阻做准备。在电动机起动的同时，并接于 R_1 电阻的 KT2 线圈通电，其常闭触点打开，使 KM3 不能通电，确保电阻 R_2 串入。

经过一段时间延时后，KT1 延时闭合触点闭合，KM2 线圈通电，串接电阻 R_1，随着电动机转速升高，电枢电流减小，为保持一定的加速转矩，起动过程中将串接电阻逐级切除；就在 R_1 被短接的同时，KT2 线圈断电，经一定延时，KT2 常闭触点闭合，KM3 通电，短接 R_2，电动机在全电压下运转，起动过程结束。

3. 电动机保护环节

过电流继电器 KA1 实现电动机过载保护和短路保护；欠电流继电器 KA2 实现电动机弱磁保护；电阻 R_3 与二极管 VD 构成励磁绕组的放电回路，实现过电压保护。

2.6.2 直流电动机可逆运转起动控制

图 2-23 为直流电动机正反转控制电路。其工作原理为改变直流电动机电枢电压极性，实现电动机正反转控制。图中 KM1、KM2 为正、反转接触器，KM3、KM4 为短接电枢电阻接触器，KT1、KT2 为时间继电器，R_1、R_2 为起动电阻，R_3 为放电电阻，SQ1 为反向转正向行程开关，SQ2 为正向转反向行程开关。

该控制电路在起动时电路工作情况与图 2-24 控制电路相同，但起动后，电动机将按行程原则实现电动机的正、反向运转，拖动运动部件来实现自动往复运动。电路工作情况由读者自行分析，这里不再细述。

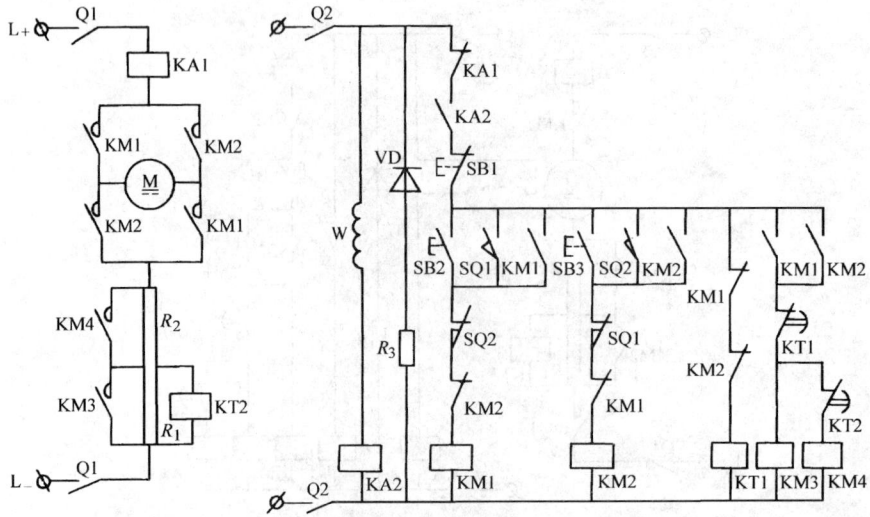

图 2-23　直流电动机正反转控制电路

2.6.3　直流电动机单向运转能耗制动控制

1. 电路图

图 2-24 为直流电动机单向旋转能耗制动电路。图中 KM1 为线路接触器，KM2、KM3 为短接起动电阻接触器，KM4 为制动接触器，KA1 为过电流继电器，KA2 为欠电流继电器，KT1、KT2 为时间继电器，KM4 为制动接触器，KV 为电压继电器。

2. 电路工作情况分析

（1）起动。电动机起动时电路工作情况与图 2-24 相同，主要完成直流电动机的电枢串电阻起动。

（2）制动。停车时，按下 SB1，KM1 线圈断电释放，其常开主触点断开电动机电枢电源，电动机以惯性继续旋转。由于电动机转速较高，电枢两端仍建立足够大的感应电动势，使并联在电枢两端的电压继电器 KV 经自锁触点仍保持通电状态，KV 常开触点仍闭合，其常开主触点将电阻 R_4 并联在电枢两端，电动机实现能耗制动，使转速迅速下降，电枢感应电动势也随之下降。当转速降至一定值时，电压继电器 KV 释放，KM4 线圈断电，电动机能耗制动结束，电动机自然停车。

2.6.4　直流电动机可逆运转反接制动控制

图 2-25 为直流电动机可逆运转反接制动控制电路。图中 KM1、KM2 为电动机正反转接触器，KM3、KM4 为短接起动电阻接触器，KM5 为反接制动接触器，KA1 为过电流继电器，KA2 为欠电流继电器，KV1、KV2 为反接制动电压继电器，R_1、R_2

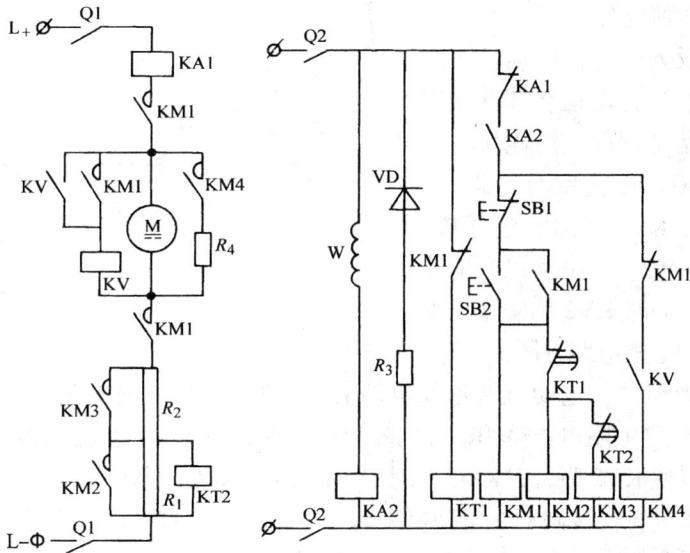

图 2-24 直流电动机单向旋转能耗制动电路

为起动电阻，R_3 为放电电阻，R_4 为反接制动电阻，KT1、KT2 为时间继电器，SQ1 为正向变反向行程开关，SQ2 为反向变正向行程开关。

该电路为按时间原则两级起动，能实现正反转并通过 SQ1、SQ2 行程开关实现自动往复，在换向过程中能实现反接制动，以加快换向过程。下面以电动机正向变反向运行为例说明电路工作情况。

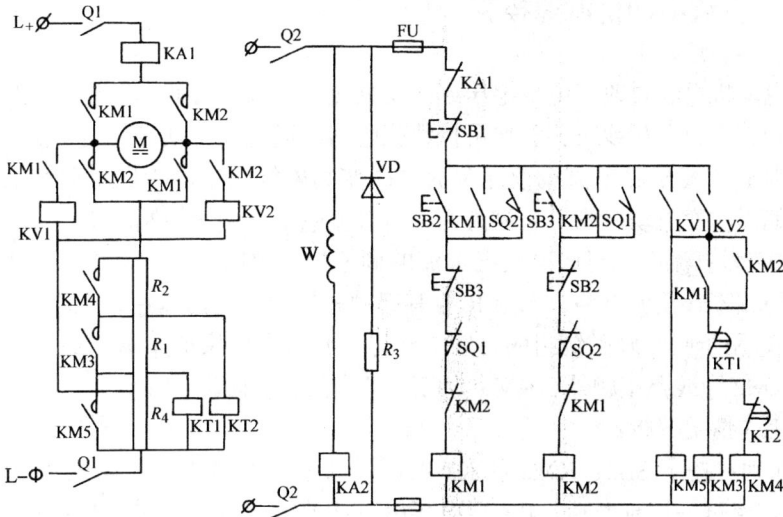

图 2-25 直流电动机可逆运行反接制动控制电路

电路工作情况分析：

正向变反向运行：电动机正在做正向运转，并拖动运动部件做正向移动，当运动部件上的撞块压下行程开关 SQ1 时，KM1、KM3、KM4、KM5、KV1 线圈断电释放，KM2 线圈通电吸合，电动机电枢接通反向电源，同时 KV2 线圈通电吸合，反接时的电枢电路见图 2-26。

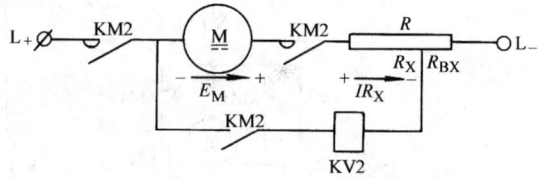

图 2-26　反接时的电枢电路

由于机械惯性，电动机转速及电动势 E_m 的大小和方向来不及变化，且电动势 E_m 方向与电枢串电阻电压降 IR_X 方向相反，此时加在电压继电器 KV2 线圈上的电压很小，不足以使 KV2 吸合，KM3、KM4、KM5 线圈处于断电释放状态，电动机电枢串入全部电阻进行反接制动，电动机转速迅速下降，随着电动机转速的下降，电动机电势 E_m 迅速减小，电压继电器 KV2 线圈上的电压逐渐增加，当 n≈0 时，E_m≈0，加至 KV2 线圈电压加大并使其吸合动作，其常开触点闭合，KM3 线圈通电吸合。KM5 主触点短接反接制动电阻 R_4，同时 KT1 线圈断电释放，电动机串入 R_1、R_2 电阻反向起动，经 KT1 断电延时触点闭合，KM3 线圈通电，KM3 主触点短接起动电阻 R_1，同时 KT2 线圈断电释放，经 KT2 断电延时触点闭合，KM4 线圈通电吸合，KM4 主触点短接起动电阻 R_2，进入反向正常运转，拖动运动部件反向移动。

当运动部件反向移动撞块压下行程开关 SQ2 时，则由电压继电器 KV1 来控制电动机实现反向时的反接制动和正向起动过程。

2.6.5　直流电动机调速控制

直流电动机可通过改变电枢电压或改变励磁电流来进行调速。改变电枢电压调速通常由晶闸管构成单相或三相全波可控整流电路，通过改变其导通角来实现降低电枢电压的控制；改变励磁电流调速通常通过改变励磁绕组中的串联电阻来实现弱磁调速。我们就以改变电动机励磁电流为例分析直流电动机调速控制。

图 2-27 为直流电动机改变励磁电流的调速控制电路。在电路中，电动机的直流电源采用两相零式整流电路，电阻 R 兼有起动和制动限流的作用，电阻 R_{RF} 为调速电阻，电阻 R_2 用于吸收励磁绕组的自感电动势，起过电压保护作用。KM1 为能耗制动接触器，KM2 为线路接触器，KM3 为切除起动电阻接触器。

电路工作情况分析：

（1）起动：按下 SB2，KM2 和 KT 线圈同时通电并自锁，电动机 M 电枢串入电阻 R 起动。经过一段延时后，KT 通电延时其闭合触点闭合，使 KM3 线圈通电并自锁，KM3 常开主触点闭合，短接起动电阻 R，电动机在全压下起动运行。

（2）调速：在正常运行状态下，调节电阻 R_{RF}，改变直流电动机励磁电流大小，从而改变电动机励磁磁通，实现电动机转速的改变。

（3）停车及制动：在正常运行状态下，按下 SB1，接触器 KM2 和 KM3 线圈同时断电释放，其常开主触点断开，切断电动机电枢电路；同时 KM1 线圈通电吸合，其常开主触点闭合，通过电阻 R 接通能耗制动电路，而 KM1 另一对常开触点闭合，短接电容器 C，使电源电压全部加在励磁线圈两端，实现能耗制动过程中的强励磁作用，加强制动效果。松开 SB1，制动结束。

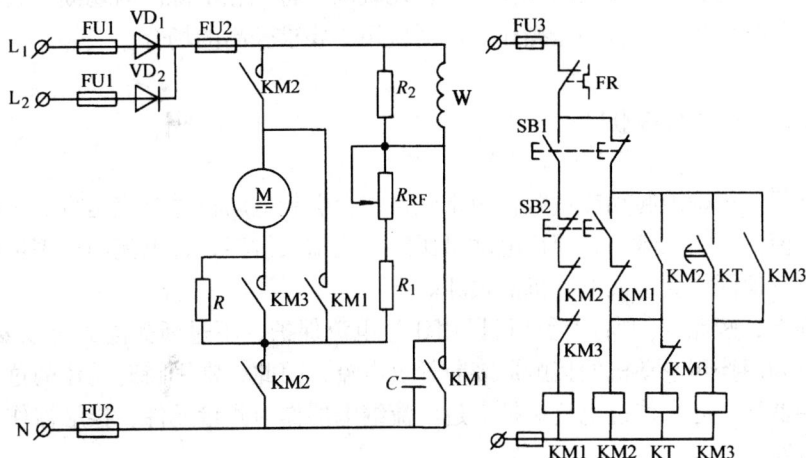

图 2-27　改变励磁电流的调速控制电路

2.7　电气控制系统常用的保护环节

电气控制系统除了要能满足生产机械加工工艺要求外，还应保证设备长期安全、可靠、无故障地运行，因此保护环节是所有电气控制系统不可缺少的组成部分，用来保护电动机、电网、电气控制设备以及人身安全等。

电气控制系统中常用的保护环节有短路保护、过电流保护、过载保护、零压、欠压保护及弱磁保护。

2.7.1　短路保护

电动机、电器以及导线的绝缘损坏或线路发生故障时，都可能造成短路事故。很大的短路电流和电动力可能使电器设备损坏。因此，要求一旦发生短路故障时，控制电路应能迅速、可靠地切断电路进行保护，并且保护装置不应受起动电流的影响而误动作。

常用的短路保护元件有熔断器和自动开关。

熔断器价格便宜，断弧能力强，所以一般电路几乎无例外地使用它作短路保护。但是熔体的品质、老化及环境温度等因素对其动作值影响较大，用其保护电动机时，可能会因一相熔体熔断而造成电动机单相运行。因此熔断器适用于对动作准确度和自动化程度较差的系统中，如小容量的笼型电动机、普通交流电源等。

自动开关又称自动空气熔断器，它有短路、过载和欠压保护。这种开关能在线路发生短路故障时，其电流线圈动作，就自动跳闸，将三相电源同时切断。自动开关结构复杂，价格较贵，不宜频繁操作，广泛应用于要求较高的场合。

2.7.2 过电流保护

电动机不正确地起动或负载转矩剧烈增加会引起电动机过电流运行。一般情况下这种过电流比短路电流小，但比电动机额定电流却大得多，过电流的危害虽没有短路那么严重，但同样会造成电动机的损坏。

原则上，短路保护所用元件可以用作过电流保护，不过断弧能力可以要求低些，完全可以利用控制电动机的接触器来断开过电流，因此，常用瞬时动作的过电流继电器与接触器配合起来作过电流保护。过电流继电器作为测量元件，接触器作为执行元件断开电路。

由于笼型电动机起动电流很大，如果要使起动时过电流保护元件不动作，其整定值就要大于起动电流，那么一般的过电流就无法使之动作，所以过电流保护一般只用在直流电动机和绕线式异步电动机上。

整定过电流动作值一般为起动电流的 1.2 倍。

2.7.3 过载保护

电动机长期超载运行，电动机绕组温升将超过其允许值，造成绝缘材料变脆，寿命减短，严重时会使电动机损坏。过载电流越大，达到允许温升的时间就越短。

常用的过载保护元件是热继电器。热继电器可以满足如下要求：当电动机为额定电流时，电动机为额定温升，热继电器不动作；在过载电流较小时，热继电器要经过较长时间才动作；过载电流较大时，热继电器则经过较短时间就会动作。

由于热惯性的原因，热继电器不会受电动机短时过载冲击电流或短路电流的影响而瞬时动作，所以在使用热继电器作过载保护的同时，还必须设有短路保护，选作短路保护的熔断器熔体的额定电流不应超过热继电器发热元件的额定电流的 4 倍。

必须强调指出，短路、过电流、过载保护虽然都是电流保护，但由于故障电流的动作值、保护特性和保护要求以及使用元件的不同，它们之间是不能相互取代的。

2.7.4 零电压和欠电压保护

在电动机运行中，如果电源电压因某种原因消失，那么在电源电压恢复时，如果电动机自行起动，将可能使生产设备损坏，也可能造成人身事故。对供电系统的电网来说，同时有许多电动机及其他用电设备自行起动也会引起不允许的过电流及瞬间网络电压下降。为防止电网失电后恢复供电时电动机自行起动的保护叫做零电压保护。

电动机正常运行时，电源电压过分地降低将引起一些电器释放，造成控制电路工作不正常，甚至产生事故。电网电压过低，如果电动机负载不变，由于三相异步电动机的电磁转矩与电压的二次方成正比，则会因电磁转矩的降低而带不动负载，造成电动机堵转停车，电动机电流增大使电动机发热，严重时烧坏电动机。因此，在电源电压降到允许值以下时，需要采用保护措施，及时切断电源，这就是欠电压保护。

通常是采用欠电压继电器，或设置专门的零电压继电器来实现。

在控制电路的主电路和控制电路由同一个电源供电时，具有电气自锁的接触器兼有欠电压和零电压保护作用。若因故障电网电压下降到允许值以下时，接触器线圈也释放，从而切断电动机电源；当电网电压恢复时，由于自锁已解除，电动机也不会再自行起动。

欠电压继电器的线圈直接跨接在定子的两相电源线上，其常开触点串接在控制电动机的接触器线圈控制电路中。自动开关的欠压脱扣亦可作为欠压保护。主令控制器的零位操作是零电压保护的典型环节。

2.7.5 弱磁保护

直流电动机在磁场有一定强度情况下才能起动。如果磁场太弱，电动机的起动电流就会很大；直流电动机正在运行时磁场突然减弱或消失，电动机转速就会迅速升高，甚至发生"飞车"，因此需要采取弱磁保护。

常用的弱磁保护是通过在电动机励磁回路中串入欠电流继电器来实现的。在电动机运行中，如果励磁电流消失或降低太多，欠电流继电器就会释放，其触点切断主回路接触器线圈控制电路，使电动机断电停车。

除了上述几种保护措施外，控制系统中还可能有其他各种保护，如联锁保护、行程保护、油压保护、温度保护等。只要在控制电路中串接上能反映这些参数的控制电器的常开触点或常闭触点，就可实现有关保护。

2.8 典型控制电路应用

一般小型机床电气控制系统并不复杂，大多数是由继电接触器系统来实现其控制的。在进行简单电气控制线路设计时，确定控制方案后，可根据各电动机的控制任务不同，参照典型线路逐一分别设计局部线路，然后再根据各部分的相互关系综合成完整的控制线路。

2.8.1 典型控制电路应用举例

下面我们举例说明典型控制环节在实际控制线路中的应用。

例 1-1 设计一继电—接触器控制电路，完成 3 台电动机的控制。

控制要求：

(1) 按钮 SB2 控制电动机 M1 的起动，按钮 SB4 控制电动机 M2 的起动，按钮 SB6 控制电动机 M3 的起动，按钮 SB1、SB3、SB5 分别控制 3 台电动机的停止；

(2) 按下 SB2 后 M1 起动，按下 SB4 后 M2 起动，按下 SB6 后 M3 起动；

(3) 电动机 M1 不起动，M2、M3 不能起动并且应有短路、零压和过载保护。

请画出主电路和控制电路原理图。

解：控制线路如图 2-28 所示。

(1) 根据题意要求分析，三台电动机的主电路是互相独立的，控制电路也基本相似，但三台电动机控制电路之间的关系是顺序控制的关系。

(2) 主电路使用 3 个接触器 KM1、KM2、KM3 分别控制三台电动机的起动；热继电器 FR1、FR2、FR3 热元件串接在三台三相电动机主电路中，作为对电动机过载的保护环节。刀开关 Q1、Q2、Q3 用于主电路三相电源的通断。

(3) 在控制电路中，KM1 支路为正常单向起动控制电路，SB1 为 M1 的停止按钮，SB2 为起动按钮，KM1 常开触点为自锁点；在 KM2 支路中电动机 M2 起动按钮 SB4 支路中串联了 KM1 的常开触点，以保证 KM1 线圈通电时其常开触点吸合，电动机 M1 起动后 KM2 线圈才能通电；同样，在 KM3 支路中电动机 M3 起动按钮 SB6 支路中串联了 KM2 的常开触点。通过引入接触器常开触点串联在起动按钮支路中，以此来保证三台电动机的起动顺序。

(4) 三台电动机停车互相独立，分别由停止按钮 SB1、SB3、SB5 控制。

(5) 熔断器 FU、FU1、FU2、FU3、FU4 作短路保护；热继电器 FR1、FR2、FR3 的常闭点串联在各支路中作过载保护；接触器 KM1、KM2 和 KM3 的自锁触点作零压保护，完善了电路的保护环节。

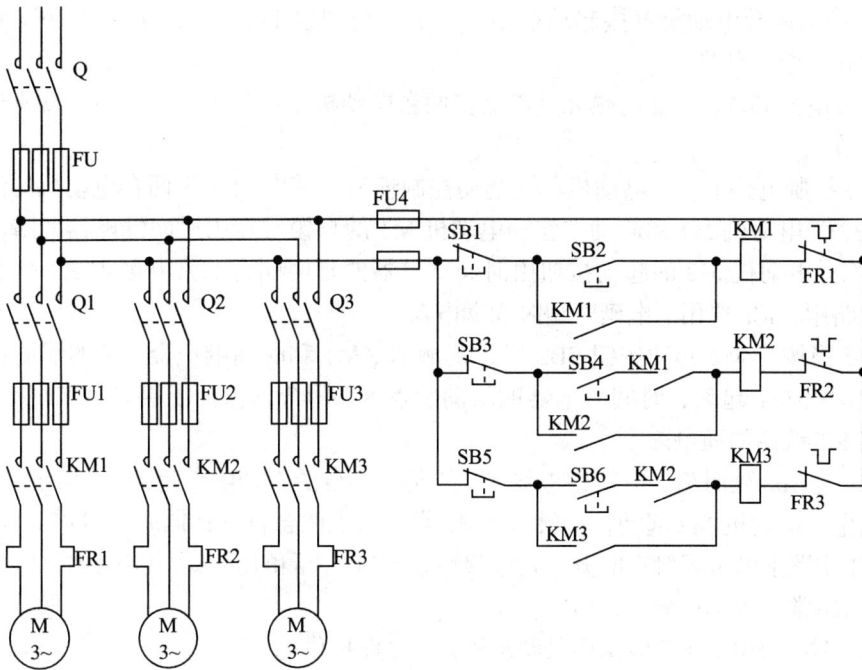

图 2-28 例题 1-1 图解

例 1-2 设计一继电—接触器控制电路，用于控制电动机正反转。

控制要求：

（1）按下控制按钮 SB2，电动机 M1 起动；经过延时 10s 后，电动机 M2 自动起动；

（2）M2 起动后，M1 立即停车；

（3）控制电路应有短路、过载和零压保护环节。

请画出主电路和控制电路原理图。

解： 控制线路如图解 2-29 所示。

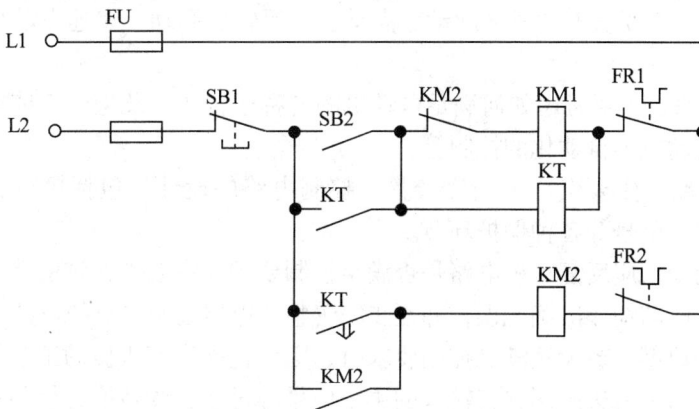

图 2-29 例题 1-2 图解

此题为两台电动机直接起动控制，主电路与例题 1-1 类似，比较简单，省去不画，只画出控制电路。

热继电器 FR1、FR2 的热元件串接在两台电动机主电路中，作为对电动机过载的保护环节。

（1）控制电路主要为电动机单向起动控制环节。其中 SB1 为两台电动机的停止按钮，SB2 为电动机 M1 的起动按钮；电动机 M1 的自锁触点由时间继电器的瞬动触点 KT 代替；电动机 M2 的起动按钮由时间继电器的延时闭合的常开触点 KT 代替。在控制电路中，KT 选用通电延时型时间继电器。

（2）当按下 M1 起动按钮 SB2 后，接触器 KM1 和时间继电器 KT 的线圈同时通电，电动机 M1 起动，时间继电器的瞬动触点 KT 闭合，保证了接触器 KM1 和时间继电器 KT 线圈的通电。

（3）经 10S 延时后，时间继电器 KT 的延时闭合的常开触点闭合，使接触器 KM2 线圈通电，电动机 M2 起动，接触器 KM2 常开触点闭合自锁；同时接触器 KM2 串接在 KM1 支路上的常闭触点断开，切断接触器 KM1 线圈的供电，其串接在 M1 主电路上的 KM1 常开主触点断开，M1 停车。

（4）时间继电器 KT 线圈由其瞬动触点 KT 保持供电。

（5）控制电路中主要有如下保护环节：熔断器 FU 作短路保护；热继电器 FR1、FR2 的常闭点串联在各支路中作过载保护；接触器 KM1、KM2 的自锁触点作零压保护。

2.8.2　电气控制电路应用注意事项

1. 从以上例题可知，一般的生产机械电气控制电路设计包括主电路、控制电路和辅助电路等的设计。实际运用中，常根据生产机械的工艺要求与工作过程，将现有的典型环节集聚起来加以补充修改，综合成所需的控制线路。

2. 在各个应用过程中，主要从以下几个方面着手：

（1）主电路。主要从电动机的起动、点动、正反转、制动及多速电动机的调速等方面考虑。

（2）控制电路。主要考虑如何满足电动机的各种运转功能及生产工艺要求，包括实现加工过程自动或半自动化的控制等。

（3）辅助电路。主要考虑如何完善整个控制电路的设计，包括短路、过载、零压、联锁、照明、信号等各种保护环节。

在实际应用中，应反复审核电路是否满足控制要求；在条件允许的情况下，进行模拟试验，直至电路动作准确无误，并逐步完善整个电器控制电路的设计。

对于现有的典型环节无法满足控制要求时，则应根据生产机械的工艺要求与工作过程自行设计，边分析边画图，将输入的主令信号经过适当的转换，得到执行元件所需的工作信号，完善控制电路。

习 题

1. 常用的电气控制系统有哪几种?

2. 电气控制电路的基本控制规律主要有哪些?

3. 电动机点动控制与连续运转控制的关键控制环节是什么? 与其主电路又有何区别?

4. 何为互锁控制? 实现电动机正反转互锁控制的方法有哪两种? 它们有何不同?

5. 电动机可逆运行控制电路中何为机械互锁? 何为电气互锁?

6. 分析图 2-10 电路工作原理。

7. 分析图 2-11(b)电路工作原理。

8. 某机床主轴电动机 M1,要求 M1:

(1)可进行可逆运行;

(2)可正向点动、两处起动、停止;

(3)可进行反接制动;

(4)有短路和过载保护。

试画出其电气电路图。

9. 有两台电动机 M1、M2,要求:

(1)按下控制按钮 SB1 电动机正转,过 10s 后电动机自动停止,再过 15s 电动机自动反转;

(2)M1、M2 能同时或分别停止。

(3)控制电路应有短路、过载和零压保护环节。

试画出其电气电路图。

10. 分析图 2-15 电路工作原理。

11. 电动机常用的保护环节有哪些? 通常它们各由哪些电器来实现其保护?

12. 何为电动机的欠电压与失电压保护? 接触器和按钮控制电路如何实现欠电压与失电压保护?

第3章 常用机械设备电气控制电路分析

> **内容提要：** 普通车床电气控制电路分析；摇臂钻床电气控制电路分析；卧轴矩台平面磨床电气控制电路分析；镗床电气控制电路分析；铣床电气控制电路分析。

3.1 普通车床电气控制电路分析

3.1.1 普通车床的主要机构及运行

车床是一种应用极为广泛的金属切削机床，能够车削内圆、外圆、端面、螺纹、螺杆等。普通车床主要由床身、主轴变速箱、进给箱、溜板箱、刀架、尾架、光杆和丝杆等部分组成，如图 3-1 所示。

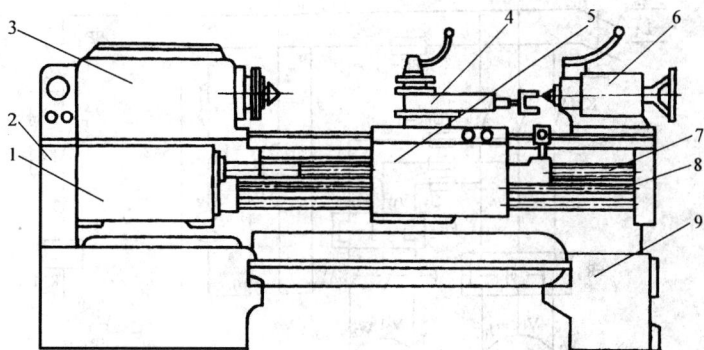

1—进给箱 2—挂轮箱 3—主轴变速箱 4—溜板与刀架 5—溜板箱 6—尾架 7—光杆 8—丝杆 9—床身

图 3-1 普通车床的结构示意图

下面以 CW6140 普通车床为例进行介绍。CW6140 普通车床有两种主要运动，一种是主轴上的卡盘带着工件的旋转运动，称为主运动；另一种是溜板箱带着刀架的直线运动，称为进给运动。车床工作时，绝大部分功率消耗在主轴运动上。

车床的切削运动包括工件旋转的主运动和刀具的直线进给运动。车削速度是指加工件与刀具接触点的相对速度。根据工件的材料性质、几何形状、工件直径、加工方式及冷却液的不同，要求主轴有不同的切削速度。

车床的进给运动是指刀架带动刀具的直线运动。溜板箱把丝杠或光杆的转动传递给刀架部分，变换溜板箱外部的控制手柄的位置，经刀架部分使车刀做纵向或横向进给。

3.1.2　电力拖动的特点和控制要求

主拖动电动机采用三相笼型异步电动机，主轴采用机械调速，其正反转采用机械方式实现。

主拖动电动机容量较小采用直接起动方式，为减小震动并通过几条 V 形带将动力传递到主轴箱。

车削加工时，刀具和工件温度高，需要冷却液冷却，因此需要一台冷却泵电动机，其单方向旋转与主拖动电动机有联锁关系。

主拖动电动机和冷却泵电动机部分应具有短路、欠压、失压和过载保护。

应具有局部照明装置。

3.1.3　CW6140 普通车床电气控制线路分析

CW6140 普通车床电气控制线路如图 3-2 所示。

1. 主电路分析

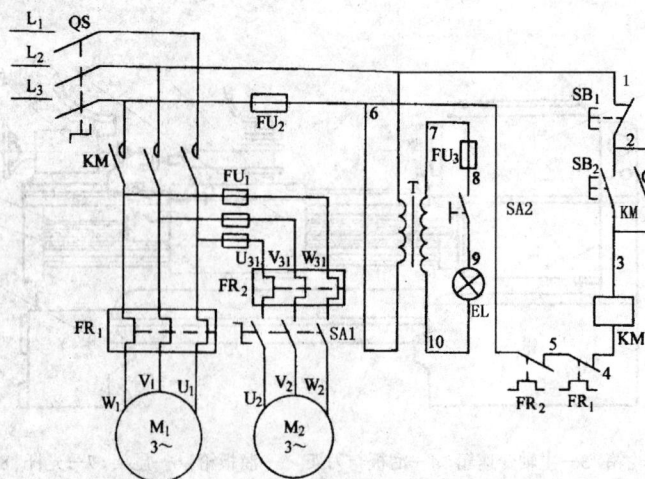

图 3-2　CW6140 普通车床电气控制线路图

主电路有两台电动机，M_1 为主轴电动机，拖动主轴旋转，并通过进给机构实现车床的进给运动；M_2 为冷却泵电动机，拖动冷却泵旋转。QS 为电源开关，接触器 KM 控制 M_1 的起动和停止，转换开关 SA_1 控制 M_2 的工作状态，且 M_2 在主轴 M_1 起动后才能起动。热继电器 FR_1、FR_2 分别实现对 M_1、M_2 进行过载保护，熔断器 FU_1、FU_2、FU_3 实现对冷却泵电动机、控制电路及照明电路的短路保护。

2. 控制电路分析

控制电路采用 380V 交流电源供电，按下起动按钮 SB_2，KM 线圈得电带动触点闭合并自锁，M_1 直接起动。M_1 运行后，合上转换开关 SA_1，实现冷却泵电动机起动与停止，由于 SA_1 开关具有定位作用，因此不设自保触头。按下 SB_1，M_1、M_2 同时停转。该电路还具有欠压、零压保护。

3. 辅助照明电路分析

机床局部照明采用 380V/36V/24V 安全变压器 T，照明由转换开关 SA_2 控制。

3.1.4　CW6140 普通车床电气接线图

CW6140 普通车床电气接线图，如图 3-3 所示。图中显示了该电路中各个电器元件的实际安装位置和接线情况。图中接触器 KM 的主触电、线圈、辅助触电根据它们的实际位置画在一起，并用虚线框上，表示它是一个电器元件。必须指出：安全电压的带电部分必须与较高电压的回路保持电气隔离，并不允许与大地、保护接零（地）线连接。机床照明电路接线，不允许借用机床床体替代电源的引线。

3.1.5　CW6140 普通车床电气控制线路的故障与处理

CW6140 普通车床电气控制线路的故障与处理见表 3-1。

表 3-1　CW6140 普通车床电气控制线路的常见故障与处理方法

故障现象	故障分析	处理方法
电源正常，接触器不吸合，主轴电动机不起动	1. 熔断器 FU_2 熔断或接触不良； 2. 热继电器 FR_1、FR_2 已动作，或动断触点接触不良； 3. 接触器 KM 线圈断线或触点接触不良； 4. 按钮 SB_1、SB_2 接触不良或按钮控制线路有断线。	1. 更换熔芯或旋紧熔断器； 2. 检查热继电器 FR_1、FR_2 动作原因及动断触点接触情况，并予以修复； 3. 接触器 KM 线圈断线或触点接触不良，予以修复，接触器衔铁若卡死应拆下重装； 4. 检查按钮触点或线路断线处，并予以修复。
电源正常，接触器能吸合，但主轴电动机不能起动	1. 接触器主触点接触不良； 2. 热继电器电阻丝烧断； 3. 电动机损坏，接线脱落或绕组断线。	1. 将接触器主触点拆下，用砂纸打磨使其接触良好； 2. 换热继电器； 3. 检查电动机绕组、接线，并予以修复。

故障现象	故障分析	处理方法
接触器能吸合，但不能自锁	1. 接触器 KM 的自锁触点接触不良或其接头松动； 2. 按钮接线脱落。	1. 检查接触器 KM 的自锁触点是否良好，并予以修复，紧固接线端子； 2. 检查按钮接线，并予以修复。
主轴电动机缺相运行（主轴电动机转速慢，并发出"嗡嗡"声）	1. 电源缺相； 2. 接触器有一相接触不良； 3. 热继电器电阻丝烧断； 4. 电动机损坏，接线脱落或绕组断线。	1. 用万用表检测电源是否缺相，并予以修复； 2. 检查接触器触点，并予以修复； 3. 更换热继电器； 4. 检查电动机绕组、接线，并予以修复。
主轴电动机不能停转（按 SB₁ 电动机不停转）	1. 接触器主触点熔焊、接触器衔铁卡死； 2. 接触器铁芯面有油污灰尘使衔铁粘住。	1. 切断电源使电动机停转，更换接触器主触点； 2. 将接触器铁芯油污灰尘擦干净。
照明灯不亮	1. 熔断器 FU₃ 熔断或照明灯泡损坏； 2. 变压器一、二次绕组断线或松脱、短路。	1. 更换熔丝或灯泡； 2. 用万用表检测变压器一、二次绕组断线、短路及接线，并予以修复。

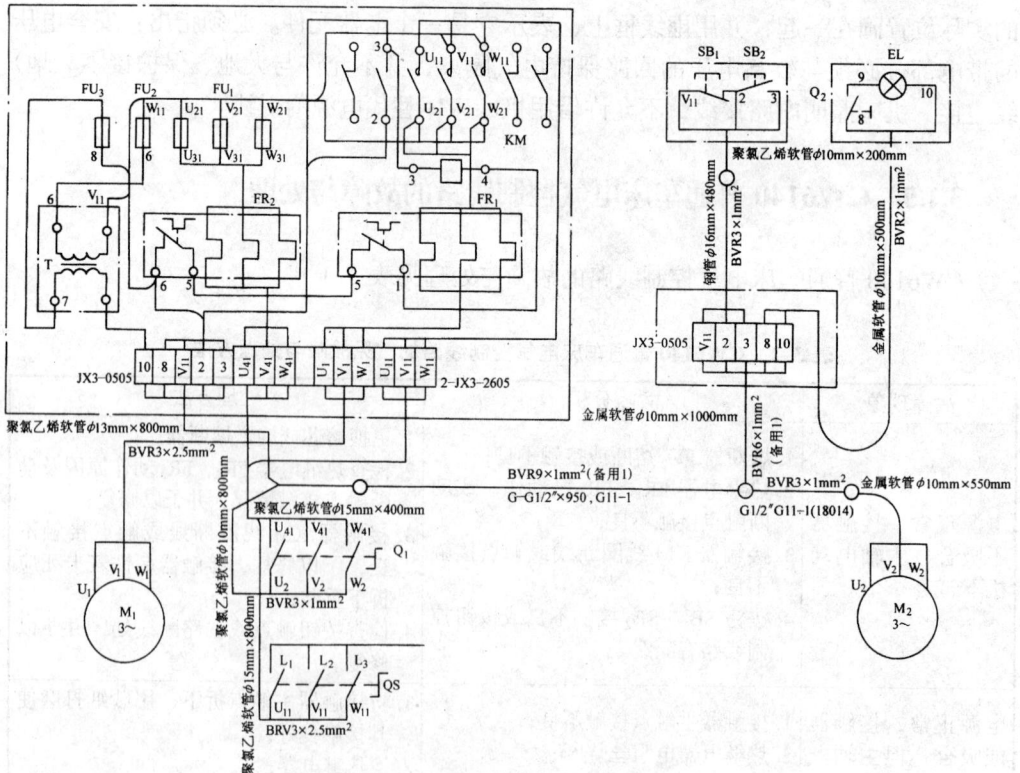

图 3-3　CW6140 普通车床电气接线图

3.2 摇臂钻床电气控制线路分析

3.2.1 Z3040 摇臂钻床的主要结构及运行

钻床是一种用途较广的万能机床，它是一种孔加工机床，可以进行钻孔、扩孔、绞孔及攻螺纹等多种形式的加工。

钻床按用途和结构分为立式钻床、摇臂钻床、卧式钻床、深孔钻床及其他专用钻床等。

Z3040 摇臂钻床是一种立式钻床，它具有性能完善、适用范围广、操作灵活及工作可靠等优点，适合加工单件和批量生产中带有多孔的大型零件。

Z3040 摇臂钻床主要由底座、内立柱、外立柱、摇臂、主轴箱、工作台等部分组成，如图 3-4 所示。内立柱固定在底座上，在它的外面套着空心的外立柱，外立柱可绕着内立柱回转 360°。摇臂一端的套筒部分与外立柱滑动配合，借助丝杠的正反转可使摇臂沿外立柱作上下移动，但两者不能作相对运动，因此摇臂只能与外立柱一起绕内立柱回转。主轴箱是一个复合部件，它包括主轴及主轴旋转和进给运动的全部传动变速和操作机构。主轴箱安装于摇臂的水平导轨上，可以通过手轮操作使其在水平导轨上沿摇臂移动。

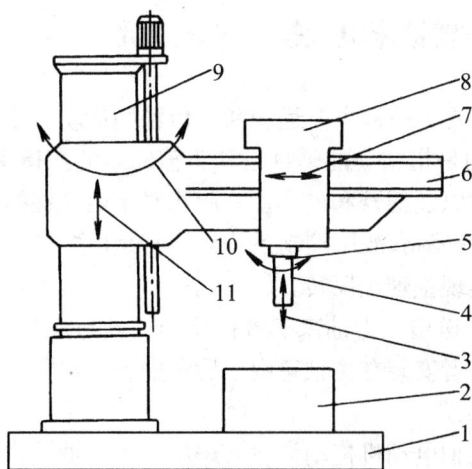

1—底座　2—工作台　3—主轴纵向进给　4—主轴旋转主运动　5—主轴　6—摇臂　7—主轴箱沿摇臂径向运动

8—主轴箱　9—内外立柱　10—摇臂回转运动　11—摇臂上下垂直运动

图 3-4 摇臂钻床结构及运动情况示意图

钻削加工时，主轴箱可由夹紧装置将其固定在摇臂的水平导轨上，外立柱紧固在内立柱上，摇臂紧固在外立柱上，然后进行钻削加工。

3.2.2 电力拖动的特点和控制要求

摇臂钻床运动部件较多，为简化传动装置，采用多台电动机拖动，通常设有主轴电动机、摇臂升降电动机、立柱夹紧和放松电动机及冷却泵电动机。

摇臂钻床为适应多种形式加工，要求主轴及进给有较大的调速范围。主轴一般速度下的钻削加工为恒功率负载，而低速是用于扩孔、绞孔及螺纹加工，属于恒转矩负载。

摇臂钻床的主运动与进给运动皆为主轴运动，这两个运动由一台主轴电动机拖动，分别经主轴与进给传动机构实现主轴旋转和进给。主轴变速机构与进给变速机构均装在主轴箱内。

为加工螺纹，主轴要求有正、反转，一般由机械方法获得，为此主轴电动机只需单方向旋转。

摇臂的升降由升降电动机拖动，要求电动机能正、反转。

摇臂的夹紧和放松是由电气和液压联合控制，并且有夹紧和放松指示。

内外立柱的夹紧与放松、主轴箱与摇臂的夹紧与放松可采用手柄机械操作、电气—液压—机械装置等方法来实现。

钻削加工时，需要对刀具和工件进行冷却，为此需冷却泵电动机输送冷却液。

要有必要的限位、联锁和过载保护，且具有局部安全照明。

3.2.3 Z3040 摇臂钻床电气控制线路分析

Z3040 摇臂钻床主要有两种主要运动和其他辅助运动，主运动是指主轴带动钻头的旋转运动；进给运动是指钻头的垂直运动；辅助运动是指主轴箱沿摇臂水平移动，摇臂沿外立柱上下移动以及摇臂和外立柱一起相对于内立柱的回转运动。

Z3040 摇臂钻床具有两套液压控制系统：一套是由主轴电动机拖动齿轮泵送出压力油，通过操纵机构实现主轴正反转、停车制动、空挡、预选与变速；另一套是由液压泵电动机拖动液压泵送出压力油来实现摇臂的夹紧与松开、主轴箱的夹紧与松开、立柱的夹紧与松开。前者安装在主轴箱内，后者安装于摇臂电器盒下部。

1. 操纵机构液压系统

该系统压力油由主轴电动机拖动齿轮泵送出，由主轴操作手柄来改变两个操纵阀的相互位置，获得不同的动作。操作手柄有五个空间位置：上、下、里、外和中间位置，其中上为"空挡"，下为"变速"，外为"正转"，里为"反转"，中间位置为"停车"。而主轴转速及主轴进给量各有一个旋钮预选，然后再操作主轴手柄。

主轴旋转时，首先按下主轴电动机起动按钮，主轴电动机起动旋转，拖动齿轮泵，送出压力油。然后操纵主轴手柄，扳至所需转向位置（里或外），于是两个操纵阀相互位置改变，使一股压力油将制动摩擦离合器松开，为主轴旋转创造条件；另一股压力油压紧正转（反转）摩擦离合器，接通主轴电动机到主轴的传动链，驱动主轴正转或反转。

在主轴正转或反转的过程中，可转动变速旋钮，改变主轴转速或主轴进给量。

主轴停车时，将操作手柄扳回中间位置，这时主轴电动机仍拖动齿轮泵旋转，但此时整个液压系统为低压油，无法松开制动摩擦离合器，而在制动弹簧作用下将制动摩擦离合器压紧，使制动轴上的齿轮不能转动，实现主轴停车。所以主轴停车时主轴发动机仍在旋转，只是不能将动力传到主轴。

主轴变速与进给变速：将主轴操作手柄扳至 "变速" 位置，于是改变两个操纵阀的相互位置，使齿轮泵送出的压力油进入主轴转速预选阀和主轴进给量预选阀，然后进入各变速油缸。与此同时，另一油路系统推动拨叉缓慢移动，逐渐压紧主轴正转摩擦离合器，接通主轴电动机到主轴的传动链，带动主轴缓慢旋转，称为缓速，以利于齿轮的顺利啮合。当变速完成，松开操作手柄，此时手柄在弹簧作用下由 "变速" 位置自动复位到主轴 "停车" 位置，然后再操纵主轴正转或反转，主轴将在新的转速或进给量下工作。

2. 夹紧机构液压系统

主轴箱、内外立柱和摇臂的夹紧和松开是由液压泵电动机拖动液压泵送出压力油，推动活塞、菱形块来实现的。其中由一个油路控制主轴箱和立柱的夹紧，另一油路控制摇臂的夹紧和松开，这两个油路均由电磁阀控制。

Z3040 摇臂钻床电气控制线路如图 3-5 所示。该机床共有四台电动机：主电动机 M_1，摇臂升降电动机 M_2，液压泵电动机 M_3 和冷却泵电动机 M_4。

3. 主电路分析

（1）主电动机 M_1 单向旋转，它由接触器 KM_1 控制，而主轴的正反转依靠机床液压系统并配合正、反转摩擦离合器来实现。

（2）摇臂升降电动机 M_2 具有正反转控制，控制电路保证在操纵摇臂升降时先通过液压系统，将摇臂松开后 M_2 才能起动，带动摇臂上升或下降，当移动达到所需位置时控制电路又保证升降电动机先停止，然后自动液压系统将摇臂夹紧。由于 M_2 是短时运转的，所以没有设置过载保护。

（3）液压泵电动机 M_3 送出压力油作为摇臂的松开与夹紧、立柱和主轴箱的松开与夹紧的动力源。为此，M_3 采用由接触器 KM_4、KM_5 来实现正反转控制，并设有热继电器 FR_2 作为过载保护。

（4）冷却泵电动机 M_4 容量小，所以用组合开关 SA 直接控制其运行和停止。

4. 控制电路分析

该机床控制电路同样采用 380V/127V 隔离变压器供电，但其二次绕组增设 36V 安全电压供局部照明使用。

（1）摇臂升降的控制。按上升（或下降）按钮 SB_3（或 SB_4），时间继电器 KT 吸

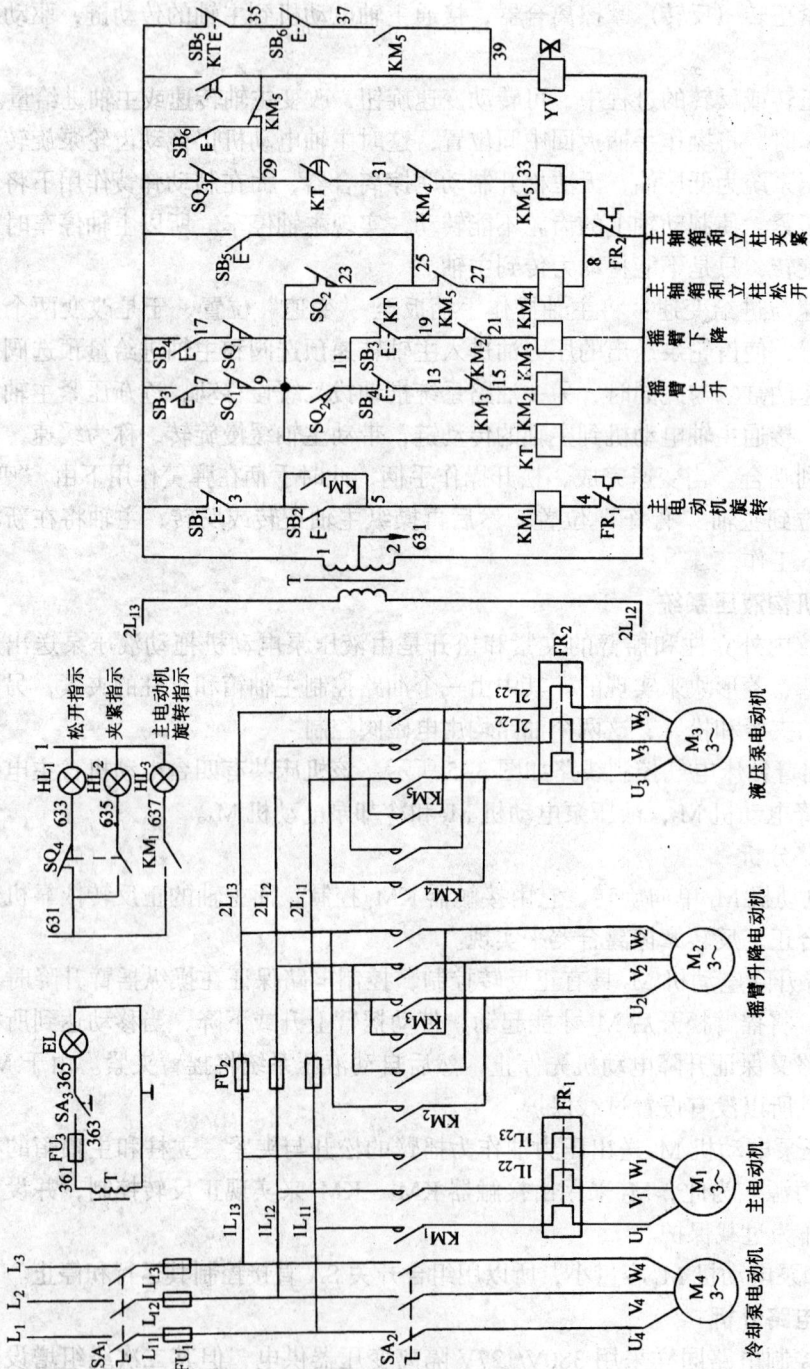

图 3-5 Z3040 摇臂钻床控制线路图

合，其延时断开的动合触点（1-39）与瞬时动合触点（23-25）使电磁铁 YV 和接触器 KM_4 同时吸合，液压泵电动机 M_3 旋转，供给压力油。压力油经二位六通阀进入摇臂松开的油腔，推动活塞和菱形块，使摇臂松开。同时活塞杆通过弹簧片压下限位开关 SQ_2，使接触器 KM_4 线圈断电释放，液压泵电动机 M_3 停转，与此同时 KM_2（或 KM_3）吸合，升降电动机 M_2 旋转，带动摇臂上升（或下降）。如果摇臂没有松开，SQ_2 的动合触点也不能闭合，KM_2（或 KM_3）就不能吸合，摇臂也就不可能升降。

当摇臂上升（或下降）到所需位置时，松开按钮 SB_3（或 SB_4），KM_2（或 KM_3）和时间继电器 KT 释放，升降电动机 M_2 停转，摇臂停止升降。由于 KT 释放，其延时闭合的动断触点（29-30）经 1~3s 延时后，接触器 KM_5 吸合，液压电动机 M_3 反向起动旋转，供给压力油。压力油经二位六通阀（此时电磁铁 YV 仍处于吸合状态）进入摇臂夹紧油腔，向相反方向推动活塞和菱形块，使摇臂夹紧。同时，活塞和菱形块使摇臂夹紧，活塞杆通过弹簧片压下限位开关 SQ_3，KM_5 和 YV 同时断电释放，液压泵电动机停止旋转，夹紧动作结束。

摇臂上升的动作过程如下：

$$\text{按 } SB_3 \begin{cases} \text{KT 吸合} \\ \text{KM}_4 \text{ 吸合} \end{cases} M_3 \text{ 正转、YV 吸合} \rightarrow \text{压下 } SQ_2 \begin{cases} \text{KM}_2 \text{ 吸合} \rightarrow M_2 \text{ 正转} \\ \text{KM}_4 \text{ 断电} \rightarrow M_3 \text{ 停止} \end{cases} \text{摇}$$

臂上升到预定位置，松开 SB_3。

摇臂下降的动作过程如下：

$$\text{按 } SB_4 \begin{cases} \text{KT 吸合} \\ \text{KM}_4 \text{ 吸合} \end{cases} M_3 \text{ 正转、YV 吸合} \rightarrow \text{压下 } SQ_2 \begin{cases} \text{KM}_3 \text{ 吸合} \rightarrow M_3 \text{ 反转} \\ \text{KM}_4 \text{ 断电} \rightarrow M_3 \text{ 停止} \end{cases} \text{摇}$$

臂下降到预定位置，松开 SB_4。

这里还应注意，在摇臂松开后，限位开关 SQ_3 复位，其触点是（1-29）闭合的，而在摇臂夹紧后，SQ_3 被压合。时间继电器 KT 的作用是：控制接触器 KM_5 在升降电动机 M_2 断电后的吸合时间，从而保证在升降电动机停转后再夹紧摇臂的动作顺序。时间继电器 KT 的延时，可根据需要整定在 1~3s。

摇臂升降的限位保护，由组合开关 SQ_1 来实现。当摇臂上升到极限位置时，SQ_1 动作，将电路（7-9）断开，则 KM_2 断电释放，升降电动机 M_2 停止旋转。但 SQ_1 的另一组触点（9-17）仍处于闭合状态，保证摇臂能够下降。同理，当摇臂下降到极限位置时，SQ_1 动作，电路（9-17）断开，KM_3 释放，M_2 停转。而 SQ_1 的另一动断触点（7-9）仍闭合，以保证摇臂能够上升。

摇臂的自动夹紧是由行程 SQ_3 来控制的。如果液压夹紧系统出现故障而不能自动夹紧摇臂，或者由于 SQ_3 调整不当，在摇臂夹紧后不能使 SQ_3 的动断触点断开，都会使液压泵电动机处于长期过载运行状态，这是不允许的。为了防止损坏液压泵电动机，电路中使用了热继电器 FR_2。

摇臂夹紧动作过程如下：摇臂升（或降）到预定位置，松开 SB_3（或 SB_4）$\rightarrow$ KT 断电延时 $\rightarrow$ KM_5 吸合、M_3 反转、YV 吸合 $\rightarrow$ 摇臂夹紧 $\rightarrow$ SQ_3 受压（1- 29）断开 $\rightarrow$ KM_5、M_3、YV 均断电释放。

（2）立柱和主轴箱的松开与夹紧控制。立柱和主轴箱的松开与夹紧是同时进行的。首先按下按钮 SB$_5$（或夹紧按钮 SB$_6$），接触器 KM$_4$（或 KM$_5$）吸合，液压电动机 M$_3$ 旋转，供给压力油，压力油经二位六通阀（此时电磁铁 YV 处于释放状态）进入立柱松开及夹紧液压缸和主轴箱并推动活塞和菱形块，使立柱和主轴箱分别松开（或夹紧）。同时松开（或夹紧）指示灯 HL$_1$（HL$_2$）显示。

（3）线路的特点。采用液压系统来实现主轴电动机的正反转、制动、空档、预选及变速；采用液压系统来实现主轴箱、立柱及摇臂的松开与夹紧，并与电气配合实现摇臂升降与夹紧、松开的自动循环；具有指示装备。

3.2.4 Z3040 摇臂钻床电气接线图与电器安装位置示意图

Z3040 摇臂钻床电气接线图如图 3-6 所示。框内的控制变压器、继电器等组成的配电盘安装在摇臂电箱内。Z3040 摇臂钻床外部控制电器安装位置示意图如图 3-7 所示。表 3-2 为图 3-7 的附表。

表 3–2 Z3040 摇臂钻床控制电器安装位置一览表

序 号	符 号	名称与用途	序 号	符 号	名称与用途
1	M2	摇臂升降电动机	11	SB1	总停止控制按钮
2	M1	主电动机	12	SB3	摇臂上升控制按钮
3	M3	液压泵电动机	13	SB4	摇臂下降控制按钮
4	SQ1	摇臂升降组合行程开关	14	EL	照明灯
5	SQ2	限位行程开关	15	YV	电磁铁
6	SQ3	摇臂夹紧行程开关	16	SA1	电源开关
7	SQ4	摇臂松行程开关	17	SA2	冷却泵开关
8	SB5、HL1	松开控制按钮及指示灯	18	SA3	照明开关
9	SB6、HL2	夹紧控制按钮及指示灯	19	M4	冷却泵电动机
10	SB2、HL3	起动控制按钮及指示灯	20	E	配电箱（在摇臂内）

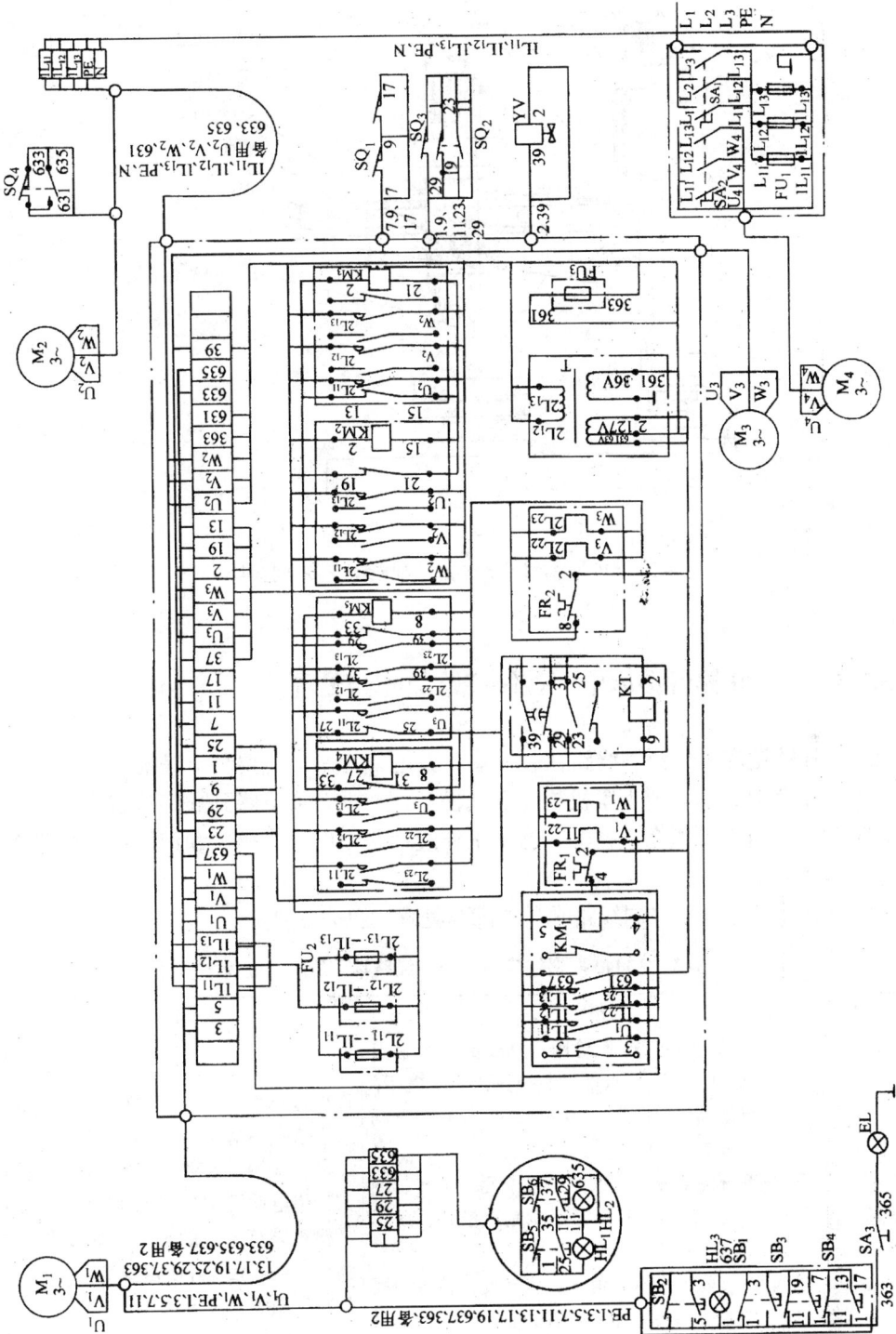

图 3-6 Z3040 摇臂钻床电气接线图

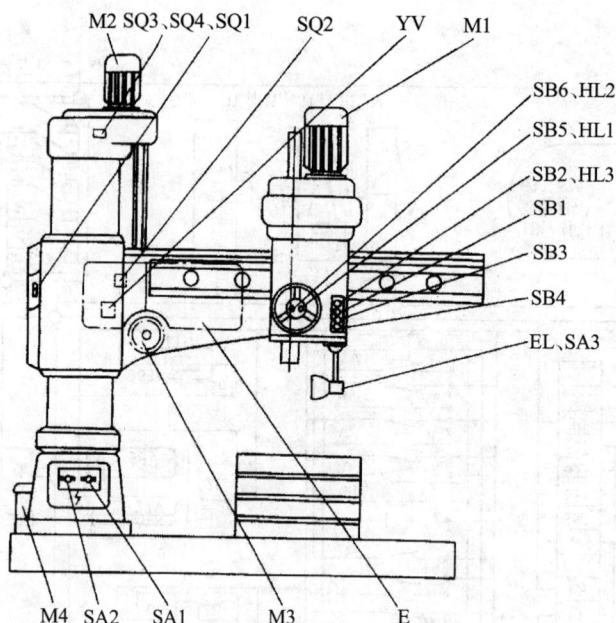

图3-7 Z3040摇臂钻床外部控制电器安装位置图

3.2.5 Z3040摇臂钻床电气控制线路故障与处理

Z3040摇臂钻床电气控制线路比较简单，其电气控制的主要环节是摇臂运动。摇臂在上升或下降时，摇臂的夹紧机构先自动松开，在上升或下降到预定位置后，其夹紧机构又将摇臂自动夹紧在立柱上。这个工作过程是由电气、机械和液压系统的紧密配合来实现的。

Z3040摇臂钻床电气控制线路常见故障与处理，见表3-3。

表3-3 Z3040摇臂钻床电气控制线路常见故障与处理

故障现象	分析原因	处理方法
摇臂不能上升（或下降）	1. 行程开关SQ2不动作，SQ2的动合触点（9-11）不闭合，SQ2安装位置移动或损坏； 2. 接触器KM2线圈不吸合，摇臂升降电动机M2不运转； 3. 系统发生故障（如液压泵卡死、不转、油路堵塞等），使摇臂不能完全松开，压不到SQ2； 4. 安装或大修后，由于相序接反，按SB3摇臂上升按钮，电动机反转，使摇臂夹紧，压不到SQ2，摇臂也就不能上升或下降。	1. 检查行程开关SQ2触点、安装位置或损坏情况，并予以修复； 2. 检查接触器KM2控制回路及摇臂升降电动机M2，并予以修复； 3. 检查系统发生故障原因SQ2位置移动或损坏处，并予以修复； 4. 检查相序，换相。

故障现象	分析原因	处理方法
摇臂上升（或下降）到预定位置后，摇臂不能夹紧	1. 限位开关 SQ3 安装位置不准确或紧固螺钉松动，使 SQ3 限位开关过早动作； 2. 活塞杆通过弹簧片压不到 SQ3，其触点（1–29)未断开，使 KM5、YV 不断电释放； 3. 接触器 KM5、电磁铁 YV 不动作，电动机 M3 不反转。	1. 调整限位开关 SQ3 的动作行程，紧固好定位螺钉； 2. 调整活塞杆、弹簧片的位置； 3. 检查接触器 KM5、电磁铁 YV 控制线路是否正常，电动机 M3 是否完好，并予以修复。
立柱、主轴箱不能夹紧（或松开）	1. 控制线路故障使接触器 KM4 或 KM5 不吸合； 2. 油路堵塞使接触器 KM4 或 KM5 不吸合。	1. 检查按钮接线是否脱落，并予以修复； 2. 检查油路堵塞情况，并予以修复。
按 SB6 按钮，立柱、主轴箱能夹紧，但放开按钮后，立柱、主轴箱却松开	1. 菱形块或承压块的角度方向错位，或距离不合适； 2. 菱形块立不起来，因为夹紧力调得太大或夹紧液压系统压力不够。	1. 调整菱形块或承压块的角度与距离； 2. 调整夹紧力或夹紧液压系统压力。
主轴电动机刚起动运转，熔断器就熔断	1. 机械机构卡住或钻头被铁屑卡住； 2. 负荷太重或进给量太大； 3. 电动机故障。	1. 检查机构卡住原因，并予以修复； 2. 退出主轴，根据空载情况找出原因，予以调整处理； 3. 检查电动机故障原因并予以修复或更换。

3.3 卧轴矩台平面磨床电气控制线路分析

　　磨床是用砂轮的周边或端面进行加工的精密机床。砂轮的旋转是主运动，工件或砂轮的往复运动为进给运动，而砂轮架的快速移动及工作台的移动为辅助运动。磨床的种类很多，按其工作性质可分为外圆磨床、内圆磨床、平面磨床、工具磨床以及一些专用磨床，如螺纹磨床、齿轮磨床、导轨磨床、球面磨床和无心磨床等。其中平面磨床应用最为普遍。

　　下面以 M7130 卧轴矩台平面磨床为例进行介绍。M7130 卧轴矩台平面磨床主要由床身、工作台、电磁吸盘、砂轮架（及磨头）滑座和立柱等组成。图 3-8 为卧轴矩台平面磨床外形图。

3.3.1 电力拖动特点和控制要求

M7130 平面磨床采用多电机拖动，其中砂轮电动机拖动砂轮旋转，砂轮的旋转不需要调速，采用三相异步装入式电动机，将砂轮直接装在电动机轴上；液压电动机驱动液压泵，供出压力油，经液压传动机构来完成工作台往复纵向运动并实现砂轮的横向自动进给及承担工作台导轨的润滑；冷却泵电动机拖动冷却泵，提供磨削加工时需要的冷却液。

为适应磨削小工件需要，采用电磁吸盘来吸持工件，电磁吸盘有充磁和退磁控制环节。为保证安全，电磁吸盘与砂轮电动机、液压电动机有电气联锁关系。

平面磨床设有局部安全照明。

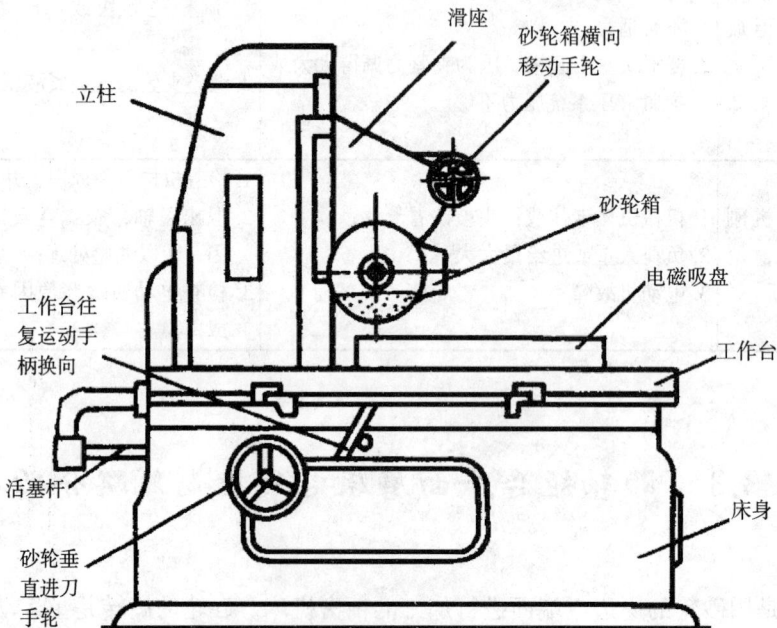

图 3-8 M7130 平面磨床结构示意图

在箱形床身中装有液压传动装置，工作台通过活塞杆由油压驱动作往复运动，床身导轨有自动润滑装置进行润滑。工作台表面有 T 形槽，用以固定电磁吸盘，再用电磁吸盘来吸持加工工件。工作台往返运动的行程长度可通过调节装在工作台正面槽中的撞块位置来改变。换向撞块是通过碰撞工作台往复运动换向手柄来改变油路方向，以实现工作台往复运动的。

在床身上固定有立柱，沿立柱的导轨上装有滑座，砂轮箱能沿滑座的水平导轨做横向移动。砂轮是由装入式砂轮电动机直接拖动。在滑座内部往往也装有液压传动机构。

　　滑座可在立柱导轨上做上下垂直移动，并可由垂直进刀手轮操作。砂轮箱的水平轴向移动可由横向移动手轮操作，也可由液压传动做连续或间断横向移动，连续移动用于调节砂轮位置或整修砂轮，间断移动用于进给。

3.3.2　M7130 平面磨床电气控制线路分析

　　M7130 卧轴矩台平面磨床的电路图如图 3-9 所示。该线路分为主电路、控制电路、电磁吸盘控制电路和照明电路四部分。

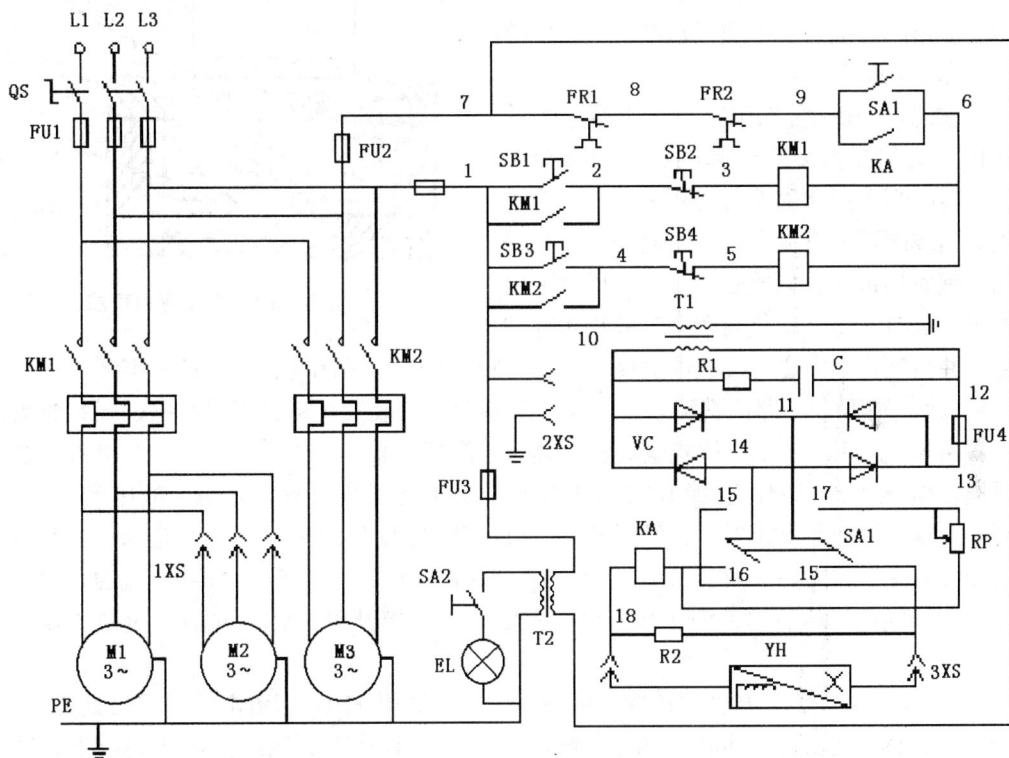

图 3-9　M7130 型平面磨床电气控制电路图

1. 主电路分析

　　主电路中有三台电动机，M1 为砂轮电动机，M2 为冷却泵电动机，M3 为液压泵电动机，它们使用一组熔断器 FU1 作为短路保护，M1、M2 由热继电器 FR1，做过载保护；M3 由热继电器 FR2 做过载保护。由于冷却泵箱和床体是分装的，所以冷却泵电动机 M2 通过插接器 1XS 和砂轮电动机 M1 的电源线相连，并和 M1 在主电路实现顺序控制。冷却泵电动机容量小，没设过载保护；砂轮电动机 M1 由接触器 KM1 控制；液压泵电动机 M3 由接触器 KM2 控制。

2. 电动机控制电路分析

控制电路采用 380V 电压供电，由按钮 SB1、SB2 与接触器 KM1 构成砂轮电动机起动、停止控制电路。由按钮 SB3、SB4 与接触器 KM2 构成液压泵电动机起动、停止控制电路。在三台电动机控制电路中，串接着转换开关 SA1 的常开触点和欠电流继电器 KA 的常开触点，因此，三台电动机起动的必要条件是 SA1 或 KA 的常开触点闭合，即欠电流继电器 KA 通电吸合，触点 KA（6-9）闭合，或 YH 不工作，但转换开关 SA1 置于"去磁"位置，触点 SA1（6-9）闭合后方可进行。

3. 电磁吸盘控制电路

（1）电磁吸盘的构造和原理。电磁吸盘外型有长方形和圆形两种。矩形平面磨床采用长方形电磁吸盘。电磁吸盘结构和工作原理如图 3-10 所示。

它的外壳由钢制箱体和盖板组成。在箱体内部均匀排列多个凸起的芯体上绕有线圈，盖板则采用非磁性材料隔离成若干个钢条。当线圈通入直流电后，凸起的芯体和隔离的钢条均被磁化形成磁极。当工件放在电磁吸盘上时，将被磁化而产生与磁盘相异的磁极并被吸住，即磁力线经由盖板、工件、吸盘体、芯体闭合，将工件牢牢吸住。

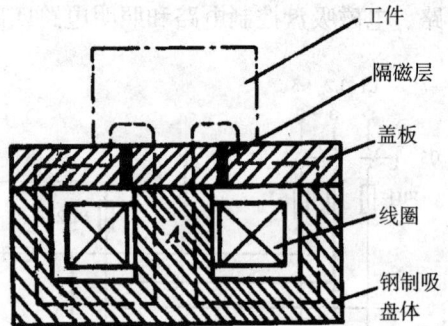

图 3-10　电磁吸盘原理图

工件
隔磁层
盖板
线圈
钢制吸盘体

（2）电磁吸盘电路由整流装置、控制装置及保护装置等部分组成。电磁吸盘整流装置由整流变压器 T1 与桥式全波整流器 VC 组成，输出 110V 直流电压对电磁吸盘供电。电磁吸盘集中由转换开关 SA1 控制。SA1 有三个位置：充磁、断电与去磁。当开关置于"充磁"位置时，触点 SA1（11-15）与触点 SA1（14-16）接通；当开关置于"去磁"位置时，触点 SA1（14-15）、SA1（11-17）及 SA1（6-9）接通；当开关置于"断电"位置时，SA1 所有触点都断开。对应开关 SA1 各位置，电路工作情况如下：

1）当 SA1 置于"充磁"位置，电磁吸盘 YH 获得 110V 直流电压，其极性 15 号线为正，18 号线为负，同时欠电流继电器 KA 与 YH 串联，若吸盘电流足够大，则 KA 动作，触点 KA（6-9）闭合，反映电磁吸盘吸力足以将工件吸牢，这时可分别操作按钮 SB1 与 SB3，起动 M1 与 M2 进行磨削加工。当加工完成，按下停止按钮 SB2 与 SB4，M1 与 M2 停止旋转。为便于从吸盘上取下工件，需对工件进行去磁，其方法是将开关 SA1 扳至"退磁"位置。

2）当 SA1 扳至"退磁"位置时，电磁吸盘中通入反方向电流，并在电路中串入可变电阻 R2，用以限制并调节反向去磁电流大小，达到既退磁又不致反向磁化的目的。退磁结束将 SA1 扳到"断电"位置，便可取下工件。

（3）电磁吸盘保护环节。电磁吸盘具有欠电流保护、过电压保护及短路保护等。

1）电磁吸盘的欠电流保护。为了防止平面磨床在磨削过程中出现断电事故或吸盘电流减小，致使电磁吸盘失去吸力或吸力减小，造成工件飞出，引起工件损坏或人身事故，故在电磁吸盘线圈电路中串入欠电流继电器 KA，只有当直流电压符合设计要求，吸盘具有足够吸力时，KA 才吸合，触点 KA（6-9）闭合，为起动 M1、M2 进行磨削加工做准备。否则不能开动磨床进行加工；若已在磨削加工中，KA 因电流过小而释放，则触点 KA（6-9）断开，KM1、KM2 线圈断电，M1、M2 立即停止旋转，避免事故发生。

2）电磁吸盘线圈的过电压保护。电磁吸盘匝数多，电感大，通电工作时储有大量磁场能量。当线圈断电时，在线圈两端将产生高电压，若无放电回路，将使线圈绝缘及其他电器设备损坏。为此，在吸盘线圈两端应设置放电装置，以吸收断开电源后放出的磁场能量。该机床在电磁吸盘两端并联了电阻 R3，作为放电电阻。

3）电磁吸盘的短路保护。在整流变压器 T1 二次侧或整流装置输出端装有熔断器做短路保护。

此外，在整流装置中还设有 R、C 串联电路并联在 T1 二次侧，用以吸收交流电路产生过电压和直流侧电路通断时在 T1 二次侧产生浪涌电压，实现整流装置的过电压保护。

4. 照明电路

由照明变压器 T2 将 380V 降为 36V，并由开关 SA2 控制照明灯 EL。在 T2 一次侧装有熔断器 FU3 做短路保护。

M7130 型卧轴矩台平面磨床电器元件明细表如表 3-4 所示。

表 3-4　M7130 型卧轴矩台平面磨床电器元件明细表

代 号	名 称	型 号	规 格	数 量
M1	砂轮电动机	W451-4	4.5KW、220/380V、1440r/min	1
M2	液压电动机	JO42-4	2.8KW、220/380V、1450r/min	1
M3	冷却泵电动机	JCB-22	125W、220/380V、2790 r/min	1
QS	电源开关	HZ1-25/3	3 极　25A	1
SA1	电磁吸盘开关	HZ1-10P/3	3 极　10A	1
FR1	螺旋熔断器	RL1-60A	30A	3
FR2	螺旋熔断器	RL1-15A	5A	2
FR3	螺旋熔断器		2A	1
FR4	螺旋熔断器	小型管式	1A	1
KM1	交流接触器	CJ10-10A	10A、线圈电压 380V	1
KM2	交流接触器			1
1XS	冷却泵插座	CYO-36		1
2XS	电磁吸盘插座	CYO-36		1
3XS	退磁插座	3 孔	5A	1
FR1	砂轮电机热继电器	JR10-10	整定电流 9.5A	1
FR2	液压电机热继电器		整定电流 6.1A	1

代 号	名 称	型 号	规 格	数 量
KA	欠电流继电器	JT3-11L	1.5A 代用 JZ3-3	1
T1	整流变压器	BK-300	220V/145V；300VA	1
T2	照明变压器	BK-50	380V/36V；50VA	1
SA2	照明灯开关	JD3Y		1
VD	硅整流器	2CZ1/250V	1A、200V	4
R1	去磁电阻		1KΩ/50W	1
R2	放电电阻	GF 型	500Ω/50W	1
R3	过电压保护电阻		125Ω/7.5W	1
C	过电压保护电容		5μF/600V	1
YH	电磁吸盘		110V/1.45A	1
SB1	砂轮电动机开按钮		绿	1
SB2	砂轮电动机关按钮	LA2	红	1
SB3	液压电动机开按钮		绿	1
SB4	液压电动机关按钮		红	1
附 件	退磁器	TCTTH/H		1

3.3.3　M7130 平面磨床电气控制线路常见故障与处理方法

平面磨床电气控制特点是采用了可吸持工件的电磁吸盘，所以常见故障是电磁吸盘控制电路。

M7130 平面磨床电气控制线路常见故障与处理方法，见表 3-5。

表 3-5　M7130 平面磨床电气控制线路常见故障与处理方法

故障现象	故障分析	处理方法
电磁吸盘没有吸力	1. 三相交流电源是否正常，熔断器 FU1、FU2 与 FU4 是否熔断或接触不良； 2. 插接器 3XS 接触是否良好； 3. 电流继电器 KA 线圈是否断开，吸盘线圈是否断路等。	1. 使用万用表测电压，测量熔断器 FU1、FU2 与 FU4 是否熔断，并予以修复； 2. 检查插接器 3XS 是否良好，并予以修复； 3. 测量电流继电器 KA 线圈、吸盘线圈是否损坏，并予以修复。
电磁吸盘吸力不足	1. 整流电路输出电压不正常，负载时不低于 110V； 2. 电磁吸盘损坏。	1. 测量电压是否正常，找出故障点并予以修复； 2. 检查线圈是否短路或断路，更换线圈，处理好线圈绝缘。

故障现象	故障分析	处理方法
电磁吸盘退磁效果差	1. 退磁控制电路断路； 2. 退磁电压过高。	1. 检查转换开关 SA1 接触是否良好，退磁电阻 RP 是否损坏，并予以修复； 2. 检查退磁电压（5~10V）并予以修复。
三台电动机都不运转	1. 电流继电器 KA 是否吸合，其触点（6-9）是否闭合或接触不良； 2. 转换开关 SA1（6-9）是否接通； 3. 热继电器 FR1、FR2 是否动作或接触不良。	1. 检查电流继电器 KA 触点（6-9）是否良好，并予以修复或更换； 2. 检查转换开关 SA1（6-9）是否良好或扳到退磁位置，检查 SA1（6-9）触点情况，并予以修复； 3. 检查热继电器 FR1、FR2 是否动作或接触不良，并复位或修复。

3.4　镗床电气控制电路分析

　　镗床是一种精密加工机床，主要用于加工精确度高的孔，以及各孔间距离要求较为精确的零件。如一些箱体零件，变速箱、主轴箱等，往往在其上要加工多个尺寸不同的孔，对孔的同轴度、垂直度、平行度及孔间距离等均有精确要求。

　　镗床除镗孔外，还可以钻孔、铰孔及加工端面；装上平旋盘刀架还可加工大的孔径、端面和外圆；装上车螺纹附件后，还可以车削螺纹。因此，镗床加工范围广，调速范围大，运动部件多。

　　按用途不同，镗床可分为卧式镗床、立式镗床、坐标镗床和专门化镗床。最常用的是卧式镗床。下面主要介绍 T68 卧式镗床。

3.4.1　卧式镗床的结构、运动形式

1. 镗床的结构

　　T68 卧式镗床外形图如图 3-11 所示。卧式镗床主要由床身、前立柱、镗头架、后立柱、尾座、下溜板和工作台等部分组成。床身是一个整体的铸件，在它的一端固定有前立柱，在前立柱的垂直导轨上装有镗头架，镗头架可沿导轨垂直移动。镗头架上装有主轴、主轴变速箱、进给箱与操纵机构等部件。切削刀具固定在镗轴前端的锥形孔里，或装在平旋盘上的刀具溜板上。在镗削加工中，镗轴一面旋转，一面沿轴向做进给运动。平旋盘只能旋转，装在其上的刀具溜板做径向进给运动。平旋盘主轴为空心轴，镗轴穿过其中空心部分，经由各自的传动链传动。

　　在床身的另一端装有后立柱，后立柱可沿床身导轨在镗轴轴线方向调整位置。在

后立柱导轨上安装有尾座，尾座与镗头架同时升降，保证两者的轴心在同一水平线上。

安装工件的工作台安放在床身中部的导轨上，它由下溜板、上溜板与可以转动的工作台组成。下溜板可沿床身导轨作纵向运动，上溜板可沿下溜板的导轨做横向运动，工作台相对于上溜板可做回转运动。

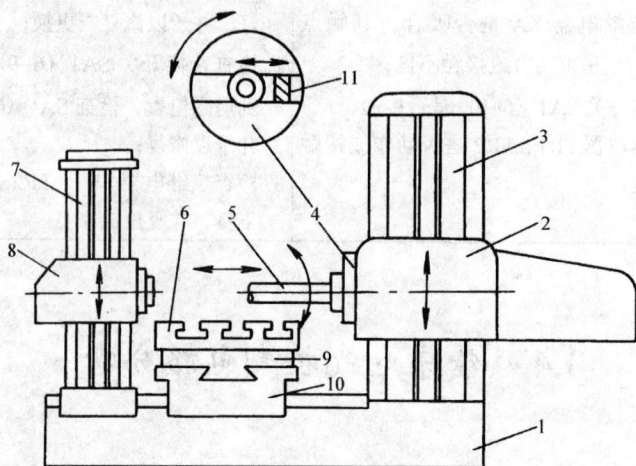

1—床身　2—镗头架　3—前立柱　4—平旋盘　5—镗轴　6—工作台
7—后立柱　8—尾座　9—上溜板　10—下溜板　11—刀具溜板

图 3-11　T68 卧式镗床结构示意图

2. 卧式镗床的运动形式

（1）主运动。镗轴与平旋盘的旋转运动。

（2）进给运动。镗轴的轴向进给，平旋盘刀具溜板的径向进给，镗头架的垂直进给，工作台的纵向进给与横向进给。

（3）辅助运动。工作台的回转，后立柱的轴向移动及尾座的垂直运动。

3.4.2　T68 卧式镗床电力拖动特点

卧式镗床的主运动与进给运动由一台电动机拖动。主轴拖动要求恒功率调速，且要求正、反转，一般采用单速或多速笼型三相感应电动机拖动。为扩大调速范围，可采用晶闸管控制的直流电动机调速系统。

为满足加工过程调整工件的需要，主轴电动机应能实现正、反转点动的控制。

要求主轴停车制动迅速、准确，为此设有主轴电动机电气制动环节。

主轴及进给速度可在开车前预选，也可在工作过程中进行变速，为便于变速时齿轮的顺利啮合，应设有变速低速冲动环节。

为缩短辅助时间，机床各运动部件应能实现快速移动，并由单独快速移动电动机拖动。

镗床运动部件较多，应设置必要的联锁及保护环节，且采用机械手柄与电气开关联动的控制方式。

3.4.3　T68 型卧式镗床电气控制电路分析

图 3-12 为 T68 型卧式镗床电气控制电路图。

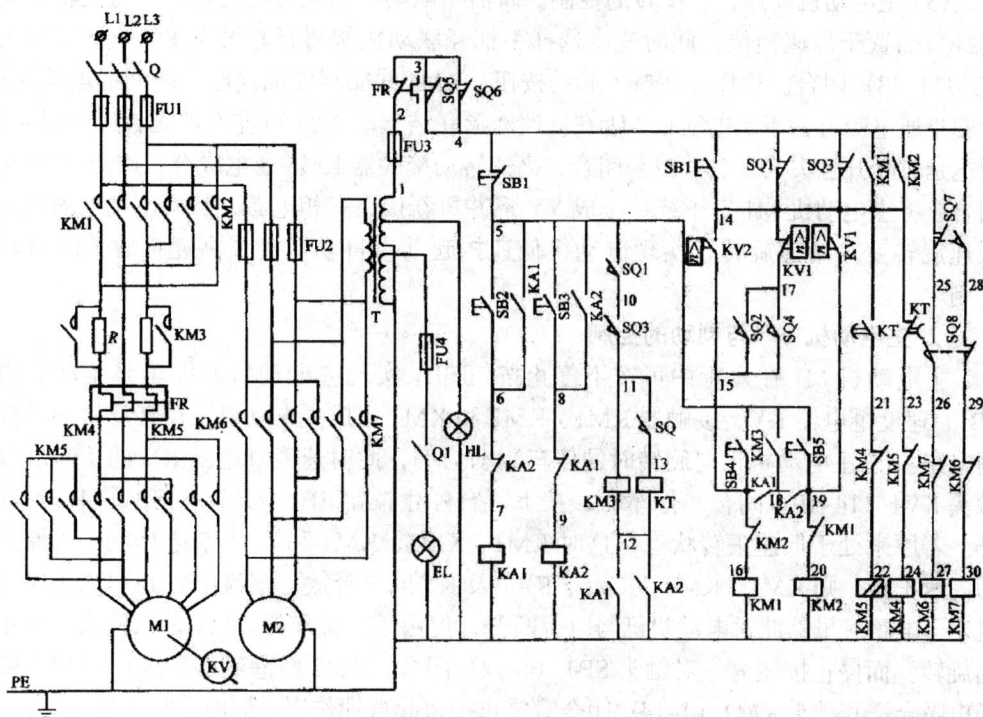

图 3-12　T68 型卧式镗床电气控制电路图

图中 M1 主电动机为双速电动机，拖动机床的主运动和进给运动。M2 为快速移动电动机，实现主轴箱与工作台的快速移动。主电动机整个控制电路由电动机正反转起动旋转与正反转点动控制环节、主轴电动机正反转停车反接制动控制环节、主轴变速与进给变速时的低速运转环节、工作台快速移动控制及机床的联锁与保护环节等组成。

1. 主电动机的正、反转控制

（1）主电动机正、反转控制。由接触器 KM1、KM2 与点动按钮 SB4、SB5 组成主电动机 M1 正反转控制电路，此时电动机定子串入降压电阻 R，三相定子绕组接成△联结进行低速点动。

（2）主电动机正、反向低速旋转控制。由正反转起动按钮 SB2、SB3 与正反转中间继电器 KA1、KA2 及正反转接触器 KM1、KM2 构成电动机正反转起动电路。当选择主电动机低速运转时，应将主轴速度选择手柄置于低速挡位，此时经速度选择手柄联动机构使高低速行程开关 SQ 处于释放状态，其触头 SQ（11—13）处于断开状态。当主轴变速手柄与进给变速手柄置于原位时，变速行程开关 SQ1、SQ3 均被压下，使触头 SQ1（5—10）、SQ3（10—11）闭合。此时若按下 SB2 或 SB3，将使 KA1 或 KA2 线圈通电吸合，使 KM3 与 KM1 或 KM2 线圈通电吸合，KM4 相继通电吸合，主电动机定子绕组联结成△形，在全压下直接起动获得低速旋转。

（3）主电动机高速正、反转的控制。若需主电动机高速起动旋转时，将主轴速度选择手柄置于高速挡位，此时速度选择手柄经联动机构将行程开关 SQ 压下，触头 SQ（11—13）闭合。这样，在按下起动按钮，KM3 线圈通电的同时，时间继电器 KT 线圈也通电吸合，于是电动机 M1 在低速△形联结起动并经 3s 左右的延长后，因 KT 通电延时断开触头 KT（14—21）闭合，高速转动接触器 KM5 通电吸合，KM5 主触头闭合，将主电动机 M1 定子绕组接成 YY 形并重新接通三相电源，从而使主电动机由低速旋转变为高速旋转，实现电动机低速挡起动再自动换接成高速挡旋转的自动控制。

2. 主电动机停车与制动的控制

主电动机 M1 在运行中可按下停止按钮 SB1 实现主电动机的停车与制动。由 SB1、速度继电器 KV、接触器 KM1、KM2 和 KM3 构成主电动机正反转反接制动控制电路。以主电动机正向旋转时的停车制动为例，此时速度继电器 KV 的正向动合触头 KV1（14—19）闭合。停车时，按下复合停止按钮 SB1，其触头 SB1（4—5）断开。若原来处于低速正转状态，这时 KM1、KM3、KM4 和 KA1 断电释放；若原来为高速正转，则 KM1、KM3、KM5、KA1 及 KT 断电释放，限流电阻 R 串入主电动机定子电路。虽然此时电动机已与电源断开，但由于惯性作用，M1 仍以较高速度正向旋转。而停止按钮另一对触头 SB1（4—14）闭合，KM2 线圈经触头 KV1（14—19）通电吸合，其触头 KM2（4—14）闭合对停止按钮起自锁作用。同时，接触器 KM4 线圈通电吸合。KM2、KM4 的主触头闭合，经限流电阻 R 接通主电动机三相电源，主电动机进行反接制动，电动机转速迅速下降。当主电动机转速下降到速度继电器 KV 复位转速时，触头 KV1（14—19）断开，KM2、KM4 线圈先后断电释放，其主触头切断主电动机三相电源，反接制动结束，电动机自由停车。

由上面分析可知，在进行停车操作时，务必将停止按钮 SB1 按到底，使 SB1（4—14）触头闭合，否则将无反接制动，电动机只是自由停车。

3. 主电动机在主轴变速与进给变速时的连续低速冲动控制

T68 型卧式镗床的主轴变速与进给变速既可在主轴电动机停车时进行，也可在电动机运行中进行。变速时为便于齿轮的啮合，主电动机在连续低速状态下运行。

（1）操作过程。主轴变速时，首先将变速操纵盘上的操纵手柄拉出，然后转动变速盘，选好速度后，再将变速手柄推回。在拉出或推回变速手柄的同时，与其联动的行程开关 SQ1、SQ2 相应动作。在手柄拉出时 SQ1 不受压，SQ2 压下；当手柄推回时，SQ1 压下，SQ2 不受压。

（2）电动机在运行中进行变速时的自动控制。主电动机在运行中如需变速，将变速孔盘拉出，此时 SQ1 压下，SQ2 不受压，触头 SQ1（4-10）处于断开状态，使接触器 KM3 线圈断电释放，其主触头断开，将限流电阻 R 串入定子电路，而触头 KM3（5-18）断开，KM1 或 KM2 均断电释放。因此，主电动机无论工作在正转或反转运行状态，都因 KM1 或 KM2 线圈断电释放而停止旋转。

（3）电动机在主轴变速时的连续低速冲动控制。主轴变速时，将变速孔盘拉出，SQ1 不再受压，SQ2 压下，于是触头 SQ2（17-15）闭合。

若变速前主电动机处于正转运行状态，这时由于主轴变速手柄拉出，使主电动机处于自停状态，速度继电器触头 KV1（14-17）闭合，KV1（14-19）断开，KV2（14-15）处于断开状态，使接触器 KM1、KM4 线圈相继通电吸合。KM1、KM4 主触头闭合，主电动机定子绕组联结成△形并经限流电阻 R 正向起动旋转。随着主电动机转速的上升，当到达速度继电器 KV 动作值时，触头 KV1（14-17）断开，KM1 线圈断电释放，主触头又切断电动机三相电源，主电动机在惯性下继续正向旋转。同时，触头 KV1（14-19）闭合，KM2 线圈通电吸合，而此时 KM4 仍通电吸合。KM2、KM4 主触头闭合，接通主电动机反向电源，经限流电阻 R 进行反接制动，使主电动机转速迅速下降。

当主电动机转速下降到速度继电器的释放值时，触头 KV1（14-19）断开，KM2 断电释放。同时，触头 KV_1（14-17）闭合，KM1 又通电吸合。于是主电动机又接通正向电源经限流电阻 R 正向起动。这样反复地起动和反接制动，使主电动机处于连续低速运转状态，有利于变速齿轮的啮合。一旦齿轮啮合后，变速手柄推回原位，开关 SQ1 压下，SQ2 不受压，触头 SQ1（4-14）断开，SQ2（17-15）断开，切断主电动机变速低速运转电路。

由上面分析可知，如果变速前主电动机处于停转状态，那么变速后主电动机也处于停转状态。若变速前主电动机处于正向低速（△联结）状态运转，由于中间继电器 KA1 仍保持通电状态，变速后主电动机仍处于△联结下运转。

进给变速时主电动机连续低速冲动控制情况与主轴变速相同，只不过此时操作的是进给变速手柄，与其联动的行程开关是 SQ3、SQ4，当手柄拉出时 SQ3 不受压，SQ4 压下，当变速完成，推上进给变速手柄时，SQ3 压下，SQ4 不受压。其余电路工作情况与主轴变速相同。

4. 镗头架、工作台快速移动的控制

机床各部件的快速移动，由快速操作手柄控制，由快速移动电动 M2 拖动。运动部件及其运动方向的选择由安装在工作台前方的手柄操纵。快速操作手柄有正向、反向、停止 3 个位置。

在正向与反向控制时，将压下行程开关 SQ7 或 SQ8，使接触器 KM6 或 KM7 线圈通电吸合，实现 M2 电动机的正反转，并通过相应的传动机构使预选的运动部件按选定的方向做快速移动。当快速移动控制手柄置于"停止"位置时，行程开关 SQ7、

SQ8 均不受压,接触器 KM6 或 KM7 处于断电释放状态,M2 快速移动电动机断电,快速移动结束。

5. 机床的联锁保护

由于 T68 型卧式镗床运动部件较多,为防止机床或刀具损坏,保证主轴进给和工作台进给不能同时进行,为此设置了两个联锁保护开关 SQ5 与 SQ6。其中 SQ5 是与工作台和镗头架自动进给手柄联动的行程开关,SQ6 是与主轴和平旋转刀架自动进给手柄联动的行程开关。将这两个行程开关的常闭触头并联后串接在控制电路中,当两种进给运动同时选择时,SQ5、SQ6 都被压下,其常闭触头断开,将控制电路断开,于是两种进给都不能进行,实现了联锁保护。双速电动机定子接线如图 3-13 所示。

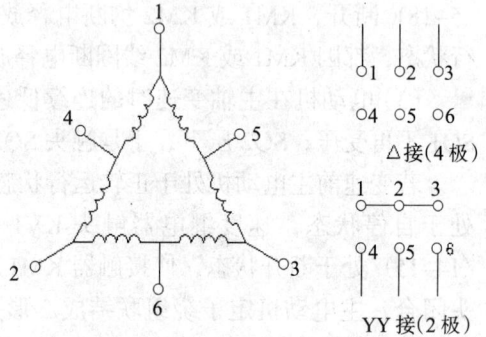

图 3-13 双速电动机定子接线图

3.4.4 T68 型卧式镗床控制线路常见故障与处理

T68 型卧式镗床主电动机为双速电动机,机械与电气联锁配合较多,这方面常见的电气故障出现较多,主要分析如表 3-6 所示。

表 3-6 T68 型卧式镗床控制线路常见故障与处理

故障现象	故障分析	处理方法
主轴实际转速比变速盘指示的转速成倍提高或降低	1. 行程开关 SQ 损坏或位置变动; 2. 变速机构推动撞钉即簧片压合行程开关调整不当。	1. 检修行程开关,调整固定位置; 2. 调整撞钉动作与变速盘指示速度相对应。
主轴电动机有高速挡而无低速挡或无高速挡而有低速挡	1. 行程开关 SQ 损坏或位置变动使 SQ 处于接通(或断开)状态; 2. 时间继电器 KT 不动作。	1. 检查行程开关 SQ,更换或调整 SQ 的位置; 2. 检查时间继电器 KT 控制电路,并予以修复。
主轴电动机无变速低速冲动或运行中进行变速	1. 行程开关 SQ1、SQ2 触点接触不良或位置偏移; 2. 行程开关 SQ1 绝缘损坏,触头短路。	1. 检查行程开关 SQ1、SQ2 触点,调整好位置,并予以修复; 2. 检修或更换行程开关 SQ1。
主轴电动机无反接制动停车	1. 停止按钮 SB1 触头(4-14)接触不良; 2. 速度继电器 KV 触头损坏或接触不良。	1. 检查停止按钮 SB1 触头,并予以修复; 2. 检查速度继电器 KV 触头,并予以修复。
电动机变速故障(高低速无转换)	大修后或重接电源引线时双速电动机定子接线有误。	根据接线图,检查电源引线,定子接线,并予以修复。

3.5　铣床电气控制线路分析

铣床用来加工平面、斜面、沟槽，在工作台平面上装上分度头可以铣切直齿齿轮和螺旋面，装上圆工作台还可以铣切凸轮和弧形槽，因此，铣床在机械行业的机械设备中占有很大的比重。

铣床按结构形式和加工性能的不同，可分为龙门铣床、升降台铣床、仿形铣床和各种专用铣床。

3.5.1　X62W 卧式万能铣床的主要结构及运行

升降台式铣床用于尺寸不大的工件，特别适用于单件或批量生产，是铣床中应用最广的一种。

升降台式铣床有卧式铣床、卧式万能铣床、立式铣床三种基本形式。现在大多使用卧式万能铣床，卧式万能铣床外形如图 3-14 所示。

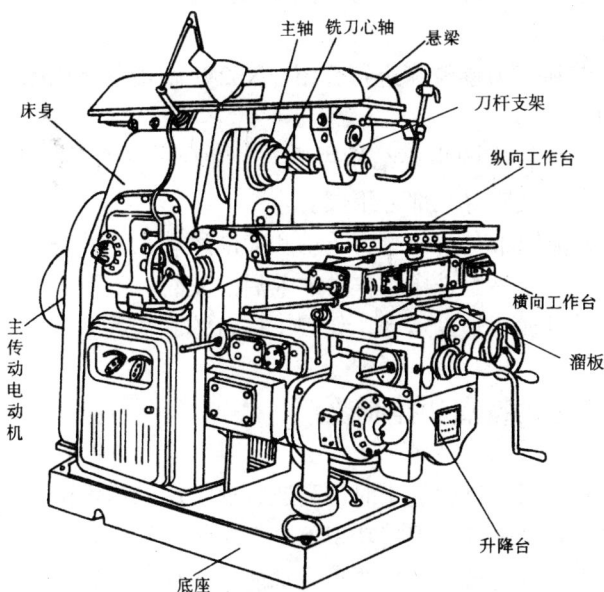

图 3-14　X62W 万能铣床外形图

卧式万能铣床箱形的床身固定在底座上，在床身内部装有主轴转动机构和主轴变速机构。在床身的顶部有水平导轨，其上装着带有一个或两个刀杆支架的悬梁。刀杆支架用来支撑安装铣刀心轴的一端，而心轴另一端则固定在主轴上。在床身的前方有垂直导轨，一端悬持的升降台可沿之上下移动。在升降台上面的水平导轨上，装有可平行主轴轴线方向（横向移动）的溜板，工作台可沿溜板上部转动部分的导轨在垂直于主轴轴线的方向移动（纵向移动）。如此安装在工作台上的工件，可以做三个方向位置调整或进给运动。由于转动部分对溜板可绕垂直轴线转动一个角度（通常为正负45度），因此工作台在水平面上除能平行或垂直于主轴轴线方向进给外，还能在倾斜方向上进给，从而完成铣螺旋槽加工任务。

铣床所用的切削刀具为各种形式的铣刀，铣刀的旋转由电动机拖动，为适应铣削加工顺铣和逆铣的需要，主电动机应能正向或反向旋转，而一旦铣刀选定后，铣削方向就确定了，工作过程中不需变换电动机转向。为此，可在电动机主电路中接入换相开关来预选正反向，因铣削加工是多刀多刃不连续切削，负载波动，因此为减轻负载波动的影响，在主轴转动系统中加入飞轮，但这随之又将引起主轴停车惯性大，造成停车时间长。为实现快速停车，主电动机往往采用反接制动停车方式。

铣削的进给运动是直线运动，一般是工作台的垂直、纵向和横向三个方向的运动。为保证安全，加工时只允许一个方向的运动，为此这三个方向的运动应设有互锁。所以，工作台的移动由一个进给电动机拖动，并由运动方向手柄来选择运动方向，由进给电动机的正反转来实现上或下、左或右、前或后的运动。有些铣床为扩大加工能力而增设了圆工作台，在使用时，圆工作台的上下、左右、前后几个方向的运动都不允许进行。

下面以 X62W 卧式万能铣床进行介绍。X62W 卧式万能铣床主要适用于单件、小批量生产的部门。

X62W 卧式万能铣床的主要结构由床身、主轴、工作台、悬梁、回转盘、横溜板、刀杆、升降台、底座等几部分组成。

X62W 卧式万能铣床有两种主要运动和辅助运动，一种是主轴带动铣刀的旋转运动，称为主运动；另一种是铣床工作台的前后、左右、上下 6 个方向的运动，称为进给运动；其他的运动属于辅助运动，如圆工作台的旋转运动。

3.5.2 电力拖动特点和控制要求

铣床在铣削加工时，进刀量小时用高速，反之用低速铣削。这要求主传动系统能够调速而且在各种铣削速度下保持功率不变。主轴电动机采用三相笼型异步电动机。

为了能进行顺铣和逆铣加工，要求主轴能够实现正反转，但考虑到正反转操作并不频繁，因此在铣床床身下侧电器箱上设置一个组合开关，来改变电源相序实现主轴电动机正反转。

铣床主轴电动机采用直接起动，且具有正反转控制。但停车时，由于传动系统惯性大，为此设有电气制动环节，主轴电动机采用电磁离合器制动以实现准确停车。

主轴变速时，为使变速箱内齿轮易于啮合，要求主轴电动机变速时有变速冲动。

铣床工作台有前后、左右、上下六个方向的进给运动和快速移动，要求进给电动机实现正反转，并通过操作手柄和离合器配合来实现，并实现六个方向的联锁。

为防止刀具、床体的损坏，要求只有主轴起动后才允许有进给运动和进给方向的快速移动。

要求有冷却系统；36V 或 24V 安全照明；交流控制回路采用变压器 127V 供电控制。

3.5.3　X62W 卧式万能铣床电气控制线路分析

X62W 卧式万能铣床电气控制线路如图 3-15 所示。

1. 主电路分析

主电路中 M_1 是主轴电动机，通过换相开关 SA_5 与接触器 KM_1、KM_2 进行正反转、反接制动和瞬动控制，并通过机械机构进行变速。M_2 是进给电动机，通过 KM_3、KM_4 控制电动机正反转，通过 KM_5 和牵引电磁铁 YA 控制电动机的快慢，并通过机械机构使工作台上下、左右及前后快速移动。通过 KM_6 控制冷却泵电动机 M_3 的正转，且 M_1 起动后 M_3 才能起动。热继电器 FR_1、FR_2 和 FR_3 分别实现对 M_1、M_2 和 M_3 进行过载保护，熔断器 FU_1、FU_2、FU_3 及 FU_4 实现对主轴电动机、冷却泵电动机、控制电路及照明电路的短路保护。

2. 控制电路分析

（1）主轴电动机的控制。为了便于操作，主轴电动机 M_1 采用两地控制方式，主轴电动机起动按钮 SB_1、停止按钮 SB_3 为一组，安装在床体上；另一组起动按钮 SB_2、停止按钮 SB_4 安装在工作台上。KM_1 是主轴电动机起动接触器，KM_2 是反接制动接触器，SA_5 是电源换相开关，用于改变电动机的转向。主轴换相开关说明如表 3-7 所示。SQ_7 是与主轴变速手柄联动的瞬动行程开关；主轴电动机 M_1 起动后，速度继电器 KV 的动合触点闭合，为电动机停转制动做准备。主轴电动机 M_1 停止时，按停止按钮 SB_3 或 SB_4 切断 KM_1 电路，接通 KM_2 电路，改变了 M_1 的电源相序，实现了定子绕组串电阻反接制动；当电动机 M_1 的转速接近零时，速度继电器触点复位，KV 触点自动断开切断电源。

（2）工作台进给电动机的控制。工作台进给上下运动和前后运动及左右运动的控制，是依靠电动机 M_2 的正反转实现的，而正反转接触器 KM_3、KM_4 是由两个机械手柄控制的，这两个完全相同的手柄分别装在工作台左侧的前方和后方。手柄的连动机构与行程开关 SQ_3、SQ_4 相连接，操作手柄的同时完成机械挂挡并压合 SQ_3、SQ_4，使正反转接触器接通，进给电动机运行，拖动工作台向预定方向运动。操作手柄有五个位置，五个位置是联锁的。工作台上下及横向限位终端保护，是利用工作台座上的挡铁撞动十字手柄使其回到中间位置，工作台停止运动。工作台进给控制电路只有在主轴电动机起动后才能接通。

1）工作台向上运动的控制。主轴电动机起动后，将手柄扳到"向上"位置时，

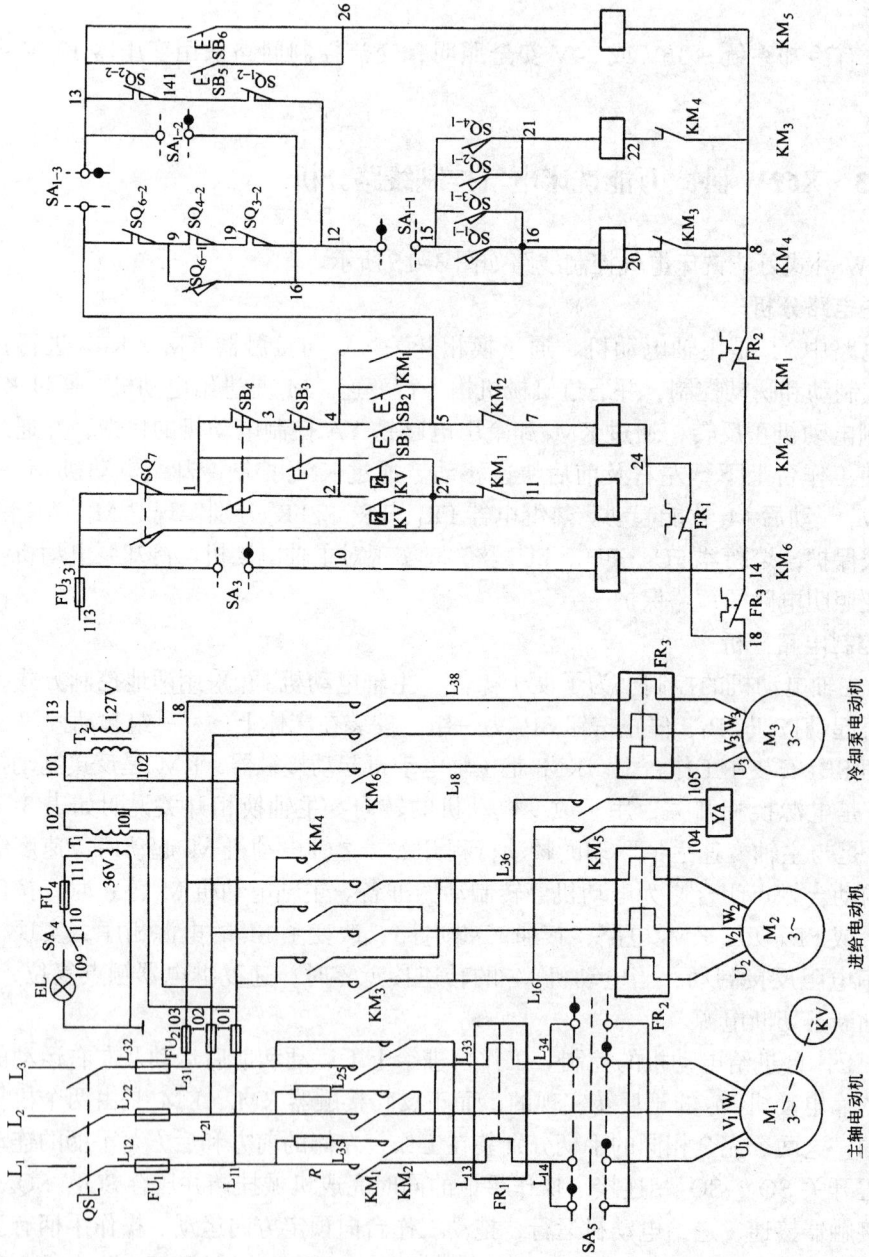

图 3-15　X62W 万能铣床控制线路图

表 3-7 主轴换向开关说明

位置 触点		左转	停止	右转
SA_{5-1}	$L_{14}-W_1$	+	—	—
SA_{5-2}	$L_{14}-U_1$	—	—	+
SA_{5-3}	$L_{34}-W_1$	—	—	+
SA_{5-4}	$L_{34}-U_1$	+	—	—

其机械离合器挂上，为垂直传动做准备；同时压合行程开关 SQ_4，使 SQ_{4-2}（9-19）断开，SQ_{4-1}（15-21）闭合，接触器 KM_3 线圈得电，M_2 正转，拖动工作台向上运动。当需要停止时，将手柄扳回中间位置，垂直进给离合器脱开，同时 SQ_4 不再受压，SQ_{4-1}（15-21）断开，电动机 M_2 停转，工作台停止运动。

2）工作台向下运动的控制。将手柄扳向"向下"的位置时，其联动机构使垂直离合器挂上，为垂直传动做准备；同时压合行程开关 SQ_3，使 SQ_{3-2}（12-19）断开，SQ_{3-1}（15-16）闭合，接触器 KM_4 线圈得电，M_2 反转，拖动工作台向下运动。

3）工作台向前、向后横向运动的控制。将手柄扳到"向前"或"向后"，垂直进给离合器脱开，而横向进给离合器接通传动机构，使工作台向前、向后横向运动。

工作台横向及升降进给行程开关说明，如表 3-8 所示。

表 3-8 工作台横向及升降进给行程开关说明

位置 触点		向前向下	停止	向后向上
SQ_{3-1}	15-16	+	—	—
SQ_{3-2}	12-19	—	+	+
SQ_{4-1}	15-21	+	—	—
SQ_{4-2}	9-19	—	+	+

4）工作台左右运动控制。工作台左右运动由工作台纵向控制手柄来控制，此手柄也是复式的，手柄有三个位置：向左、零位、向右，当手柄扳到"向右"或"向左"位置时，通过联动机构将纵向进给离合器挂上，同时压下行程开关 SQ_1 或 SQ_2，使接触器 KM_4 或 KM_3 动作，控制进给电动机 M_2 的正反转。工作台左右行程的长短可以调节安装在工作台两端的挡铁来控制，当工作台纵向运动到极限位置时，挡铁撞动纵向控制手柄，使它回到零位，工作台便停止运动，从而实现了终端保护。

①工作台向左运动的控制。将操纵手柄扳到"向左"方向，其联动机构压下行程开关 SQ_2，使 SQ_{2-2}（13-14）断开，SQ_{2-1}（15-21）闭合，KM_3 得电，电动机 M_2 反转，拖动工作台向左运动。

②工作台向右运动的控制。将操纵手柄扳到"向右"方向，其联动机构压下行程

开关 SQ_1，使 SQ_{1-2}（14-12）断开，SQ_{1-1}（15-16）闭合，接触器 KM_4 得电，电动机 M_2 正转，拖动工作台向右运动。

工作台的纵向进给行程开关说明，如表 3-9 所示。

表 3-9　工作台的纵向进给行程开关说明

位置	触点	向前向下	停止	向后向上
SQ1-1	15-16	−	−	+
SQ1-2	12-141	+	+	−
SQ2-1	15-21	+	−	+
SQ2-2	13-141	−	+	+

5）工作台快速移动控制。当铣床不进行铣削加工时，工作台在纵向、横向、垂直六个方向都可以快速移动。工作台快速移动是由进给电动机 M_2 拖动的，其动作过程如下：当工作台按照选定的速度和方向进行工作时，再按下快速移动按钮 SB_5 或 SB_6，使接触器 KM_5 线圈得电，接通牵引电磁铁 YA，经杠杆使进给传动链上的摩擦离合器合上，减少了中间传动装置，使工作台按原方向快速移动。当松开快速移动按钮时，电磁铁 YA、KM_5 相继断电，摩擦离合器断开，快速移动停止，工作台按原进给速度、方向继续移动。

工作台也可以在主轴电动机不转的情况下进行快速移动，此时应将主轴换向开关 SA_5 扳在"停止"的位置，然后按下 SB_1 或 SB_2，使接触器 KM_1 线圈得电并自锁，操纵工作台手柄选定方向，使进给电动机 M_2 起动，再按下快速移动按钮 SB_5 或 SB_6，工作台便可以快速移动。

（3）主轴变速冲动联锁控制。变速时，拉出变速手柄，转动变速盘，选择需要的转速，此时凸轮机构压下，使冲动行程开关 SQ_7 动断触点（31-1）先断开，使 M_1 断电。随后 SQ_7 动合触点（31-27）接通，接通器 KM_2 线圈得电动作，M_1 反接制动。当手柄继续向外拉至极限位置，SQ_7 不受凸轮控制而复位，M_1 停转。接着把手柄推向原来位置，凸轮又压下 SQ_7，使动合触点接通，接通器 KM_2 线圈得电，M_1 反转一下，以利于变速后齿轮啮合，继续把手柄推向原位，SQ_7 复位，M_1 停转，操作结束。

（4）圆工作台运动控制。圆工作台工作时先将转换开关 SA_1 扳到接通位置，这时 SA_{1-2}（13-16）闭合，SA_{1-1}（12-15）和 SA_{1-3}（5-13）断开，然后将工作台的两个操纵手柄扳到零位，此时四个行程开关 $SQ_1\sim SQ_4$ 的触点都处于复位状态。这时按下主轴起动按钮 SB_1 或 SB_2，主轴电动机 M_1 起动，进给电动机 M_2 也因接触器 KM_4 线圈得电而起动，并经传动机构使圆工作台回转。圆工作台只能沿一个方向做回转运动。另外，圆工作台控制电路是经过行程开关 $SQ_1\sim SQ_4$ 的四对动断触点形成回路，若扳动任一进给手柄，都将使圆工作台停止工作，这就实现了工作台进给与圆工作台的运动联锁关系。圆工作台转换开关 SA_1 说明，如表 3-10 所示。圆工作台要停止工作时，只要按下主轴停止按钮 SB_3 或 SB_4 即可。

表 3-10 圆工作台转换开关说明

位置	触点	圆工作台	
		接通	断开
SA1-1	12-15	−	+
SA1-2	16-13	+	−
SA1-3	13-15	−	+

（5）冷却泵电动机与照明电路的控制。冷却泵电动机 M_3 由转换开关 SA_3 控制，当扳至"接通"位置时触点 SA_3（31-10）闭合，接触器 KM_6 线圈得电，冷却泵电动机 M_3 起动，送出冷却液。

机床局部照明由照明变压器 T_1 输出 36V 电压，由开关 SA_4 控制照明灯 EL。

3.5.4 X62W 万能铣床电气接线图与电器安装位置示意图

1. X62W 万能铣床总安装接线图

X62W 万能铣床总安装接线图，如图 3-16 所示。图中主要反映各控制按钮、行程开关和部分主控电路电气设备的安装接线内容。

2. 左、右壁龛接线图及安装位置框图

左、右壁龛接线图如图 3-17、图 3-18 所示。图中主要反映出左、右壁龛内配电盘上电动机的主电路及相应的接触器、熔断器、热继电器等相关部位的安装接线关系。

3. X62W 万能铣床控制电器安装位置示意图

X62W 万能铣床控制按钮、转换开关、行程开关等安装位置示意图，如图 3-19 所示。图 3-19 上对应的电器元件，如表 3-11 所示，表 3-12 为 X62W 万能铣床电器元件明细。

3.5.5 X62W 万能铣床控制线路的故障与处理

X62W 万能铣床的主轴运动，是由主轴电动机 M_1 拖动，采用齿轮变换实现调速。电气原理上不仅保证了上述要求，而且在变速过程中采用了电动机的冲动和制动。

铣床的辅助运动是工作台导轨的左右、上下及前后进给或快速移动，用手柄选择运动方向，使电动机正反旋转，并通过电气和机械的配合来实现。同样，工作台的进给速度也需要变速，变速也是采用变换齿轮来实现的，电气控制原理与主轴变速相似。

由于万能铣床的机械操纵与电气控制配合十分密切，因此调试与维修，不仅要熟

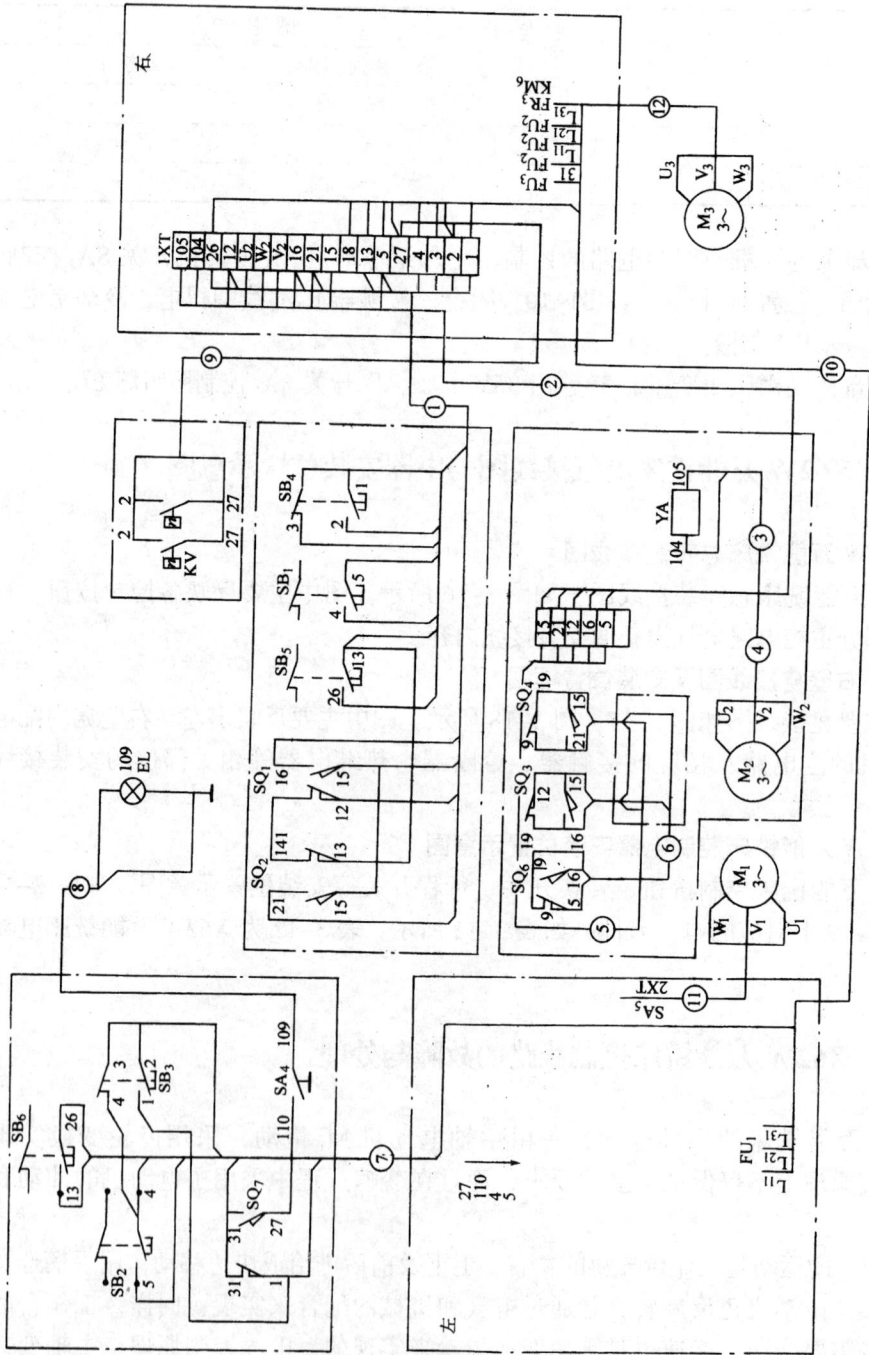

图 3-16 X62W 万能铣床安装接线图

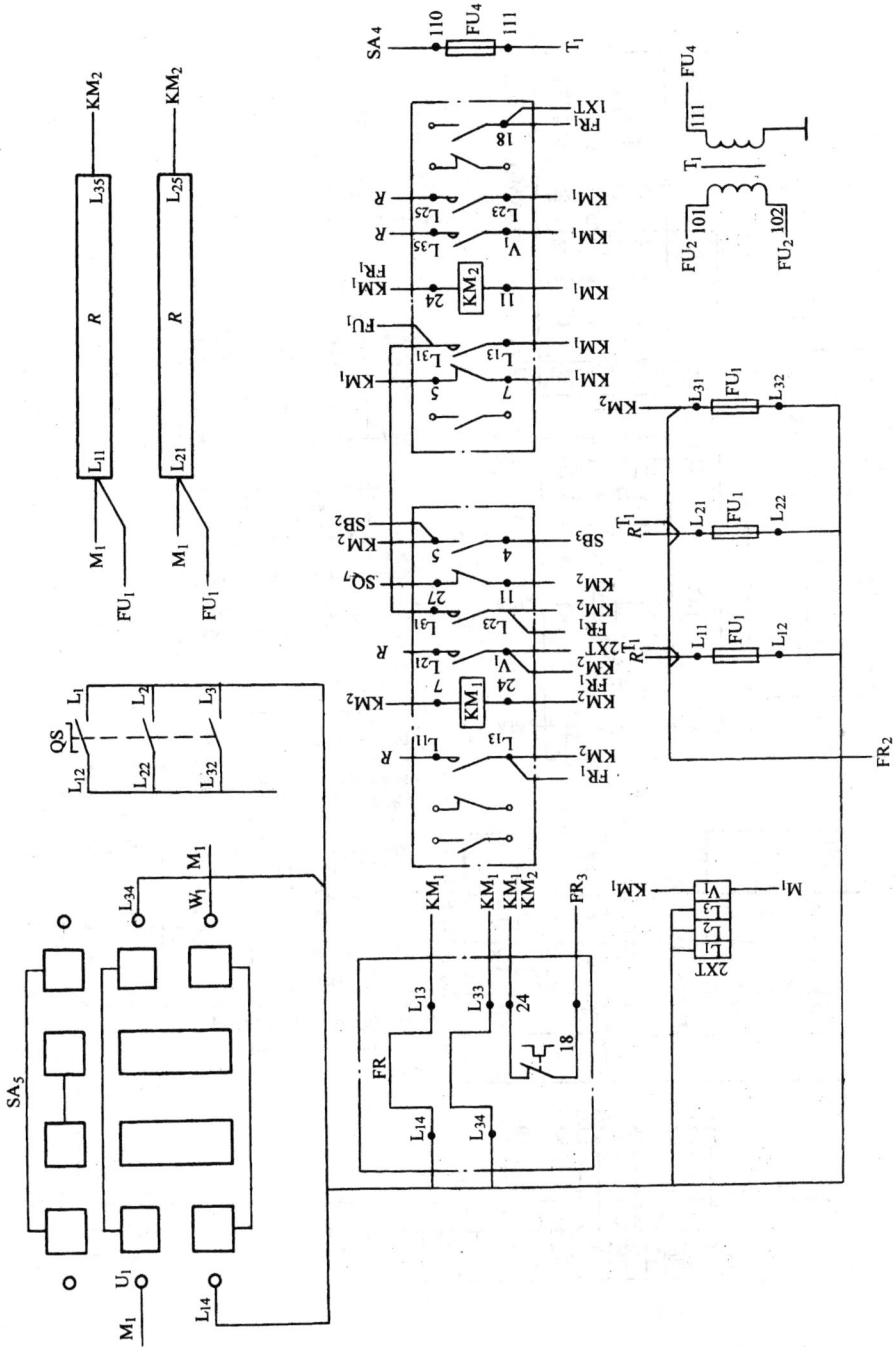

图 3-17 左壁龛接线图

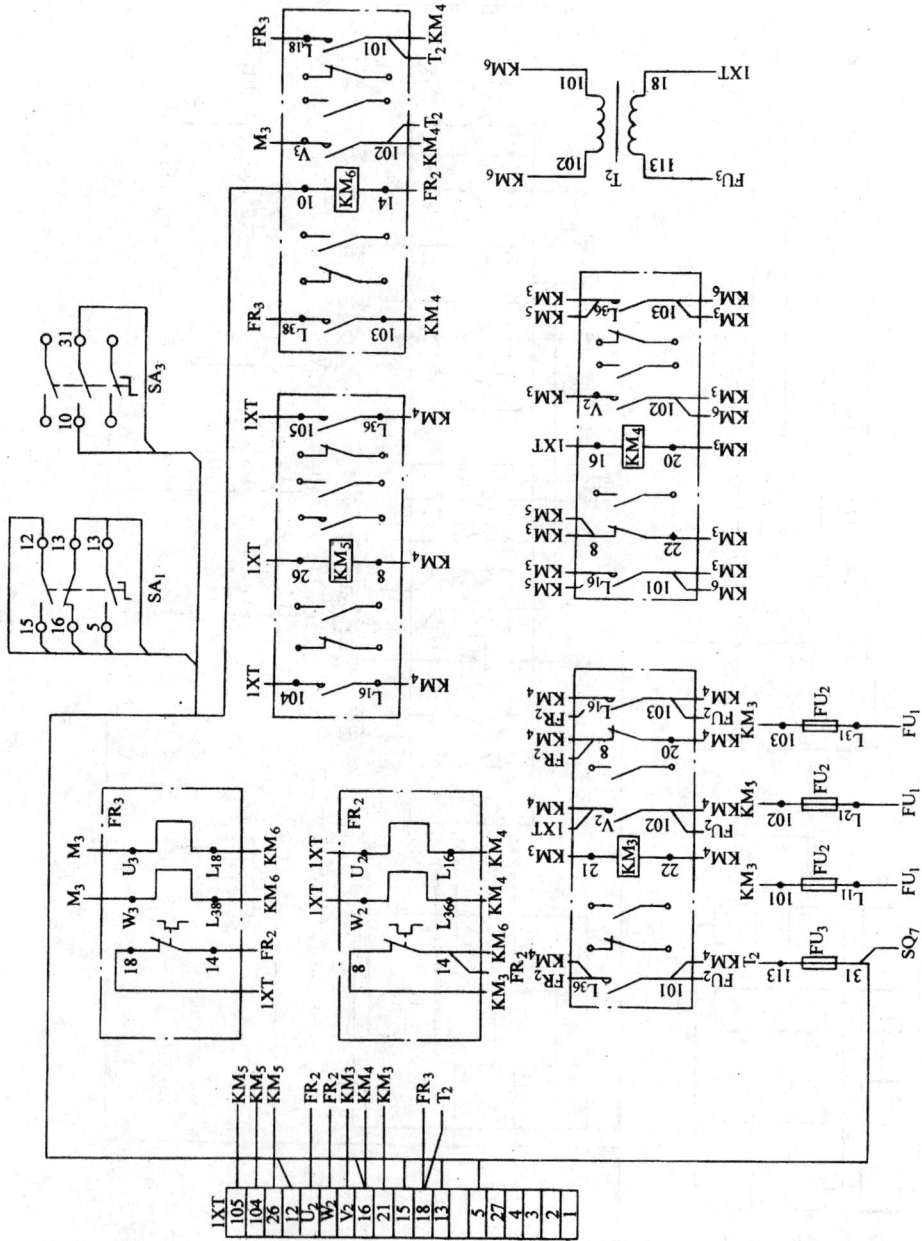

图 3-18 右壁盒接线图

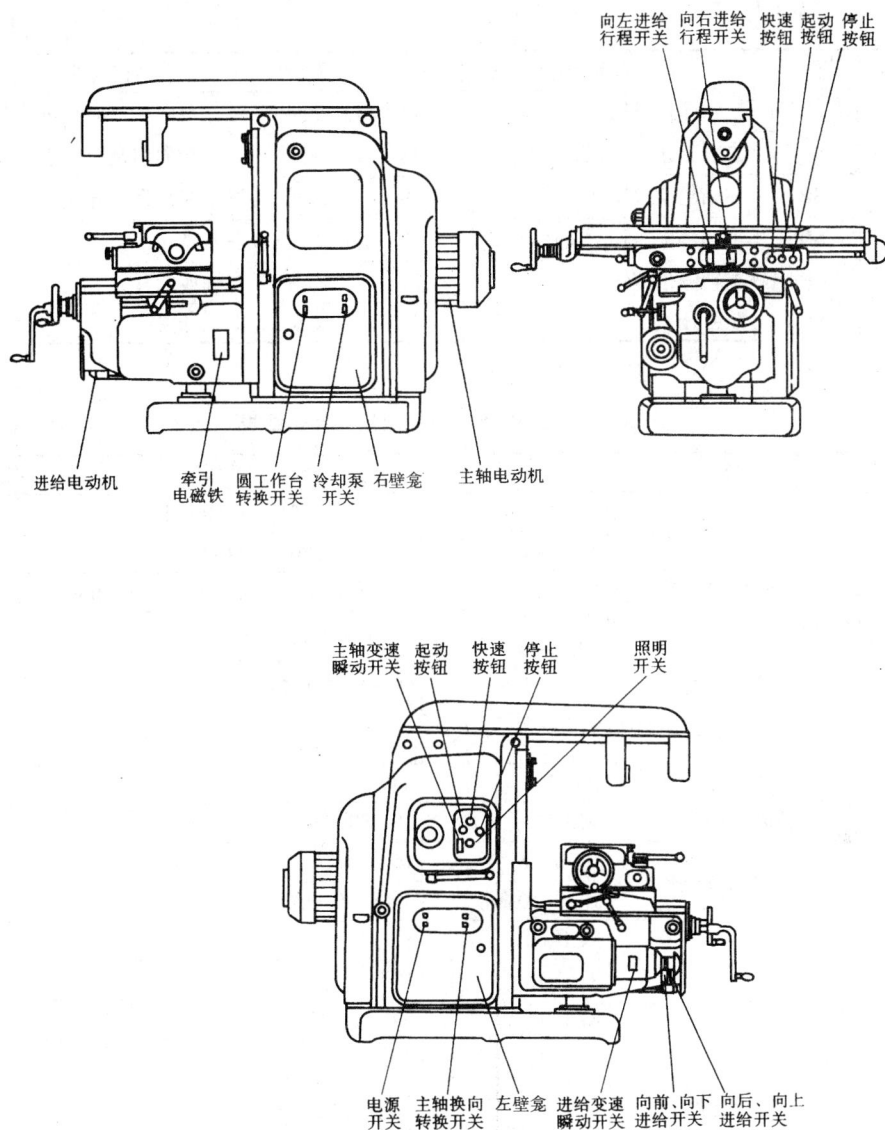

图3-19 X62W万能铣床控制电器安装位置示意图

表3-11 X62W万能铣床控制电器一览表

序 号	符 号	名称与用途	序 号	符 号	名称与用途
1	M2	进给电动机	6	M1	主轴电动机
2	YA	工作台快移牵引电磁铁	7	SQ2	工作台向左进给行程开关
3	SA1	圆工作台转换开关	8	SQ1	工作台向右进给行程开关
4	SA3	冷却泵开关	9	SB5	工作台快速按钮
5		右壁龛	10	SB1	主轴起动按钮

续表

序　号	符　号	名称与用途	序　号	符　号	名称与用途
11	SB3	主轴停止按钮	17	SQ4	工作台向后及向上进给开关
12	SQ7	主轴变速瞬动开关	18	SQ3	工作台向前及向下进给开关
13	SB1	主轴起动按钮	19	SQ6	进给变速瞬动开关
14	SB6	工作台快速移动按钮	20		左壁龛
15	SB4	主轴停止按钮	21	SA5	主轴换向开关
16	SB4	照明开关	22	QS	电源开关

表 3-12　X62W 万能铣床电器元件明细表

符　号	名　称	型　号	规　格	数　量
M1	三相异步电动机	Y132M-4	7.5kW，380V，1450r/min	1
M2		Y90L-4	1.5kW，380V，1400r/min	1
M3	冷却泵电动机	JCB-22	0.125kW，380V/220V，2790r/min	1
KM1、KM2 KM3、KM4	交流接触器	CJ20-25	线圈电压 127V	4
KM5、KM6		CJ20-20		2
T1	照明变压器	BK-50	380/36V，50VA	1
T2	控制变压器	BK-150	380V/127V	1
FR1	热继电器	JR20-25	16A	1
FR2、FR3		JR20-10	3.4A，0.43A	1
FU1	熔断器	RL1-60	35A	1
FU2		RL1-15	10A	1
FU3		RL1-15	6A	1
FU4		RL1-15	2A	1
KV	速度继电器	JYI	380V，2A	1
R	电阻片	ZB2-1.45	1.45，15.4A	2
EL	照明灯架	K1-2	螺口	1
SQ1、SQ2	行程开关	LX1-11K	开启式	2
SQ3、SQ4		JLXK-111K	单轮，自动复位	2
SQ6、SQ7		LX3-11K	开启式	2
SQ	转换开关	HZ1-60/E26	三极	1
SA1、SA3		HZ1-10/E16	三极	2
SA4		LS2-1	380V，10A	1
SA5	转换开关	HZ3-133	500V，10A	1
SB1~SB6	按钮	LA2	红、绿、黑各两个	6
YA	牵引电磁铁	MQ1-5141	拉力 15 公斤，线圈电压 380V	1

悉电气原理，同时还要对机床的操作与机械结构，特别是对机床机电配合应有足够的了解。

X62W 万能铣床常见电气故障分析与处理，如表 3–13 所示。

表 3–13 X62W 万能铣床常见故障与处理方法

故障现象	分析原因	处理方法
主轴停车时没有制动作用或产生短时反向旋转	1. 速度继电器 KV 的动合触点不能按旋转方向正常闭合，如，推动触点的胶木摆杆断裂损坏，轴身圆锥销扭弯、磨损或弹性连接元件损坏，螺钉、销钉松动或打滑； 2. 速度继电器 KV 触点弹簧调得过紧，使反接制动电路过早切断，制动效果不明显； 3. 速度继电器 KV 永久磁铁磁性消失，使制动效果不明显； 4. 当速度继电器 KV 弹簧调得过松时，使触点分断过迟，在反接的惯性作用下，电动机停止后仍有短时反转现象。	1. 检查速度继电器 KV 动合触点，更换胶木摆杆、圆锥销及螺钉、销钉等，并予以修复或更换； 2. 调整速度继电器 KV 触点弹簧，直到制动效果明显为止； 3. 检查速度继电器 KV 永久磁铁，并予以修复或更换； 4. 调整速度继电器 KV 触点，使故障排除。
工作台各个方向都不能进给	1. 电动机 M_2 不能起动，电动机接线脱落或电动机绕组断线； 2. 接触器 KM_1 不吸合； 3. 接触器 KM_1 主触点接触不良或脱落； 4. 经常扳动操作手柄，开关受到冲击，行程开关 SQ_1、SQ_2、SQ_3、SQ_4 位置发生变化或损坏； 5. 变速冲动开关 $SQ_{6–2}$ 在复位时，不能接通或接触不良。	1. 检查电动机 M_2 是否完好，并予以修复； 2. 检查接触器 KM_1、控制变压器一次、二次绕组，电源电压是否正常，熔断器熔丝是否熔断，并予以修复； 3. 检查接触器主触点，并予以修复； 4. 调整行程开关的位置或予以更换； 5. 调整变速冲动开关 $SQ_{6–2}$ 的位置，检查触点接触情况，并予以修复。
主轴电动机不能动	1. 起动按钮损坏、接线松脱、接触不良或接触器线圈导线断线； 2. 变速冲动开关 SQ_7 的触点（31–1）接触不良，开关位置移动或撞坏。	1. 更换按钮、紧固导线、检查与修复线圈； 2. 检查冲动开关 SQ_7 的触点、调整开关位置、损坏予以修复。
主轴电动机不能冲动（瞬时转动）	行程开关 SQ_7 经常受到频繁冲击，使开关位置改变、开关底座被撞碎或接触不良。	修理或更换开关，调整开关动作行程。
进给电动机不能冲动（瞬时转动）	行程开关 $SQ_{6–1}$ 经常受到频繁冲击，使开关位置改变、开关底座被撞碎或接触不良。	修理或更换开关，调整开关动作行程。

续表

故障现象	分析原因	处理方法
工作台能向左、向右进给，但不能向前、向后、向上、向下进给	1. 限位开关 SQ_1、SQ_2 经常被压合，使螺钉松动、开关位移、触点接触不良、开关机构卡住及线路断开； 2. 限位开关 SQ_{3-2} 或 SQ_{4-2} 被压开，使进给接触器 KM_3、KM_4 的通电回路均被断开。	1. 检查与调整 SQ_1 或 SQ_2，予以修复或更换； 2. 检查 SQ_{3-2} 或 SQ_{4-2} 是否复位，并予以修复。
工作台能向前、向后、向上、向下进给，但不能向左、向右进给	同上	同上
工作台不能快速移动	1. 牵引电磁铁 YA 由于冲击力大，操作频繁，经常造成铜制衬垫磨损严重，产生毛刺划伤线圈绝缘层，引起匝间短路烧毁线圈； 2. 线圈受振动，接线松脱； 3. 控制回路电源故障或 KM_5 线圈断路； 4. 按钮 SB_5 或 SB_6 接线松动、脱落。	1. 如果铜制衬垫磨损严重，则更换牵引电磁铁 YA；线圈烧毁重新绕制或更换； 2. 紧固线圈接线； 3. 检查控制回路电源及 KM_5 线圈情况，并予以修复或更换； 4. 检查 SB_5 或 SB_6 接线，并予以紧固。

习　题

1. CW6140 型普通车床电气控制具有哪些特点？

2. CW6140 型普通车床主轴电动机因过载而停车后，操作者再按起动按钮，电动机不能起动，试分析可能的原因。

3. 分析 Z3040 钻床电路中，时间继电器 KT 和电磁阀 YV 在什么时候动作？时间继电器 KT 各触头的作用是什么？

4. Z3040 钻床电路中有哪些联锁与保护？

5. Z3040 钻床电路中，行程开关 $SQ_1 \sim SQ_4$ 的作用是什么？

6. Z3040 钻床大修后，如果相序接反会出现什么现象？为什么？

7. M7130 平面磨床电气控制具有哪些特点？

8. M7130 平面磨床具有哪些保护环节？各由什么电器元件来实现？

9. M7130 平面磨床的电磁吸盘线圈为何要用直流供电而不能用交流供电？

10. M7130 平面磨床的电磁吸盘退磁不好的原因有哪些？

11. T68 镗床的各进给部件具有哪几种进给方式？

12. T68 镗床电气控制具有哪些特点?

13. T68 镗床是如何实现主轴变速控制的?

14. 试叙述 T68 镗床快速进给的控制过程。

15. T68 镗床电路中行程开关 SQ、SQ_1~SQ_8 各起什么作用?

16. X62W 万能铣床电气控制线路具有哪些电气联锁?

17. 简述 X62W 万能铣床主轴变速冲动的控制过程。

18. 简述 X62W 万能铣床主轴制动过程。

19. 简述 X62W 万能铣床的工作台快速移动的控制过程。

20. 如果 X62W 万能铣床工作台各个方向都不能进给,试分析故障原因。

21. X62W 万能铣床变速冲动与 T68 镗床变速冲动各有何特点?

22. 如果 X62W 万能铣床的工作台能左、右进给,但不能前后、上下进给,试分析故障原因。

第4章 电气控制系统设计

> **内容提要：** 电气控制系统设计是建立在机械结构设计的基础上，并以能最大限度地满足机械设备和用户对电气控制要求为基本目标。设计包括电气原理图设计和电气工艺设计两部分，电气原理图设计是为满足生产机械及其工艺要求而进行的电气控制设计，体现了设备的自动化程度和技术的先进性，是电气控制设计的核心；电气工艺设计是为电气控制装置本身的制造、使用、运行及维修的需要而进行的设计，决定着电气控制设备的可行性、经济性、造型美观等技术和经济指标。本章主要阐述继电—接触器控制系统的电气控制设计基本原则、内容及规律，并通过应用实例对设计步骤及方法进行分析，使学生掌握简单电气控制系统的设计和实施过程。

4.1 电气控制系统设计的基本原则和内容

现代工业控制系统的核心设备及关键技术的多样化，使电气控制系统设计的中心内容有了很大的差异。传统继电—接触器控制系统设计是在原理电路设计的基础上，重点对电路进行工艺设计；单片机控制系统设计中必须对单片机本身作系统配置；PLC 控制系统是将硬件和软件分开，着力进行软件的编程设计。但是，不论什么控制系统，在设计规划时，必须符合设计的基本原则。

4.1.1 电气控制系统设计的基本原则

最大限度地满足生产机械和生产工艺对电气控制的要求，这些生产工艺要求是电气控制设计的依据。因此在设计前，应深入现场进行调查，搜集资料，并与生产过程有关人员、机械部分设计人员、实际操作者密切配合，明确控制要求，共同拟订电气控制方案，协同解决设计中的各种问题，使设计成果满足生产工艺要求。

在满足控制要求前提下，设计方案力求简单、经济、合理，不要盲目追求自动化和高指标。力求控制系统操作简单、使用与维修方便。

正确、合理地选用电器元件，确保控制系统安全可靠地工作，同时考虑技术进步、造型美观。

为适应生产的发展和工艺的改进，在选择控制设备时，设备能力留有适当裕量。

4.1.2 电气控制系统设计的基本内容

电气控制系统的设计主要包括电气原理图设计和电气工艺设计两部分，是根据系统的控制要求，设计和编制出电气设备制造、使用和维修中必备的图样、清单、说明书等资料。设计的基本内容：

1. 拟订电气设计任务书

电气设计任务书是电气设计的依据，是由电气设计人员、机械设计人员及企业管理决策人员共同分析设备的原理及动作要求、技术及经济指标之后确定的。

2. 选择拖动方案

设备的拖动方法主要有电力拖动、液压传动、气动等多种，选择拖动方案是根据拖动系统的控制要求，合理选择电动机类型和参数，在电力拖动系统中还要对电动机的起动及换向方法、调速及制动方法进行方案设计。

3. 选择控制方式

随着电力电子技术、计算机技术、自动控制理论的不断发展进步，机械结构及工艺水平的不断提高，电气控制技术也由传统的继电—接触器控制向顺序控制、PLC控制、计算机网络控制等方面发展，出现了多种控制方式，根据拖动方式和设备自动化程度的要求合理地选择控制方式成为设计中的一部分。

对于一般机械设备，其工作程序是固定不变的，多选用继电—接触器控制；对经常变换加工工序的设备可采用PLC控制；对复杂控制系统（自动生产线、加工中心等）采用工业控制计算机和组态软件控制。

4. 设计电气控制原理图、合理选用元器件，编制元器件目录清单

电气原理图主要包括主电路、控制电路和辅助电路。根据电气原理合理选择元器件，并列写元器件清单。

设计电气设备制造、安装、调试所必需的各种工艺性技术图纸（设备布置图、元器件安装底板图、控制面板图、电气安装接线图、电气互连图等），并以此为依据编制各种材料定额清单。

5. 编写设计说明书和使用说明书

4.2　拖动方案的确定原则和电动机的选择

4.2.1　电力拖动方案的确定原则

生产机械电力拖动方案主要根据生产机械调速要求来确定。

1. 对于无电气调速要求的生产机械

一般在不需要电气调速和起、制动不频繁时，应首先考虑采用笼型异步电动机拖动，只有在负载静转矩很大或有飞轮的拖动装置中，才考虑采用绕线转子异步电动机。当负载很平稳，容量大且起制动次数很少时，采用同步电动机更为合理。

2. 对于要求电气调速的生产机械

（1）调速范围 $D = 2 \sim 3$，调速级数 $\leqslant 2 \sim 4$，一般采用改变极对数的双速或多速笼型异步电动机拖动。

（2）调速范围 $D < 3$，且不要求平滑调速时，采用绕线型异步电动机，但只适合于短时或重复短时的场合。

（3）调速范围 $D = 3 \sim 10$，且要求平滑调速，在容量不大的情况下，可采用带滑差离合器的交流电动机拖动系统，若需长期运行在低速，也可考虑采用晶闸管电源的直流拖动系统。

（4）调速范围 $D = 10 \sim 100$ 时，可采用 G – M 系统或晶闸管电源的直流拖动系统。

3. 确定电动机的调速性质

电动机调速性质是指电动机在整个调速范围内转矩、功率与转速的关系，是容许恒功率输出，还是恒转矩输出。电动机的调速性质应与生产机械的负载特性相适应。

4.2.2　拖动电动机的选择

电动机的选择包括电动机结构形式、电动机的额定电压、电动机额定转速、额定功率和电动机的容量等技术指标的选择。

1. 电动机选择的基本原则

（1）电动机的机械特性应满足生产机械提出的要求，要与负载的负载特性相适应。保证运行稳定且具有良好的起动、制动性能。

（2）工作过程中电动机容量能得到充分利用，使其温升尽可能达到或接近额定温升值。

（3）电动机结构形式满足机械设计提出的安装要求，并能适应周围环境工作条件。

（4）在满足设计要求前提下，应优先采用结构简单、价格便宜、使用维护方便的三相笼型异步电动机。

2. 电动机型式的选择

（1）从工作方式上，不同工作制相应选择连续、短时及断续周期性工作的电动机。

（2）从安装方式上分卧式和立式两种。

（3）按不同工作环境选择电动机的防护形式，开启式适用于干燥、清洁的环境；防护式适用于干燥和灰尘不多，没有腐蚀性和爆炸性气体的环境；封闭式分自扇冷式、他扇冷式和密封式三种，前两种用于潮湿、多腐蚀性灰尘、多侵蚀的环境，后一种用于浸入水中的机械；防爆式用于有爆炸危险的环境中。

3. 电动机额定电压的选择

（1）交流电动机额定电压与供电电网电压一致，低压电网电压为 380V，因此，中小型异步电动机额定电压为 220/380V。当电机功率较大时，可选用 3000V、6000V 及 10000V 的高压电动机。

（2）直流电动机的额定电压也要与电源电压一致，当直流电动机由单独的直流发电机供电时，额定电压常用 220V 及 110V。大功率电动机可提高 600～800V。

4. 电动机额定转速的选择

对于额定功率相同的电动机，额定转速越高，电动机尺寸、重量和成本越小，因此选用高速电动机较为经济。但由于生产机械所需转速一定，电动机转速越高，传动机构转速比越大，传动机构越复杂。因此，应综合考虑电动机与机械两方面的多种因素来确定电动机的额定转速。

5. 电动机容量的选择

电动机容量的选择有两种方法：

（1）分析计算法。该方法是根据生产机械负载图，在产品目录上预选一台功率相当的电动机，再用此电动机的技术数据和生产机械负载图求出电动机的负载图，最后，按电动机的负载图从发热方面进行校验，并检查电动机的过载能力是否满足要求，如若不行，重新计算直至合格为止。此法计算工作量大，负载图绘制较难，实际使用不多。

（2）调查统计类比法。是在不断总结经验的基础上，选择电动机容量的一种实用方法，此法比较简单，对同类型设备的拖动电动机容量进行统计和分析，从中找出电动机容量与设备参数的关系，得出相应的计算公式。以下为典型机床的统计分析法公式：

1）车床

$P = 36.5D^{1.54}kW$

式中，D——工件最大直径，单位为 m。

2）立式车床

$P = 20D^{0.88}kW$

式中，D——工件最大直径，单位为 m。

3）摇臂钻床

$P = 0.0646D^{1.19}$kW

式中，D——最大钻孔直径，单位为 mm。

4）卧式镗床

$P = 0.004D^{1.7}$kW

式中，D——镗杆直径，单位为 mm。

4.3　电气原理图的设计及实例

4.3.1　电气原理图设计的基本步骤及一般规律

1. 电气原理图设计的基本步骤

（1）根据选定的拖动方案和控制方式设计系统的原理框图，拟订出各部分的主要技术要求和主要技术参数。

（2）根据各部分的要求，设计出原理框图中各个部分的具体电路。对于每一部分电路的设计都是按照主电路→控制电路→联锁与保护→总体检查，反复修改与完善来进行。

（3）绘制系统总原理图。按系统框图结构将各部分电路联成一个整体，完善辅助电路，绘成系统原理图。

（4）合理选择电气原理图中每一个电器元件，制订出元器件目录清单。

2. 电气原理图设计的一般规律

（1）电气控制系统应满足生产机械的工艺要求。在设计前，应对生产机械工作性能、结构特点、运动情况、加工工艺工程及加工情况有充分的了解，并在此基础上考虑控制方案，如控制方式、起动、制动、反向及调速要求，必要的联锁与保护环节，以保证生产机械工艺要求的实现。

（2）尽量减少控制电路中电流、电压的种类，控制电压选择标准电压等级。

电气控制电路中常用的电压等级见表4-1所示。

（3）尽量选用典型环节或经过实际检验的控制线路。

（4）在控制原理正确的前提下，减少连接导线的根数与长度。合理地安排各电器元件之间的连线，尤其注重电气柜与各操作面板、行程开关之间的连线，使电路结构更为合理。例如，图4-1(a)所示两地控制电路原理虽然正确，但因为电气柜及一组控制按钮安装在一起，距另一地的控制按钮有一定的距离，两地间的连线较多；而图4-1（b)两地间的连线较少，结构更合理。

表 4–1　常用控制电压等级

控制电路类型	常用的电压值 /V		电源设备
交流电力传动的控制电路较简单	交流	380、220	不用控制电源变压器
交流电力传动的控制电路较复杂		110（127）、48	采用控制电源变压器
照明及信号指示电路		48、24、6	采用控制电源变压器
直流电力传动的控制电路	直流	220、110	整流器或直流发电机
直流电磁铁及电磁离合器的控制电路		48、24、12	整流器

（5）合理安排电器元件及触头的位置，如图 4–2 所示。

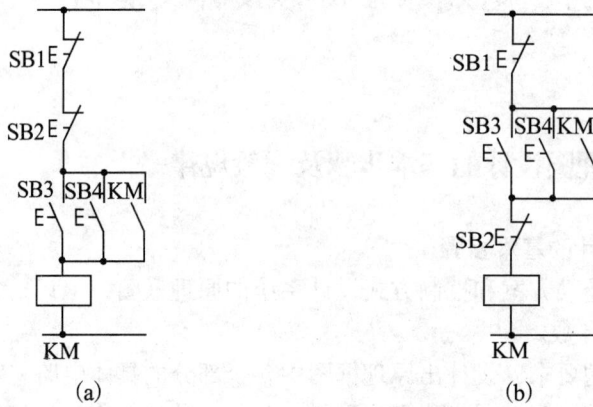

图 4–1　两地控制电路

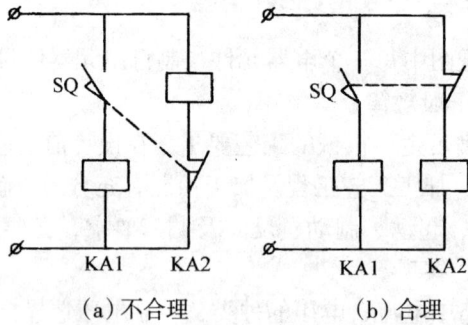

图 4–2

（6）减少线圈通电电流所经过的触点点数，提高控制线路的可靠性；减少不必要的触点和电器通电时间，延长器件的使用寿命。图 4–3 所示的顺序控制电路，KM3线圈通电电流要经过 KA1、KA2、KA3 三对触点，若改为（b）电路，则每个继电器的接通，只需经过一对触点，工作较为可靠。

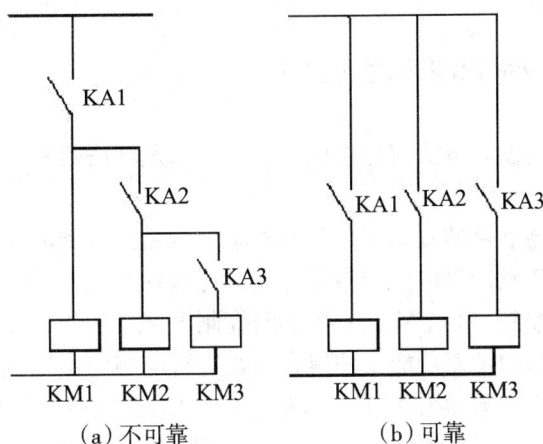

（a）不可靠　　　　　　（b）可靠

图 4-3

（7）保证电磁线圈的正确连接方法。电磁式电器的电磁线圈分为电压线圈和电流线圈两种类型。为保证电磁机构可靠工作，同时动作电器的电压线圈只能并联连接，不允许串联连接，否则，因衔铁气隙的不同，线圈交流阻抗不同，电压不会平均分配，导致电器不能可靠工作；反之，电流线圈同时工作时只能串联，不能并联，避免电路出现寄生电路。图 4-4 为存在寄生电路的控制电路，所谓寄生电路是指控制电路在正常工作或事故情况下，发生意外接通的电路。若有寄生电路存在，将破坏电路的工作顺序，造成误动作。图 4-4 在正常情况下，电路能完成起动、正反转和停止的操作控制，信号灯也能指示电动机的状态，但当出现过热故障时，热继电器 FR 常闭触点断开时，出现如图虚线所示的寄生电路，将使 KM1 不能断电释放，电动机失去过热保护。

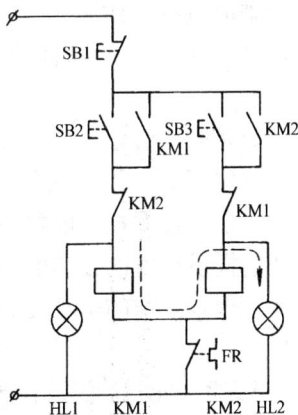

图 4-4　存在寄生电路的控制电路

（8）控制变压器容量的选择。控制变压器用来降低控制电路和辅助电路的电压，满足一些电器元件的电压要求。在保证控制电路工作安全可靠的前提下，控制变压器的容量应大于控制电路最大工作负载时所需要的功率，即：

$$S_T \geqslant K_T \sum S_{XC}$$

$\sum S_{XC}$ 为控制电路在最大负载时电器所需要的功率。（S_{XC} 为电器元件的吸持功率）K_T 为变压器容量的储备系数，一般取 1.1～1.25。

4.3.2 电气控制原理图的设计方法

电气控制原理图的设计方法有分析设计法和逻辑设计法两种。

1. 分析设计法

是以继电—接触器电路的基本规范及基本单元电路为基础的设计方法。设计时根据主电路的构成及生产机械对电气控制的要求，针对各个执行器件，选择通用的单元电路，如各种起、停控制单元电路，各种延时控制电路，各种调速控制电路等。然后完成这些单元电路在总的控制功能下的组合。在进行电路的组合后，完成各单元电路间的逻辑制约，如互锁、顺序控制等。最后还需为电路考虑必要的保护及指示环节。以上的几个步骤，主电路的设计及单元电路的设计需反复斟酌，努力达到最佳效果。在没有现成单元电路可利用的情况下，可按照生产机械工艺要求逐步进行设计，采取边分析边画图的方法。分析设计法易于掌握，但也存在以下缺点：①对于试画出来的电气控制电路，当达不到控制要求时，往往采用增加电器元件或触点数量来解决，设计出来的电路，往往不是最简单、经济的；②设计中可能因考虑不周出现差错，影响电路的可靠性及工作性能；③设计过程需反复修改，设计进度慢；④设计步骤不固定。

2. 逻辑设计法

克服了分析设计法的缺点。它从机械设备的工艺资料（工作循环图，液压系统图）出发，根据控制电路中的逻辑关系，并经逻辑函数式的化简，再画出相应的电路图，这样设计出的控制电路既符合工艺要求，又能达到电路简单、可靠、经济合理的目的，但较复杂的电气控制系统，现已不使用继电—接触器控制系统来实现。

4.3.3 常用控制电器的选择

原理设计完成后，要对控制系统中的有关参数进行必要的计算，如主电路中的工作电流、各种电器元件额定参数及其在电路中动合或动断触点的总数等。然后再根据计算结果，选择电器元件。

1. 接触器的选用

（1）根据使用类型选用相应产品系列。

（2）根据电动机（或其他负载）的功率和操作情况确定接触器的容量等级。

（3）根据控制回路电压决定接触线圈电压。

（4）根据使用地点的周围环境选择有关系列或特殊规格的接触器。

2. 时间继电器的选择

（1）根据控制电路中对延时触点的要求来选择延时方式。

（2）根据延时准确度要求和延时长短要求来选择。

（3）根据使用场合、工作环境选择。

3. 热继电器的选用

（1）根据被保护电动机的实际起动时间，选取六倍额定电流以下，具有相应可返回时间的热继电器，一般热继电器的可返回时间大约为 6 倍额定电流下，动作时间的 50%～70%

（2）热元件额定电流的选取。

一般可按下式

$I_N = (0.95 \sim 1.05) I_{NM}$

对工作环境恶劣、起动频繁的电动机，则按下式选取热元件，选好后，还需用电动机的额定电流来调整它的整定值。

$I_N = (1.15 \sim 1.5) I_{NM}$

4. 熔断器的选择

（1）熔断器类型的选择。

（2）熔体额定电流的确定。

对电炉、电灯照明等负载，熔体的额定电流应大于或等于实际负载电流；对输配电线路，熔体的额定电流应小于线路的安全电流。

对电动机一般按下式计算：

1）对于单台电动机：

$I_{NF} = (1.5 \sim 2.5) I_{NM}$

式中，I_{NF}——熔体额定电流，单位为 A；

I_{NM}——电动机额定电流，单位为 A。

轻载起动或起动时间较短时，上式的系数取 1.5；重载起动或起动次数较多、起动时间较长时，系数取 2.5。

2）对于多台电动机：

$I_{NF} = (1.5 \sim 2.5) I_N M_{max} + \sum I_M$

式中，$I_N M_{max}$——容量最大一台电动机的额定电流，单位为 A；

$\sum I_M$——其余各台电动机额定电流之和，若有照明电路，则电流一并计入，单位为 A，熔体额定电流确定以后，就可确定熔管额定电流，应使熔管额定电流大于或等于熔体额定电流。

4.3.4 继电—接触器控制系统设计实例

下面以某冷库为例，设计一个继电—接触器控制系统。某冷库要求对压缩机电动机、冷却塔电动机、蒸发器电动机、水泵电动机及电磁阀进行控制。需要开启制冷机组时，必须先打开水泵电动机、蒸发器电动机、冷却塔电动机，延时一段时间后再起动压缩机，再延时一段时间后再开启电磁阀；停机时，以上电器同时停止。

1. 主电路设计

系统需要控制的对象有：水泵电动机、冷却塔电动机、蒸发器电动机、压缩机电动机和电磁阀五个对象。起动机组时，水泵电动机、冷却塔电动机、蒸发器电动机同时起动，鉴于它们的容量较小，可将其接于同一供电回路，而压缩机电动机及电磁阀因需依次延时一段时间，故需分开设计。此设计的主电路如图4-5所示。

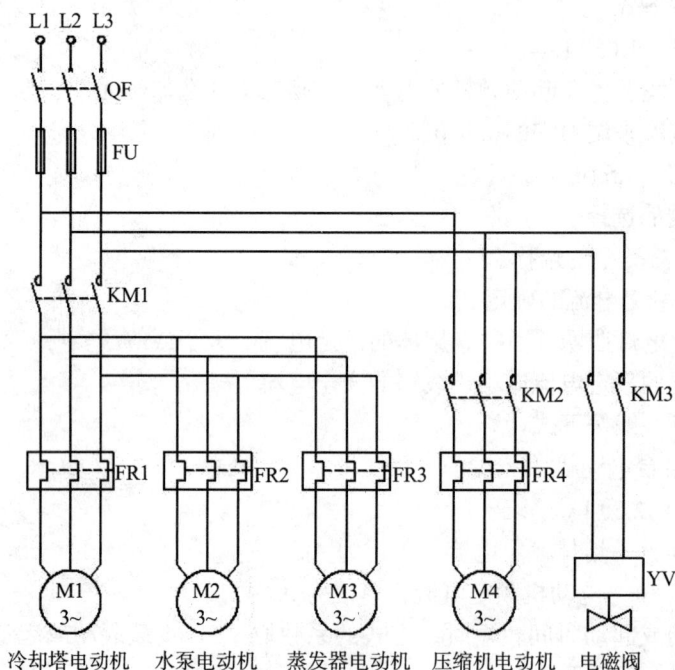

图4-5 主电路

2. 列出主电路中电气元件动作的要求

根据控制对象要求和主电路的布局，列出电气元件动作的要求如下：

（1）按下起动按钮后，KM1首先吸合。

（2）延时一段时间后，KM2吸合。

（3）再延时一段时间后，KM3吸合。

（4）按下停止按钮后，所有电动机立即停止。

（5）电路工作时应具有一定的指示及保护功能。

3. 选择基本控制环节，并进行初步的组合

根据上述要求，至少应选择一个自保持环节及两个延时环节，如图4-6所示。基本电路组合时，应理清动作顺序关系。首先是自保持电路动作，带动延时电路（1）动作，然后是延时电路（1）带动延时电路（2）动作，也可以自保持电路动作后，同时带动延时电路（1）和延时电路（2）动作，不过延时电路（2）的延时时间长一些。

选用各环节中的接触器直接控制主回路和各电动机，并选自保持电路的停止按钮

SB1 控制整个电路，作为总停开关。图 4-7 为基本控制环节的组合电路，图 4-7 （a）为两延时环节依次触发电路，图 4-7 （b）为两延时环节同时触发电路。

4. 简化线路

对图 4-7 的电路，可以将一些功能上相同，接法上相似的触点合二为一，时间继电器 KT1 线圈回路中的 KM1 的动合触头与 KM1 线圈回路中的 KM1 的动合触头的一端均接于一点，将 KM1 线圈回路中的 KM1 动合触头省去，直接借用 KT1 线圈回路中的 KM1 的动合触头。与此类似，时间继电器线圈回路中还有与 KM2 线圈回路中相同的 KM2 的动合触头，可以省去一个。简化后电路如图 4-8 所示。

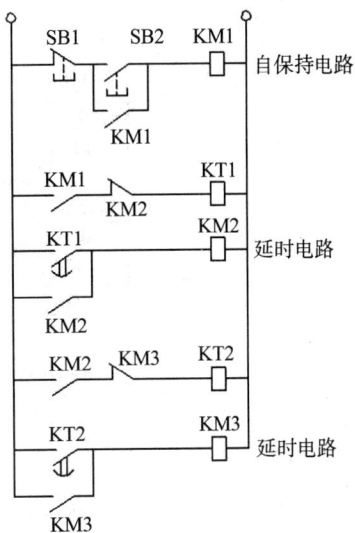

图 4-6　基本控制环节

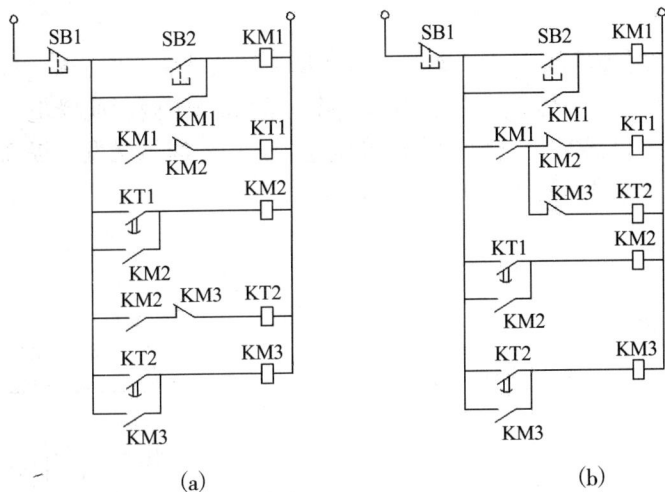

（a）延时环节依次触发；（b）延时环节同时触发

图 4-7　基本控制环节的组合

5. 对照要求，完善电路

对照本例主电路电气元件动作的要求，（1）、（2）、（3）、（4）四条均已满足要求，下面完善第（5）条功能，具有保护功能：为实现短路保护，可在主电路中串接熔断器 FU，在控制线路中串接熔断器 FU，为防止电动机过载，可在每组电动机主电路中加装热继电器 $FR_1 \sim FR_4$。利用热继电器的触头电路，使电路在电动机过载时采取一定的防范措施。考虑到该系统只要有一台电动机过载，整个系统便不能正常工作，因此只要有电动机过载，就应使系统总停，故热继电器 $FR_1 \sim FR_4$ 的动断触头应全部与总

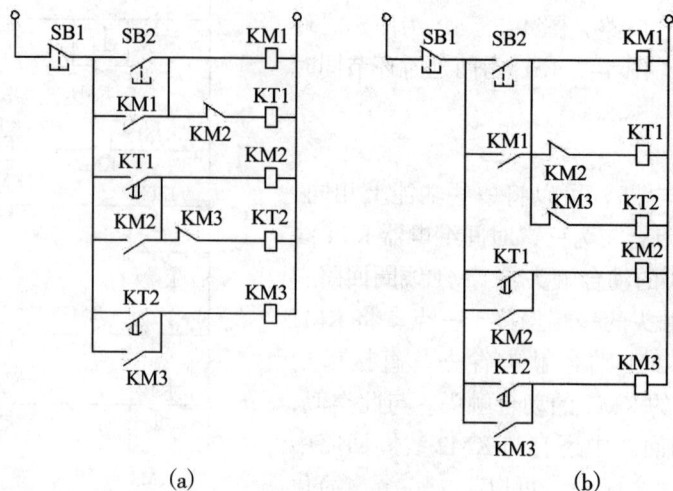

(a)　　　　　　　　　　　　(b)

图 4-8　控制电路的简化

停按钮串接在一起。

　　由于两时间继电器同时触发电路，在时间继电器 KT_1 损坏时，KT_2 同样能被触发延时，有可能造成误动作。为了避免这种情况，故选择了两时间继电器依次触发电路，这样在时间继电器 KT_1 损坏时，时间继电器 KT_2 不能被触发，提高了系统的安全性。此时，控制电路如图 4-9 所示。

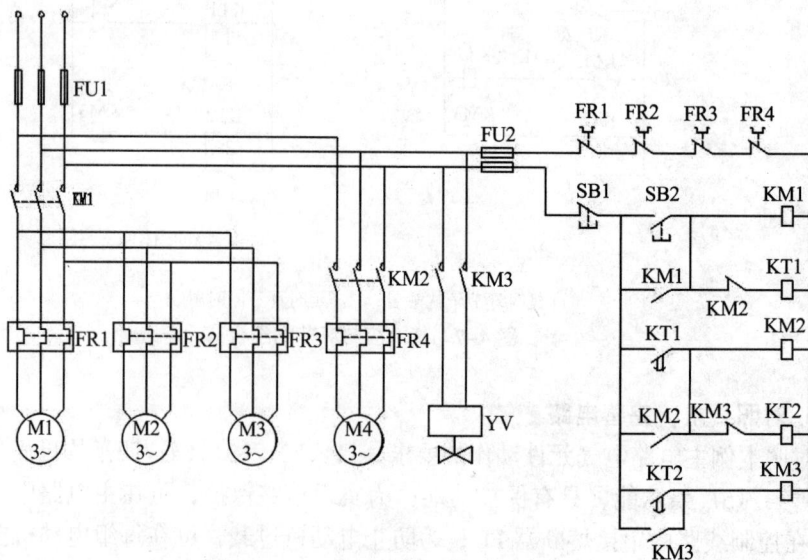

图 4-9　初步完善的控制电路图

具有机组运转状态指示。机组运转状态有三种：风机、水泵、冷却塔电动机起动，压缩机起动和电磁阀打开进入制冷状态。外加电源指示灯，共设四个指示灯。指示灯可与相应接触器动合触头串接后，并联于电源之间即可，这样在接触器动作后，相对应的指示灯亮。

该冷库控制电路应具有自动停机功能，在冷库温度低于规定值后，制冷机组应停止转动。为了实现这一功能，可在冷库内安装温度控制器（K），在达到设定温度后，温度控制器自动动作，触头断开。此时可将其动断触头串接在控制电路总支路中，与停止按钮功能相同。完善后的控制电路如图4-10所示。

四个灯依次标志：电源、机组起动、压缩机起动、制冷。

6. 统计继电—接触器及触头数，并进行合理安排

本电路中，使用的接触器及继电器KM1、KM2、KM3、KT1、KT2，热继电器FR1～FR4所用的触头数如表4-2所示。

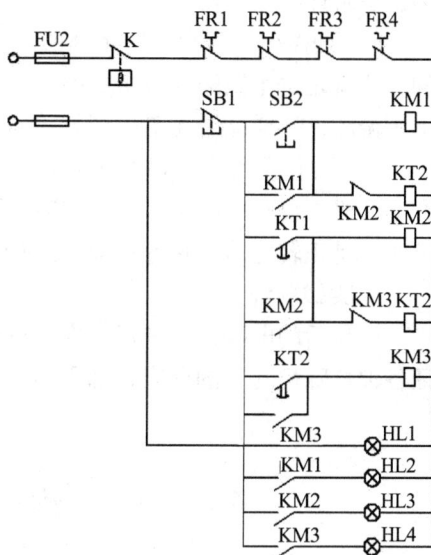

图4-10　指示及温度控制

表4-2　接触器、继电器所用的触点数统计

名　称	控制回路所用触点数		主回路所用触点数		合　计	
	动合	动断	动合	动断	动合	动断
KM1	2		3		5	
KM2	2	1	3		5	1
KM3	2	1	3		5	1
KT1	1				1	
KT2	1				1	
FR1～FR4		各1				各1

从表4-2中可以看出，无论接触器还是继电器，其触头数量都不是太多，对于一般既具有动合触头又具有动断触头的接触器和继电器来说是足够用的，因此该电路不用改动。

如果触头的数量不够使用，可另加一中间继电器扩展触头，但该方法增加了元件的数量，如能简化线路，减少触头的使用数量，则尽量简化线路，使所用的元件数尽可能的少。例如本例中，将指示灯并接于相应接触器的线圈两端，可省去一对触头。

7. 线路的分析与完善

线路设计完毕后，往往还有一些不合理的情况，需要对其分析并进行完善。

（1）是否已完全简化。对电路的简化应再进行一次，看触头的数量是否使用过多，是否连线最方便、最短等。

（2）回路内是否存在寄生回路。在某些较复杂的情况下，有些回路并不是所希望的，这就是寄生回路。寄生回路的产生，可使电路在某些情况下误动作，而有些情况下则振动，造成能源无谓的消耗。

（3）防止误操作，每个电路都应分析按钮在各种情况按下时的动作情况。例如，在电动机正反转电路中，当正转时按下反转按钮，电路如何反应，正反转按钮同时按下时，是正转还是反转等都应仔细分析，以防止操作失误对设备造成损坏。

8. 实践验证

设计后的电路，应进行一次可行性的验证。试验时可采取一定的保护措施，以验证各种特殊情况下的反应，确无问题后方可认为设计方案可投入运行。

4.4 电气控制系统工艺设计及实例

电气原理设计基于电力拖动方案及用户要求，使用电气控制线路基本环节，组成电气控制原理图。除电气原理设计以外，完整的工程设计还包括配电柜外形结构、安装底板图、操作（控制）面板图、电气接线图的绘制，以及编写使用、维护说明书等工艺设计内容。其重要程度，与原理设计相同。因此，系统地对电气控制系统接线图工艺设计方法进行详尽地研究和探讨，有着现实的应用意义和规范的指导意义。

4.4.1 电气控制系统工艺设计的内容

1. 电气设备安装分布总体方案的拟订

按照国家有关标准规定，生产设备中的电气设备应尽可能地组装在一起，使其成为一台或几台控制装置。只有那些必须安装在特定位置的器件，如按钮、手动控制开关、行程开关、电动机等才允许分散安装在设备的各处。所有电气设备应安装在方便接近的位置，以便于维护、更换、识别与检测。根据上述规定，首先应根据设备电气原理图和操作要求，决定电气设备的总体分布及布置电气控制装置，如控制柜、操纵箱或悬挂操纵箱等，然后确定各电器元件的安装方式等。在安排电气控制箱时，经常操作和查看的箱体，应放在操作方便、统观全局的地方；悬挂操纵箱应置于操作者附近；发热或噪声大的电气设备要置于远离操作者的地方。

2. 电气控制装置的结构设计

根据所选用的电器分布、尺寸，所选控制装置（控制柜、操纵台或悬挂操纵箱等）外形，设计出电气控制装置的结构。设计时一定要考虑电器元件的安装空间。结构设计完成后，结合以下所述电器安装板图设计，最终应绘出电气控制装置的施工图纸。

3. 设计及绘制电气控制装置的电气布置图

电气控制装置的电气布置图是往电气控制装置内安装电器元件时，必须的技术资料，它表明各电器元件在电气控制装置面板或内部的具体安装部位。因此，绘制电器布置图时，应按电器元件的实际尺寸及位置来画，元件的外形尺寸按同一比例画出，并在图上标注出电器元件的型号。

控制柜内电器元件布置时，必须隔开规定的间隔和距离，并考虑维修条件；接线端子、线槽及电器元件都必须离开柜壁一定的距离。按照用户技术要求制作的电气装置，最少要留出 10%的面积作为备用，以供控制装置改进或局部修改用。

除了人工控制开关、信号和测量指示器件外，控制柜门上不得安装任何器件。由同一电源直接供电的电器最好安装在一起，与不同控制电压供电的电器分开。电源开关最好装在电控柜内右上方，其上方最好不再安装其他电器。作为电源隔离开关的胶壳开关一般不安装在控制柜内。体积大或较重的电器置于控制柜的下方。发热元件安装在控制柜上方，并将发热元件与感温元件隔开。弱电部分应加屏蔽和隔离，以防强电及外界干扰。应尽量将外形与结构尺寸相同的电器元件安装在一起，这样既便于安装又整齐美观。

为利于电器维修工作，经常需要更换或维修的器件，要安装在便于更换和维修的高度。电器布置还要尽可能对称，以使整个柜子的重心与几何中心尽量重合。和电气布置图类似的还有电气控制板图。电气控制板是安装电器的底板，电气控制板图上标绘的是各电器安装脚孔的位置及尺寸。

4. 绘制电气控制装置的接线图

电气控制装置的接线图，标绘某安装板上各电器间线路的连接，是提供给接线工人的技术资料。不懂电气原理图的接线工人也可根据电气控制装置的接线图完成接线工作。绘制电气控制装置接线图，应遵循以下原则：图中各电器元件应按实际位置绘制，但外形尺寸的要求不像电器布置图那么严格；图中各电器元件应标注与电气控制电路图一致的文字符号、支路标号、接线端号；图一律用细线绘制，应清楚地表明各电器元件的接线关系和接线去向；当电气系统较简单时，可采用直接接线法，直接画出元件之间的接线关系；当电气系统比较复杂时，采用符号标注接线法，即仅在电器元件端处标注符号以表明相互连接关系；板后配线的接线图，应按控制板翻转后方位绘制电器元件，以便施工配线，但触点方向不能倒置；应标注出配线导线的型号、规格、截面积和颜色；除接线板或控制柜的进、出线截面较大以外，其余都必须经接线端子连接；接线端子上各接点按接线号顺序排列，并将动力线、交流控制线、直流控制线等分类排开。

5. 绘制总电气接线图

总电气接线图，标绘系统各电气单元间线路的连接。绘制总的电气接线图时可参照电气原理图及上面提到的各电气控制部件的接线图。

4.4.2 电气接线图和互连图的绘制

电气接线图绘制的前提条件是在电气原理线路图的基础上，根据元器件的物理结构及安装尺寸，在电气安装底板上排出器件具体安装位置，绘制出元器件布置图及安装底板图，根据元器件布置图中各个元器件的相对位置绘制电气接线图。

1. 电气接线图绘制原则

绘制原则 1。在接线图中，各电器元件的相对位置应与实际安装位置一致。在各电器元件的位置图上，以细实线画出外形方框图（元件框），并在其内画出与原理图一致的图形符号，一个元件所有电器部件的电气符号均集中在本元件框内，不得分散画出。

绘制原则 2。在原理图标注接线标号，简称线号，主回路线号的标注通常采用字母加数字的方法标注，控制回路线号采用数字标注。控制电路线号标注的方法可以在继电—接触器线圈上方或左方的导线标注奇数线号，线圈下方或右方的导线标注偶数线号；也可以由上到下、由左到右地顺序标注线号。线号标注的原则是每经过一个电器元件，变换一次线号（不含接线端子）。

绘制原则 3。给各个器件编号，器件编号用多位数字。通常，器件编号连同电器符号标注在器件方框的斜上方（左上角或右上角）。

绘制原则 4。接线关系的表示方法有两种。一是连续线表示法，用数字标注线号，器件间用细实线连接表示接线关系，由于器件间连接线条多，使得电气接线图面显得较为杂乱，多用于接线关系简单的电路。二是导线二维标注法，二维标注法采用线号和器件编号的二维空间标注来表示导线的连接关系，即器件间不用线条连接，只简单地用数字标注线号，用电气符号或数字标注器件编号，分别写在电器元件的连接线上（含线侧）和出线端，指示导线编号及去向。导线二维标注法具有结构简单、易于读图的优点，广泛适用于简单和复杂电气控制系统的接线图设计。

绘制原则 5。配电盘底板与控制面板及外设（如电源引线、电动机接线等）间一般用接线端子连接，接线端子也应按照元器件类别进行编号，并在上面注明线号和去向（器件编号），但导线经过接线端子时，导线编号不变。

2. 电气安装互连图的绘制

电气安装互连图用来表示电气设备各单元间的接线关系。互连图可以清楚地表示电气设备外部元件的相对位置及它们之间的电气连接，是实际安装接线的依据，在生产现场中得到广泛的应用。

不同单元线路板上电器元件的连接必须经接线端子板连接，系统设计时应根据负载电流的大小计算并选择连接导线，原理图中注明导线的标称截面积和种类，主要绘制规则有：

（1）互连图中导线的连接关系用导线束表示，连接导线应注明导线规范（颜色、数量、长度和截面积等）。

（2）穿管或成束导线还应注明所有穿线管的种类、内径、长度及考虑备用导线后的导线根数。

其他：注明有关接线安装的技术条件。

4.4.3　电气控制系统工艺设计实例

结合电气控制设备制造的工程实际，以一台小型电动机控制线路设计为例，结合电气接线图和电气互连图的绘制原则，进一步说明电气控制系统工艺设计的过程。

1. 电动机起停控制电气原理图

电动机起停控制电路如图 4-11 所示，为便于施工，设计电气接线图。电气原理图中依据线号标注原则标出了各导线标号，大电流导线标出了载流面积（根据电动机工作电流计算出导线的截面积）。

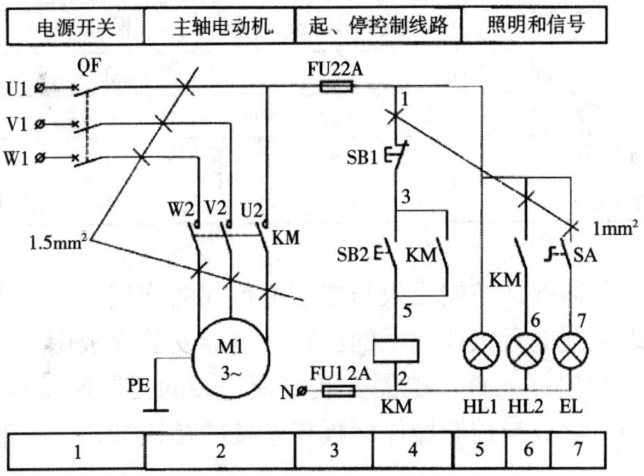

图 4-11　电动机起、停控制电路

图中接触器线圈符号的下方数字分别说明其动合主触点，动合、动断辅助触点所在的列号，用于分析工作原理时查找该接触器控制的器件。元器件清单见表 4-3 和表4-4。

2. 电气安装位置图

电气安装位置图又称布置图，主要用来表示原理图中所有电器元件在设备上的实际位置。为电气设备的制造、安装提供必要的资料。图中各电器符号与电气原理图及元器件清单中的器件代号一致。根据此图可以设计相应器件安装打孔位置图，用于器件的安装固定。电气安装位置图同时也是电气接线图设计的依据。

电动机起停控制电路的电气安装分为操作（控制）面板和电器安装底板（主配电盘）两部分，操作（控制）面板设计在操作平台或操作柜柜门上，用于安装各种主令

表 4-3　电器元件表

序 号	符 号	名 称	型 号	规 格	数 量
1	M	异步电动机	Y80	1.5kW，380V，1440r/min	1
2	QF	低压断路器	C45N	3 级，500V，32A	1
3	KM	交流接触器	CJ21-10	380V，10A，线圈电压 229V	1
4	SB1	控制按钮	LAY3	红	1
5	SB2	控制按钮	LAY3	绿	1
6	SA	旋转开关	NP2	220V	1
7	HL	指示信号灯	ND16	380V，5A	2
8	EL	照明灯		220V，40W	1
9	FU	熔断器	KT18	250V，4A	2

表 4-4　管内敷线明细表

序 号	穿线用管类型	电线		接线端子号
		截面积 /mm²	根数	
1	Φ10 包塑金属软管	1	2	9、10
2	Φ20 金属软管	0.75	6	1～6
3	Φ20 金属软管	1.5	4	U、V、W、PE
4	YHZ 橡套电缆	1.5	4	R、S、T、N

电器和状态指示灯等器件，控制面板与主配电盘间的连接导线采用接线端子连接，接线端子安装在靠近主配电盘接线端子的位置。电器安装底板用来安装固定除操作按钮和指示灯以外的其他电器元件，电器安装底板安装的元器件布置位置一般自上而下、自左而右依次排列；底板与控制操作面板相连接的接线端子，一般布置在靠近控制面板的上方。

底板与电源或电动机等外围设备相连的接线端子，必须在配电盘的下方靠近过线孔的位置。电气安装位置图如图 4-12 和 4-13 所示。

3. 电气接线图

根据电气安装位置图绘制电气接线图的具体原则，分别绘制操作面板和电器安装底板的电气接线图。

如图 4-14 所示，电器安装底板（配电盘）的电气接线图中，元件所有电气符号均集中在本元件框的方框内；各个器件编号，连同电器符号标注在器件方框的右上方；电气接线图采用二维标注法，表示导线的连接关系，线侧数字表示线号；线端数字 20～25 表示器件编号，用于指示导线去向，布线路径可由电气安装人员自行确定。

4. 操作（控制）面板的电气接线图

如图 4-15 所示操作面板的电气接线图，图中线侧和线上数字 1～7 表示线号；线端数字 10～25 表示元器件编号；控制面板接线，用于指示导线去向。控制面板与主

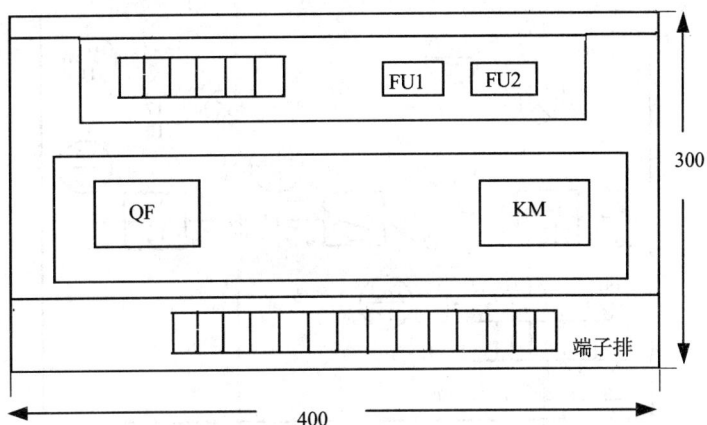

图 4-12 主盘电气安装位置

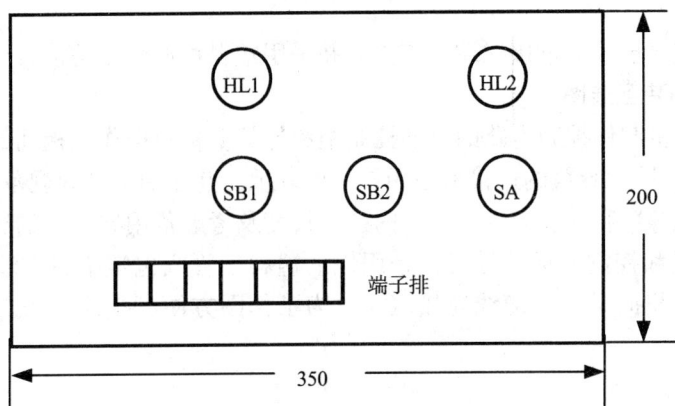

图 4-13 操作面板电气安装位置

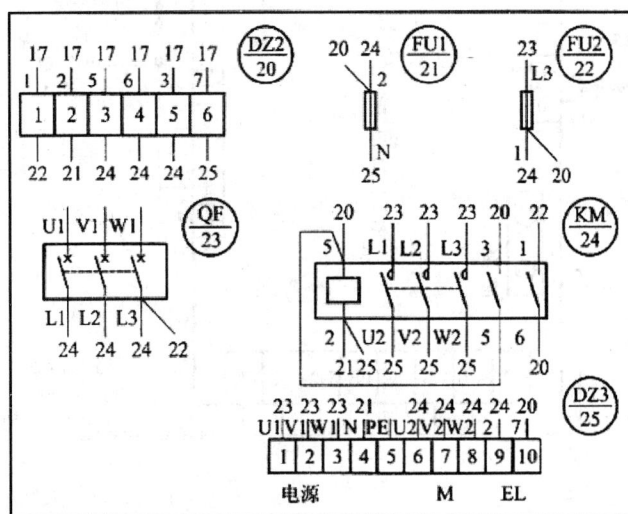

图 4-14 电器安装底板接线

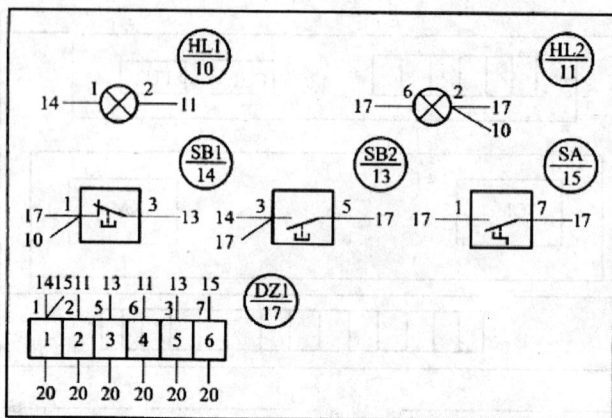

图4-15　操作面板电气接线图

配电盘间的连接导线通过接线端子连接，并采用塑料蛇形套管防护。

5. 电气安装互连图

表示电动机起停控制电路的电气控制柜和外部设备及操作面板间的接线关系，如图4-16所示，图中导线的连接关系用导线束表示，并注明了导线规范（颜色、数量、长度和截面积等）和穿线管的种类、内径、长度及考虑备用导线后的导线根数，连接电器安装底板和控制面板的导线，采用蛇形塑料软管或包塑金属软管保护，控制柜与电源、电动机间采用电缆线连接（注：为了作图方便，接线端子与实际位置不相一致）。

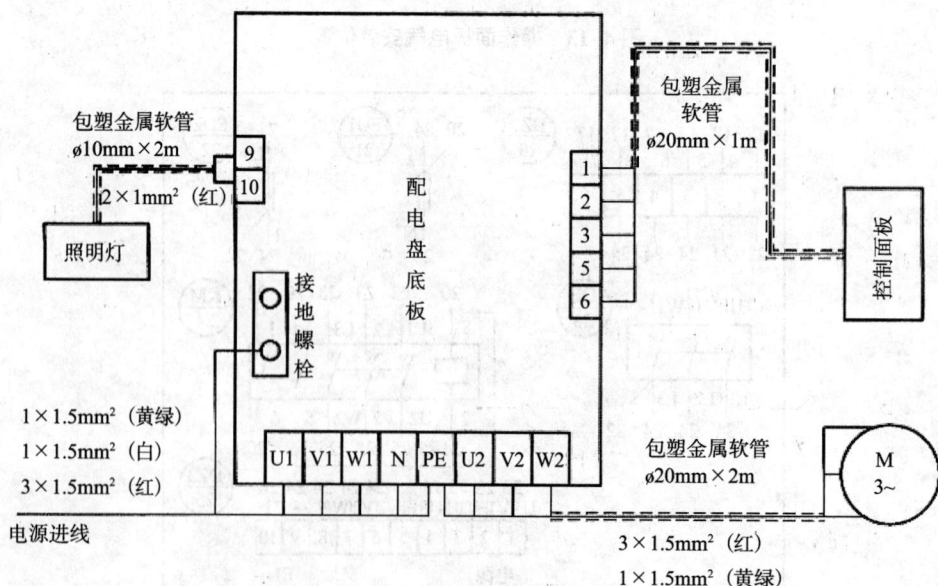

图4-16　电气互连图

6. 安装调试

设计工作完毕后，要进行样机的电气控制柜安装施工，按照电气接线图和电气安装互连图完成安装及接线，经检查无误且连接可靠，进行通电试验。首先在空载状态下（不接电动机等负荷），通过操作相应开关，给出开关信号，试验控制回路各电器元件动作以及指示的正确性。经过调试，各电器元件均按照原理要求动作准确无误后，方可进行负载试验。第二步的负载试验通过后，编写相应的报告、原理、使用操作说明文件。

习　题

1. 简述电气原理图的设计原则。

2. 简述电气安装位置图的用途，以及与电气接线图的关系。

3. 简述应用导线二维标注法绘制电气接线图的基本思想。

4. 简述电气接线图的绘制步骤。

5. 简述电气接线图和电气互连图有什么不同之处。

6. 绘制配电盘的打孔位置图时，应综合考虑哪些因素?

7. 为了确保电动机正常安全运行，电动机应具有哪些保护措施?

8. 为什么电器元件的电流线圈要串接于负载电路中，电压线圈要并接于被测电路的两端?

第 2 篇　可编程控制器及其应用

　　可编程控制器是以微处理器为核心，综合计算机技术、自动控制技术和通信技术发展起来的一种新型工业自动控制装置。经过 30 多年的发展，在工业生产中获得了极其广泛的应用。目前，可编程控制器已成为工业自动化领域中最重要、应用最广泛的控制装置之一，其应用的深度和广度成为衡量一个国家工业自动化程度高低的标志。本篇以三菱公司 FX 系列可编程控制器为例，介绍 PLC 的工作原理、硬件结构、接线方式、编程元件、基本指令、步进指令、功能指令、PLC 应用设计的方法以及编程器及编程软件的使用方法等。

第5章 可编程控制器基本原理及编程方法

内容提要：本章将介绍可编程控制器的发展及特点、可编程控制器的主要硬件组成、三菱 FX 系列可编程控制器硬件简介、可编程控制器的工作原理与编程语言、三菱 FX 系列 PLC 梯形图中的编程元件、三菱 FX 系列 PLC 的基本指令及其编程等内容。

5.1 可编程控制器的发展及特点

5.1.1 可编程控制器的发展概况

可编程控制器（Programmable Controller，简称 PLC 或 PC），是在继电器顺序控制基础上发展起来的以微处理器为核心的通用自动控制装置。

20 世纪 60 年代以前，自动控制的最先进的装置就是继电控制盘，对当时的生产力发展确实发挥了很大的作用。

以继电器为核心元件的自动顺序控制系统有许多固有的缺陷：①这种系统利用布线逻辑来实现各种控制，需要使用大量的机械触点，系统运行的可靠性差；②当生产的工艺流程改变时要改变大量的硬件接线，为此要耗费许多人力、物力和时间；③功能局限性大；④体积大、功耗多。

20 世纪 60 年代后，在工业生产中迫切需要一种使用方便灵活、运行安全可靠、功能完善的新一代自动控制装置。电子技术和计算机技术的发展为此提供了有力的硬件支持。

1968 年，美国通用汽车公司为增强其产品在市场的竞争力，不断更新汽车型号，率先提出采用可编程序的逻辑控制器取代硬件接线的控制电路的设想，并对外招标。

1969 年，第一台可编程序的逻辑控制器（Programmable Logical Controller，简称

PLC）问世了。

随着电子技术和计算机技术的迅猛发展，集成电路体积越来越小，功能越来越强。20 世纪 70 年代初，微处理机问世，70 年代后期，微处理机被运用到 PLC 中，使 PLC 的体积大大缩小，功能大大加强。

现在人们普遍称可编程控制器为 PLC 而不是 PC，是为了避免与广泛使用的个人计算机的简称 PC 相混淆。

1969 年美国通用汽车公司将第一台 PLC 投入到生产线中使用，取得了满意的效果，引起了世界各国的关注。继日本、德国之后，我国于 1974 年开始研制可编程控制器。目前全世界有数百家生产 PLC 的厂家，种类达 300 多种。PLC 无论在应用范围还是控制功能上，其发展都是始料未及的，远远超出了当时的设想和要求。目前，PLC 正朝着智能化、网络化方向发展。

5.1.2 PLC 的主要特点及应用场合

1. PLC 的主要特点

可编程控制器被认为是真正的工业控制计算机，在工业自动控制系统中占有极其重要的地位，最重要的原因是它具有独特的优点：

（1）可靠性高。可连续工作 30 多年不出故障。目前尚没有一种工业控制设备有如此高的可靠性。在 PLC 控制系统中一般出故障的是传感器、执行器等外围部件。

（2）编程方便。一般采用梯形图编程，梯形图与继电器控制线路原理图非常接近，容易掌握。

（3）对环境要求低。可在较大的温度、湿度变化范围内工作，抗震、抗冲击的性能好，对电源电压的稳定性要求较低，抗电磁干扰能力强。

（4）与其他装置配置连接方便。与其他装置配置的连接都是直接利用专用拔插式接口电缆进行的。

（5）功能强、价格低。PLC 有很强的功能，可以完成非常复杂的系统控制。与继电—接触器控制系统相比，具有很高的性能价格比。另外，PLC 可以通过通信联网，实现分散控制，集中管理。

（6）系统设计、安装、调试工作量少。PLC 用软件功能取代了继电—接触器控制系统中的大量继电器、定时器、计数器等，使控制柜的设计、安装、调速等工作量大大减少。在生产工艺改变后，如果要改变控制工艺过程，可以改变控制程序，而基本上不需要改变硬件接线。

（7）体积小、能耗低。小型 PLC 的体积仅相当于几个继电器的大小，因此控制柜的体积大大缩小。另外 PLC 的耗能量非常低。

2. PLC 主要应用于如下几个方面

（1）条件控制。PLC 具有逻辑运算功能，可以利用逻辑指令完成继电器控制系统所能完成的逻辑控制功能，故可代替继电器进行开关量控制。

（2）定时控制。PLC 一般都为用户提供足够数量的定时器，其定时值可由用户在编程时设定，即使在运行中定时值也可被读出和修改，使用灵活，操作方便。

（3）计数控制。PLC 一般都为用户提供足够数量的计数器，满足计数控制的需要。计数器的设定值可由用户在编程时设定，并随时可以进行修改。

（4）步进控制。步进顺序控制为 PLC 的基本控制方式。许多 PLC 设置了专用步进指令供用户编写较复杂的步进顺序控制程序时使用。

（5）运动控制。PLC 可以使用专用的运动控制指令或运动控制模块，对直线或圆周运动的位置、速度和加速度进行控制，可实现单轴、双轴、三轴和多轴的位置控制，使运动控制和顺序控制功能有机地结合在一起。

（6）模拟量控制。PLC 可以通过模拟量 I/O 模块实现模拟量和数字量之间的 A/D 转换和 D/A 转换，并对模拟量实行闭环 PID（比例—积分—微分）控制。

（7）数据处理。现代的 PLC 具有数学运算功能，可以进行四则运算、矩阵运算、函数运算、字逻辑运算、求反、循环、移位和浮点数运算等。具有数据传送、转换、排序和查表、位操作、数据采集、分析和处理等功能。

（8）对控制系统的监控。PLC 具有较强的监控功能，它能记忆某些异常情况或在发生异常情况时自动终止运行。操作人员通过监控指令，可以监视系统的运行状态，可以改变设定值等，方便了程序的调试。

（9）通信联网。现代的 PLC 可以实现主机与远程 I/O 之间的通信、多台 PLC 之间的通信、PLC 与其他智能控制设备之间的通信，组成 DCS（集中管理、分散控制）分布式控制系统。

5.2　可编程控制器的主要硬件组成

5.2.1　PLC 的基本结构

根据硬件结构的不同，可以将 PLC 分为整体式 PLC 和模块式 PLC。

1. 整体式 PLC 的结构

其主机由 CPU、存储器、I/O 接口、电源、通信接口等几大部分组成。此外根据用户需要而配备的各种外部设备，如编程器、图形显示器、微型计算机等都可以通过通信接口与主机相连。图 5-1 为整体式 PLC 的图片，图 5-2

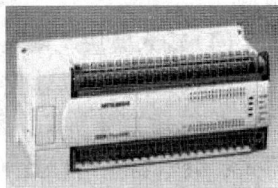

图 5-1　整体式 PLC

为整体式 PLC 的硬件结构示意图。整体式 PLC 其 CPU、I/O 接口电路、电源等装在一个箱状机壳内，结构紧凑、体积小、价格低。基本单元内有 CPU 模块、I/O 模块和

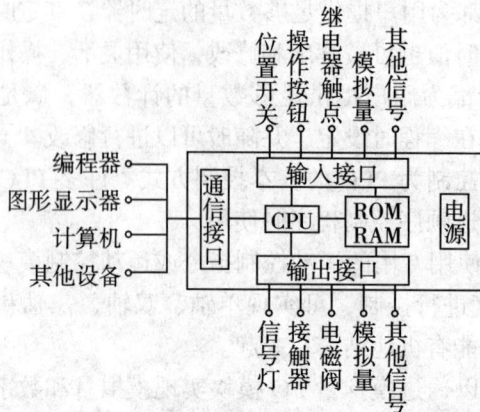

图 5-2　PLC 的硬件结构示意图

电源，扩展单元内只有 I/O 模块和电源，基本单元和扩展单元之间用扁平电缆连接。整体式 PLC 一般配备有许多专用的特殊功能单元，如模拟量 I/O 单元、位置控制单元和通信单元等。

2. 模块式 PLC 的结构

大、中型 PLC 一般采用模块式结构。模块式 PLC 采用搭积木的方式组成系统，它由机架和模块组成。模块插在模块插座上，后者焊在机架的总线连接板上。机架有不同的槽数供用户选用。如果一个机架容纳不下所选用的模块，可以增加扩展机架。各机架之间用 I/O 扩展电缆连接。

用户可以选用不同档次的 CPU 及按需求选用 I/O 模块。除电源模块和 CPU 模块插在固定的位置外，其他槽可以按需要插上输入或输出模块。所插槽位不同，输入或输出点的地址不同，不同型号的 PLC 及不同点数的 I/O 模块其地址号也不同，这要参考相应的用户使用手册。

（1）机架。用于固定各种模块，并完成模块间通信。

（2）CPU 模块。CPU 模块由微处理器和存储器组成，是 PLC 的核心部件，用于整机的控制。

（3）电源模块。供 PLC 内部各模块工作，并可为输入电路和外部现场传感器提供电源。

（4）输入模块。输入模块用于采集输入信号。分为开关量和模拟量输入模块。

（5）输出模块。输出模块用于控制动作执行元件，分为开关量和模拟量输出模块。输出有三种形式：继电器输出、晶闸管输出、晶体管输出。

（6）功能模块。用于完成各种特殊功能的模块，如运动控制模块、高速计数器模块、通信模块等。

图 5-3 为模块式 PLC 图片。

图 5-3　模块式 PLC

5.2.2　中央处理器

中央处理器简称 CPU，是 PLC 的核心，在整机中起到类似于人脑的神经中枢作用，对 PLC 的整机性能有着决定性作用。

目前大多数 PLC 都用 8 位或 16 位单片机作 CPU。单片机在 PLC 中的功能分为两部分，一部分是对系统进行管理，如自诊断、查错、信息传送、时钟、计数刷新等，另一部分是读取用户程序、解释指令、执行输入输出操作等。

PLC 主要使用以下几类 CPU 芯片：

（1）通用微处理器，如 Intel 公司的 8086、80186 到 Pentium 系列芯片。

（2）单片微处理器（单片机），如 Intel 公司的 MCS51/96 系列单片机。

（3）位片式微处理器，如 AMD 2900 系列位片式微处理器。

5.2.3　存储器

PLC 的存储器分为系统程序存储器和用户程序存储器两种。

1. 系统程序存储器

用来存放制造商为用户提供的监控程序、模块化应用功能子程序、命令解释程序、故障诊断程序及其他各种管理程序。程序固化在 ROM 中，用户无法改变。

2. 用户程序存储器

专门提供给用户存放程序和数据，它决定了 PLC 的输入信号与输出信号之间的具体关系。其容量一般以字（每个字由 16 位二进制数组成）为单位。

3. PLC 程序存储器的种类

（1）随机存储器（RAM）。一般为用户存储器。

（2）只读存储器（ROM）。一般为系统存储器。

（3）可电擦除的存储器（EPROM、E²PROM）。用于存放用户程序，存储时间远远长于 RAM，一般作为 PLC 的可选件。

5.2.4　输入接口电路

输入接口电路用于采集输入信号。输入信号有开关量、模拟量、数字量三种。

图 5-4 为采用光电耦合的开关量输入接口电路原理图。图中，当现场开关 S 闭合时，光电耦合 T 中的发光二极管因有足够的电流流过而发光，输出端的光敏三极管导通，A 点为高电平，经滤波电路输入到 PLC 的内部电路。图 5-4 中，

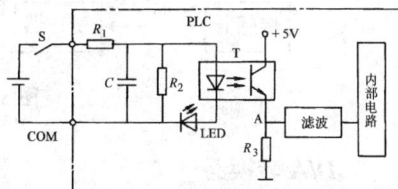

图 5-4　输入接口电路

R_1、R_2 分压，R_1 且起限流作用，R_2 和 C 构成滤波电路。所有的输入信号都是经过光电耦合并经 RC 电路滤波后才送入 PLC 内部放大器，采用光电耦合并经 RC 电路滤波的措施后能有效地消除环境中杂散电磁波等造成的干扰。

5.2.5　输出接口电路

输出接口电路用于信号输出，输出信号控制执行部件完成各种动作。输出接口电路的功率放大元件有晶体管、晶闸管和继电器三种。输出电流为 0.3~2A。

图 5-5 为继电器输出接口电路原理图。图中继电器 KA 既是输出开关器件，又是隔离器件；电阻 R_1 和 LED 组成了输出状态显示器；电阻 R_2 和电容 C 组成了 RC 灭弧电路。在程序运行过程中，当某一输出点有输出信号时，通过内部电路使得相应的输出继电器线圈接通，继电器触头闭合，使外部负载电

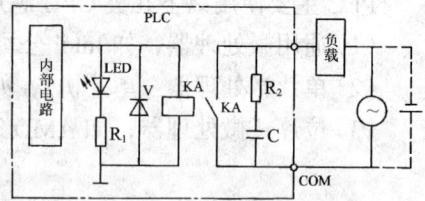

图 5-5　继电器输出接口电路

路接通，同时输出指示灯点亮，指示该路输出端有输出。负载电源由外部提供。

5.2.6　模拟量输入输出模块

某些输入量是连续变化的模拟量，如压力、流量、温度、转速等；而某些执行机构要求 PLC 输出模拟信号，如伺服电动机、调节阀、记录仪等，而 PLC 的 CPU 只能处理数字量，这就产生了将模拟信号转换成数字信号及将数字信号转换成模拟信号的模拟量输入输出模块。

1. A/D 转换器

模拟量首先被传感器和变送器转换为标准的电流或电压，通过 A/D 转换器将模拟量变成数字量送入 PLC，PLC 根据数字量的大小便能判断模拟量的大小。如测速发电机随着电动机速度的变化其输出的电压变化，其输出的信号通过变送器后送入 A/D 转换器，变成数字量，PLC 对此信号进行处理，便可知速度的快慢。图 5-6 为 A/D 转换的过程。

图 5-6　A/D 转换过程图

2. D/A 转换器

D/A 转换器的作用是将 PLC 的数字输出量转换成模拟电压或电流，再去控制执行机构。图 5-7 为 D/A 转换的过程。

PLC	数字量	D/A 转换器	模拟量	执行机构

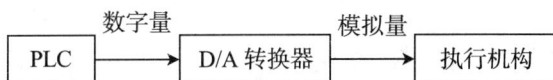

图 5–7　D/A 转换过程图

模拟量 I/O 模块的主要任务就是将模拟量输入信号转换成数字量，经 PLC 进行数字运算后，将数字量转换成模拟量输出，再去控制执行机构。

5.2.7　高速计数模块

PLC 梯形图程序中的计数器的最高工作频率受扫描周期的限制，一般仅为几十 Hz。在工业控制中，有时要求 PLC 有快速计数功能，计数脉冲可能来自旋转编码器、机械开关或电子开关。高速计数模块可以对几十 Hz 甚至上百 Hz 的脉冲计数，它们大多有一个或几个开关量输出点，计数器的当前值等于或大于预置值时，可通过中断程序及时地改变开关量输出的状态。这一过程与 PLC 的扫描过程无关，可以保证负载被及时驱动。

FX_{2N} 的高速计数模块 FX_{2N}-1HC 有一个高速计数器，可以实现单相 / 双相 50kHz 的高速计数，用外部输入或通过 PLC 的程序，可使计数器复位或起动计数过程，它可与编码器连接。

5.2.8　运动控制模块

这类模块一般带有微处理器，用来控制运动物体的位置、速度和加速度，它可以控制直线运动或旋转运动、单轴或多轴运动。它们使运动控制与 PLC 的顺序控制功能有机地结合在一起，被广泛地应用在机床、装配机械等场合。

位置控制一般采用闭环控制，用伺服电动机作驱动装置。如果用步进电动机作驱动装置，既可以采用开环控制，也可以采用闭环控制。模块用存储器来存储给定的运动曲线。

5.2.9　通信模块

通信模块是通信网络的窗口。通信模块用来完成与其他 PLC、其他智能控制设备或主计算机之间的通信。远程 I/O 系统也必须配备相应的通信接口模块。

5.2.10　人机接口

随着科学技术的不断发展，以及自动化控制的需要，PLC 的控制日趋完美。许多品牌的 PLC 配备了种类繁多的显示模块和图形操作终端（人机界面）作为人机接口。

1. 显示模块

以三菱 FX-10DM-E 显示模块为例。

FX-10DM-E 显示模块可安装在面板上，用电缆与 PLC 连接，有 5 个键和带背光的 LED 显示器，可显示两行数据，每行 16 个字符，可用于各种型号的 FX 系列 PLC。可监视和修改 T、C 的当前值，监视和修改 D 的当前值。

2. 图形操作终端（人机界面）

图形操作终端（人机界面），在液晶画面中可以显示各种信息、图形，还可以自由显示指示灯、PLC 内部数据、棒图、时钟等内容。同时，可以配备设备的状态，使设备的运行状况一目了然。图形操作终端（人机界面），配置有触摸屏，可以在画面中设置开关键盘，只需触按屏幕即可完成操作。画面的内容可以通过专用的画面制作软件，非常简便地创建。制作过程是从库中调用、配置所需部件的设计过程。

5.2.11 可编程控制器控制系统的组成

以可编程控制器为控制核心单元的控制系统称为可编程控制器控制系统。此控制系统由 PLC、编程器、信号输入部件和输出执行部件等组成。图 5-8 为 PLC 控制系统组成。

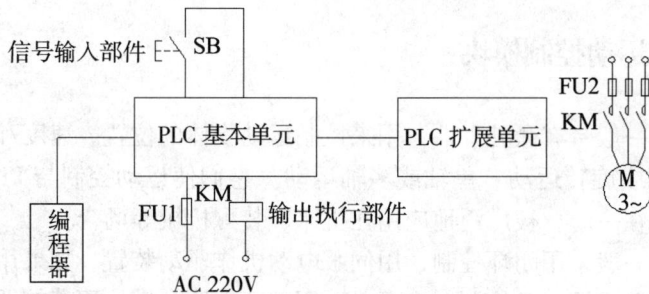

图 5-8 PLC 控制系统的组成

1. PLC 控制系统的组成

（1）控制器（PLC）。控制器是控制系统的核心，它将逻辑运算、算术运算、顺序控制、定时、计数等控制功能以一系列指令形式存放在存储器中，然后根据检测到的输入条件按存储的程序，通过输出部件对生产过程进行控制。

（2）编程器。编程器用来对 PLC 进行编程、发出命令和监视 PLC 的工作状态等。它通过通信端口与 PLC 的 CPU 连接，完成人机对话连接。

1）编程器的工作方式有下列三种：①编程方式。编程器在这种方式下可以把用户程序送入 PLC 的内存，也可对原有的程序进行显示、修改、插入、删除等编辑操作。②命令方式。此方式可对 PLC 发出各种命令，如向 PLC 发出运行、暂停、出错复位等命令。③监视方式。此方式可对 PLC 进行检索，观察各个输入、输出点的通、断状态和内部线圈、计数器、定时器、寄存器的工作状态及当前值，也可跟踪程序的运行过程，对故障进行监测等。

2）目前常用的编程器有手持式简易编程器、便携式图形编程器和微型计算机等。

①手持式简易编程器。不同品牌的 PLC 配备不同型号的专用手持编程器，相互之间不通用。它们不能直接输入和编辑梯形图程序，只能输入和编辑指令表程序。手持编程器的体积小，价格便宜，一般用电缆与 PLC 连接，常用来给小型 PLC 编程。用于系统的现场调试和维修比较方便。

MITSUBISHI FX 系列 PLC 的手持编程器为 FX-10P-E 或为 FX-20P-E。

OMRON C 系列 PLC 的手持编程器为 PRO15。

SIEMENS U 系列 S5PLC 的手持编程器为 PG615。

NAIS FP 系列 PLC 的手持编程器为 FP PROGRAMMER Ⅱ。

②便携式图形编程器。便携式图形编程器可直接进行梯形图程序的编制。不同品牌的 PLC 其图形编程器相互之间不通用。它较手持式简易编程器体积大。其优点是显示屏大，一屏可显示多行梯形图，但由于性价比不高，使它的发展和应用受到了很大的限制。

SIEMENS PG720 可对 SIMATIC S5 和 SIMATIC S7 系列 PLC 进行编程。可使用软件 STEP 7。

③微型计算机编程。用微型计算机编程是最直观、功能最强大的一种编程方式。在微型计算机上可以直接用梯形图编程或指令编程，以及依据机械动作的流程进行程序设计的 SFC（顺序功能图）方式进行编程。而且，这些程序可相互变换。

这种方式的主要优点是用户可以使用现有的计算机。笔记本电脑配上编程软件，也很适于在现场调试程序。对于不同厂家和型号的 PLC，只需要使用相应的编程软件就可以了。MITSUBISHI FX 系列 PLC 的常用编程软件为 SWOPC-FXGP/WIN-C；OMRON C 系列 PLC 的常用编程软件为 SYSMAC-CPT；NAIS FP 系列 PLC 的常用编程软件为 FPWIN GR；SIEMENS S7 系列 PLC 的常用编程软件为 STEP 7 等。

（3）信号输入部件。信号输入部件用于接收系统的运行条件，并将这些条件传送给 PLC。如安装在现场的按钮、行程开关、接近开关以及各种传感器等。工程中用得最多的是上述部件，现在已有许多 PLC 能够接收温度、压力等传感器送出的模拟量，这也是 PLC 在自动控制领域迅速发展的重要因素之一。

（4）输出执行部件。输出执行部件是在 PLC 输出驱动下控制设备运行的部件。输出执行部件是 PLC 的直接控制对象。如安装在现场的接触器、电磁阀、继电器、指示灯和报警器等。

2. PLC 控制系统的特点

PLC 作为一种通用的自动控制装置，它在控制系统中具有一些独特的优点。例如，在不改变系统硬件接线的情况下，通过改变程序的办法，可改变被控对象的运行方式。这在继电—接触器控制系统中是无法实现的。PLC 所具有的这一特点大大提高了控制系统的灵活性，特别对那些需要经常改变生产工艺的自动生产线有着重大的实际意义。

5.3 三菱 FX 系列可编程控制器简介

5.3.1 三菱 FX 系列 PLC 性能简介

1. FX 系列 PLC 的特点

（1）体积小。FX_{1S}、FX_{1N} 系列高度为 90mm，深度为 75mm，FX_{2N}、FX_{2NC} 系列高度为 90mm，深度为 87mm。内置的 24V DC 电源可作为输入回路的电源和传感器的电源。

（2）外形美观。基本单元、扩展单元和扩展模块的高度、深度相同，宽度不同。它们之间用扁平电缆连接，紧密拼装后组成一个整齐的长方体。

（3）多个子系列。有 FX_{1S}、FX_{1N}、FX_{2N}、FX_{2NC} 子系列。

FX_{1S} 子系列最多 30 个 I/O 点，有通信功能。用于小型开关量控制系统。

FX_{1N} 子系列最多 128 个 I/O 点。有较强的通信功能。用于要求较高的中小型控制系统。

FX_{2N}、FX_{2NC} 子系列最多 256 个 I/O 点。有很强的通信功能，用于要求很高的中小型控制系统。

（4）系统配置灵活。用户除了可选不同的子系列外，还可以选用多种基本单元、扩展单元和扩展模块，组成不同 I/O 点和不同功能的控制系统。

（5）功能强，使用方便。内置高速计数器，有输入输出刷新、中断、输入滤波时间调整、恒定扫描时间等功能，有高速计数器的专用比较指令。使用脉冲列输出功能，可直接控制步进电机或伺服电机。脉冲宽度调整功能可用于温度控制或照明等的调光控制，可设置 8 位数字密码。

2. FX 系列型号名称的含义

FX 系列 PLC 型号名称的含义如下：

FX □□-□□□□-□
　　 (1)　(2)(3)(4)(5)

（1）子系列名称。如 1S，1N，2N 等。

（2）I/O 的总点数。如 16、32、48、128 等。

（3）单元类型。M 为基本单元，E 为输入输出混合扩展单元与扩展模块，EX 为输入专用扩展模块，EY 为输出专用扩展模块。

（4）输出形式。R 为继电器输出、T 为晶体管输出、S 为双相晶闸管输出。

（5）电源和输入、输出类型等特征。D 和 DS 为 DC 24V 电源；DSS 为 DC 24V 电源，源晶体管输出；ES 为交流电源；ESS 为交流电源，源晶体管输出；UA1 为 AC 电源，AC 输入。

例如：FX_{2N}–64MR-D 属于 FX_{2N} 系列，有 64 个 I/O 点的基本单元，继电器输出，使用 DC 24V 电源。FX_{2N}-48ER-D 属于 FX_{2N} 系列，有 48 个 I/O 点的扩展单元，继电器输出，使用 DC 24V 电源。

FX_{1N} 系列 PLC 有 13 种基本单元：FX_{1N}–14MR–001、FX_{1N}–24MR–001、FX_{1N}–40MR–001、FX_{1N}–60MR–001；FX_{1N}–24MT、FX_{1N}–40MT、FX_{1N}–60MT；FX_{1N}–24MR–D、FX_{1N}–40MR–D、FX_{1N}–60MR–D；FX_{1N}–24MT–D、FX_{1N}–40MT–D、FX_{1N}–60MT–D。

FX_{2N} 系列 PLC 有 20 种基本单元，功能强、速度快，每条指令执行时间仅为 0.08μs，内置用户存储器为 8K 步，可扩展到 16K 步，I/O 点最多可扩展到 256 点。有多种特殊功能模块或功能扩展板，可实现多轴定位控制。机内有实时钟，PID 指令可实现模拟量闭环控制。有很强的数学指令集，如浮点数运算、开平方和三角函数等。每个 FX_{2N} 基本单元可扩展 8 个特殊单元。

5.3.2　三菱 FX_{2N} 系列 PLC 硬件简介

下面以三菱 FX_{2N}–64MR 为例进行介绍。

1. 三菱 FX_{2N}–64MR 的结构

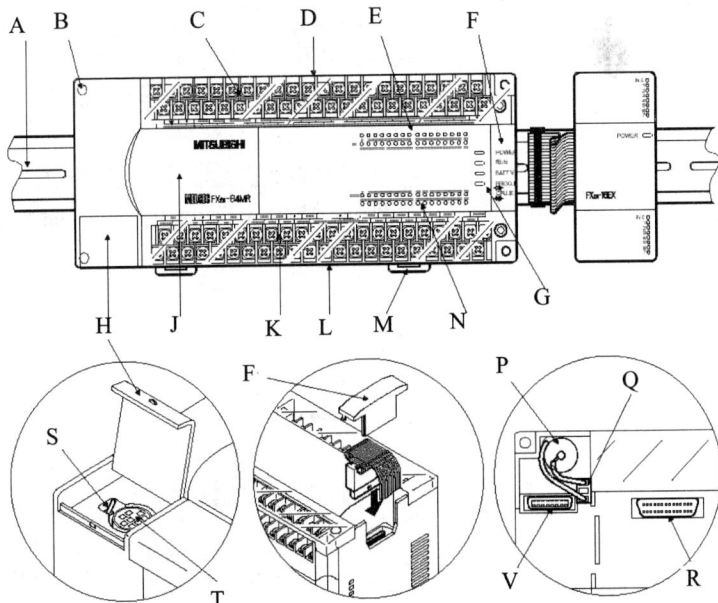

图 5–9　FX_{2N}–64MR 型 PLC 结构示意图

图 5-9 为 FX$_{2N}$-64MR 型 PLC 结构示意图。图中 字母含义如下：

A：35mm 宽 DIN 导轨；B：安装孔 4 个（Φ4.5）；C：输入端子；

D：输入端子盖板；　E：输入指示灯；　　F：I/O 扩展单元接口盖板；

G：状态指示灯；　　　H：编程器接口；　　J：面板盖；

K：输出端子；　　　L：输出端子盖板；　M：DIN 导轨装卸用卡子；

N：输出指示灯；　　P：后备电池；　　　Q：后备电池连接插座；

R：另选存储器滤波器接口；　　　　　　S：内置运行 / 停止开关；

T：编程器接口；　　V：功能扩展板接口。

2. 输入、输出信号接线示例

图 5-10 为三菱 FX$_{2N}$-64MR 型 PLC 基本单元端子排列图。X 为输入端子，Y 为输出端子。图中输出部分有 COM1、COM2……COM6，共 6 个公共点，构成 6 组输出，各组公共端间相互隔离。对共用一个公共端的同一组输出，必须用同一电压类型和同一电压等级，不同的公共端组，可以使用不同的电压类型和电压等级。如 Y0~Y3 共用 COM1、Y4~Y7 共用 COM2，Y0~Y3 使用的电压可以是 AC 220V，Y4~Y7 使用的电压可以是 DC 24V。这为不同电压类型和等级的负载驱动提供了方便。

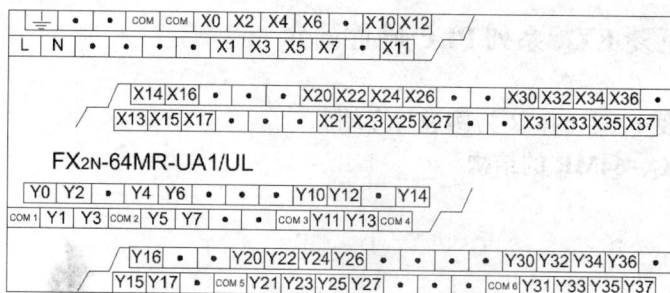

图 5-10　三菱 FX$_{2N}$-64MR 型 PLC 基本单元端子排列

图 5-11 为三菱 FX$_{2N}$ 系列 PLC 输入信号接线图，输入端子和 COM 端子之间用无电压接点或 NPN 开路集电极晶体管连接，就进入输入状态。这时表示输入的 LED 亮灯。

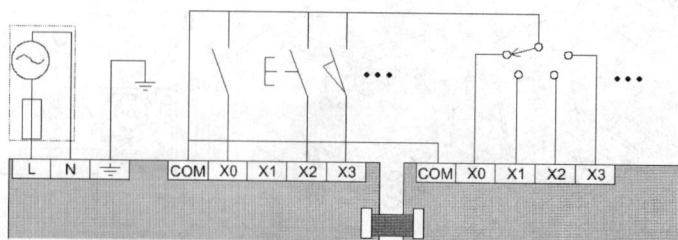

图 5-11　三菱 FX$_{2N}$ 系列 PLC 输入信号接线方式

图 5-12 为三菱 FX$_{2N}$ 系列 PLC 输出接线示意图。图中继电器 KA1、KA2 和接触器 KM1、KM2 线圈为 AC220V，电磁阀 YV1、YV2 为 DC24V，这样电磁阀与继电器、接触器便不能分在一组。而继电器、接触器为相同电压类型和等级，可以分在一组。如果一组安排不下，可以分在两组或多组，但这些组的公共点要连在一起。

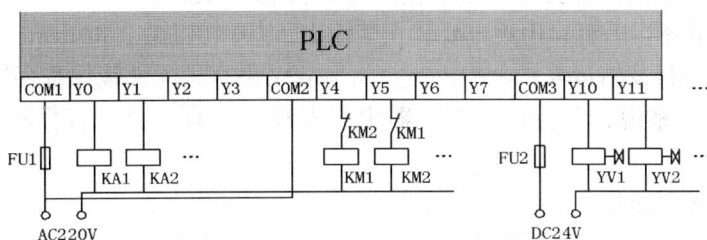

图 5-12　三菱 FX$_{2N}$ 系列 PLC 输出信号接线方式

5.4　可编程控制器的工作原理与编程语言

5.4.1　PLC 的工作原理

对 PLC 来说，用户程序是通过编程器键入，并存储于用户存储器。顺序执行用户程序是 PLC 的基本工作方式，每一时刻只能执行一个指令，由于 PLC 有足够快的执行速度，以使外部结果从客观上看似乎是同时执行的。PLC 工作过程周期需要三个阶段：输入采样阶段、程序执行阶段、输出刷新阶段。对用户程序的循环执行过程称为扫描。这种工作方式称为扫描工作方式。

PLC 程序执行过程如图 5-13 所示。

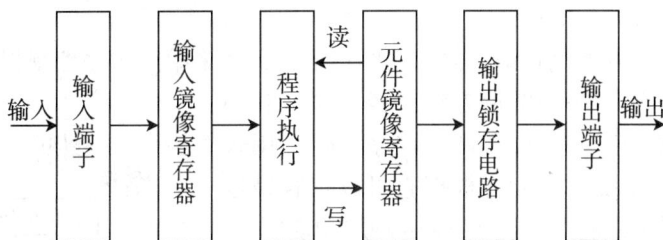

图 5-13　PLC 程序执行过程

1. 输入采样阶段

PLC 在输入采样阶段以扫描方式顺序读入所有输入端子的状态通 / 断

（ON/OFF），并将此状态存入输入镜像寄存器。接着转入程序执行阶段。在程序执行期间，即使外部输入信号的状态变化，输入镜像寄存器的状态也不会改变，这些变化只能在下一个工作周期的输入采样阶段才被读入。

2. 程序执行阶段

PLC 在程序执行阶段顺序对每条指令进行扫描。先从输入镜像寄存器中读入所有输入端子的状态。若程序中规定要读入某输出状态，则也在此时，从元件镜像寄存器读入，然后进行逻辑运算，由输出指令将运算结果存入元件镜像寄存器。这就是说，对于每个元件来说，元件镜像寄存器中所寄存的内容，会随着程序的执行过程而变化。

3. 输出刷新阶段

在所有指令执行完毕后即执行程序结束指令时，元件镜像寄存器中所有输出继电器的通 / 断（ON/OFF）状态，在输出刷新阶段转存到输出锁存电路，因而元件镜像寄存器亦称为输出镜像寄存器。输出锁存电路的状态，由上一个刷新阶段输出镜像寄存器的状态来确定。输出锁存电路的状态，决定了 PLC 输出继电器线圈的状态，这才是 PLC 的实际输出。

PLC 重复执行上述三个阶段构成的工作周期亦称为扫描周期。扫描周期因 PLC 机型而异，一般执行 1000 条指令约 20ms。

PLC 工作完一个工作周期后，在第二个工作周期输入采样阶段进行输入刷新，因而输入镜像寄存器的数据，由上一个刷新时间 PLC 输入端子的通 / 断 [ON/OFF] 状态决定。

5.4.2 PLC 常用的编程语言

PLC 具有丰富的编程语言，如顺序功能图、梯形图、功能块图、指令表、结构文本，以及与计算机兼容的高级语言，如 BASIC 语言、C 语言及汇编语言等。还有一些型号的 PLC 有专用的高级语言。各种语言都有各自的特点，一般说来，功能越强，语言就越高级，但掌握这种语言就越困难。对于绝大多数从事电气安装或维修的技术工人及电气设计人员来说，最常用到的编程语言是梯形图和指令表。

1. 顺序功能图（SFC）

这是一种位于其他编程语言之上的图形语言，用来编制顺序控制程序，顺序功能图提供了一种组织程序的图形方法。步、转换和动作是顺序功能图的三种主要元件。顺序功能图用来描述开关量控制系统的功能，根据它可以很容易地画出顺序控制梯形图程序。图 5-14 为顺序功能图。

2. 梯形图（LD）

梯形图是最直观、最简单的一种编程语言。由于一般的电气技术工人对继电控制线路较熟悉，而梯形图就是从继电控制线路变化而来的，再学习梯

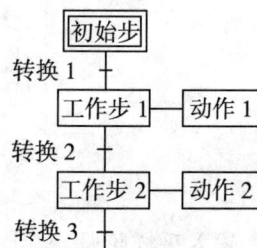

图 5-14 顺序功能图

形图编程语言就很简单了。

梯形图编程语言特别适用于开关逻辑控制。梯形图由触点、线圈和应用指令组成。触点代表逻辑输入条件，如外部的输入信号和内部参与逻辑运算的条件等。线圈一般代表逻辑输出结果。它既可以是输出软继电器的线圈，也可以是 PLC 内部辅助软继电器或定时器、计数器的线圈等。

例如图 5-15（a）是一个具有自锁功能的继电控制电路，图 5-15（b）是与其对应的梯形图程序。

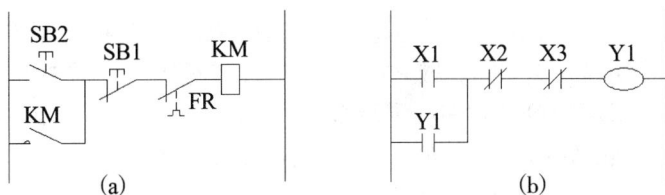

（a）具有自锁功能的继电控制电路；（b）对应的梯形图

图 5-15　具有自锁功能的继电控制电路及其对应的梯形图

图 5-15（b）中，X1、X2、X3、Y1，可称为逻辑元素或编程元素，每个软继电器线圈及所连各逻辑元素构成一个逻辑梯级或称梯级，每个逻辑梯级内可安排若干个逻辑行连到一个软继电器线圈上。左右侧分别有一条竖直母线（有时省略了右侧的母线）。

（1）梯形图绘制原则。①梯形图按从上到下、从左到右的顺序绘制。每个逻辑元件起于左母线，终于右母线。继电器线圈与右母线直接连接，不能在继电器线圈与右母线之间连接其他元素，整个逻辑图形成阶梯形。②对电路各元件分配编号。用户输入设备按输入点的地址编号，如起动按钮 SB2 的编号为 X1。用户输出设备都按输出地址编号，如接触器 KM 的编号为 Y1。如果梯形图中还有其他内部继电器，则同样按各自分配的地址来编号。③在梯形图中，输入触点用以表示用户输入设备的输入信号。当输入设备的触点接通时，对应的输入继电器动作，其常开触点接通，常闭触点断开。当输入设备的触点断开时，对应的输入继电器不动作，其常开触点恢复断开，常闭触点恢复闭合。④在梯形图中，同一继电器的常开、常闭触点可以多次使用，不受限制，但同一继电器的线圈只能使用一次。⑤输入继电器的状态取决于外部输入信号的状态，因此在梯形图中不能出现输入继电器的线圈。

（2）软继电器与能流。①软继电器（又称内部线圈）。PLC 的梯形图中，主要利用软继电器线圈的吸—放功能以及触点的通—断功能来进行。PLC 内部并没有继电器那样的实体，只有内部寄存器中的每位触发器，它根据计算机对信息的存—取原理，来读出触发器的状态，或在一定条件下改变它的状态。②能流。想象左右两侧竖直母线之间有一个左正右负的直流电源电压（有时省略了右侧的竖直母线），电流从母线的左侧流向母线的右侧，这就是能流。实际上，并没有真实的电流流动，而是为了分析 PLC 的周期扫描原理以及信息存储空间分布的规律。能流在梯形图中只能作单方向流动，即从左向右流动，层次的改变只能先上后下。

（3）梯形图与继电控制线路比较。相同之处：①电路结构形式大致相同。②梯形图大都沿用继电控制电路元件符号，有的有些不同。③信号输入、信息处理以及输出控制的功能均相同。不同之处：①组成器件不同。继电控制电路由真正的继电器组成，梯形图由所谓软继电器组成。②工作方式不同。当电源接通时，继电控制线路各继电器都处于该吸合的都应吸合，不吸合的继电器都因条件限制不能吸合。而在梯形图中，各继电器都处于周期性循环扫描接通之中。③触点数量不同。继电控制电路中的继电器触点有限，而梯形图中，软继电器触点数无限。因为在存储器中的触发器状态可取任意次。④编程方式不同。继电控制电路中，其程序已包含在电路中，功能专一、不灵活，而梯形图的设计和编程灵活多变。⑤联锁方式不同。继电控制电路中，设置了许多制约关系的联锁电路，而在梯形图中，因它是扫描工作方式，不存在几个并列支路同时动作的因素，因此简化了电路设计。

3. 功能块图（FBD）

这是一种类似于数字逻辑门电路的编程语言。该编程语言用类似与门、或门的方框来表示逻辑运算关系，方框的左侧为逻辑运算的输入变量，右侧为输出变量，输入、输出端的小圆圈表示"非"运算，方框被"导线"连接在一起，信号自左向右运动。图 5-16(b)为西门子 PLC 功能块图与语句表，它与图 5-16（a）梯形图的控制逻辑相同。

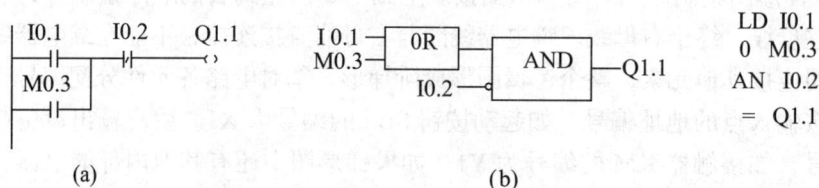

图 5-16　西门子 PLC 功能块图与梯形图

4. 指令表

PLC 的指令是一种与微型计算机的汇编语言中的指令相似的助记符表达式，由指令组成的程序叫做指令表程序。指令表与梯形图有着完全的对应关系，两者之间可以相互转换。指令表程序较难阅读，其中的逻辑关系很难一眼看出，所以在程序设计时一般使用梯形图语言。当用手持编程器键入梯形图程序时，必须将梯形图程序转换为指令表程序，因为手持编程器不具备梯形图程序编辑功能。在用户程序存储器中，指令按序号顺序排列。

如果用便携式图形编程器或微型计算机进行编程，既可以用梯形图又可以用指令表，而且梯形图与指令表可以相互自动转换，程序写入 PLC 时，只需按"Download"

（下载）即可。当然，PLC 专用编程软件是必备的。

5. 结构文本

结构文本是一种专用的高级编程语言。与梯形图相比，它能完成复杂的数学运算，编写的程序非常简洁和紧凑。

5.5　三菱 FX 系列 PLC 梯形图中的编程元件

PLC 提供给用户使用的每个输入／输出继电器、状态继电器、辅助继电器、计数器、定时器及每个存储单元都称为元件。由于这些元件都可以用程序（即软件）来指定，故又称为软元件或编程元件。各个元件有其各自的功能，有其固定的地址，元件的多少决定了 PLC 整个系统的规模及数据处理能力。

编程元件的名称由字母和数字组成，它们分别代表元件的类型和元件号。

5.5.1　输入继电器（X）

输入继电器是 PLC 接受外部输入信号的窗口。PLC 通过光电耦合器，将外部信号的状态读入并存储在输入镜像寄存器中。输入端可以外接常开触点或常闭触点，也可以接多个触点组成的串并联电路或电子传感器（如接近开关）。在梯形图中，可以多次使用输入继电器的常开触点和常闭触点。表 5–1 为 FX_{1N}、FX_{2N} 系列 PLC 主机输入继电器元件编号：

表 5–1　FX_{1N}、FX_{2N} 系列 PLC 主机输入继电器元件编号

PLC 型号	FX_{1N}–14M	FX_{1N}–24M	FX_{1N}–40M	FX_{1N}–60M		
输入继电器	X0~X7 8 点	X0~X15 14 点	X0~X27 24 点	X0~X43 36 点		
PLC 型号	FX_{2N}–16M	FX_{2N}–32M	FX_{2N}–48M	FX_{2N}–64M	FX_{2N}–80M	FX_{2N}–128M
输入继电器	X0~X7 8 点	X0~X17 16 点	X0~X27 24 点	X0~X37 32 点	X0~X47 40 点	X0~X267 184 点

输入继电器的元件号为 8 进制。如，FX_{2N}- 32M 型 PLC 共有 16 个输入点，编号分别为 X0、X1、X2、X3、X4、X5、X6、X7、X10、X11、X12、X13、X14、X15、X16、X17。输入继电器的线圈在程序设计时不允许出现。

PLC 在每一个周期开始时读取输入信号，输入信号的通、断持续时间应大于 PLC 的扫描周期。如果不满足这一条件，可能会丢失输入信号。

5.5.2　输出继电器（Y）

输出继电器是 PLC 向外部负载发送信号的窗口。输出继电器用来将 PLC 的输出信号通过输出电路硬件驱动外部负载。

输出继电器的线圈在程序设计时只能使用一次，不可重复使用。但触点可以多次使用。输出继电器的线圈"通电"后，继电器型输出模块中对应的硬件输出继电器的常开触点闭合，使外部负载工作。硬件输出继电器只有一个常开触点，接在 PLC 的输出端子上。

表 5–2 为 FX$_{1N}$、FX$_{2N}$ 系列 PLC 主机输出继电器元件编号。

表 5–2　FX$_{1N}$、FX$_{2N}$ 系列 PLC 主机输出继电器元件编号

PLC 型号	FX$_{1N}$–14M	FX$_{1N}$–24M	FX$_{1N}$–40M	FX$_{1N}$–60M		
输出继电器	Y0~Y5 6 点	Y0~Y11 10 点	Y0~Y27 16 点	Y0~Y27 24 点		
PLC 型号	FX$_{2N}$–16M	FX$_{2N}$–32M	FX$_{2N}$–48M	FX$_{2N}$–64M	FX$_{2N}$–80M	FX$_{2N}$–128M
输出继电器	Y0~Y7 8 点	Y0~Y17 16 点	Y0~Y27 24 点	Y0~Y37 32 点	Y0~Y47 40 点	Y0~Y267 184 点

输出继电器的元件号为 8 进制。如，FX$_{2N}$-32M 型 PLC 共有 16 个输出点，编号分别为 Y0、Y1、Y2、Y3、Y4、Y5、Y6、Y7、Y10、Y11、Y12、Y13、Y14、Y15、Y16、Y17。

5.5.3　辅助继电器（M）

PLC 内有很多辅助继电器。它们是用软件实现的。辅助继电器的线圈，可以由 PLC 内部各软继电器的触点驱动，它们不能像输入继电器那样接收外部的输入信号，也不能像输出继电器那样直接驱动外部负载，而是一种内部的状态标志，起到相当于继电器控制系统中的中间继电器的作用。

1. 通用辅助继电器

在 FX 系列 PLC 中，除了输入继电器和输出继电器的元件号采用八进制外，其他编程元件的元件号都采用十进制，因此，通用辅助继电器的元件号采用十进制编排。

不同型号的 PLC 其通用辅助继电器的数量是不同的，其编号范围也不同。使用时，必须参照其编程手册。在此仅介绍 FX$_{1N}$ 和 FX$_{2N}$ 型 PLC 的通用辅助继电器点数及编号范围：FX$_{1N}$ 型 PLC 通用辅助继电器点数为 384 点，元件号从 M0 到 M383；FX$_{2N}$ 型 PLC 通用辅助继电器点数为 500 点，元件号从 M0 到 M499。

这些通用辅助继电器只能在 PLC 内部起辅助作用，在使用时，除了它不能驱动外部元件外，其他功能与输出继电器非常类似。

　　FX 系列 PLC 的通用辅助继电器与输出继电器一样没有断电保持功能，即断电后，无论程序运行时是 ON 还是 OFF，都将 OFF，通电后，必须由其他逻辑条件使之 ON。图 5-17 为含有通用辅助继电器的梯形图。

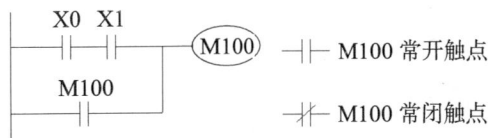

图 5-17　含有通用辅助继电器的梯形图

2. 失电保持辅助继电器

　　PLC 在运行中若突然停电，有时需要保持失电前的状态，以使来电后继续进行断电前的工作，这靠输出继电器和通用辅助继电器是无能为力了。这时就需要一种能保存失电前状态的辅助继电器，即失电保持辅助继电器。失电保持辅助继电器并非断电后真正能在自身电源也切断的条件下保存原工作状态，而是靠 PLC 内部的备用电池供电而已。

　　FX$_{IN}$ 型 PLC 失电保持辅助继电器点数为 1152 点，元件号从 M384 到 M1535；FX$_{2N}$ 型 PLC 失电保持辅助继电器点数为 2572 点，元件号从 M500 到 M3071。

　　图 5-18 所示是具有停电保持功能的辅助继电器用法举例：图中 X1 接通后，M600 动作，其常开触点闭合自锁，即使 X1 再断开，M600 的状态仍保持不变。若此时 PLC 失去供电，等 PLC 恢复供电后再运行时只要停电前 X2 的状态不发生改变，M600 仍能保持动作。M600 保持动作的原因并不是因为自锁，而是因为 M600 是失电保持辅助继电器，有后备电池供电的缘故。

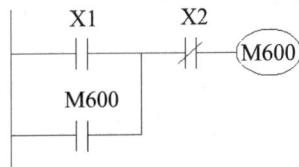

图 5-18　失电保持辅助继电器用法举例

3. 特殊辅助继电器

　　PLC 内有 256 个特殊辅助继电器，这些特殊辅助继电器各自具有特定的功能。可以分为两大类：只能利用触点型、可驱动线圈型。

　　（1）只能利用触点型。这类特殊辅助继电器的线圈由 PLC 自动驱动，用户只能利用其触点。例如：

　　M8000——运行监控（PLC 运行时自动接通，停止时断开）。

　　M8002——初始脉冲（仅在 PLC 运行开始时接通一个扫描周期）。

　　M8005——PLC 后备锂电池电压过低时接通。

　　M8011——10ms 时钟脉冲。

　　M8012——100ms 时钟脉冲。

　　M8013——1s 时钟脉冲。

　　M8014——1min 时钟脉冲。

　　图 5-19 为只能利用触点型特殊辅助继电器在 PLC 运行（RUN）和停止（STOP）时的时序图。

　　（2）可驱动线圈型。这类特殊辅助继电器的线圈可由用户驱动，而线圈被驱动

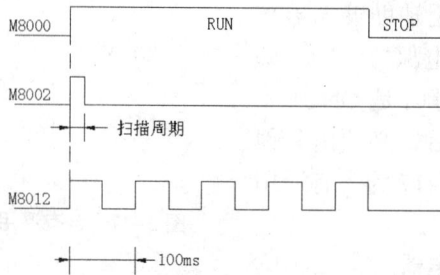

图 5-19　只能利用触点型特殊辅助继电器时序图

后，PLC 将作特定动作。

M8030——线圈被驱动后使后备锂电池欠电压指示灯熄灭。

M8033——线圈被驱动后 PLC 停止运行时输出保持。

M8034——线圈被驱动后禁止所有的输出。

M8039——线圈被驱动后 PLC 以 D8039 中指定的扫描时间工作。

应注意，没有定义的特殊辅助继电器不可在用户程序中出现。

5.5.4　状态继电器（S）

状态继电器 S 在步进顺控程序的编程中是一类非常重要的软元件，它与后述的步进顺控指令 STL 组合使用。

状态继电器有以下五种类型：

（1）初始状态 S0~S9 共 10 点。

（2）回零 S10~S19 共 10 点。

（3）通用 S20~S499 共 480 点。

（4）失电保持 S500~S899 共 400 点。

（5）报警器 S900~S999 共 100 点。

通用状态继电器没有失电保持功能。在使用 IST（初始化状态功能）指令时，S0~S9 供初始状态使用。失电保持状态继电器 S500~S899 在断电时依靠后备锂电池供电保持。在使用应用指令 ANS（信号报警器置位）和 ANR（信号报警器复位）时，报警器 S900~S999 可用做外部故障诊断输出。报警器为失电保持型。

使用举例：图 5-20 为机械手抓取物体动作顺序功能图。

设启动信号输入点为 X0，下限位开关信号输入点为 X1，夹紧限位开关信号输入点为 X2，上限位开关信号输入点为 X3……控制下降电磁阀的输出点

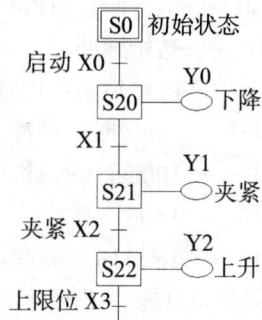

图 5-20　机械手抓取动作顺序功能图

为 Y0，控制夹紧电磁阀的输出点为 Y1，控制上升电磁阀的输出点为 Y2……S0 为初始状态（原位），S20、S21、S22……为工作步状态继电器，其动作过程如下：接通起动信号，X0=ON，状态继电器 S20 置位（=ON），随之，控制下降电磁阀的输出继电器 Y0 动作；当下限位开关 X1 变为 ON 后，状态继电器 S21 置位（=ON），状态继电器 S20 自动复位（=OFF），输出继电器 Y0 随之复位，控制夹紧电磁阀的输出继电器 Y1 动作；当夹紧限位开关 X2 变为 ON 时，状态继电器 S22 置位，同时状态继电器 S21 自动复位，输出继电器 Y1 随之复位，控制上升电磁阀的输出继电器 Y2 动作……

随着状态动作的转移，前一状态继电器的状态自动复位（变为 OFF）。状态继电器的触点可多次使用。如果不用步进顺控指令，状态继电器 S 可当做普通的辅助继电器使用。

5.5.5　定时器（T）

PLC 内有几百个定时器，其功能相当于继电控制系统中的时间继电器。定时器是根据时钟脉冲的累积计时的。时钟脉冲有 1ms、10ms、100ms 三种，当所计时间达到设定值时，其输出触点动作。

定时器有一个设定值寄存器（一个字长）、一个当前值寄存器（一个字长）和一个用来存储其输出触点状态的映像寄存器（占二进制的一位），这三个单元使用同一个元件号。

定时器用常数 K 作为设定值，也可将数据寄存器（D）的内容作设定值。用数据寄存器（D）的内容作设定值时，一般用失电保持型数据寄存器，目的是断电时不会丢失数据。

FX 系列 PLC 的定时器分为非积算定时器和积算定时器。

1. 非积算定时器

FX_{IN} 和 FX_{2N} 型 PLC 内有 100ms 非积算定时器 200 点（T0～T199），时间设定值为 0.1～3276.7s。10 ms 非积算定时器 46 点（T200～T245），时间设定值为 0.01～327.67s。图 5-21 为非积算定时器在程序中的使用及动作时序。

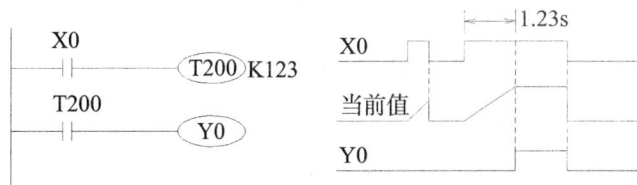

图 5-21　非积算定时器在程序中的使用及动作时序

如果定时器线圈 T200 的驱动输入 X0 接通，T200 用的当前值计数器将 10ms 时钟脉冲相加计算。如果该值等于设定值 K123，定时器的输出触点就动作。即 X0 接通 1.23s 后（也就是 T200 的线圈"通电" 0.01s ×123=1.23s 后），T200 的触点动作，Y0 随之动作。X0 断开或停电，定时器复位，输出触点复位。非积算定时器没有失电记忆功能。

2. 积算定时器

FX$_{1N}$ 和 FX$_{2N}$ 型 PLC 内有 1ms 积算定时器 4 点（T246～T249），时间设定值为 0.001～32.767s；100 ms 积算定时器 6 点（T250～T255），时间设定值为 0.1～3276.7s。图 5-22 为积算定时器在程序中的使用及动作时序。

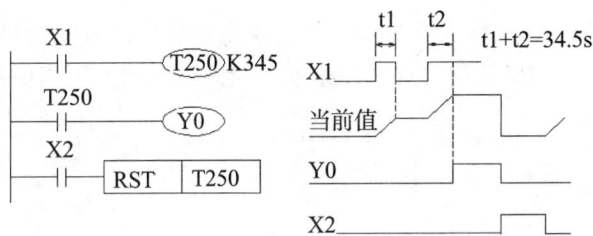

图 5-22　积算定时器在程序中的使用及动作时序

如果定时器线圈 T250 的驱动输入 X1 接通，则 T250 用的当前值计数器将 100ms 时钟脉冲相加计算。如果相加值等于设定值 K345（即 0.1s×345=34.5s），则定时器的输出触点动作。在计算过程中，X1 断开或停电，在再动作后，继续进行相加计算，直到相加的时间等于设定时间后，定时器的输出触点动作。积算定时器具有失电记忆功能。要想使得 T250 复位，只有复位输入 X2 接通，强制进行。

非积算定时器没有电池后备，在定时过程中，若停电或定时器线圈输入断开，非积算定时器复位，当复电或定时器线圈输入再次接通后，非积算定时器重新计时。积算定时器有锂电池后备，若停电或定时器线圈输入断开，积算定时器保存已计时间，当复电或定时器线圈输入再次接通后，积算定时器继续计时，计时时间为原保存的时间与继续计时时间之和，直到计时时间达到设定值，积算定时器的触点动作。

注意：在子程序与中断程序内请采用 T192～T199 和 T246～T249 定时器。这些定时器在执行指令时或执行 END 指令时计时。如果计时达到设定值，则在执行线圈指令或 END 指令时，输出触点动作。在子程序与中断程序内使用其他定时器，工作可能不正常。

定时器的精度与程序的编写有关。如果定时器的触点在线圈之前，精度将会降低。如果定时器的触点在线圈之后，最大定时误差为 2 倍扫描周期加上输入滤波器时间；如果定时器的触点在线圈之前，最大定时误差为 3 倍扫描周期加上输入滤波器时间。

最小定时误差为输入滤波器时间减去定时器的分辨率。1ms、10ms、100ms 定时器的分辨率分别为 1ms、10ms 和 100ms。

5.5.6　计数器（C）

1. 内部计数器

内部计数器是在执行扫描操作时对内部元件（如 X、Y、M、S、T、C）的信号进行计数的计数器。因此，其接通和断开时间应长于 PLC 的扫描周期。

（1）16 位增计数器。FX 系列 PLC 有两种类型的 16 位增计数型计数器，一种为通用型，一种为失电保持型。

1）通用型 16 位增计数器。C0～C99 为通用型 16 位增计数器，共 100 点，其设定值为 K1～K32767。当计数输入信号每接通一次，计数器的当前值增 1，当计数器的当前值为设定值时，计数器的输出触点接通，之后即使计数输入信号再接通，计数器的当前值都保持不变，只有复位输入信号接通时，执行复位指令，可将计数器当前值复位为 0，其输出触点也随之复位。计数过程中如果失电，通用型计数器失去原计数数值，再次通电后，将重新计数。

2）失电保持型 16 位增计数器。C100～C199 为失电保持型 16 位增计数器，共100 点，其设定值为 K1～K32767。其工作过程与通用型相同，只是在计数过程中如果失电，失电保持型计数器其当前值和输出触点的置位 / 复位状态保持不变。

计数器的设定值除了可以用常数 K 直接设定外，还可以通过指定数据寄存器的元件号来间接设定，此号寄存器内的内容便是设定值。如指定 D125，而 D125 的内容是 200，则与设定值 K200 等效。图 5-23 所示为 16 位增计数器的动作时序。

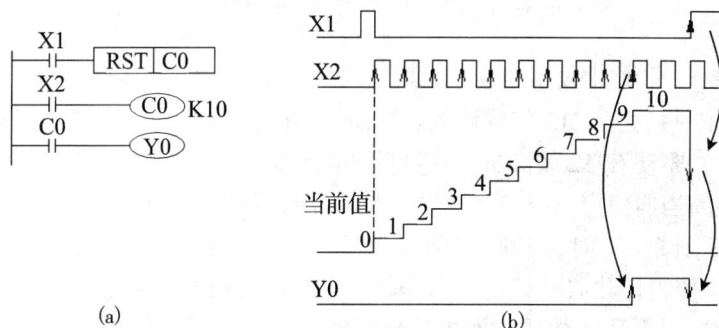

图 5-23　增计数器的动作时序

X2 为计数输入，X2 每接通一次，计数器的当前值增 1，当计数器的当前值为 10时，即计数达 10 次，计数器 C0 的输出触点接通，随之 Y0 线圈得电。当复位输入 X1 接通，执行 RST（复位）指令，计数器当前值复位为 0，其输出触点也随之复位。

（2）32 位双向计数器。双相计数器就是既可以设置为增计数又可以设置为减计数的计数器。32 位双相计数器计数值设定范围为 -2147483648～+2147483647。FX 系列PLC 有两种 32 位双相计数器，一种为通用型，一种为失电保持型。

1）通用型 32 位双向计数器。C200～C219 为通用型 32 位双向计数器，共 20 点。作增计数或减计数（计数方向）由特殊辅助继电器 M8200～M8219 设定。计数器与特殊辅助继电器一一对应，如计数器 C212 对应 M8212。对于计数器，当对应的辅助继电器接通（置 1）时为减计数；当对应的辅助继电器断开（置 0）时为加计数。计数值的设定可以直接用常数 K 或间接用数据寄存器 D 的内容作为设定值，但间接设定时，要用元件号连在一起的两个数据寄存器。因为两个数据寄存器组成 32 位。

2）失电保持型 32 位双向计数器。C220～C234 为失电保持型 32 位双向计数器，共 15 点。作增计数或减计数（计数方向）由特殊辅助继电器 M8220～M8234 设定。其工作过程与通用型 32 位双向计数器相同，不同之处在于失电保持型 32 位双向计数器的当前值和触点状态在失电时均能保持。

图 5-24 为 32 位双向计数器的动作时序。

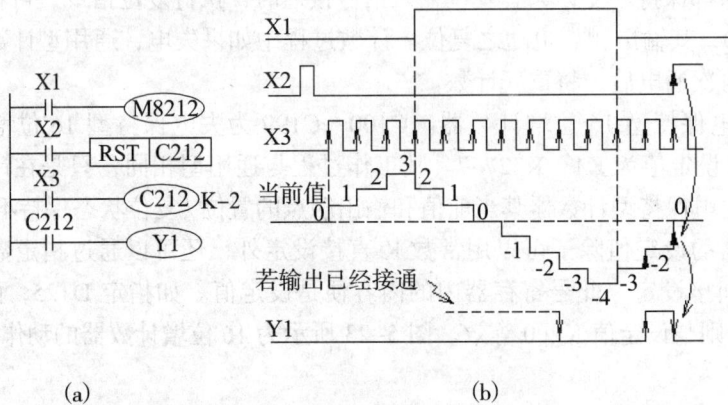

图 5-24 32 位双向计数器的动作时序

计数器 C212 作增计数还是减计数取决于 M8212 的通断。M8212 断开，C212 作增计数，M8212 接通，C212 作减计数。因而 X1 的通断决定了 C212 的计数方向。X3 作为计数输入，驱动 C212 线圈进行加计数或减计数。X2 用于计数器 C212 复位。

当计数器的当前值由-3→-2（增加）时，计数器的触点接通（置位），Y1 便有输出，由-2→-3（减小）时，其触点断开（复位）。当复位输入 X2 接通，通过 RST（复位）指令，使得计数器 C212 复位，其触点断开（复位），随之 Y1 停止输出。

双向计数器是循环计数器，如果计数器的当前值在最大值 2147483647 时进行加计数，则当前值就成为最小值-2147483647，类似的，如果计数器的当前值在最小值-2147483647 时进行减计数，则当前值就成为最大值 2147483647。

2. 高速计数器

FX 系列 PLC 中共有 21 点高速计数器，元件编号为 C235～C255。这些计数器在 PLC 中共享八个高速计数器输入端 X0～X7。当一个输入端被某个高速计数器占用时，这个输入端就不能再用于另一个高速计数器，也不能用作其他的输入。即，由于只有八个高速计数的输入。因此，最多只能同时用八个高速计数器。

高速计数器是按中断方式运行的，与扫描周期无关。所选定的计数器的线圈应被连续驱动，以表示与它有关的输入点已被使用，其他高速计数器的处理不能与它冲突。连续驱动计数器的软元件触点可以是输入继电器触点，也可以是特殊辅助继电器（如 M8000）的常开触点等。高速计数器及指令等内容将在第 6 章中详细介绍。

5.5.7　数据寄存器（D）

数据寄存器在模拟量检测、控制及位置控制等场合用来存储数据和参数，用 D 表示。数据寄存器可以存储 16 位二进制数或称一个字。要想存储 32 位二进制数据（双字），必须同时用两个序号连续的数据寄存器进行数据存储。例如用 D0 和 D1 存储双字，D0 存放低 16 位，D1 存放高 16 位。字或双字的最高位为符号位，0 表示正数，1 表示负数。

数据寄存器的数值读出与写入一般采用应用指令，而且可以从数据存储单元（显示器）与编程装置直接读出 / 写入。

数据寄存器分为通用数据寄存器、失电保持数据寄存器、特殊数据寄存器、文件寄存器、外部调整寄存器、变址寄存器。

表 5-3 为 FX_{1N} 和 FX_{2N} 系列 P LC 各类数据寄存器的点数及地址编号范围。

表 5-3　数据寄存器

	FX_{1N}	FX_{2N}
通用数据寄存器	128（D0~D127）	200（D0~D199）
失电保持数据寄存器	7872（D128~D7999）	7800（D200~D7999）
特殊数据寄存器	256（D8000~D8255）	256（D8000~D8255）
文件寄存器	7000（D1000~D7999）	7000（D1000~D7999）
外部调整寄存器	2（D8030、D8031）	—

（1）通用数据寄存器。将数据写入通用数据寄存器后，其值将保持不变，直到下一次被改写。PLC 由运行（RUN）状态进入到停止（STOP）状态时，所有的通用数据寄存器的值都变为 0。如果特殊辅助继电器 M8033 接通，PLC 由运行（RUN）状态进入到停止（STOP）状态时，通用数据寄存器的值将保持不变。

（2）失电保持数据寄存器。失电保持数据寄存器在 PLC 由运行（RUN）状态进入到停止（STOP）状态时，其值保持不变。利用参数设定，可以改变失电保持数据寄存器的范围。

（3）特殊数据寄存器。特殊数据寄存器是指写入特定目的的数据，或事先写入特定的内容，用来控制和监视 PLC 内部的各种工作方式和元件。如，备用锂电池的电压、扫描时间、正在动作的状态的编号等。PLC 上电时，这些数据寄存器被写入默认的值。

（4）文件寄存器。文件寄存器以 500 点为单位，可被外部设备存取。文件寄存器实际上被设置为 PLC 的参数区。文件寄存器与锁存寄存器重叠，数据不会丢失。FX_{1N} 和 FX_{2N} 系列 PLC 的文件寄存器可以通过块传送指令来改写其内容。

（5）外部调整寄存器。FX_{1N} 系列 PLC 的外部调整寄存器为 D8030 和 D8031。在 FX_{1N} 系列 PLC 的外部有两个小电位器，这两个电位器用来修改定时器的时间设定值，通过调整小电位器可以改变 D8030 和 D8031 的值（0～255），依此来修改定时器的时间设定值。

5.6 三菱 FX 系列 PLC 的基本指令及其编程

FX_{1N} 和 FX_{2N} 系列 P LC 共有基本指令 27 条，基本指令一般由助记符和操作元件组成，助记符是每一条基本指令的符号，它表明操作功能；操作元件是被操作的对象。有些基本指令只有助记符，没有操作元件。

5.6.1 基本指令介绍

1.［LD］、［LDI］、［OUT］指令

（1）LD 指令。LD 指令称为"取指令"。

功能：常开触点逻辑运算开始。即常开触点与梯形图左母线连接。

操作元件：X、Y、M、S、T、C。

程序步：1。

图 5–25 为 LD 指令在梯形图中的表示。

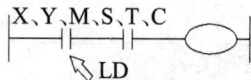

（2）LDI 指令。LDI 指令称为"取反指令"。

功能：常闭触点逻辑运算开始。即常闭触点与梯形图左母线连接。

图 5–25 LD 指令在梯形图中的表示

操作元件：X、Y、M、S、T、C。

程序步：1。

图 5–26 为 LDI 指令在梯形图中的表示。

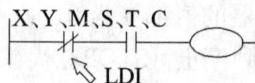

另外，LD、LDI 指令与后面讲到的 ANB 指令组合，在分支起点处也可使用。

图 5–26 LDI 指令在梯形图中的表示

（3）OUT 指令。OUT 指令称为"输出指令"或"驱动指令"。

功能：输出逻辑运算结果，也就是根据逻辑运算结果去驱动一个指定的线圈。

操作元件：Y、M、S、T、C。

程序步：1。

图 5–27 为 OUT 指令在梯形图中的表示。

（4）OUT 指令使用说明。

1）OUT 指令不能用于驱动输入继电器，因为输入继电器的状态由输入信号决定。

2）OUT 指令可以连续使用，相当于线圈的并联，并且不受使用次数的限制。如图 5-28 所示。

3）定时器（T）及计数器（C）使用 OUT 指令后，必须有常数设定值语句。此外，也可指定数据寄存器的地址号，以此地址号数据寄存器内的内容作为设定值。如图 5-28 中 OUT T0 后要有时间设定值 K20，OUT C0 后要有计数器设定值 K10 等。

常数 K 的设定范围、实际的定时器常数、相对于 OUT 指令的程序步数如表 5-4 所示。

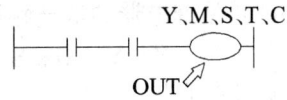

图 5-27　OUT 指令在梯形图中的表示

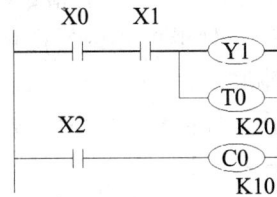

图 5-28

表 5-4　常数 K 设定表

定时器、计数器	K 的设定范围	实际的设定值	步数
1ms 定时器	1~32，767	0.001~32.767s	3
10 ms 定时器	1~32，767	0.01~327.67s	3
100 ms 定时器		0.1~3，276.7s	
16 位计数器	1~32，767	同左	3
32 位计数器	-2，147，483，648~ +2，147，483，647	同左	5

（5）举例说明〔LD〕、〔LDI〕、〔OUT〕指令的使用。

例 5-1　写出图 5-31 所示梯形图的指令语句表。

解：拿到梯形图后，要按从上到下、自左到右将梯形图阅读清楚，充分了解各触点之间的逻辑关系，然后应用基本指令写出指令语句表。图 5-29 所示梯形图对应的指令语句表如下：

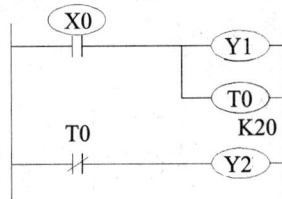

图 5-29　例 5-1 梯形图

步序	助记符	操作数
0	LD	X0
1	OUT	Y1
2	OUT	T0
	K	20
5	LDI	T0
6	OUT	Y2

2.〔AND〕、〔ANI〕指令

（1）AND 指令。AND 指令称为"与指令"。

163

功能：使继电器的常开触点与其他继电器的触点串联。

操作元件：X、Y、M、S、T、C。

程序步：1。

图 5-30 为 AND 指令在梯形图中的表示。

（2）ANI 指令。ANI 指令称为"与非指令"。

功能：使继电器的常闭触点与其他继电器的触点串联。

图 5-30　AND 指令在梯形图中的表示

操作元件：X、Y、M、S、T、C。

程序步：1。

图 5-31 为 ANI 指令在梯形图中的表示。

（3）举例说明[AND]、 [ANI] 指令的使用。

图 5-31　ANI 指令在梯形图中的表示

例 5-2　写出图 5-32 所示梯形图的指令语句表。

解： 图 5-32 所示梯形图对应的指令语句表如下：

图 5-32　例 5-2 梯形图

0	LD	X0
1	AND	X1
2	ANI	X2
3	OUT	Y0

（4）AND、ANI 指令使用说明。

1）用 AND、ANI 指令可进行 1 个触点的串联连接。串联触点的数量不受限制，该指令可以多次使用。

2）OUT 指令后，通过触点对其他线圈使用 OUT 指令，称之为纵接输出。如图 5-33 所示，X1 的常开触点与 Y1 线圈串联后，又与 Y0 线圈并联，就是纵接输出。这时 X1 的常开触点仍可以用 AND 指令。这种纵接输出，如果顺序不错，可多次重复。如图 5-34 所示。

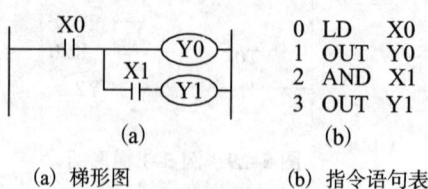

图 5-33

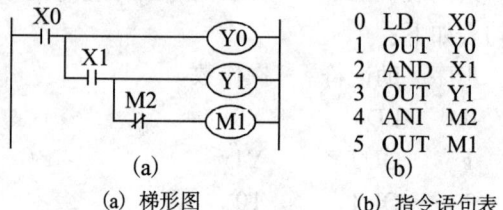

图 5-34

3. [OR]、[ORI]指令

（1）OR 指令。OR 指令称为"或指令"。

功能：使继电器的常开触点与其他继电器的触点并联。

操作元件：X、Y、M、S、T、C。

程序步：1。

图 5-35 为 OR 指令在梯形图中的表示。

（2）ORI 指令。ORI 指令称为"或非指令"。

功能：使继电器的常闭触点与其他继电器的触点并联。

操作元件：X、Y、M、S、T、C。

程序步：1。

图 5-36 为 ORI 指令在梯形图中的表示。

（3）举例说明〔OR〕、〔ORI〕指令的使用。

例 5-3　写出图 5-37 所示梯形图的指令语句表。

解：图 5-37 所示梯形图对应的指令语句表如下：

```
0    LD     X0
1    OR     X3
2    ORI    X4
3    AND    X1
4    ANI    X2
5    OUT    Y0
```

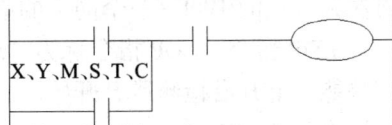

图 5-35　OR 指令在梯形图中的表示

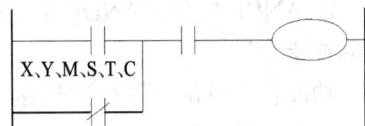

图 5-36　ORI 指令在梯形图中的表示

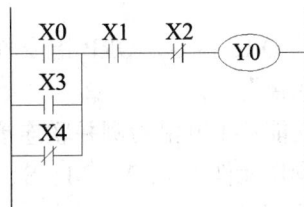

图 5-37　例 5-3 梯形图

（4）OR、ORI 指令使用说明。

1）OR、ORI 指令可以连续使用，并且不受使用次数的限制。如图 5-38 所示。

2）当继电器的常开触点或常闭触点与其他继电器的触点组成的混联电路块并联时，也可以使用 OR 指令或 ORI 指令。如图 5-39 所示。

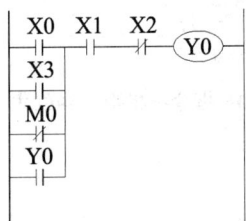

图 5-38　OR、ORI 指令使用说明一

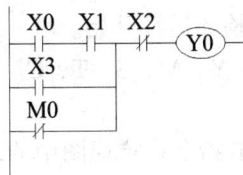

图 5-39　OR、ORI 指令使用说明二

4. 〔LDP〕、〔LDF〕、〔ANDP〕、〔ANDF〕、〔ORP〕、〔ORF〕指令

（1）LDP、ANDP、ORP 指令。LDP、ANDP、ORP 指令是进行上升沿检测的触点指令，仅在指定位软元件上升沿时（由 OFF→ON 变化时）接通一个扫描周期。表

示方法为触点的中间有一个向上的箭头。

1）LDP 指令。LDP 指令称为"取上升沿脉冲指令"。

功能：上升沿检测运算开始。

操作元件：X、Y、M、S、T、C。

程序步：1。

图 5-40 为 LDP 指令在梯形图中的表示。

图 5-40 LDP 指令在梯形图中的表示

2）ANDP 指令。ANDP 指令称为"与上升沿脉冲指令"。

功能：上升沿检测串联连接。

操作元件：X、Y、M、S、T、C。

程序步：1

图 5-41 为 ANDP 指令在梯形图中的表示。

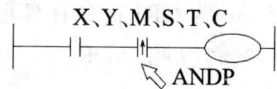

图 5-41 ANDP 指令在梯形图中的表示

3）ORP 指令。ORP 指令称为"或上升沿脉冲指令"。

功能：上升沿检测并联连接。

操作元件：X、Y、M、S、T、C。

程序步：1。

图 5-42 为 ORP 指令在梯形图中的表示。

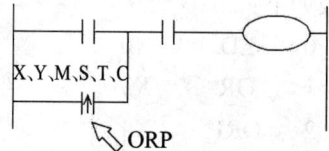

图 5-42 ORP 指令在梯形图中的表示

（2）LDF、ANDF、ORF 指令。LDF、ANDF、ORF 指令是进行下降沿检测的触点指令，仅在指定位软元件下降沿时（由 OFF→ON 变化时）接通一个扫描周期。表示方法为触点的中间有一个向下的箭头。

1）LDF 指令。LDF 指令称为"取下降沿脉冲指令"。

功能：下降沿检测运算开始。

操作元件：X、Y、M、S、T、C。

程序步：1。

图 5-43 为 LDF 指令在梯形图中的表示。

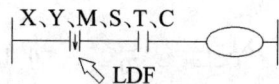

图 5-43 LDF 指令在梯形图中的表示

2）ANDF 指令。ANDF 指令称为"与下降沿脉冲指令"。

功能：下降沿检测串联连接。

操作元件：X、Y、M、S、T、C。

程序步：1。

图 5-44 为 ANDF 指令在梯形图中的表示。

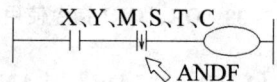

图 5-44 ANDF 指令在梯形图中的表示

3）ORF 指令。ORF 指令称为"或下降沿脉冲指令"。

功能：下降沿检测并联连接。

操作元件：X、Y、M、S、T、C。

程序步：1。

图 5-45 为 ORF 指令在梯形图中的表示。

（3）举例说明〔LDP〕、〔LDF〕、〔ANDP〕、〔ANDF〕、〔ORP〕、〔ORF〕指令的使用。

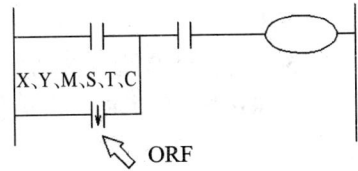

图 5-45 ORF 指令在梯形图中的表示

例 5-4 写出图 5-46 所示梯形图的指令语句表。

解： 图 5-46 所示梯形图对应的指令语句表如下：

(a)			(b)		
0	LDP	X0	0	LDF	X0
1	ORP	X1	1	ORF	X1
2	OUT	M0	2	OUT	M0
3	LD	M8000	3	LD	M8000
4	ANDP	X2	4	ANDF	X2
5	OUT	M1	5	OUT	M1

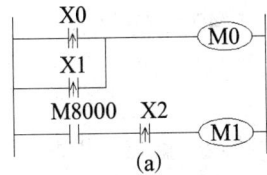

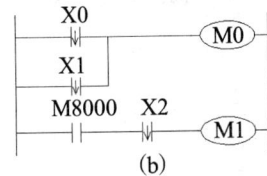

图 5-46 例 5-4 梯形图

在图 5-46 中，X0、X1、X2 由 ON→OFF 变化时或由 OFF→ON 变化时，仅有一个扫描周期 M0 或 M1 接通。

例 5-5 写出图 5-47 所示梯形图指令语句表并画出时序图。

解： 指令语句表如下，时序图如图 5-47（b）。

0　LDP　　X0

1　OUT　　M0

此例中，X0 由 OFF→ON 变化时，M0 接通一个扫描周期。

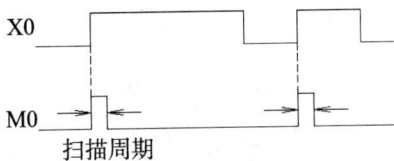

（b）时序图 　　　　　　　（a）梯形图

图 5-47 例 5-5 梯形图和时序图

5.〔ANB〕、〔ORB〕指令

（1）ANB 指令。ANB 指令称为"电路块与指令"。

功能：电路块与电路块串联。

操作元件：无。

程序步：1。

图 5-48 为 ANB 指令在梯形图中的表示。

（2）ORB 指令。ORB 指令称为"电路块或指令"。

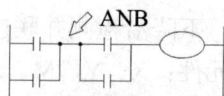

图 5-48　ANB 指令在梯形图中的表示

功能：电路块与电路块并联。

操作元件：无。

程序步：1。

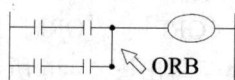

图 5-49　ORB 指令在梯形图中的表示

图 5-49 为 ORB 指令在梯形图中的表示。

电路块的含义：所谓电路块就是由几个触点按一定方式连接成的梯形图。由两个以上触点串联而成的电路块就是串联电路块；由两个以上触点并联而成的电路块就是并联电路块。触点的混联就形成了混联电路块。图 5-50 为各种电路块的梯形图表示。

（3）举例说明〔ANB〕、〔ORB〕指令的使用。

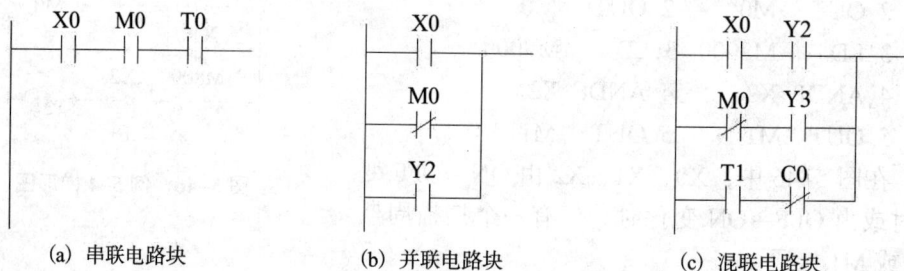

(a) 串联电路块　　　　　(b) 并联电路块　　　　　(c) 混联电路块

图 5-50　各种电路块梯形图

例 5-6　写出图 5-51 所示梯形图指令语句表。

解：图 5-51 所示梯形图指令语句表如下：

```
0  LD   X0  ┐
1  ORI  M0  ├ 电路块 A
2  OR   Y2  ┘
3  LD   X1  ┐
4  AND  T0  │
5  OR   M1  ├ 电路块 B
6  ORI  C2  ┘
7  ANB  ← 电路块 A 与 B 串联
          成较大的电路块 C
8  OUT  Y0
```

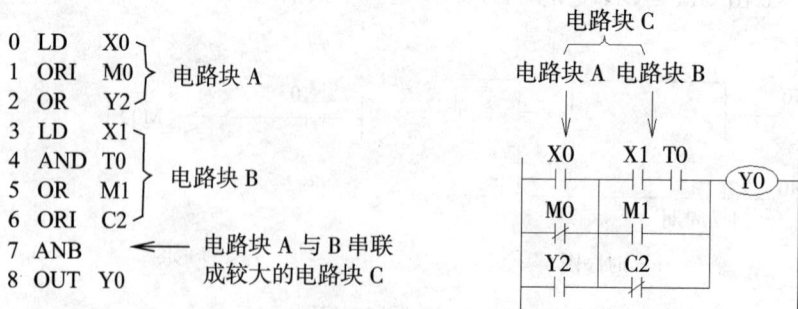

图 5-51　例 5-6 梯形图

例 5-7　写出图 5-52 所示梯形图指令语句表。

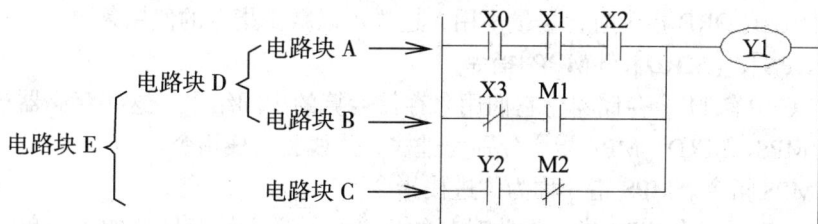

图 5-52　例 5-7 梯形图

解：图 5-52 所示梯形图指令语句表如下：

```
0  LD    X0  ┐
1  AND   X1  ├ 电路块 A
2  AND   X2  ┘
3  LDI   X3  ┐
4  AND   M1  ┘ 电路块 B
5  ORB       ◄── 电路块 A 与 B 并联成较大的电路块 D
6  LD    Y2  ┐ 电路块 C
7  ANI   M2  ┘
8  ORB       ◄── 电路块 C 与 D 并联成较大的电路块 E
9  OUT   Y1
```

（4）ANB、ORB 指令使用说明。

1）上两例中均采用写完两个电路块相应指令后便用 ANB 或 ORB 指令，这种编程方法，其 ANB 和 ORB 指令的使用次数不受限制，并且程序容易理解。

2）使用 ANB 和 ORB 指令编程时，也可采用 ANB 和 ORB 连续使用的方法。即，先按顺序将所有的电路块的指令写完，然后连续写 ANB 或 ORB 指令。如果有 n 个电路块，其次数应为 n-1 次。采用这种方法编程，ANB 或 ORB 指令的使用次数不能超过 8 次。

如例 5-7 的指令语句表也可写成：

```
0   LD    X0
1   AND   X1
2   AND   X2
3   LDI   X3
4   AND   M1
5   LD    Y2
6   ANI   M2
7   ORB
8   ORB
9   OUT   Y1
```

这个程序中有 3 个电路块并联，所以用了两个 ORB 指令。

应注意 ANB 和 AND、ORB 和 OR 之间的区别，在程序设计时要利用设计技巧，能不用 ANB 或 ORB 指令时，尽量不用，这样可以减少指令的使用条数。

6. [MPS]、[MRD]、[MPP]指令

在 PLC 中有 11 个存储器，它们用来存储运算的中间结果，这些存储器被称为栈寄存器。MPS、MRD、MPP 指令分别为进栈、读栈和出栈指令。

（1）MPS 指令。MPS 指令称为"进栈指令"。

功能：使用一次 MPS 指令将此时刻的运算结果送入栈存储器的第一单元，再使用 MPS 指令，将此时刻的运算结果送入栈存储器的第一单元，而原栈存储器的数据依次下移一单元。

操作元件：无。

程序步：1。

（2）MRD 指令。MRD 指令称为"读栈指令"。

功能：读出第一单元所存的最新数据，栈存储器内的数据不发生移动。

操作元件：无。

程序步：1。

（3）MPP 指令。MPP 指令称为"出栈指令"。

功能：将栈存储器第一单元的数据读出，同时该数据消失，栈存储器内的数据依次上移一单元。

操作元件：无。

程序步：1。

图 5-53 为 MPS、MRD、MPP 指令在梯形图中的表示。

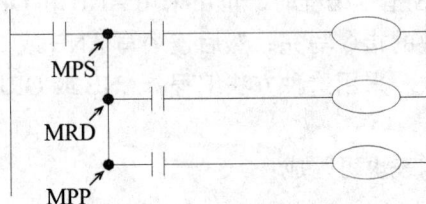

图 5-53 MPS、MRD、MPP
指令在梯形图中的表示

图 5-54 为执行 MPS、MRD、MPP 指令时，栈存储器内的数据移动方向。

（4）MPS、MRD、MPP 指令使用说明：①MPS 和 MPP 指令必须成对使用。②MPS 指令的使用次数不能超过 11 次。③MPS、MRD、MPP 指令后若有其他触点串联，要用 AND 或 ANI 指令；若有电路块串联，要用 ANB 指令；若直接与线圈相连，应该用 OUT 指令。

（5）MPS、MRD、MPP 指令使用举例。

例 5-8 完成梯形图与指令表的转换，梯形图如图 5-55 所示。

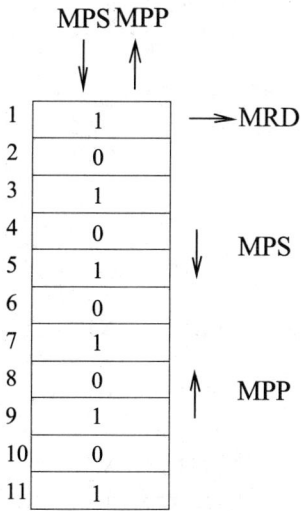

图 5-54　栈存储器

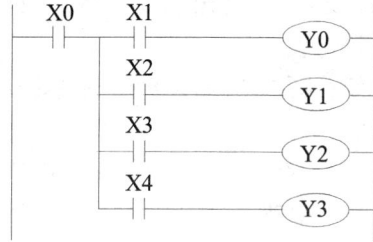

图 5-55　例 5-8 梯形图

解： 指令语句表如下：

0	LD	X0
1	MPS	
2	AND	X1
3	OUT	Y0
4	MRD	
5	AND	X2
6	OUT	Y1
7	MRD	
8	AND	X3
9	OUT	Y2
10	MPP	
11	AND	X4
12	OUT	Y3

例 5-9　写出图 5-56 所示梯形图指令语句表。

解： 图 5-56 所示梯形图的指令语句表如下：

0	LD	X0	7	LD	X3
1	MPS		8	AND	X6
2	LD	X1	9	LD	X4
3	OR	X2	10	AND	X7
4	ANB		11	ORB	
5	OUT	Y1	12	ANB	
6	MRD				

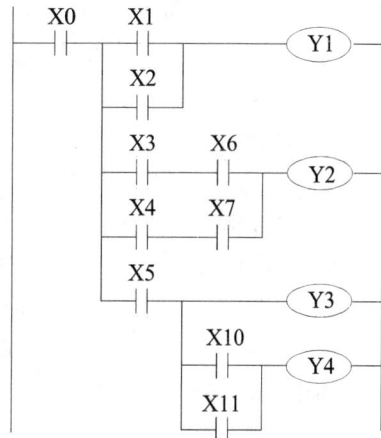

图 5-56　例 5-9 梯形图

13	OUT	Y2	17	LD	X10
14	MPP		18	OR	X11
15	AND	X5	19	ANB	
16	OUT	Y3	20	OUT	Y4

本例使用了一层堆栈，并用了 ANB、ORB 指令。

例 5-10 写出图 5-57 所示梯形图的指令语句表。

解：图 5-57 所示梯形图的指令语句表如下：

0	LD	X0	10	AND	M2
1	MPS		11	MPS	
2	AND	X1	12	AND	M3
3	MPS		13	OUT	Y3
4	AND	X2	14	MPP	
5	OUT	Y1	15	AND	M4
6	MPP		16	OUT	Y4
7	AND	M1			
8	OUT	Y2			
9	MPP				

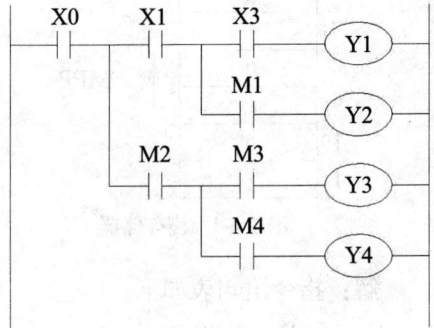

图 5-57　例 5-10 梯形图

本例为二层堆栈编程实例。

例 5-11 写出图 5-58 所示梯形图的指令语句表。

解：图 5-58 所示梯形图的指令语句表如下：

0	LD	M0	9	OUT	Y1
1	MPS		10	MPP	
2	AND	M1	11	OUT	Y2
3	MPS		12	MPP	
4	AND	M2	13	OUT	Y3
5	MPS		14	MPP	
6	AND	M3	15	OUT	Y4
7	MPS		16	MPP	
8	AND	M4	17	OUT	Y5

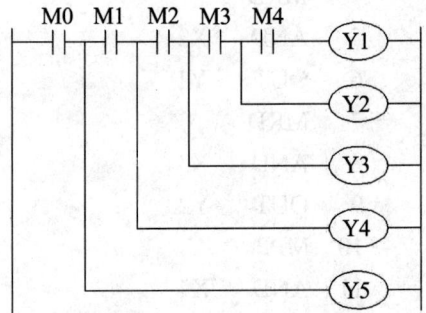

图 5-58　例 5-11 梯形图

本例为四层堆栈实例。

7. [MC]、[MCR]指令

（1）MC 指令。MC 指令称为"主控指令"。

功能：公共串联触点的连接，用于表示主控电路块的开始。MC 指令只能用于输出继电器 Y 和辅助继电器 M（不包括特殊辅助继电器）。通过 MC 指令的操作元件 Y 或 M 的常开触点将左母线临时移到一个所需的位置，产生一个临时左母线，形成一个主控电路块。

操作元件：N、Y 或 M（特殊辅助继电器除外）。

程序步：3。

N 为主控指令使用次数（N0~N7），也称主控嵌套，一定要按从小到大的顺序使用。

图 5-59 为 MC 指令在梯形图中的表示。

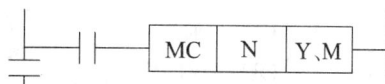

图 5-59　MC 指令在梯形图中的表示

（2）MCR 指令。MCR 指令称为"主控复位指令"。

功能：用于表示主控电路块的结束。即取消临时左母线，将临时左母线返回到原来的位置，结束主控电路块。

操作元件：N。

程序步：2。

MCR 指令的操作元件即主控指令使用次数 N 一定要与 MC 指令中使用的嵌套层数相一致。如果是多层嵌套，主控返回时，一定要按从大到小的顺序返回。如果没有嵌套，通常用 N0 来编程，N0 没有使用次数限制。

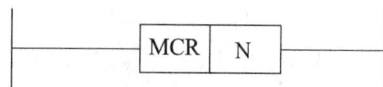

图 5-60　MCR 指令在梯形图中的表示

图 5-60 为 MCR 指令在梯形图中的表示。

图 5-61(a)所示多路输出梯形图转换成用主控指令编程的梯形图如图 5-61(b)所示。

图 5-61 (b) 所示梯形图中，X1 接通，N0 层嵌套的主控指令执行，M0 线圈被

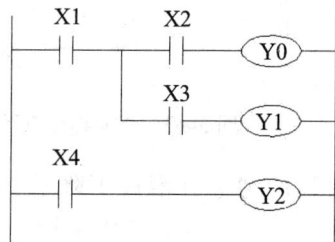

(a) 多路输出梯形图

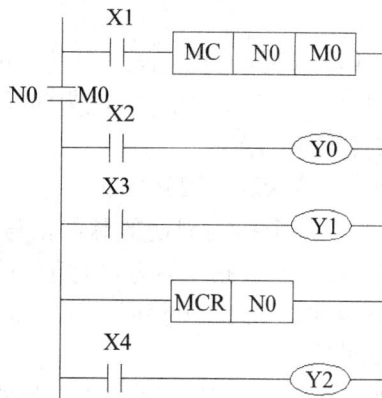

(b) 采用主控指令编程的梯形图

图 5-61　多路输出转换成主控指令编程

驱动，触点动作，M0 就是主控触点。这时，如果 X2 接通，Y0 线圈被驱动；如果 X3接通，Y1 线圈被驱动。即 X1 接通后，执行 MC 与 MCR 之间的所有程序，执行完后，执行后续程序。如果 X1 没有接通，不执行 MC 与 MCR 之间的所有程序，直接执行后续程序。

图 5–61（b）所示梯形图对应的指令语句表如下：

```
0   LD    X1
1   MC    N0
          M0
4   LD    X2
5   OUT   Y0
6   LD    X3
7   OUT   Y1
8   MCR   N0
10  LD    X4
11  OUT   Y2
```

8.［INV］指令

INV 指令称为"取反指令"。

功能：该指令执行之前的运算结果取反。

操作元件：无。

程序步：1。

图 5–62 为 INV 指令在梯形图中的表示。

图 5–63 所示梯形图指令语句表如下：

```
0   LD    X1
1   AND   X2
2   INV
3   OUT   Y0
```

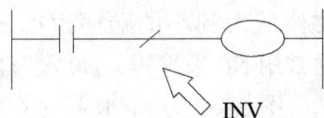

图 5–62　INV 指令在梯形图中的表示

图中，X1 和 X2 同时取 ON，Y0 为 OFF，X1 和 X2 只要有一个为 OFF，Y0 就为ON。

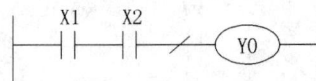

图 5–63　INV 指令应用举例

9.［PLS］、［PLF］指令

PLS、PLF 指令为脉冲微分指令，主要用于检测脉冲的上升沿或下降沿，当条件满足时，产生一个扫描周期的脉冲信号输出。

（1）PLS 指令。PLS 指令称为"上升沿脉冲微分指令"。

功能：在脉冲信号的上升沿时，其操作元件的线圈得电一个扫描周期，产生一个扫描周期的脉冲输出。

操作元件：Y、M（特殊辅助继电器除外）。

程序步：2。

图 5–64 为 PLS 指令在梯形图中的表示。

（2）PLF 指令。PLF 指令称为"下降沿脉冲微分指令"。

功能：在脉冲信号的下降沿时，其操作元件的线圈得电一个扫描周期，产生一个扫描周期的脉冲输出。

操作元件：Y、M（特殊辅助继电器除外）。

程序步：2。

图 5-65 为 PLF 指令在梯形图中的表示。

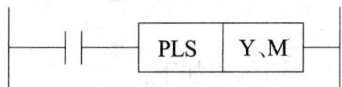

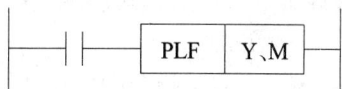

图 5-64　PLS 指令在梯形图中的表示　　图 5-65　PLF 指令在梯形图中的表示

（3）PLS、PLF 指令应用如图 5-66 所示。指令表如下：

```
0    LD    X1
1    PLS   M10
2    LD    X1
3    PLF   M20
```

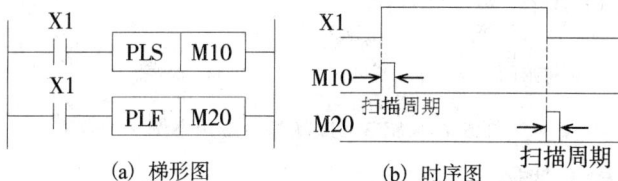

图 5-66　PLS、PLF 指令应用举例

10.［SET］、［RST］指令

在 PLC 控制系统中，许多情况需要自锁，利用 SET 和 RST 指令便可以方便地进行自锁和解锁控制。

（1）SET 指令。SET 指令称为"置位指令"。

功能：驱动线圈，使其保持接通状态。

操作元件：Y、M、S。

程序步：Y、M 为 1 步，S、特殊辅助继电器 M 为 2 步。

图 5-67 为 SET 指令在梯形图中的表示。

（2）RST 指令。RST 指令称为"复位指令"。

功能：清除线圈保持接通状态，使其复位。

操作元件：Y、M、S、T、C、D、V、Z。

图 5-67　SET 指令在梯形图中的表示

程序步：Y、M 为 1 步，S、特殊辅助继电器 M、T、C 为 2 步，D、V、Z、特殊数据寄存器 D 为 3 步。

图 5-68 为 RST 指令在梯形图中的表示。

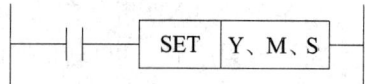

（3）SET、RST 指令使用说明。对同一元件，SET、RST 指令可以多次使用，顺序也可以随意，但最后执行的指令为有效；可以使用 RST 指令对数据寄存器 D、变址寄存器 V、Z 的内容

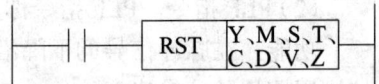

图 5-68　RST 指令在梯形图中的表示

进行清零；可以使用 RST 指令对积算定时器 T246~T255 的当前值及触点进行复位。

在本章中介绍过编程元件计数器，计数器的当前值达到设定值后输出触点动作，即使被计数信号增加，其输出触点依然动作，要想使当前值和输出触点复位，就要使用 RST 指令完成。

（4）SET、RST 指令的应用如图 5-69 所示。指令语句表如下：

```
0    LD     X1
1    SET    Y1
2    LD     X2
3    RST    Y1
```

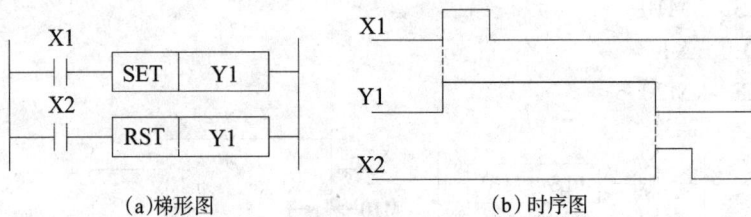

(a) 梯形图　　　　　　(b) 时序图

图 5-69　SET、RST 指令应用举例

11. ［NOP］、［END］指令

（1）NOP 指令。NOP 指令称为"空操作指令"。

功能：在程序清除后，指令成为空操作，在程序调试过程中，可以取代一些不必要的指令。另外，使用 NOP 指令可以延长扫描周期。NOP 指令在程序中不予表示。

操作元件：无。

程序步：1。

（2）END 指令。END 指令称为"结束指令"。

功能：执行到 END 指令后，END 指令后面的指令不予执行，直接返回到 0 步。

操作元件：无。

程序步：1。

图 5-70 为 END 指令在梯形图中的表示。

在调试程序时，可以插入 END 指令，使得程序分段，提高程序调试速度。

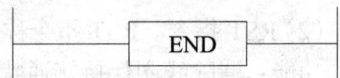

图 5-70　END 指令在梯形图中的表示

5.6.2　基本指令程序设计

下面介绍一些常用的基本控制程序。

1. 起动停止控制程序

图 5-71 所示梯形图是起动停止控制程序之一。当 X1 常开触点闭合时，辅助继电器 M1 线圈接通，其常开触点闭合自锁。当 X2 常闭触点断开，M1 线圈断开，其常开触点断开。在这里 X1 就是起动信号，X2 为停止信号。图 5-72 为另一种起动停止控制程序，它利用了 SET/RST 指令，达到的目的是相同的。

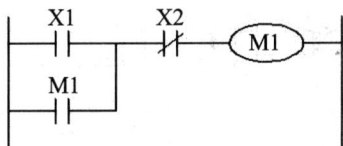

图 5-71　起动停止控制程序一

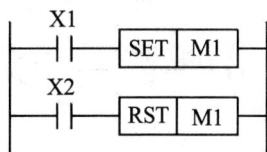

图 5-72　起动停止控制程序二

2. 产生单脉冲的程序

在 PLC 程序设计时经常用到单个脉冲，进行一些软继电器的复位、起动、停止等。最常用的产生单脉冲的程序就是使用 PLS 和 PLF 指令完成，利用这两条指令可以得到宽度为一个扫描周期的脉冲。图 5-73 和图 5-74 为得到单个脉冲的梯形图和时序图。

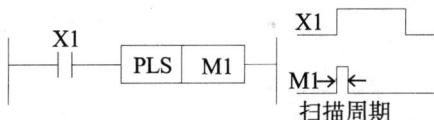

图 5-73　产生单脉冲控制程序一

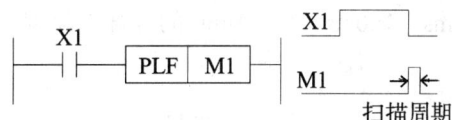

图 5-74　产生单脉冲控制程序二

3. 产生固定脉宽连续脉冲的程序

在 PLC 程序设计中，经常用到连续的脉冲信号，如作为计数器的计数脉冲或其他用途。图 5-75 为得到连续的脉冲信号的程序，脉冲宽度为一个扫描周期，且不可调整。注意，不可用输出继电器产生连续的脉冲信号，因为如果 PLC 为继电器输出型，物理继电器的触点在高频率的接通断开运行中，短时间内就将损坏。

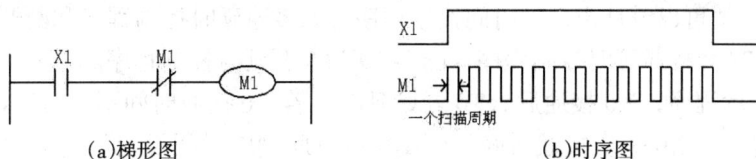

（a）梯形图　　　　　　　　　　（b）时序图

图 5-75　产生固定脉宽连续脉冲的控制程序

4. 产生可调脉宽连续脉冲的程序

上述产生连续脉冲的程序其脉冲宽度不可调整，在 PLC 程序设计时，经常用到脉宽可调的连续脉冲。如，故障报警指示灯等，要求一定的点亮和时间，这在 PLC 程序设计时可以利用定时器 T 来完成。图 5-76 为产生可调脉宽连续脉冲的程序。在这里 T0 为输出接通时间，T1 为输出关断时间，通过修改 T0 和 T1 的时间设定值，便可以改变 M1 的接通和关断时间。

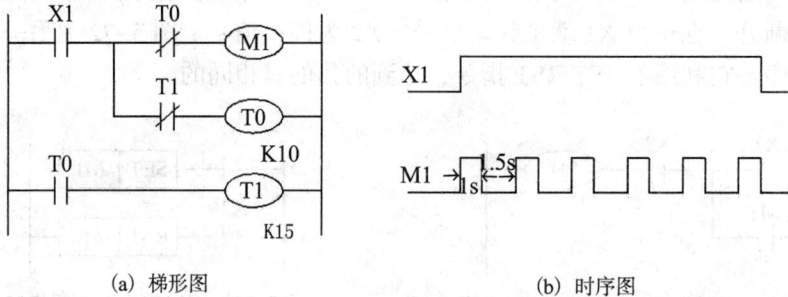

(a) 梯形图　　　　　　　　　　(b) 时序图

图 5-76　产生可调脉宽连续脉冲的控制程序

5. 利用特殊辅助继电器产生的闪烁电路程序

在 PLC 程序设计中如果故障报警指示灯的闪烁时间定为点亮 1s 熄灭 1s，则可利用特殊辅助继电器 M8013 完成程序设计。M8013 是时钟为 1s 的特殊辅助继电器，我们可以利用它来驱动输出继电器。见图 5-77。当故障检测信号 X1 有输入时，故障报警输出 Y1 便产生接通 1s、断开 1s 的连续输出信号。利用 M8011~M8014 可以完成 10ms、100ms、1s、1min 的闪烁电路程序。

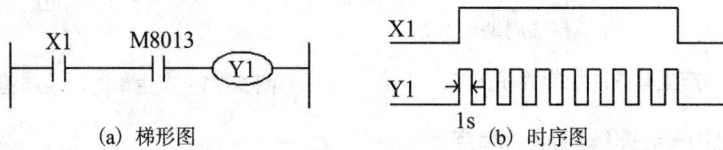

(a) 梯形图　　　　　　(b) 时序图

图 5-77　闪烁电路控制程序

6. 时间控制程序

FX 系列 PLC 的定时器为接通延时定时器，线圈得电开始延时，时间达到设定值，其常开触点闭合，常闭触点断开。当定时器线圈断电时，其触点瞬间复位。利用定时器的特点，便可以设计出多种时间控制程序。如接通延时控制程序和断开延时控制程序。图 5-78 为接通延时控制程序，图 5-79 为断开延时控制程序。

图 5-78 所示程序，X0 接通后，T0 开始延时，若 X0 接通时间不足时间设定值，T0 触点不动作。当 X0 一次接通时间达到 10s 后（此例中时间设定值为 K100），Y0 便有信号输出。所以称为接通延时控制程序。

图 5-79 所示程序，当 X1 接通后，Y0 便有输出，当 X1 断开 10s 后，Y0 才停止

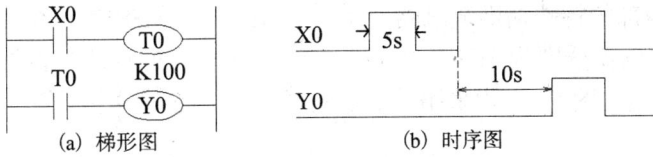

(a) 梯形图　　　　　　　　　　(b) 时序图

图 5-78　接通延时控制程序

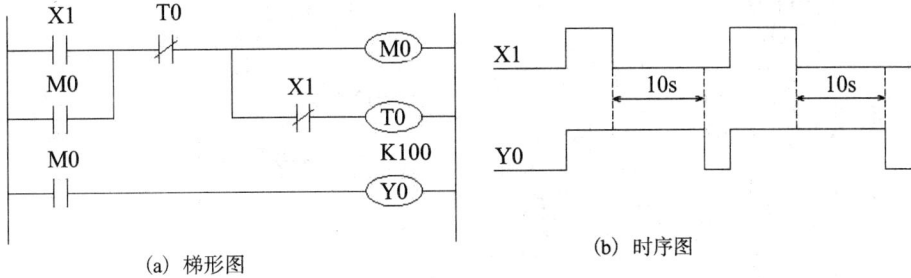

(a) 梯形图　　　　　　　　　　(b) 时序图

图 5-79　断开延时控制程序

输出，所以称为断开延时控制程序。

7. 定时器串级使用控制程序

在 PLC 程序设计中经常用到较长时间延时的控制程序，而定时器的时间设定值范围是固定的，达不到要求，这时可以使用两个或多个定时器串级使用以扩展延时范围。图 5-80 所示程序为使用两个定时器串联，达到 1h 延时的控制程序。

图 5-80 所示程序，当 X0 接通后，Y0 便有输出，这时 T0 开始延时，当 T0 延时达到 1800s（30 分钟）后，起动 T1 开始延时。当 T1 延时达到 1800s（30 分钟）后，停止 Y0 输出。这样，在 X0 起动后 Y0 开始输出，1h 后 Y0 停止输出。

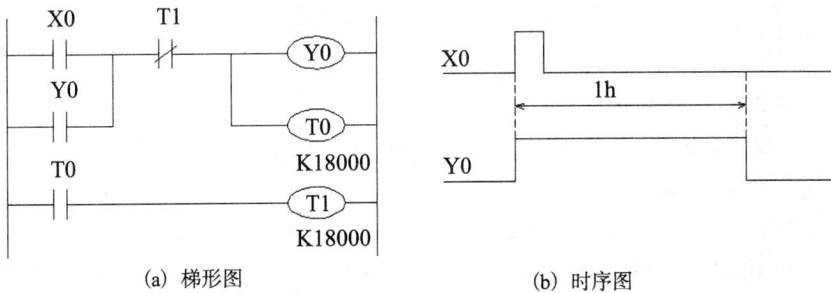

(a) 梯形图　　　　　　　　　　(b) 时序图

图 5-80　定时器串级使用控制程序

定时器串级使用时，其总的定时时间为各定时器时间常数设定值之和。如果用 N 个定时器进行串级使用，其最长的定时时间为 $3276.7 \times N$（s）。

8. 采用计数器实现延时的控制程序

使用计数器实现定时功能，需要使用时钟脉冲作为计数器的输入信号，而时钟脉冲可以由 PLC 内部的特殊辅助继电器产生。如 M8011、M8012、M8013、M8014 等。这些特殊辅助继电器分别为 10ms、100ms、1s、1min 时钟脉冲。也可以使用连续脉冲的控制程序产生。图 5-81 为采用计数器实现延时的控制程序。

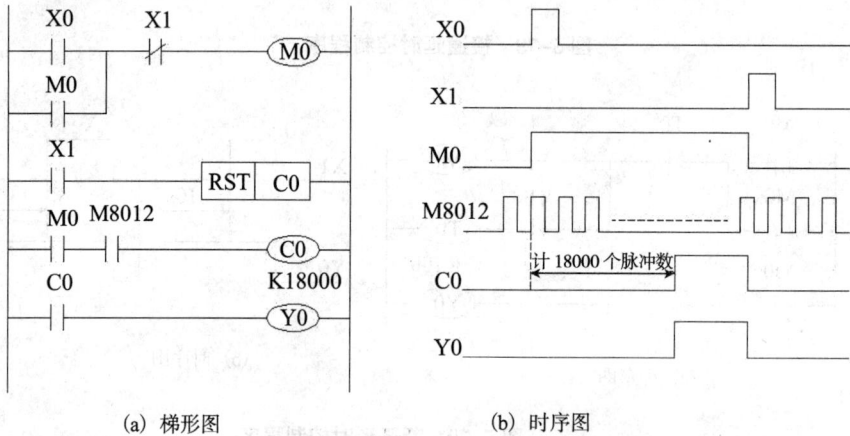

(a) 梯形图　　　　　　　　(b) 时序图

图 5-81　采用计数器实现的延时控制程序

图 5-81 所示控制程序运行过程为：当起动信号 X0 闭合时，M0 动作并自锁。C0 开始对 M8012 产生的时钟脉冲进行计数。当计数值达到设定值 18000 后，C0 动作，其常开触点闭合，Y0 开始有输出。当停止信号 X1 闭合时，使得 C0 复位，并使 M0 解锁，Y0 停止输出。M8012 为 100ms 的时钟脉冲，从起动信号 X0 闭合到产生 Y0 的延时时间为 18000 × 0.1=1800（s）=30min。使用 M8012 延时时间最大误差为 0.1s。要想改变延时时间，可以改变设定值，要想提高延时精度可以使用周期更短的时钟脉冲。

习　题

1. 可编程控制器有哪些特点？

2. 小型 PLC 机由几部分组成？各部分的主要作用是什么？

3. 简要说明 PLC 的工作过程。

4. 可编程控制器有哪几种输出形式？各有什么特点？

5. 试比较 PLC 梯形图与继电器—接触器控制电路图的异同。如何绘制梯形图？

6. 三菱 FX2 系列 PLC 中共有几种类型的辅助继电器？这些辅助继电器各有什么特点？

7. 概括说明积算定时器与非积算定时器的相同之处与不同之处。

8. 三菱 FX 系列 PLC 基本指令共有多少条？说明每一条指令的名称和功能。

9. 简要说明 AND 指令与 ANB 指令、OR 指令与 ORB 指令之间的区别。

10. 在什么情况下应该采用主控指令编程，编程时应注意哪些问题？

11. 一段完整的程序, 最后如果没有 END 指令, 会产生什么结果?

12. 写出图 1 所示梯形图的指令语句表。

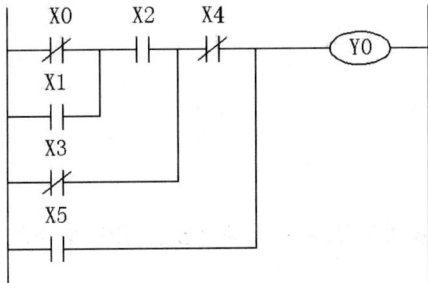

(a)

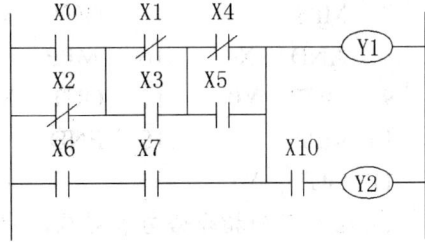

(b)

图 1

13. 绘出下列指令语句表对应的梯形图。

(1)	0	LD	X0		11	LD	M0	(2)	0	LD	X0
	1	ANI	X1		12	AND	M1		1	ANI	M0
	2	LD	X1		13	ORB			2	OUT	M0
	3	ANI	X3		14	AND	M2		3	LDI	X0
	4	ORB			15	OUT	Y4		4	RST	C0
	5	LD	X4		16	END			5	LD	M0
	6	AND	X5						6	OUT	C0
	7	LD	X6							K 8	
	8	ANI	X7						9	LD	C0
	9	ORB							10	OUT	C0
	10	ANB									

14. 写出图 2 所示梯形图的指令语句表。

15. 写出图 3 所示梯形图的指令语句表。

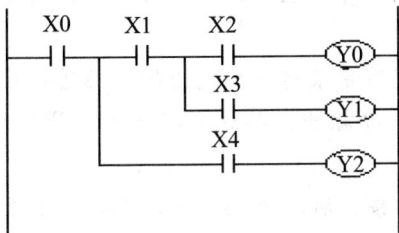

图 2

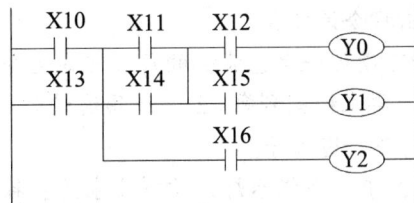

图 3

16. 绘出下列指令语句表对应的梯形图。

0	LD	X0		2	AND	X1
1	MPS			3	MPS	

4	AND	X2	12	MPP	
5	MPS		13	OUT	Y1
6	AND	X3	14	MPP	
7	MPS		15	OUT	Y2
8	AND	X4	16	MPP	
9	OUT	Y0	17	OUT	Y4
10	MPP		18	END	
11	OUT	Y1			

17. 绘出下列指令语句表对应的梯形图。该梯形图如果采用 MPS/MPP 指令编程，写出对应指令语句表。

0	LD	X1
1	OR	Y1
2	ANI	X0
3	MC	N0
		M0
6	LDI	T1
7	OUT	Y1
8	LD	X2
9	OUT	T1
		K40
11	MCR	N0
12	END	

18. 写出图 4 所示梯形图的指令语句表，并补画 M0、M1 和 S30 的时序图。

19. 写出图 5 所示梯形图的指令语句表，并补画 M0、M1、M2 和 Y0 的时序图。如果 PLC 的输入点 X0 接一个按钮，输出点 Y0 所接的接触器控制一台电动机，则通过这段程序能否用该按钮控制电动机起动和停止。

20. 用三菱 FX 系列 PLC 控制三相异步电动机星—三角起动过程，设计出梯形图并写出指令语句表。

21. 设计一台包装机的计数控制电路，此电路用来对装配线上的产品进行检测和计数。要求检测到每 12 个产品通过时，产生一个输出，接通电磁阀 5s，进行包装，再进行下一道工序。

22. 有一个指示灯，控制要求为：按下起动按钮后，亮 5s，熄灭 5s，重复 5 次后停止工作。试设计梯形图并写出指令语句表。

23. 有三台电动机，控制要求为：按 M1、M2、M3 的顺序起动；前级电动机不起动，后级电动机不能起动；前级电动机停止时，后级电动机也停止。试设计梯形图，并写出指令语句表。

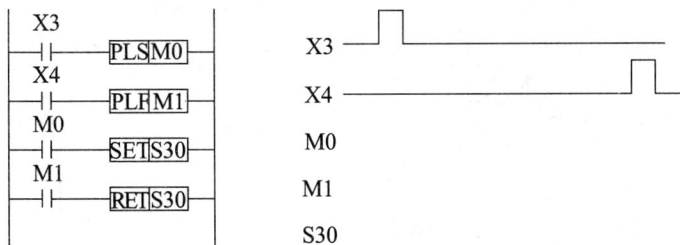

图 4

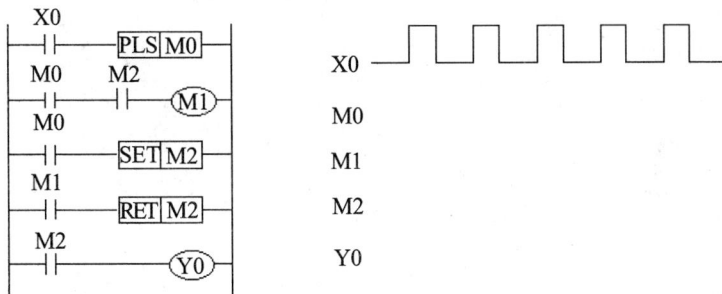

图 5

24. 设计一个延时接通和延时断开电路并画出其梯形图，其时序图如图 6 所示。

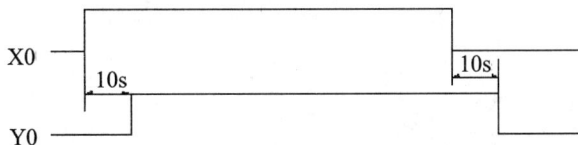

图 6

25. 设计一个智力竞赛抢答控制程序，控制要求为：

（1）当某竞赛者抢先按下按钮，该竞赛者桌上指示灯亮。竞赛者共三人。

（2）指示灯亮后，主持人按下复位按钮后，指示灯熄灭。

26. 设计十字路口交通信号灯的控制程序：

（1）按图 7 所示规律循环；

（2）绿灯闪光 1s 一次，共 3 次；

（3）开起时横向绿灯先亮；

（4）另设手控程序，以备特殊

情况为纵向（横向）通行开绿灯；

图 7

（5）在夜间，纵向和横向都只要黄灯闪亮，1 秒一次，另加声响器与黄灯同步鸣响。

第6章 三菱 FX 系列 PLC 主要功能指令及编程方法

> **内容提要：** 可编程控制器是由取代继电器开始产生、发展起来的。早期的 PLC 主要用于顺序控制，于是人们习惯把 PLC 看做是继电器、定时器、计数器的集合，把 PLC 的作用局限地等同于继电器控制系统、顺序控制器。其实，PLC 就是工业控制计算机，PLC 系统具有一切计算机控制系统的功能，大型的 PLC 系统就是当代最先进的计算机控制系统。
>
> 小型的 PLC 由于运算速度及存储容量的限制，功能自然稍弱，但为了使 PLC 在其基本逻辑功能、顺序步进功能之外，具有更进一步的特殊功能，以尽可能多地满足 PLC 用户的特殊要求，因而 PLC 制造商逐步在小型 PLC 中引入一些功能指令或称为应用程序，这类指令实际上就是一个个功能完整的子程序。随着芯片技术的进步，小型 PLC 的运算速度，存贮量不断增加，其功能指令的功能越来越强。许多技术人员梦寐以求甚至以往不敢想象的功能，现在通过功能指令就极容易实现，从而大大提高了 PLC 的实用价值和普及率。
>
> FX 系列可编程控制器是三菱小型 PLC 的典型产品，FX 系列的功能指令可分为程序控制、传送与比较、算术与逻辑运算、移位与循环、数据处理、高速处理、外部 I／O 处理及外部功能模块控制等基本类型。本章将择其常用指令加以介绍。

6.1 三菱 FX 系列 PLC 功能指令概述

6.1.1 功能指令的基本格式

1. 功能指令的表示形式

表 6-1 为功能指令的表示形式。

表 6-1 功能指令的表示形式

MEAN：指令助记符 FNC45：功能号
（P）：脉冲执行功能 （16）：只能做 16 bit 操作
n = 1~64 （16/32）：16 或 32 bit 操作

功能指令按功能号 FNC00～FNC99 编排。每条功能指令都有一个指令助记符。例如，表 6-1 中功能号为 45 的 FNC45 功能指令的助记符为 MEAN，它是一条数据处理平均值功能指令。

有的功能指令只需指定功能编号即可，但更多的功能指令在指定功能编号的同时还需指定操作元件。操作元件由 1 到 4 个操作数组成。下面将操作数说明如下：

[S] 是源操作数。若使用变址功能时，表示为 [S·] 形式。有时源操作数不止一个，可用 [S1·]、[S2·] 表示。

[D] 是目标操作数。若使用变址功能时，表示为 [D·] 形式。目标不止一个时用 [D1·]、[D2·] 表示。

m 与 n 是表示其他操作数。常用来表示常数或者作为源操作数和目标操作数的补充说明。表示常数时，十进制为 K，十六进制为 H。需注释的项目较多时可采用 m1、m2 等方式。

功能指令的功能号和指令助记符占一个程序步。操作数占 2 个或 4 个程序步（做

· 186 ·

16 位操作是 2 个程序步，32 位操作是 4 个程序步）。

图 6-1 是一条取平均值功能指令的梯形图和指令语句表。

```
0        LD     X1
1        MEAN   45
3               D0
5               D4z
7               K3
8        ...
```

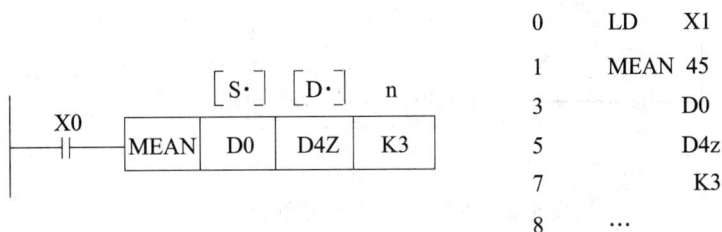

图 6-1　功能指令表达形式说明图

D0 是源操作数的首元件，n 是指定取值的个数为 3，D4z 是指定计算结果存放的数据寄存器地址。很显然，上面这条平均值指令的含义是

$$\frac{(D0)+(D1)+(D2)}{3} \to (D4z)$$

这里要注意的是某些功能指令在某个程序中只能出现一次，即使使用跳转指令，分别处于两段不可能同时执行的程序中也不允许，但可利用变址寄存器多次改变其操作数。

2. 数据长度及指令的执行形式

功能指令数据长度如图 6-2 所示。

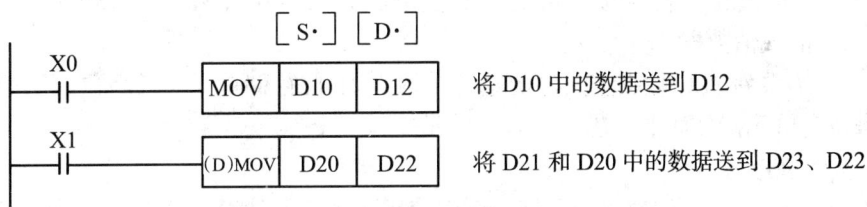

图 6-2　功能指令数据长度例图

（1）16 位或 32 位。功能指令可处理 16 位数据和 32 位数据。

功能指令中附有符号（D）表示处理 32bit 数据。如（D）MOV、FNC（D）12、FNC12（D）等等。处理 32bit 数据时，用元件号相邻的两元件组成元件对。元件对的首元件号用奇数、偶数均可。但为避免错误，元件对的首元件建议统一用偶数编号。32bit 计数器（C200～C235）不能用做 16bit 指令的操作数。

（2）连续执行/脉冲执行。图 6-3（a）程序是连续执行方式的例子。当 X1 为 ON 状态时，上述指令在每个扫描周期都被重复执行。

某些指令，例如 XCH、INC、DEC 等，用连续执行方式时要特别留意。这些指令用 "!" 标示。

助记符后附的（P）符号表示脉冲执行。（P）和（D）可同时使用，如（D）MOV（P）。图 6-3（b）所示功能指令仅在 X0 由 OFF 变为 ON 时执行。在不需要每

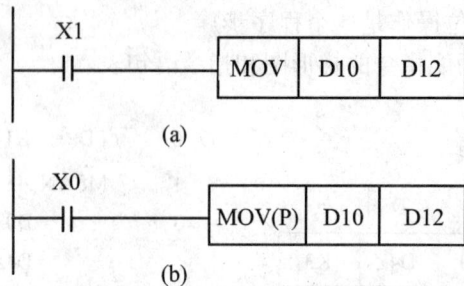

图6-3 功能指令执行形式例图

个扫描周期都执行时，用脉冲执行方式可缩短程序的处理周期。

注意：当X0和X1为OFF状态时，上述两条指令不执行。目标元件的内容不变化，除非另行指定。

6.1.2 PLC的数据格式

1. 基本形式

数据寄存器是用于存储数值数据的软元件，其数值可通过应用指令、数据存取单元（显示器）及编程装置读出与写入。这些寄存器都是16位（最高位为符号位，可处理数值范围为-32，768～+32，767）的，如将两个相邻数据寄存器组合，可存储32位（最高位为符号位，可处理数值范围为-2，147，483，648～+2，147，483，647）的数值数据。

FX系列PLC数据类元件的基本结构为16位存储单元。最高位（第16位）为符号位，单元标号如上所述，称为"字元件"。

2. 双字元件

为了完成32位数据的存储，可以使用两个字元件组成"双字元件"，其中低位元件存储32位数据的低位部分，高位元件存储32位数据的高位部分。最高位（第32位）为符号位。在指令中使用双字元件时，一般只用其低位地址表示这个元件，其高位同时被指令使用。虽然取奇数或偶数地址作为双字元件的低位是任意的，但为了减少元件安排上的错误，建议用偶数作为双字元件的元件号。

3. 位组合元件

作为用户环境的重要内容，在可编程控制器中，人们除了要用二进制数据外，常希望能直接使用十进制数据。FX系列PLC中使用4位BCD码表示一位十进制数据，由此产生了位组合元件，这是由4位位元件成组使用的情况。在输入继电器、输出继电器及辅助继电器中都有使用。位组合元件表达为KnX、KnY、KnM、KnS等形式，式中Kn指有n组这样的数据。如KnX0表示位组合元件是由从X0开始的n组位元件组合。若n为1，则K1X0指由X0、X1、X2、X3四位输入继电器的组合；而n为2，则K2X0是指X0～X7八位输入继电器的组合。

6.2　传送比较指令及应用

FX 系列可编程控制器数据传送比较类指令含比较指令、区间比较指令、传送指令、块传送指令、多点传送指令、数据交换指令、BCD 变换指令、BIN 变换指令，这些指令在程序设计中使用十分频繁。

本节介绍传送比较指令的使用方法及应用，并给出了一些实例。在介绍指令时列出了指令名称、助记符、功能号和操作数据位数。如，比较指令 CMP （FNC10）(16/32)，指令名称为比较指令；助记符为 CMP；功能号为 FNC10；操作数据位数为16 位或 32 位，即可进行 16 位和 32 位数据操作。

6.2.1　传送比较类指令

1. 比较指令 CMP(FNC10)(16/32)

（1）功能。比较指令 CMP 是将源操作数〔S1·〕、〔S2·〕的数据进行比较，结果送到目标操作数〔D·〕中。

（2）操作数。〔S1·〕、〔S2·〕为 K、H、KnX、KnY、KnM、KnS、T、C、D、V、Z；〔D·〕为 Y、M、S。

（3）程序步。CMP、CMPP 为 7 步；DCMP、DCMPP 为 13 步。

（4）程序表达方式。如图 6-4 所示。

因为源操作数〔S1〕和〔S2〕比较的结果有 3 种可能，即大于、等于和小于，这样目标操作数要用 3 个位元件来体现结果。目标操作数指定某位元件时，其后的 2 个位元件也同时被占用。

图 6-4 中，指定的目标操作数为M0，这样 M0、M1、M2 同时被占用，用来表示 3 种结果。在 X0 断开，即不执行 CMP 指令时，M0～M2 保持 X0 断开前的状态。当 X0 接通后，C20 当前值＞K100 时，M0=ON；C20 当前值 = K100 时，M1=ON；C20 当前值＜K100 时，M2=ON。

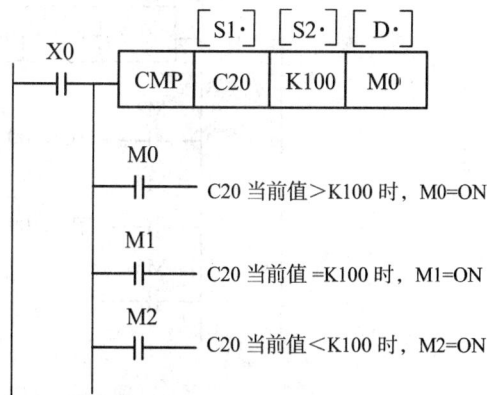

图 6-4　CMP 指令使用说明

如果要清除比较结果，要采用复位 RST 指令，如图 6-5 所示。

（5）指令使用规则。

1) 数据比较是进行代数值大小比较（即带符号比较）。所有的源数据均按二进

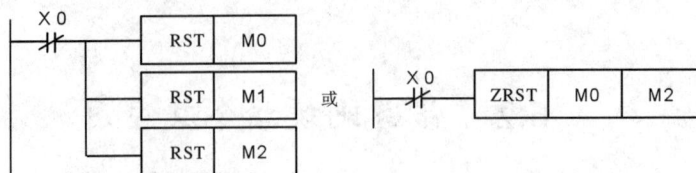

图 6-5　比较结果复位

制处理。

2）对于多个比较指令，其目标［D·］也可指定为同一软元件，但每执行一次比较指令时，［D·］的内容也随之发生变化。

3）当比较指令的操作数不完整（若只指定一个或两个操作数），或者指定的操作数不符合要求（例如把 X、D、T、C 指定为目标操作数），或者指定操作数的元件号超出了允许范围等情况，用比较指令就会出错。

4）在不执行指令，需清除比较结果时，要用 RST 或 ZRST 复位指令。

2. 区间比较指令 ZCP（FNC11）（16/32）

（1）功能。区间比较指令 ZCP 是将一个数据［S·］与两个源操作数［S1·］和［S2·］间的数据进行代数比较，比较结果送到目标操作数［D·］中。

（2）操作数。［S1·］、［S2·］、［S·］为 K、H、KnX、KnY、KnM、KnS、T、C、D、V、Z；［D·］为 Y、M、S。

（3）程序步。ZCP、ZCPP 为 9 步；DZCP、DZCPP 为 17 步。

（4）程序表达方式。如图 6-6 所示。

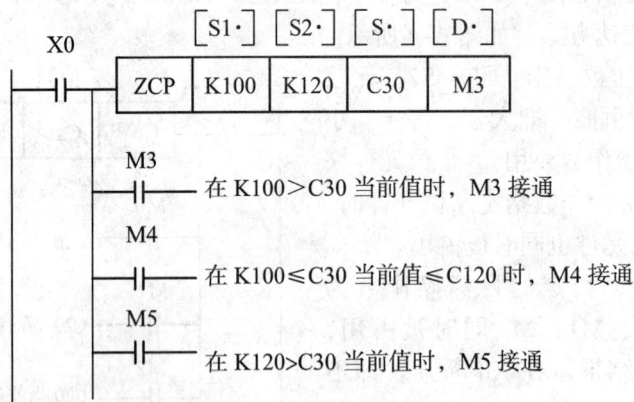

图 6-6　ZCP 指令使用说明

在 X0 断开，即不执行 ZCP 指令时，M3～M5 保持 X0 断开前的状态。在不执行指令需清除比较结果时，可用复位指令。

（5）指令使用规则。源［S1·］的内容应小于源［S2·］的内容，如果［S1·］大于［S2·］，则［S2·］被看做与［S1·］一样大。

在不执行指令需清除比较结果时，可用复位指令。

3. 传送指令 MOV（FNC12）（16/32）

（1）功能。传送指令 MOV 是将源操作数内的数据传送到指定的目标操作数内，即 [S·] → [D·]。

（2）操作数。　[S·] 为 K、H、KnX、KnY、KnM、KnS、T、C、D、V、Z；
　　　　　　　　[D·] 为 KnY、KnM、KnST、C、D、V、Z。

（3）程序步。MOV、MOVP 为 5 步；DMOV、DMOVP 为 9 步。

（4）程序表达方式。如图 6-7 所示。

当 X0 = ON 时，源操作数 [S·] 的常数 K100 传送到目标操作元件 D10 中。当指令执行时，常数 K100 自动转换成二进制数。

当 X0 = OFF 时，指令不执行，数据保持不变。

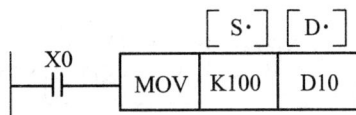

图 6-7　传送指令使用说明

（5）指令的使用举例如下。

1）定时器、计数器当前值读出，如图 6-8（a）。在图中，T0 当前值→（D20），计数器相同。

2）定时器、计数器当前值的间接指定，如图 6-8（b）。在图中 K200→（D12），（D12）中的数值作为 T0 的时间常数，定时器延时 20s。

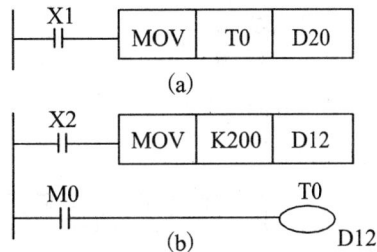

图 6-8　传送指令应用举例

4. 块传送指令 BMOV（FNC15）（16/32）

（1）功能。BMOV 指令是从源操作数指定的软元件开始的 n 点数据传送到指定的目标操作数开始的 n 点软元件中。如果元件号超出允许的元件号范围，数据仅传送到允许的范围内。

（2）操作数。　[S·] 为 K、H、KnX、KnY、KnM、KnS、T、C、D；
　　　　　　　　[D·] 为 KnY、KnM、KnS、T、C、D。

（3）程序步。BMOV、BMOVP 为 7 步。

（4）程序表达方式。如图 6-9（a）所示。

在具有位指定的位元件的场合，源与目标要采用相同的位数，如图 6-9（b）所示。

在传送的源与目标地址号范围重叠的场合，为了防止传送源数据没传送就被改写，PLC 自动确定传送顺序，如图 6-9（c）中①～③的顺序。

利用 BMOV 指令可以读出文件寄存器（D1000～D7999）中的数据。

5. 多点传送指令 FMOV（FNC16）（16/32）

（1）功能。FMOV 指令是将源操作数指定软元件的内容向以目标操作数指定的软元件开头的 n 点软元件传送。n 点软元件的内容都一样。如果元件号超出允许的元件号范围，数据仅传送到允许的范围内。

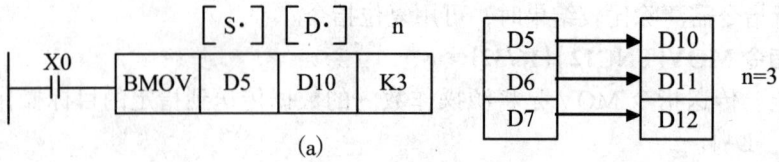

(a)

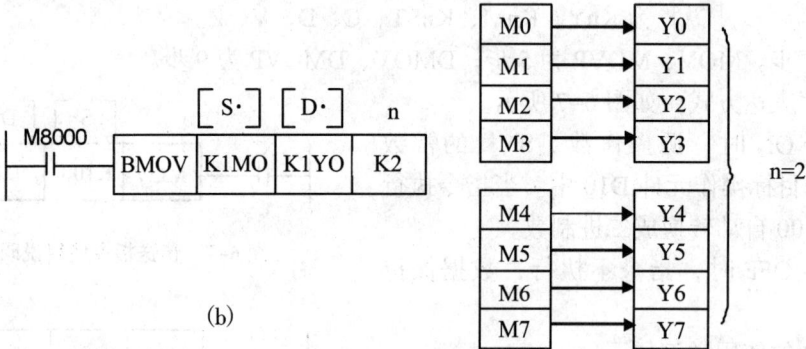

(b)

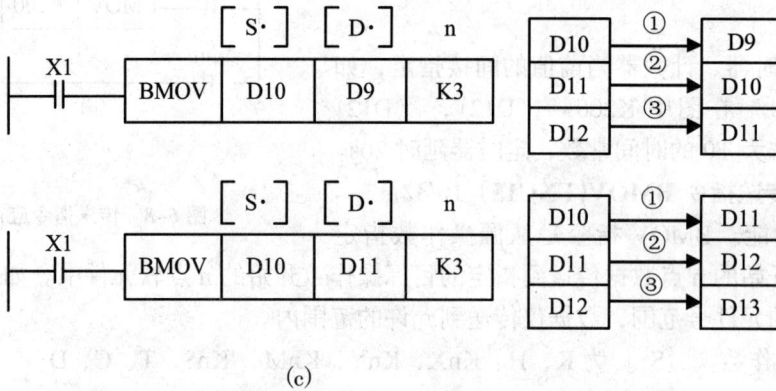

(c)

图 6-9　块传送指令使用说明

（2）操作数。　[S·] 为 K、H、KnX、KnY、KnM、KnS、T、C、D、V、Z；
　　　　　　　　[D·] 为 KnX、KnY、KnM、KnS、T、C、D。

（3）程序步。FMOV、FMOVP 为 7 步；DFMOV、DFMOVP 为 13 步。

（4）程序表达方式。如图 6-10 所示。

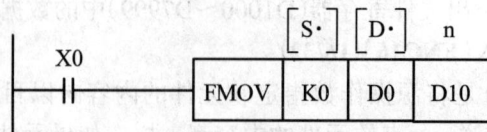

图 6-10　多点传送指令使用说明

6. 数据交换指令 XCH(FNC17)(16/32)

（1）功能。XCH 指令是在指定的目标软元件间进行数据交换。

（2）操作数。〔D1·〕、〔D2·〕为 KnY、KnM、KnS、T、C、D、V、Z。

（3）程序步。XCH、XCHP 为 5 步；DXCH、DXCHP 为 9 步。

（4）程序表达方式。如图 6-11 所示。

在指令执行前，目标元件 D10 和 D11 中的数据分别为 20 和 530；当 X0 = ON，数据交换指令 XCH 执行后，目标元件 D10 和 D11 中的数据分别为 530 和 20，即 D10 和 D11 中的数据进行了交换。当特殊继电器 M8160 接通，目标元件为同一地址号时，16 位数据进行高 8 位与低 8 位的交换；如果是 32 位指令亦相同，如图 6-12 所示。

上述功能与 FNC147（SWAP）指令相同，通常采用 FNC147（SWAP）指令。

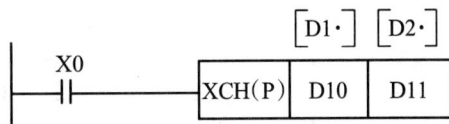

图 6-11　数据交换指令使用说明

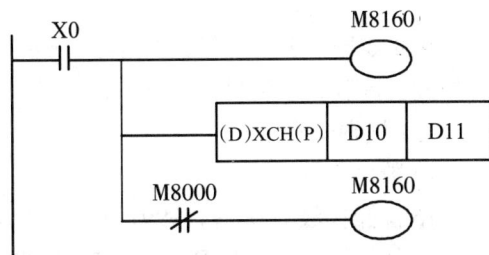

图 6-12　数据交换指令扩展使用说明

7. BCD 变换指令 BCD(FNC18)(16/32)

（1）功能。BCD 变换指令是将源元件中的二进制数转换成 BCD 码送到目标元件中。

（2）操作数。　〔S·〕为 K、H、KnX、KnY、KnM、KnS、T、C、D、V、Z；

　　　　　　　〔D·〕为 KnY、KnM、KnS、T、C、D、V、Z。

（3）程序步。BCD、BCD P 为 5 步；DBCD、DBCD P 为 9 步。

（4）程序表达方式。如图 6-13 所示。

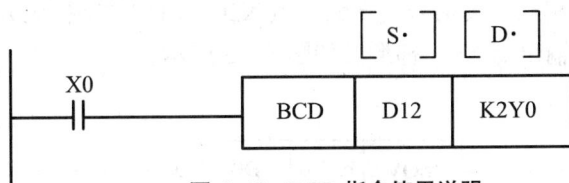

图 6-13　BCD 指令使用说明

当 X0 = ON 时，源元件 D12 中的二进制数转换成 BCD 码送到目标元件 Y0～Y7 中去。

如果是 16 位操作，变换结果超出 0～9999 的范围就会出错；如果是 32 位操作，变换结果超出 0～99，999，999 的范围就会出错。

BCD 变换指令可用于将 PLC 内的二进制数据变换为七段显示等所需的 BCD 码而向外部输出。

8. BIN 变换指令 BIN(FNC19)(16/32)

（1）功能。BIN 变换指令是将源元件中的 BCD 码转换成二进制数送到目标元件中。

（2）操作数。　[S·] 为 K、H、KnX、KnY、KnM、KnS、T、C、D、V、Z；

　　　　　　　　[D·] 为 KnY、KnM、KnS、T、C、D、V、Z。

（3）程序步。BIN、BIN P 为 5 步；DBIN、DBIN P 为 9 步。

（4）程序表达方式。如图 6-14 所示。

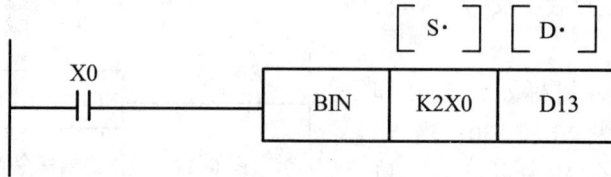

图 6-14　BIN 指令使用说明

BIN 变换指令的说明如图 6-14 所示。当 X0 = ON 时，源元件 K2X000 中 BCD 码转换成二进制数送到目标元件 D13 中去。

（5）规则说明。

1）数值范围。

16 位操作数为 0～9，999；32 位操作数为 0～99，999，999。

2）如果源数据不是 BCD 码时，M8067 为 ON（运算错误），M8068（运算错误锁存）不工作为 OFF。

3）常数 K 自动进行二进制变换处理，因此不可作为该指令的操作数。

6.2.2　传送比较类指令应用实例

例 6-1　用程序改变定时器和计数器的设定值。用程序构成一个闪光信号灯，通过数字拨码开关可改变闪光频率。

解：闪光信号灯的起动开关信号接于输入点 X20，四位数字拨码开关接于输入点 X0～X17，闪光灯接于输出点 Y0，梯形图如图 6-15 所示。

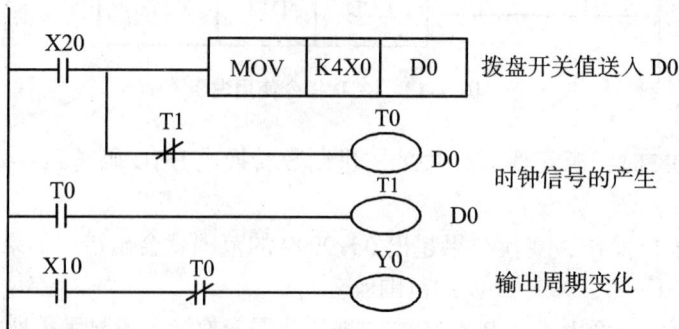

图 6-15　用程序改变 T,C 设定值梯形图及说明

例 6-2 将难以相互协调或规律杂乱的动作要求制成十六进制或十进制的 BCD 码表格,用常数传送指令进行输出,某控制系统的输出要求如表 6-2 所示。

表 6-2 动作要求输出表

工步	输 出								动作转换 时间原则	将动作要求 转换成对应 的十六进制数
	Y7	Y6	Y5	Y4	Y3	Y2	Y1	Y0		
1	+		+	+		+		+	T1	0B5H
2	+	+		+	+		+		T2	0DAH
3	+	+		+	+	+		+	T3	0DDH
4	+	+	+		+		+		T4	0EAH
5			+	+	+				T5	38H
6		+	+			+	+	+	T6	67H
7			+			+			T7	24H
8				+			+		T8	12H
9		+		+	+	+		+	T9	5DH

解:表的最右边部分已将每一工步的动作要求转换成相应的十六进制数,以 Y7 为最高位,Y0 为最低位。用 MOV 指令即可完成上述控制要求,其控制梯形图如图 6-16 所示。

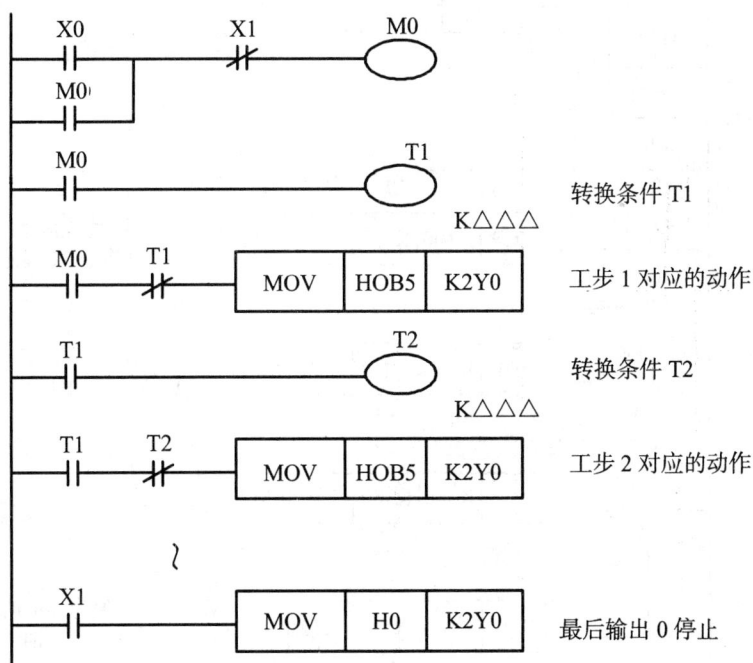

图 6-16 用常数传送指令控制输出

在这个例子中，顺序控制也可用 STL 指令或用移位指令构成，转换条件也可采用反馈开关元件。总之有多种选择余地，其好坏优劣也不可一概而论。

例 6-3 在轻工机械中，有许多执行部件是按时间的先后顺序动作的，当动作在时间上有相互重叠的现象时，用顺序控制的方法就很麻烦了。这里介绍一种用比较指令来实现时序驱动负载的例子，其控制要求如图 6-17（a）所示。控制电路梯形图及说明如图 6-17（b）所示。

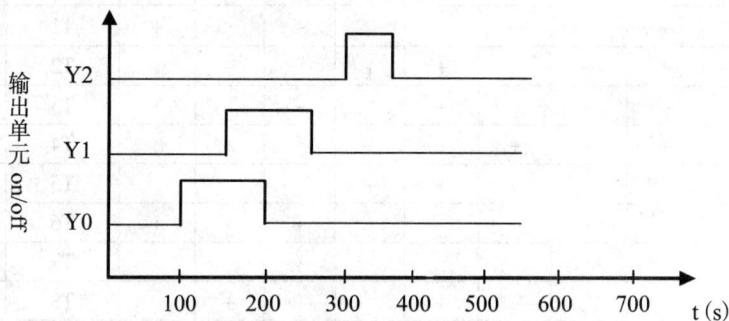

(a)

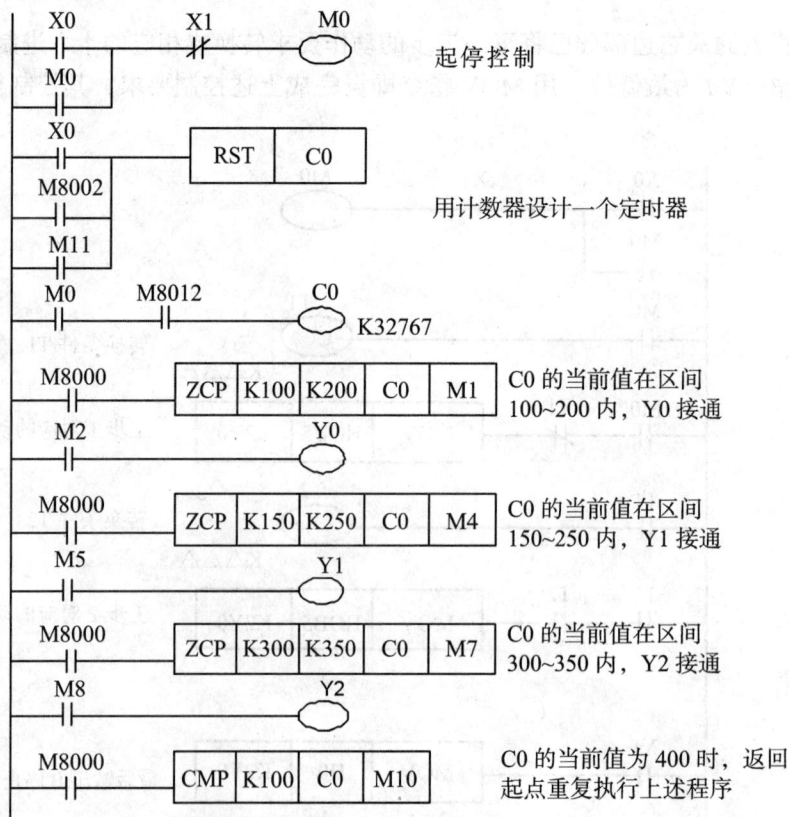

	起停控制
	用计数器设计一个定时器
K32767	
ZCP K100 K200 C0 M1	C0 的当前值在区间 100~200 内，Y0 接通
ZCP K150 K250 C0 M4	C0 的当前值在区间 150~250 内，Y1 接通
ZCP K300 K350 C0 M7	C0 的当前值在区间 300~350 内，Y2 接通
CMP K100 C0 M10	C0 的当前值为 400 时，返回 起点重复执行上述程序

(b)

图 6-17 按时序输出的动作要求

例 6-4 小车自动选向自动定位控制 某车间有 4 个工作台，小车往返于工作台之间运料。每个工作台设有一个到位开关（SQ）和一个呼叫按钮（SB）。具体控制要求如下：

（1）小车初始时应停在 4 个工作台中的任意一个到位开关位置上；

（2）设小车现暂停于 M 号工作台，（此时 SQm 动作）这时 n 号工作台有呼叫（即 SBn 动作）。

1）m>n：小车左行，直至 SQn 动作，到位停车。即小车所停位置 SQ 的编号大于呼叫的 SB 的编号时，小车往左运行至呼叫的 SB 位置后停止。

2）m<n：小车右行，直至 SQn 动作，到位停车。即小车所停位置 SQ 的编号小于呼叫的 SB 的编号时，小车往左运行至呼叫的 SB 位置后停止。

3）m=n：小车原地不动。即当小车位置 SQ 与呼叫 SB 编号相同时，小车不动作。

解： 本例采用传送和比较指令来实现其控制要求。主要解决以下几个问题：

（1）工位号和呼叫位置的确定。因为小车同时只可能停在一个工位上，所以用位组合 K1X4 即为确定的值。即 1 号位为 1，2 号位为 2，3 号位为 4，4 号位为 8。

呼叫位置的编号由传送指令完成。即当 1 号位有呼叫，就给 D0 送值 1；2 号位有呼叫，则送 2；3 号位有呼叫，则送 4；4 号位有呼叫，则送 8。这样 m、n 在任意位置，都给它们赋了一个确定的值，见表 6-3。

表 6-3 小车自动控制系统输入输出点的分配表

输入信号			输出信号		
名称	代号	PLC 输入点编号	名称	代号	PLC 输出点编号
1 号工作台呼叫按钮	SB1	X0	小车前进接触器	KM1	Y0
2 号工作台呼叫按钮	SB2	X1	小车后退接触器	KM2	Y1
3 号工作台呼叫按钮	SB3	X2			
4 号工作台呼叫按钮	SB4	X3			
1 号工作台行程开关	SQ1	X4			
2 号工作台行程开关	SQ2	X5			
3 号工作台行程开关	SQ3	X6			
4 号工作台行程开关	SQ4	X7			
起动按钮	SB5	X10			

（2）小车行进方向的确定。通过比较指令来完成。

（3）到位停车。通过比较结果来控制。

梯形图程序如图 6-18 所示。

例 6-5 简易定时报时器 试设计一个简易定时报时器，具体控制要求如下：

（1）早上 6 点半，电铃（Y0）每秒响一次，六次后自动停止；

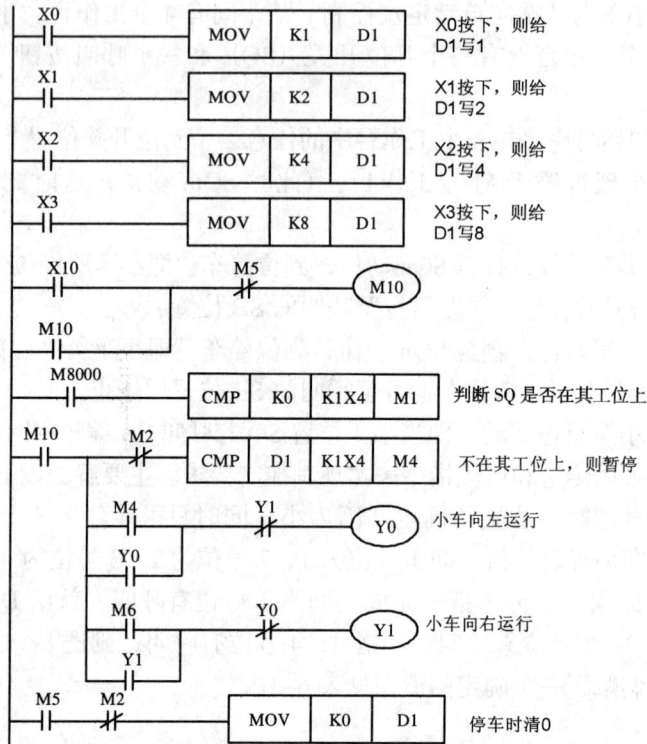

图6-18 小车自动选向自动定位控制梯形图

（2）9：00～17：00，起动住宅报警系统（Y1）；

（3）晚上6点开园内照明（Y2）；

（4）晚上10点关园内照明（Y2）。

解：完成本例的控制要求要解决如下几个问题：

（1）产生一个实时时钟。即一个周期为24小时的循环时钟信号，利用内部时钟脉冲信号和计数器结合使用即可构成，每15min为一设定单位，共96个时间单元。

（2）能按设定的时间进行控制。应用计数器产生的实时时间与设定值进行比较，利用比较结果进行相关控制。

（3）能进行校时。为了能进行校时，设置X1为15min快速调整开关，X2为格数设定的快速调整开关。时间设定值为钟点数×4。设置X0为起动开关。

使用时，在0：00时起动定时器。

梯形图如图6-19所示。

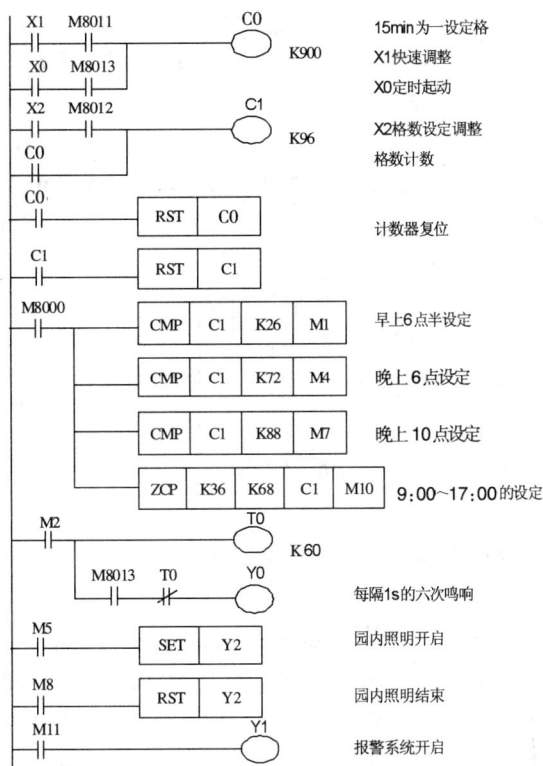

图 6-19　定时控制器梯形图及说明

6.3　数据处理类指令及应用

数据处理指令通常指编、解码、复位及求平均值等指令。为了讨论的方便，将四则运算及逻辑运算指令、移位指令都归于一类，统称为数据处理指令。

数据处理指令是编制数据运算及数据控制类程序的主要指令。编、解码指令及移位指令方便了一些控制规律的实现，也常出现在许多程序中。本节在介绍指令的基本使用要素的基础上，给出了指令的应用实例。

6.3.1　四则运算及逻辑运算类指令

算术及逻辑运算指令是基本运算指令，可完成四则运算或逻辑运算，可通过运算实现数据的传送、变位及其他控制功能。

1. 二进制加法指令 ADD（P）（FNC20）（16/32）

（1）功能。ADD 加法指令是将指定源元件中的二进制数相加，结果送到指定的目标元件中去。

（2）操作数。[S1·]、[S2·] 为 K、H、KnX、KnY、KnM、KnS、T、C、D、V、Z；

[D·] 为 KnY、KnM、KnS、T、C、D、V、Z。

（3）程序步。ADD、ADDP 为 7 步；DADD、DADDP 为 13 步。

（4）程序表达方式。ADD 加法指令的使用说明如图 6-20（a）所示。

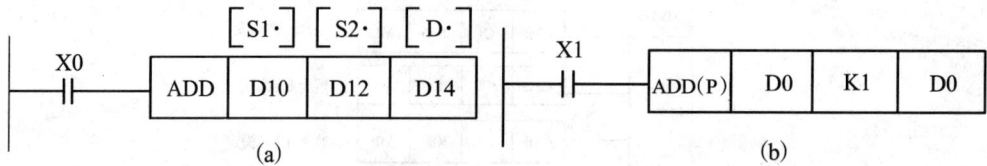

（a）　　　　　　　　　　　　　　　　（b）

图 6-20　二进制加法指令使用说明

当执行条件 X0 由 OFF→ON 时，（D10）+（D12）→（D14）。运算是代数运算，如 5 +（-8）=-3。

ADD 加法指令有 3 个常用标志：M8020 为零标志，M8021 为借位标志，M8022 为进位标志。如果运算结果为 0，则零标志 M8020 置 1；如果运算结果超过 32，767（16 位）或 2，147，483，647（32 位），则进位标志 M8022 置 1；如果运算结果小于 -32，767（16 位）或 -2，147，483，647（32 位），则借位标志 M8021 置 1。

32 位运算中，被指定的起始字元件是低 16 位元件，而下一个字元件则为高 16 位元件，如 D0（D1）。

源和目标可以用相同的元件号。若源和目标元件号相同而采用连续执行的 ADD、（D）ADD 指令时，加法的结果在每个扫描周期都会改变。

若指令采用脉冲执行时，如图 6-20（b）所示，每当 X1 从 OFF→ON 变化时，D0 的数据加 1，这与 INC（P）指令的执行结果相似。其不同之处在于用 ADD 指令时，零位、借位、进位标志将按上述方法置位。

2. 二进制减法指令 SUB（P）（FNC21）（16/32）

（1）功能。SUB 减法指令是将指定源元件中的二进制数相减，结果送到指定的目标元件中去。SUB 减法指令的说明如图 6-21（a）所示。

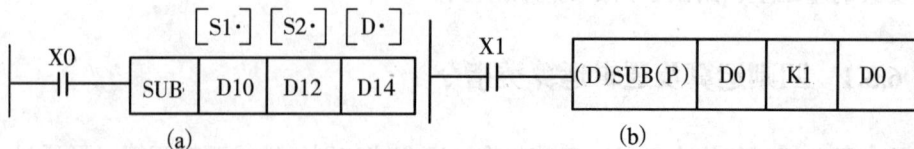

（a）　　　　　　　　　　　　　　　　（b）

图 6-21　二进制减法指令使用说明

（2）操作数。[S1·]、[S2·] 为 K、H、KnX、KnY、KnM、KnS、T、C、

      D、V、Z;

    〔D·〕为 KnY、KnM、KnS、T、C、D、V、Z。

（3）程序步。SUB、SUBP 为 7 步；DSUB、DSUBP 为 13 步。

（4）程序表达方式。SUB 减法指令的说明如图 6-21（a）所示。

当执行条件 X0 由 OFF→ON 时，（D10）-（D12）→（D14）。运算是代数运算，如 5-（-8）=13。

各种标志的动作、32 位运算中软元件的指定方法、连续执行型和脉冲执行型的差异等均与上述加法指令相同。

图 6-21（b）所示是 32 位减法指令的使用说明，与后面要讲述的减 1 指令相似，但采用减法指令实现减 1 时，零位、借位等标志位可能动作。

3. 二进制乘法指令 MUL（P）（FNC22）（16/32）

（1）功能。MUL 乘法指令是将指定源元件中的二进制数相乘，结果送到指定的目标元件中去。MUL 乘法指令使用说明如图 6-22 所示。

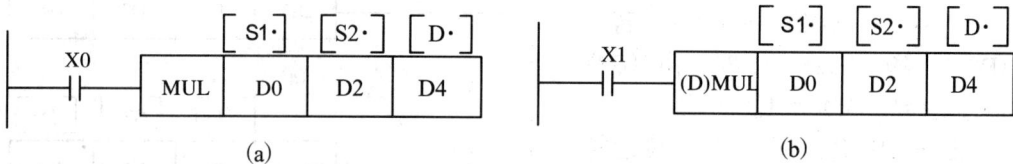

图 6-22 二进制乘法指令使用说明

（2）操作数。〔S1·〕、〔S2·〕为 K、H、KnX、KnY、KnM、KnS、T、C、D、

      V、Z;

    〔D·〕为 KnY、KnM、KnS、T、C、D、V、Z。

（3）程序步。MUL、MULP 为 7 步；DMUL、DMULP 为 13 步。

（4）程序表达方式。MUL 乘法指令使用说明如图 6-22 所示，它分 16 位和 32 位两种运算情况。

16 位运算如图 6-22（a）所示，当执行条件 X0 由 OFF→ON 时，（D0）×（D2）→（D5，D4）源操作数是 16 位，目标操作数是 32 位。若令（D0）=8，（D2）=9 时，【D5，D4】=72。最高位为符号位，0 为正，1 为负。

32 位运算如图 6-22（b）所示，当执行条件 X1 由 OFF→ON 时，（D1、D0）×（D3、D2）→（D7、D6、D5、D4）。源操作数是 32 位，目标操作数是 64 位。若令（D1、D0）=238，（D3、D2）=189 时，（D7、D6、D5、D4）=44982。最高位为符号位，0 为正，1 为负。

如将位组合元件用于目标操作数时，限于 K 的取值，只能得到低位 32 位的结果，不能得到高位 32 位的结果。这时，应将数据移入字元件后再进行计算。

用字元件做目标操作数时，也不能对作为运算结果的 64 位数据进行监视，在这种场合下，建议采用浮点运算。Z 不能在 32 位运算中作为目标元件的指定，只能在 16 位运算中作为目标元件的指定。

4. 二进制除法指令 DIV（P）（FNC23）（16/32）

（1）功能。DIV 除法指令是将指定源元件中的二进制数相除，[S1·] 为被除数，[S2·] 为除数，商送到指定的目标元件 [D·] 中去，余数送到目标元件 [D·] 的下一个目标元件中去。

（2）操作数。[S1·]、[S2·] 为 K、H、KnX、KnY、KnM、KnS、T、C、D、V、Z；

　　　　　　　[D·] 为 KnY、KnM、KnS、T、C、D、V、Z。

（3）程序步。DIV、DIVP 为 7 步；DDIV、DDIVP 为 13 步。

（4）程序表达方式。DIV 除法指令使用说明如图 6-23 所示，它也分 16 位和 32 位两种运算情况。

图 6-23（a）所示是 16 位运算情况。当执行条件 X0 由 OFF→ON 时，(D0) ÷ (D2) → (D4)。若令 (D0) ＝19，(D2) ＝3 时，商 (D4) ＝6，余数 (D5) ＝1。

图 6-23（b）所示是 32 位运算情况。当执行条件 X1 由 OFF→ON 时，(D1、D0) ÷ (D3、D2)，商在 (D5、D4)，余数在 (D7、D6) 中。V 和 Z 不能用于 [D·] 中。

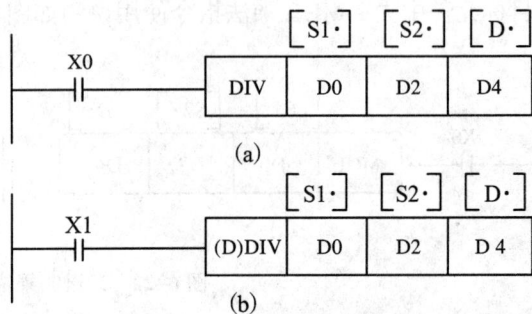

图 6-23　二进制除法指令使用说明

除数为 0 时，有运算错误，有执行指令。若 [D·] 指位定位元件，得不到余数。

商与余数的最高位是符号位，0 为正，1 为负。被除数或除数中有一个为负数时，商为负数。被除数为负数时，余数为负数。

5. 二进制加 1 指令 INC(P)（FNC24)（16/32）

（1）功能。当条件为 ON 时，由 [D·] 指定的元件中数值加 1，如果不用脉冲指令，则每个扫描周期加 1。

（2）操作数。[D·] 为 KnY、KnM、KnS、T、C、D、V、Z。

（3）程序步。INC、INCP 为 3 步；DINC、DINCP 为 5 步。

（4）程序表达方式。INC 指令的说明如图 6-24 所示。

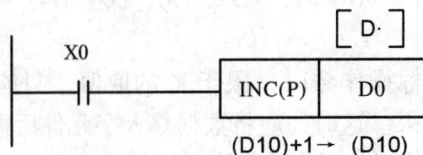

(D10)+1→ (D10)

图 6-24　二进制加 1 指令使用说明

当 X0 由 OFF→ON 变化时，由［D·］指定的元件 D10 中的二进制数自动加 1。

(5)指令使用注意事项。

1)若用连续指令时，每个扫描周期都加 1；

2)在 16 位运算时，+32767 再加上 1 则变为-32768，但标志位不动作。同样，在 32 位运算时，+2147483647 再加 1 就变为-2147483648，标志位不动作。

6. 二进制减 1 指令 DEC(P)(FNC25)(16/32)

(1)功能。当条件为 ON 时，由［D·］指定的元件中数值减 1，如果不用脉冲指令，则每个扫描周期减 1。

(2)操作数。［D·］为 KnY、KnM、KnS、T、C、D、V、Z。

(3)程序步。DEC、DECP 为 3 步；DDEC、DDECP 为 5 步。

(4)程序表达方式。DEC 指令的说明如图 6-25 所示。

当 X1 由 OFF→ON 变化时，由［D·］指定的元件 D10 中的二进制数自动减 1。

(5)指令使用注意事项。

1)若用连续指令时，每个扫描周期都减1。

2)在 16 位运算时，-32768 再减 1 就变为 +32767，但标志位不动作。同样，在 32 位运算时，-2147483648 再减 1 就变为 +2147483647，标志位不动作。

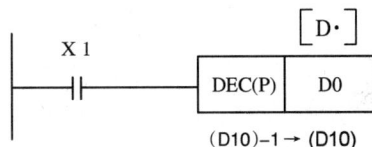

图 6-25 二进制减 1 指令使用说明

7. 逻辑字与指令 WAND(P)(FNC26)(16/32)

(1)功能。当条件为 ON 时，［S1·］指定的元件和［S2·］指定的元件内数据按各位对应进行逻辑字与运算，结果存于由［D·］指定的元件中。

(2)操作数。［S1·］、［S2·］为 K、H、KnX、KnY、KnM、KnS、T、C、D、V、Z；

　　　　　　［D·］为 KnY、KnM、KnS、T、C、D、V、Z。

(3)程序步。WAND、WANDP 为 7 步；DWAND、DWANDP 为 13 步。

(4)程序表达方式。逻辑字与指令的使用说明如图 6-26(a)所示。

8. 逻辑字或指令 WOR(P)(FNC27)(16/32)

(1)功能。当条件为 ON 时，［S1·］指定的元件和［S2·］指定的元件内数据按各位对应进行逻辑字或运算，结果存于由［D·］指定的元件中。

(2)操作数。［S1·］、［S2·］为 K、H、KnX、KnY、KnM、KnS、T、C、D、V、Z；

　　　　　　［D·］为 KnY、KnM、KnS、T、C、D、V、Z。

(3)程序步。WOR、WORP 为 7 步；DWORD、DWORP 为 13 步。

(4)程序表达方式。逻辑字或指令的使用说明如图 6-26(b)所示。

9. 逻辑异或指令 WXOR(P)(FNC28)(16/32)

(1)功能。当条件为 ON 时，［S1·］指定的元件和［S2·］指定的元件内数据按各位对应进行逻辑异或运算，结果存于由［D·］指定的元件中。

（2）操作数。［S1·］、［S2·］为 K、H、KnX、KnY、KnM、KnS、T、C、D、V、Z；

［D·］为 KnY、KnM、KnS、T、C、D、V、Z。

（3）程序步。WXOR、WXORP 为 7 步；DXORD、DXORP 为 13 步。

（4）程序表达方式。逻辑字异或指令的使用说明如图 6-26（c）所示。

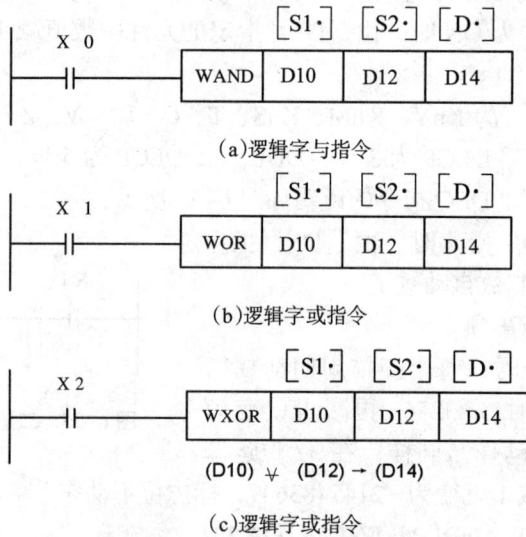

（a）逻辑字与指令

（b）逻辑字或指令

(D10) ⊻ (D12) → (D14)

（c）逻辑字或指令

图 6-26　逻辑字与、字或、字异或指令使用说明

逻辑字与指令的使用说明如图 6-26（a）所示。当 X0 为 ON 时，［S1·］指定的 D10 和［S2·］指定的 D12 内数据按各位对应进行逻辑字与运算，结果存于由［D·］指定的元件 D14 中。

逻辑字或指令的使用说明如图 6-26（b）所示。当 X1 为 ON 时，［S1·］指定的 D10 和［S2·］指定的 D12 内数据按各位对应进行逻辑字或运算，结果存于由［D·］指定的元件 D14 中。

逻辑字异或指令的使用说明如图 6-26（c）所示。当 X2 为 ON 时，［S1·］指定的 D10 和［S2·］指定的 D12 内数据按各位对应进行逻辑字异或运算，结果存于［D·］指定的元件 D14 中。

10. 求补码指令 NEG（P）（FNC29）（16/32）

（1）功能。当条件为 ON 时，对［D·］指定的元件的内容求补码，并把结果存到［D·］中。求补码指令仅对负数求补码。

（2）操作数。［D·］为 KnY、KnM、KnS、T、C、D、V、Z。

（3）程序步。NGE、NEGP 为 3 步；DNEG、DNEGP 为 5 步。

（4）程序表达方式。求补指令的使用说明如图 6-27 所示。

当 X0 由 OFF→ON 变化时，由［D·］指定的元件 D10 中的二进制负数按位取反后加 1，求得的补码存入原来的 D10 内。

若使用的是连续指令时，则在各个扫描周期都执行求补运算。

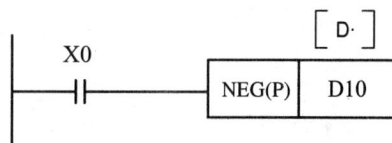

11. 四则运算及逻辑运算指令应用举例

图 6-27 求补码指令使用说明

例 6-6 仓库中在库量的统计。图 6-28（a）为产品入库出库示意图。进行入 / 出库的计数和在库量的显示（K4Y0）。若在库量超过 10 个，则报警灯（Y20）输出。试设计仓库在库量统计梯形图。

解： 本例采用加 1、减 1 指令构成一个计数器，用传送指令把在库量送去显示，并用在库量与设定值进行比较，利用比较结果控制报警灯输出。仓库在库量统计梯形图如图 6-28（b）所示。

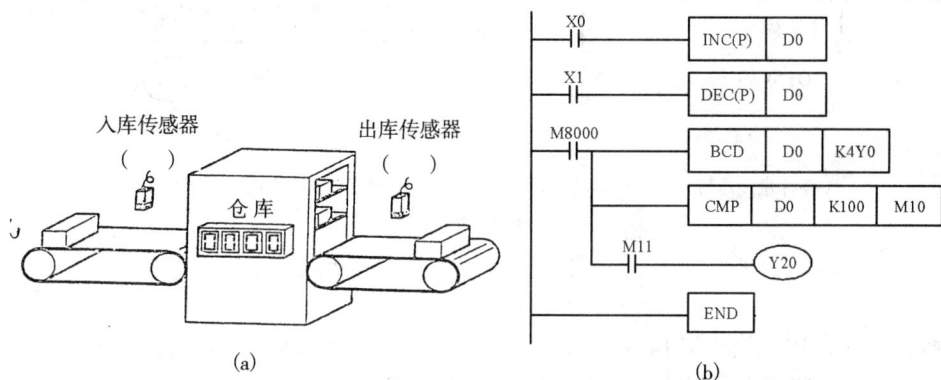

（a）产品入库出库示意图；（b）仓库在库量统计梯形图

图 6-28

例 6-7 计量传送带上传送的制品见图 6-29（a）。分别将每一数据存入 D1～D100（D0 间接指定）。计量器称得的值（十进制数）放在 D110 中，要求每次称得的值要在显示器（K4Y0）中显示。

解： 本例要求把计量器的值存放到一个数据区去，主要是要弄清变址寄存器的使用方法。程序设计分如下几个部分：

（1）初始化设置。包括数据区清 0，显示器清 0，变址寄存器赋初值；

（2）把计量器的值送去显示，并存放到数据区；

（3）修改变址寄存器的内容。

梯形图如图 6-29（b）所示。

例 6-8 指示灯的测试电路。某机场装有 12 盏指示灯，用于各种场合的指示，接于 K4Y0。一般情况下总是有的指示灯是亮的，有的指示灯是灭的。但机场有时候需将灯全部打开，也有时需将灯全部关闭。现需设计一种电路，用一只开关打开所有的灯，用另一只开关熄灭所有的灯。12 盏指示灯在 K4Y0 的分布如图 6-30（a）

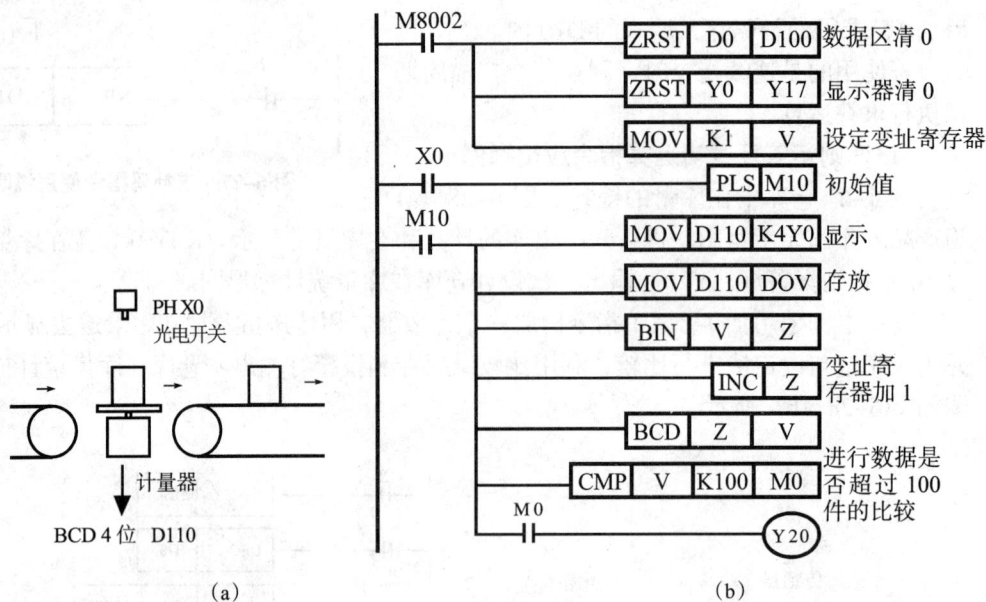

（a）计量传送带上传送的制品示意图；（b）计量传送带上传送的制品梯形图

图 6-29

所示。

解： 本例采用逻辑控制指令来实现。要完成控制要求需解决如下问题：

（1）先为所有的指示灯设一个状态字，随时将各指示灯的状态存入；

（2）再设一个开灯字、一个熄灯字。开灯字内置 1 的位和灯在 K4Y0 中的排列顺序相同。熄灯字内置 0 的位和 K4Y0 中灯的位置相同。

（3）开灯时将开灯字和灯的状态字相"或"，熄灯时将熄灯字和灯的状态字相"与"，即可实现控制功能的要求。梯形图如图 6-30（b）所示。

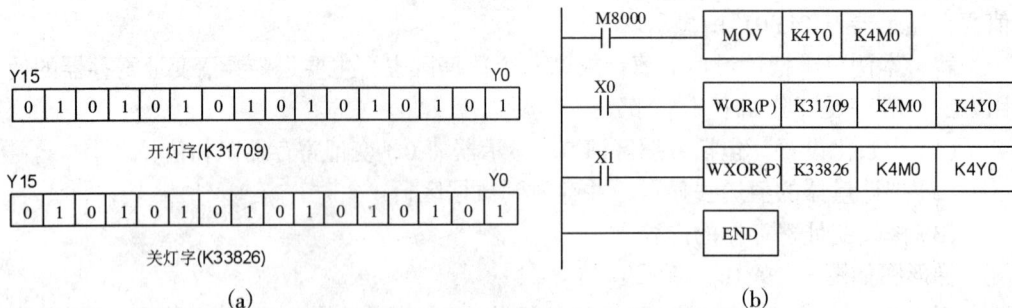

（a）指示灯在 K4Y0 的分布图；（b）指示灯测试电路的梯形图

图 6-30

6.3.2　移位控制指令

FX 系列可编程控制器移位指令有循环移位、位移位、字移位及先入先出 FIFO 指令等十种，其中循环移位分为带进位循环及不带进位的循环。位或字移位有左移和右移之分。FIFO 分为写入和读出。

从指令的功能来说，循环移位是指数据在本字节或双字内的移位，是一种环形移动。而非循环移位是线性的移位，数据移出部分将丢失，移入部分从其他输入的数据获得。移位指令可用于数据的 2 倍乘处理，形成新数据，或形成某种控制开关。字移位和位移位不同，它可用于字数据在存储空间中的位置调整等功能。先入先出 FIFO 指令可用于数据的管理。

1. 循环右移指令 ROR（P）（FNC30）（16/32）和循环左移指令 ROL（P）（FNC31）(16/32)

（1）功能。循环右移指令可以使 16 位数据、32 位数据向右循环移位；循环左移指令可以使 16 位数据、32 位数据向左循环移位。

（2）操作数。[D·]为 KnY、KnM、KnS、T、C、D、V、Z。

（3）程序步。ROR、RORP 为 5 步；DROR、DRORP 为 9 步；
　　　　　　ROL、ROLP 为 5 步；DROL、DROLP 为 9 步。

（4）程序表达方式。循环右移指令的使用说明如图 6–31 (a)所示，循环左移指令的使用说明如图 6–31（b）所示。

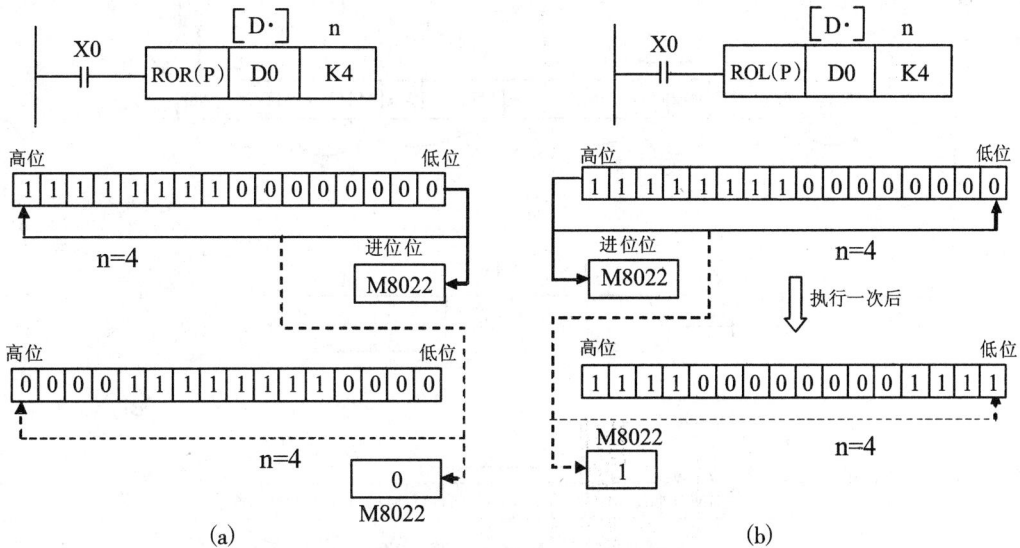

图 6–31　循环右移、左移指令使用说明

循环右移指令使用说明如图 6-31 (a) 所示。当 X0 由 OFF→ON 时，[D·] 指定的元件内各位数据向右移 n 位，最后一次从低位移出的状态存于进位标志 M8022 中。

循环左移指令使用说明如图 6-31 (b) 所示。当 X1 由 OFF→ON 时，[D·] 内各位数据向左移 n 位，最后一次从高位移出的状态存于进位标志 M8022 中。

（5）指令使用注意事项。

1）用连续指令执行时，循环移位操作每个周期执行一次。

2）在指定位软元件的场合下，只有 K4（16 位指令）或 K8（32 位指令）有效。例如 K4Y0，K8M0。

2. 位右移指令 SFTR（P）（FNC34）（16）和位左移指令 SFTL（P）（FNC35）（16）

（1）功能。位移位指令是对 [D·] 所指定的 n1 个位元件连同 [S] 所指定的 n2 个位元件的数据右移或左移 n2 位。

（2）操作数。 [S·] 为 X、Y、M、S；

               [D·] 为 Y、M、S；

               n1、n2 为 K、H。

（3）程序步。 SFTR、SFTRP 为 9 步；SFTL、SFTLP 为 9 步。

（4）程序表达方式。位右移指令使用说明如图 6-32（a）所示，位左移指令的使用说明如图 6-32（b）所示。

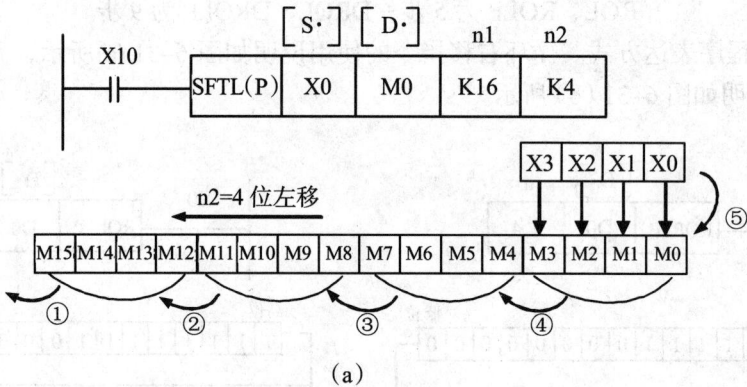

(a)

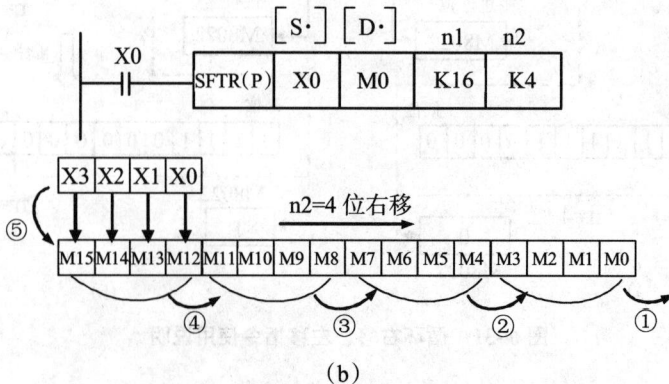

(b)

图 6-32　位右移、左移指令使用说明

例如，对于图 6-32（a）所示的位右移指令的梯形图，当 X10 由 OFF→ON 时，[D·] 内（M0～M15）16 位数据连同 [S·] 内（X0～X3）4 位元件的数据向右移 4 位，（X0～X3）4 位数据从 [D·] 的高位端移入，而 [D·] 的低位 M0～M3 数据移出（溢出）。若图中 n2＝1，则每次只进行 1 位移位。同理，对于图 6-32（b）的位左移指令的梯形图移位原理也类同。

（5）指令使用注意事项。

1）用脉冲执行型指令时，X0 由 OFF→ON 变化时指令执行一次，进行位移位；而用连续指令执行时，移位操作是每个扫描周期执行一次。

2）本指令使位元件中的状态向右或向左移位，由 n1 指定位元件长度，n2 指定移位位数（n2≤n1≤1024）。

3. 字右移指令 WSFR（P）（FNC36）（16）和字左移指令 WSFL（P）（FNC37）（16）

（1）功能。字移位指令是对 [D·] 所指定的 n1 个字元件连同 [S·] 所指定的 n2 个字的右移或左移，其使用说明如图 6-33 所示。

（2）操作数。[S·] 为 KnX、KnY、KnM、KnS、T、C、D；

　　　　　　[D·] 为 KnY、KnM、KnS、T、C、D；

　　　　　　n1、n2 为 K、H。

（3）程序步。WSFR、WSFRP 为 9 步；WSFL、WSFLP 为 9 步。

（4）程序表达方式。字右移指令使用说明如图 6-33（a）所示，字左移指令的使用说明如图 6-33（b）所示。

(a)

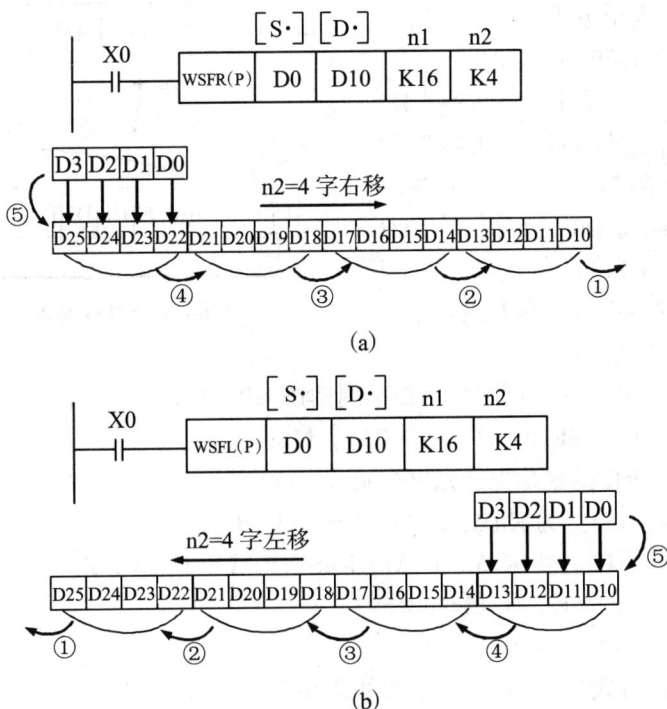

(b)

图 6-33　字右移、左移指令使用说明

例如，对于图 6-33（a）的字右移指令的梯形图，当 X0 由 OFF→ON 时，[D·] 内（D10～D25）16 个字数据连同 [S·] 内（D0～D3）4 个字数据向右移 4 个字，（D0～D3）4 个字数据从 [D] 的高字端移入，而（D10～D13）4 个字数据从 [D·] 的低位端移出（溢出）。图 6-33（b）为字左移指令使用说明，原理类同。

（5）指令使用注意事项。

1）用脉冲执行型指令时，X0 由 OFF→ON 变化时指令执行一次，进行 n2 位字移位；若用连续指令执行时，移位操作每个扫描周期将执行一次，必须注意。

2）本指令使字元件中的状态向右或向左移位，由 n1 指定字元件长度，n2 指定移位字数（n2≤n1≤512）。

3）由 [S·] [D·] 指定的元件若需要指定"位"数时，其位数应相同。

4. FIFO 写入指令 SFWR(P)（FNC38）(16)

（1）功能。SFWR 指令是先进先出控制数据写入指令；

（2）操作数。　[S·] 为 K、H、KnX、KnY、KnM、KnS、T、C、D、V、Z；

　　　　　　　[D·] 为 KnY、KnM、KnS、T、C、D；

　　　　　　　n 为 K、H（2≤n≤512）。

（3）程序步。SFWR、SFWRP 为 7 步。

（4）程序表达方式。SFWR 指令使用说明如图 6-34 所示。

图中 n=10 表示 [D·] 中从 D1 开始有 10 个连续软元件，且 D1 中内容被指定作为数据写入个数指针，初始时应置 0。当 X0 由 OFF→ON 时，则将 [S·] 所指定的 D0 的数据存储到 D2 内，[D·] 所指定的指针 D1 的内容为 1。若改变 D0 的数据，当 X0 再由 OFF→ON 时，则将 D0 的数据存入 D3 中，D1 的内容成为 2。依此类推，当 D1 内的数据超过 n-1 时，则上述操作不再执行，进位标志 M8022 动作。

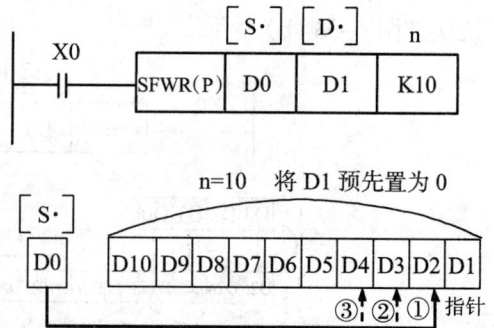

图 6-34　FIFO 写入指令使用说明

若是连续指令执行时，则在各个扫描周期按顺序写入。

5. FIFO 读出指令 SFRD（P）（FNC39）(16)

（1）功能。SFRD 指令是先进先出控制数据读出指令。

（2）操作数。　[S·] 为 KnY、KnM、KnS、T、C、D；

　　　　　　　[D·] 为 KnY、KnM、KnS、T、C、D、V、Z；

　　　　　　　n 为 K、H（2≤n≤512）。

（3）程序步。SFRD、SFWRD 为 7 步。

（4）程序表达方式。SFRD 指令说明如图 6-35 所示。

图中 n=10 表示 [S·] 中从 D1 开始有 10 个连续软元件，且 D1 中内容被指定作为数据读出个数指针，初始值应置 n-1。当 X0 由 OFF→ON 时，将 D2 的数据传送到 D20 内，与此同时，指针 D1 的内容减 1，D3～D10 的数据向右移。当 X0 再由 OFF→ON 时，D2 的数据（即原 D3 中的内容）传送到 D20 内，D1 的内容再减 1。依此类推，当 D1 的内容减为 0 时，则上述操作不再执行，零位标志 M8020 动作。

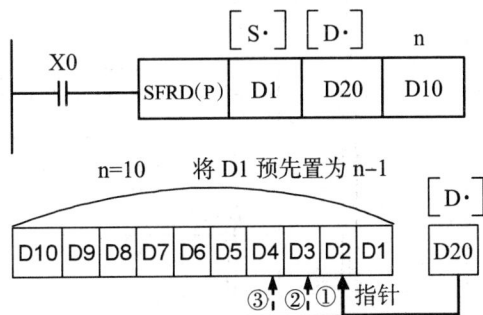

图 6-35　FIFO 读出指令使用说明

若是连续型 SFRD 指令，则在每个扫描周期，[S·] 中元件数据按顺序向右移位逐个从 D2 中读到 D20 中。

6. 循环与移位指令应用实例

例 6-9　流水灯光控制　某灯光招牌有 L1～L8 八个灯接于 K2Y0，要求按下起动按钮 X0 时，灯先以正序每隔 1s 轮流点亮，当 L8 亮后，停 2s；然后以反序每隔 1s 轮流点亮，当 L1 再亮后，停 2s，重复上述过程。当停止按钮 X1 按下时，停止工作。

解： 本例采用位左移和位右移指令来实现其控制要求。主要解决以下几个问题：

（1）移位寄存器的构成。构成一个移位寄存器，有四个要素：

1）移位寄存器的长度：因为有 8 个灯，可直接由 Y0～Y7 构成，即 8 位；

2）每次移动的位数：要求轮流点亮，则每次移一位；

3）移位的状态：因为每次只有一个灯亮，所以要求移位寄器中只有一个"1"流动；

4）移位脉冲：每隔 1s 点亮一个灯，可以使用内部时钟脉冲 M8013。

采用位左移指令构成一个移位寄存器，即正序每隔 1s 轮流点；采用位右移指令构成一个移位寄存器，即反序每隔 1s 轮流点。

（2）灯先以正序轮流点亮，当 L8 亮后，停 2s 再反序轮流点亮。

当 Y7 为 ON 后，停止左移，并定时 2s，定时时间到起动右移；当 Y0 为 ON 后，停止右移，同时定时 2s，定时时间到再起动左移，即可进入正常的循环。

梯形图如图 6-36 所示。分析见梯形图右边文字说明。

例 6-10　步进电机控制。以三相步进电机为例，用 PLC 对步进电机正反转、调速及步数控制。S1 为起动开关，S2、S3 两个开关控制步进电机的 4 种转速，S4 控制电机的正反转，S5、S6 为步数控制开关，S5 为 100 步控制开关，S6 为 200 步控制开关，S7 为停止开关。

解： 针对控制要求给输入输出设备分配输入输出点，见表 6-4。

（1）步进电机转动控制。根据步进电机控制原理，每给一个脉冲，电机走一步。要想实现电机的转动，设计一个脉冲信号，利用位移位指令产生一个六拍时序脉冲，通过三相六拍环形分配器使三个输出继电器 Y0、Y1、Y2 按照单双六拍的通电方式

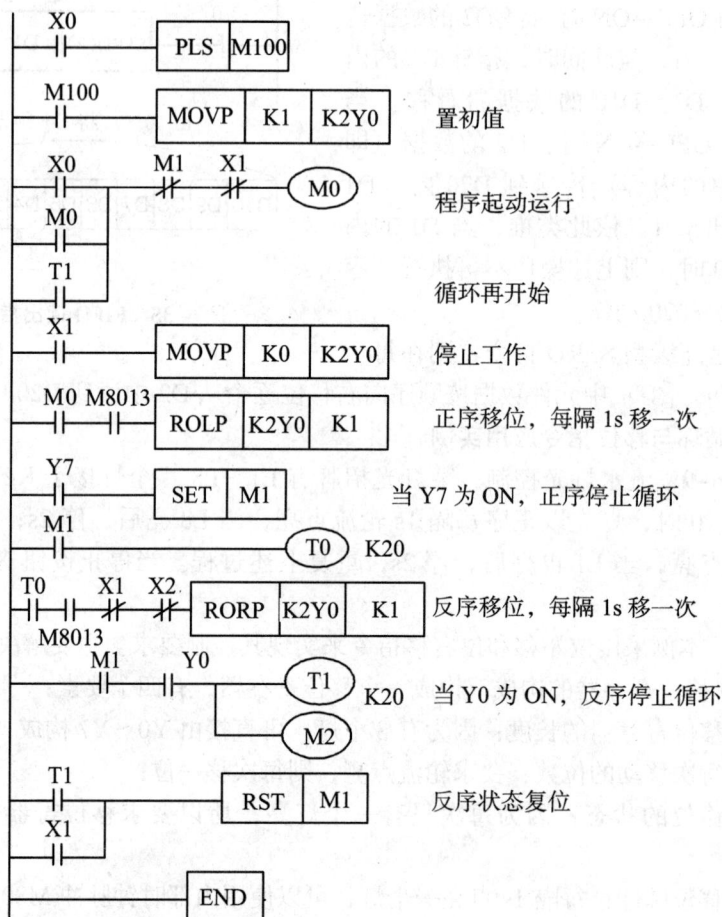

图 6-36 流水灯光控制梯形图

表 6-4 输入输出分配表

序号	输入设备	输入点	序号	输出设备	输出点
1	起动开关 S1	X0	1	电机 A 相	Y0（晶体管输出型）
2	转速控制开关 S2	X1	2	电机 B 相	Y1（晶体管输出型）
3	转速控制开关 S3	X2	3	电机 C 相	Y2（晶体管输出型）
4	正反转控制开关 S4	X3			
5	100 步控制开关 S5	X4			
6	200 步控制开关 S6	X5			
7	停止开关 S7	X6			

接通，其接通顺序为：

$$A \rightarrow A\ B \rightarrow B\ C \rightarrow C \rightarrow C\ A \rightarrow A$$

该通电顺序对应步进电机的正转。

（2）正反转控制。接通正反转开关，改变三相电机的通电顺序，即对应步进电机的反转：

$$B \rightarrow B\ A \rightarrow A \rightarrow A\ C \rightarrow C \rightarrow C\ B \rightarrow B$$

（3）转速控制。根据步进电机控制原理，改变脉冲的频率，即可改变步进电机的转速。

两个开关对应四种不同组合，设计四种不同频率的脉冲，结合两个开关，即可进行速度的控制。

（4）步数控制。根据步进电机控制原理，每给一个脉冲，步进电机走一步，要对步数进行控制，对脉冲进行计数，即可准确进行控制。

控制梯形图如图 6-37 所示。

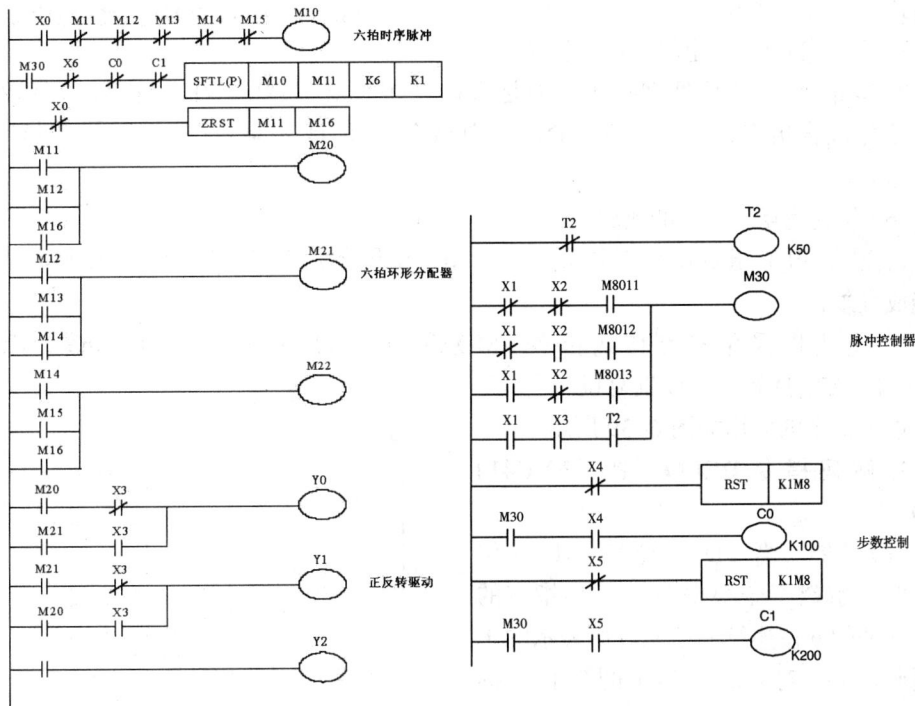

图 6-37　步进电机控制流水灯光控制梯形图

6.3.3　数据处理指令

数据处理指令含批复位指令、编／译码指令及平均值计算指令等。其中批复位指令可用于数据区的初始化，编、译码指令可用于字元件中某个置 1 位的位码的编译。

1. 区间复位指令 ZRST(P)(FNC40)(16)

(1)功能。区间复位,也称为成批复位指令。

(2)操作数。[D1·]、[D2·]为Y、M、S、T、C、D(D1≤D2)。

(3)程序步。ZRST、ZRSTP为5步。

(4)程序表达方式。ZRST指令说明如图6-38所示。

当M8002由OFF→ON时,执行区间复位指令。位元件M500~M599成批复位、字元件C235~C255成批复位、状态元件S0~S127成批复位。

(5)指令使用注意事项。

1)目标操作数[D1·]和[D2·]指定的元件应为同类软元件,[D1·]指定的元件号应小于等于[D2·]指定的元件号。若[D1·]的元件号大于[D2·]的元件号,则只有[D1·]指定的元件被复位。

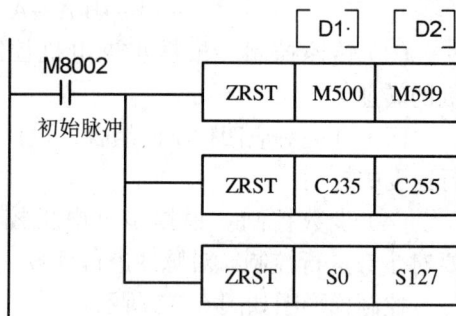

图 6-38 ZRST 区间复位指令使用说明

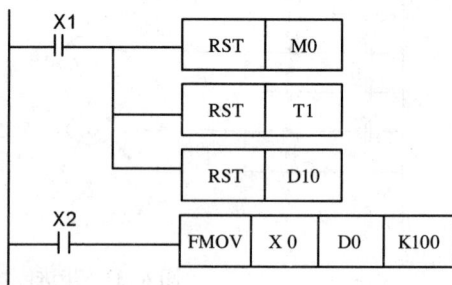

2)该指令为16位处理指令,但是可在[D1·]、[D2·]中指定32位计数器。不过不能混合指定,即不能在[D1·]中指定16位计数器,在[D2·]中指定32位计数器。

(6)与其他复位指令的比较。

1)采用RST指令仅能对位元件Y、M、S和字元件T、C、D单独进行复位,不能成批复位。

2)也可以采用多点传送指令FMOV(FNC16)将常数K0对KnY、KnM、KnS、T、C、D软元件成批复位。

这类指令的应用如图6-39所示。

2. 解码指令 DECO(P)(FNC41)(16)

(1)功能。当[D·]是Y、M、S位元件时,解码指令根据源[S·]指定的起始地址的n位连续的位元件所表示的十进制码值Q,对[D·]指定的 2^n 位目标元件的第Q位(不含目标元件位本身)置1,其他位置0。

图 6-39 其他复位指令的使用

当[D·]是字元件时,DECO指令以源[S·]所指定字元件的低n位所表示的十进制码Q,对[D·]指定的目标字元件的第Q位(不含最低位)置1,其他位置0。

(2)操作数。[S·]为K、H、X、Y、M、S、T、C、D、V、Z;

[D·]为Y、M、S、T、C、D;

n 为 K、H （1≤n≤8）。

（3）程序步。DECO、DECOP 为 7 步。

（4）程序表达方式。解码指令使用说明如图 6-40 所示。

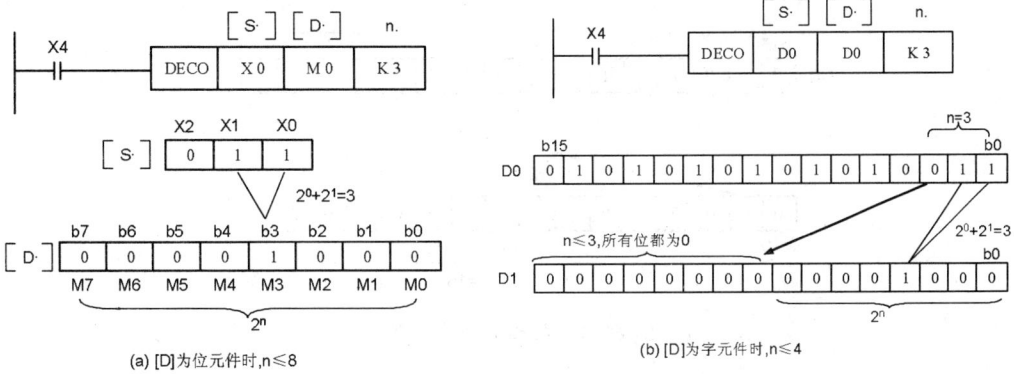

图 6-40 解码指令的使用说明

当 ［D·］ 是位元件时，说明如图 6-40 （a） 所示，图中 3 个连续源元件数据十进制码值 $Q=2^0+2^1=3$，因此从 M10 开始的第 3 位 M13 为 1。若源数据 Q=0，则第 0 位 （即 M10） 为 1。

当 ［D·］ 是字元件时，说明如图 6-40 （b） 所示，图中源数据 $Q=2^0+2^1=3$，因此 D1 的第 3 位为 1。当源数据为 Q=0 时，第 0 位为 1。

（5）指令使用注意事项。

1）当 ［D·］ 是位元件时，若 n=0 时，程序不操作；n 在 1～8 以外时，出现运算错误。若 n=8 时，［D·］ 的位数 $2^8=256$。

2）当 ［D·］ 是字元件时，若 n=0 时，程序不执行；n 在 1～4 以外时，出现运算错误。若 n≤4 时，则在 ［D·］ 的 $2^4=16$ 位范围解码。若 n≤3 时，在 ［D］ 的 $2^3=8$ 位范围解码，高八位均为 0。驱动输入为 OFF 时，不执行指令，上次解码输出置 1 的位保持不变。

3）驱动输入为 OFF 时，不执行指令，上一次解码输出置 1 的位保持不变。

4）若指令是连续执行型，则在各个扫描周期都执行，必须注意。

（6）解码指令的应用。DECO 指令应用如图 6-41 所示，解码指令根据 D0 低 4 位中所存储的数值，对 ［D·］ 指定的 $2^4=16$ 位辅助继电器 M0～M15 中 M14 置 1。在 D0 中存储 0～15 的数值，取 n=K4，则与 D0 （0～15） 的数值对应，M0～M15 中总有相应 1 个 M 接通。

n 在 K1～K8 间变化，则可以与 0～255 的值对应，可以接通 M0～M255 中一个。但是为此解码所需的目标软元件范围被占用，必须注意，不要与其他控制重复使用。

3. 编码指令 ENCO（P）（FNC42）（16）

（1）功能。当 ［S］ 是位元件时，以源操作数 ［S］ 指定的位元件为首地址、长度

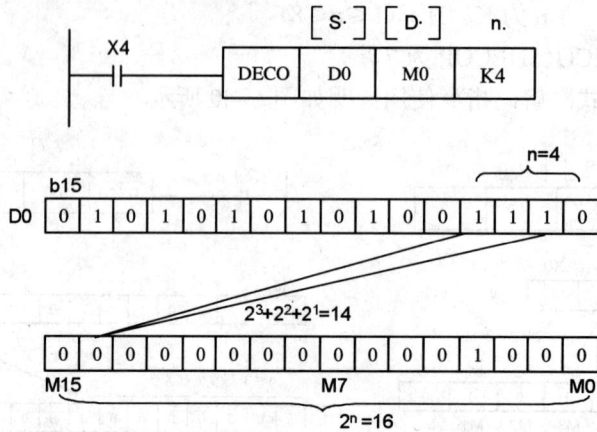

图 6-41 解码指令的应用

为 2^n 位元件中，指令将最高置 1 的位号存放到目标 [D·] 指定的元件中，[D·] 指定元件中数值的范围由 n 确定。

当 [S·] 是字元件时，在其可读长度为 2^n 位中，最高置 1 的位被存放到目标 [D·] 指定的元件中，[D·] 中数值的范围由 n 确定。

(2) 操作数。[S·] 为 X、Y、M、S、T、C、D、V、Z；

[D·] 为 T、C、D、V、Z；

n 为 K、H （1≤n≤8）。

(3) 程序步。ENCO、ENCOP 为 7 步。

(4) 程序表达方式。编码指令使用说明如图 6-42 所示。

当 [S·] 是位元件时，使用说明如图 6-42 （a） 所示，图中源元件的长度为 2^n （此时 n=3，2^3=8） 位，即 M0~M7，其最高置 1 位是 M3，即第 3 位。将 "3" 对应的二进制数存到 D10 的低 3 位中。

当 [S·] 是字元件时，使用说明如图 6-42 （b） 所示，图中源字元件的可读长度为 $2^n=2^3$=8 位，其最高置 1 位是第 3 位。将 "3" 位置数 （二进制） 存放到 D1 的低 3 位中。

(5) 指令使用注意事项。

1) 当 [S·] 是位元件时，若 n=0 时，程序不执行；n=1~8 以外时，出现运算错误；若 n=8 时，[S·] 中位数为 2^8=256。驱动输入为 OFF 时，不执行指令，上次编码输出保持不变。

2) 当 [S·] 是字元件时，若 n=0 时，程序不执行；n=1~4 以外时，出现运算错误。若 n=4 时，[S·] 的位数为 2^4=16。

3) 当源操作数的第一个 （即第 0 位） 位元件为 1，则 [D·] 中存放 0。当源操作数中无 1，出现运算错误。

4) 驱动输入 OFF 时，不执行指令，上次编码输出保持不变。

(a)编码指令使用说明一

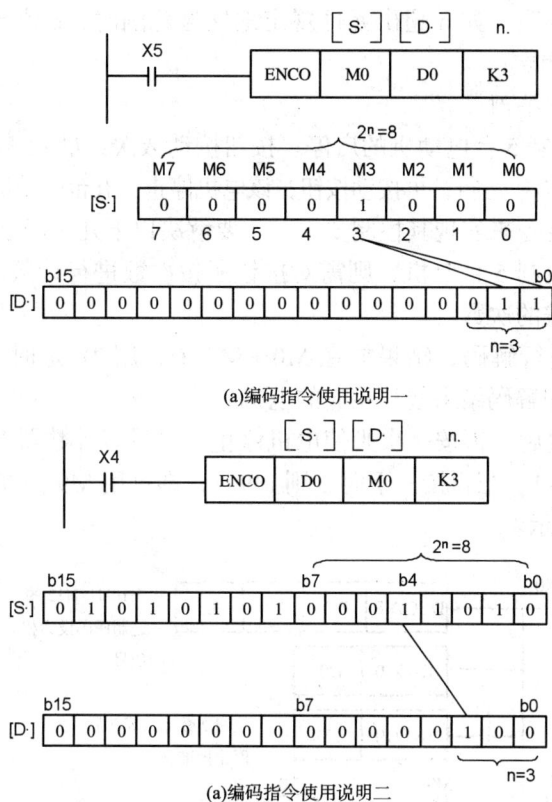

(a)编码指令使用说明二

图 6-42　编码指令的使用说明

5）若指令是连续执行型，则在各个扫描周期都执行，必须注意。

4. 平均值指令 MEAN（P）（FNC45）（16）

（1）功能。平均值指令 MEAN 是将 [S·] 指定的 n 个（元件的）源操作数据的平均值（用 n 除代数和）存入目标操作数 [D·] 中，舍去余数。

（2）操作数。　[S·] 为 KnY、KnM、KnS、T、C、D；

　　　　　　　　[D·] 为 KnY、KnM、KnS、T、C、D、V、Z；

　　　　　　　　n 为 K、H　（$1 \leqslant n \leqslant 64$）。

（3）程序步。MEAN、MEANP 为 7 步。

（4）程序表达方式。平均值指令使用说明如图 6-43 所示。

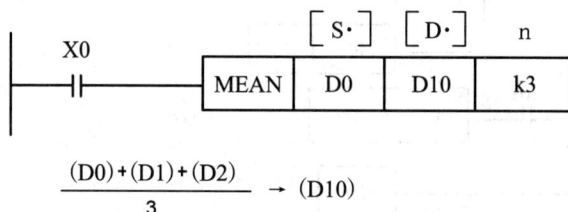

$$\frac{(D0)+(D1)+(D2)}{3} \rightarrow (D10)$$

图 6-43　MEAN 指令的使用说明

（5）指令使用注意事项。如 n 超出元件规定地址号范围时，n 值自动减小。n 在 1～64 以外时，会发生错误。

5. 数据处理指令应用举例

例 6-11 单按钮控制 5 台电动机的启停。按钮按动数次，最后一次保持 1s 以上后，则号码与次数相同的电机运行，再按动按钮，该电机停止，五台电动机接于 Y0～Y4。

解： 本例采用解码指令来实现其控制要求。主要解决以下几个问题：

（1）要用一个按钮控制 5 台电机，则需对按钮所按次数进行计数。设 D0 为其计数器，用来存放按钮所按的次数。

（2）对 D0 的内容进行解码，结果放在 M0～M7 中，用 T0 定时 1s 后，用定时触点作为主控条件，利用解码结果起动相应的电机。

（3）当按下最后一次后，再按一次则使电机停止。可设置计数器 K1M8，对按钮成功输入计数一次，M8=1。当再按一下时，则 M9=1，即可用 M9 去控制电机停止。

梯形图如图 6-44 所示。

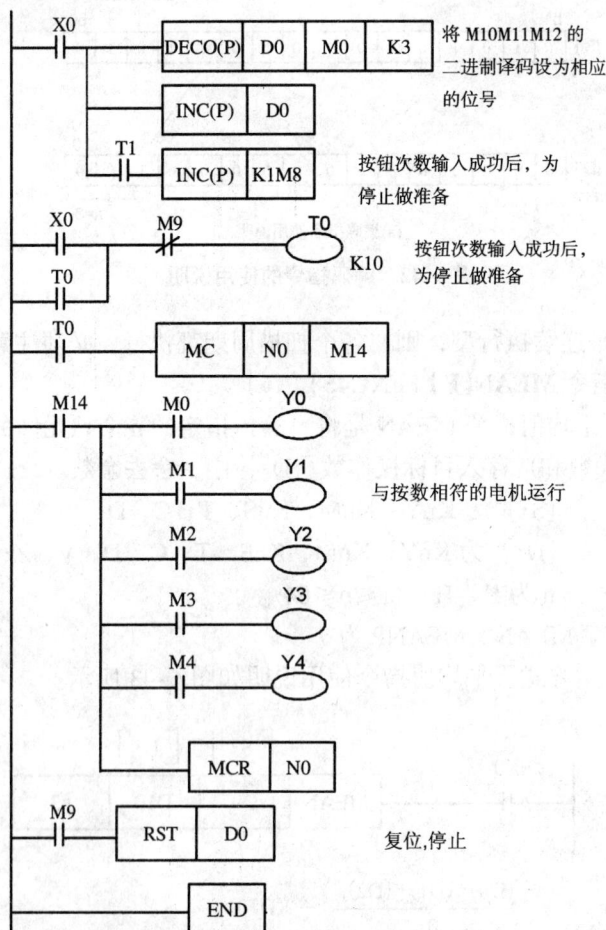

图 6-44 单按钮控制五台电动机梯形图

6.4　控　制　类　指　令　及　其　应　用

6.4.1　跳转指令及其应用

1. 跳转指令 CJ（P）（FNC00）（16）

（1）功能。在满足跳转条件之后的各个扫描周期中，PLC 将不再扫描跳转指令与跳转指针 Pn 之间的程序，即跳到以指针 Pn 为入口的程序段中执行。直到跳转的条件不再满足，跳转停止进行。

（2）操作数。〔D·〕为 P0～P63（允许变址修改）。

（3）程序步。CJ、CJ（P）为 3 步；标号 P 为 1 步。

（4）程序表达方式。跳转指令在梯形图中使用的情况如图 6-45 所示，图中跳转指针 P8、P9 分别对应 CJ P8 及 CJ P9 两条跳转指令。

当 X0 置 1，跳转指令 CJ P8 执行条件满足，程序从 CJ P8 指令处跳至标号 P8 处，X0 常闭触点断开，仅执行梯形图中的最后三行程序。

图 6-45 中跳转发生前后输入或其他器件发生变化对程序执行结果的影响如表 6-45 所示。

从表中可以看到以下几点：

1）处于被跳过程序段中的输出继电器 Y、辅助继电器 M、状态寄存器 S 由于该段程序不再执行，即使梯形图中涉及的工作条件发生变化，它们的工作状态将保持跳转发生前的状态不变。

2）被跳过程序段中的时间继电器 T 及计数器 C，无论其是否具有掉电保持功能，由于相关程序停止执行，它们的现实值寄存器被锁定，跳转发生后其计时、计数值保持不变，在跳转中止，程序继续执行时，计时、计数将继续进行。另外，计时、计数器的复位指令具有优先权，即使复位指令位于被跳过的程序段中，当执行条件满

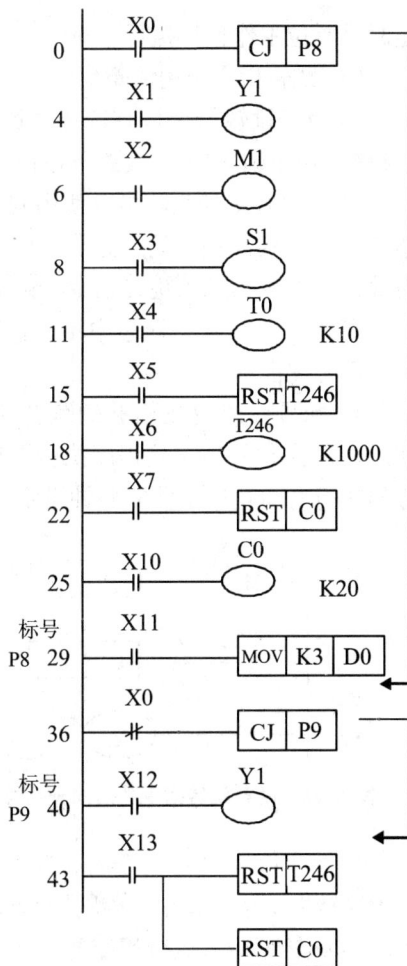

图 6-45　跳转指令使用说明

表 6-5 跳转对元器件状态的影响

元件	跳转前触点状态	跳转后触点状态	跳转后线圈状态
Y，M，S	X1，X2，X3 OFF	X1，X2，X3 ON	Y1，M1，S1 OFF
	X1，X2，X3 ON	X1，X2，X3 OFF	Y1，M1，S1 ON
10ms，100ms 定时器	X4 OFF	X4 ON	定时器不动作
	X4 ON	X4 OFF	定时器停止，X0 OFF 后接着计时
1ms 定时器	X5 OFF，X6 OFF	X6 ON	定时器不动作
	X5 OFF，X6 ON	X6 OFF	定时器停止，X0 OFF 后接着计时
计数器	X57 OFF，X10 OFF	X10 ON	计数器不动作
	X7 OFF，X10 ON	X10 OFF	计数器停止，X0 OFF 后接着计数
功能指令	X11 OFF	X11 ON	除 FNC52～FNC59 之外的其他功能指令不执行
	X11 ON	X11 OFF	

足时，复位工作也将执行。

（5）跳转指令使用注意事项。

1）由于跳转指令具有选择程序段的功能，在同一程序且位于因跳转而不会被同时执行程序段中的同一线圈不被视为双线圈。

2）可以有多条跳转指令使用同一标号。在图 6-46 中，如 X21 接通，第一条跳转指令有效，从这一步跳到标号 P9。如果 X21 断开，而 X22 接通，则第二条跳转指令有效，程序从第二条跳转指令处跳到 P9 处。但不允许一个跳转指令对应两个标号的情况存在，即在同一程序中不允许存在两个相同的标号。在编写跳转程序的指令表时，标号需占一行。

3）标号一般设在相关的跳转指令之后，也可以设在跳转指令之前，如图 6-47所示。应注意的是，从程序执行顺序来看，如果 X24 接通约 200ms 以上，造成该程序的执行时间超过了警戒时钟设定值，会发生监视定时器出错。

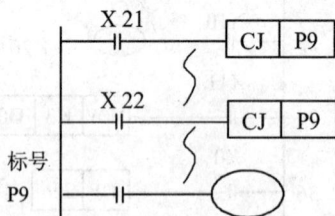

图 6-46 两条跳转指令共用同一标号

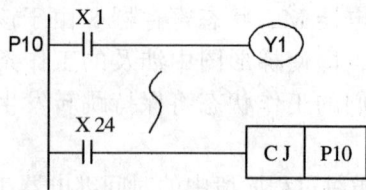

图 6-47 指针标号可以设在跳转指令之前

4）使用 CJ（P）指令时，跳转只执行一个扫描周期，但若用辅助继电器 M8000作为跳转指令的工作条件，跳转就成为无条件跳转。

5）跳转可用来执行程序初始化工作，如图 6-48 所示。在 PLC 运行的第一个扫描周期中，跳转 CJ P7 将不执行，程序执行初始化程序则被跨过，不再执行。

6）图 6-49 说明了主控区与跳转指令的关系。①对跳过整个主控区（MC～MCR）的跳转不受限制。②从主控区外跳到主控区内时，跳转独立于主控操作，CJ P1 执行时，不论 M0 状态如何，均作 ON 处理。③在主控区内跳转时，如 M0 为 OFF，跳转不能执行。④从主控区内跳到主控区外时，如 M0 为 OFF 时，跳转不能执行；M0 为 ON 时，跳转条件满足，可以跳转，这时 MCR N0 无效，但不会出错。⑤从一个主控区内跳到另一个主控区内时，当 M1 为 ON 时，可以跳转。执行跳转时不论 M2 的实际状态如何，均看做 ON。MCR N0 被忽略。

2. 跳转指令的应用

为了提高设备的可靠性和调试的需要，许多设备要建立两种工作方式。而这就要在程序中编排两段程序，一段用于手动，另一段用于自动，而它们都有相同的控制对象，只是完成动作的要求不同而已。在梯形图中，往往会出现双重线圈，用跳步指令就很容易解决这类问题。其典型的框图如图 6-50 所示。

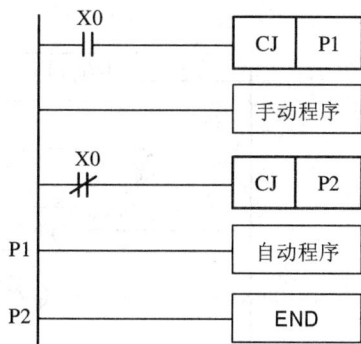

图 6-48　跳转指令用于程序初始化

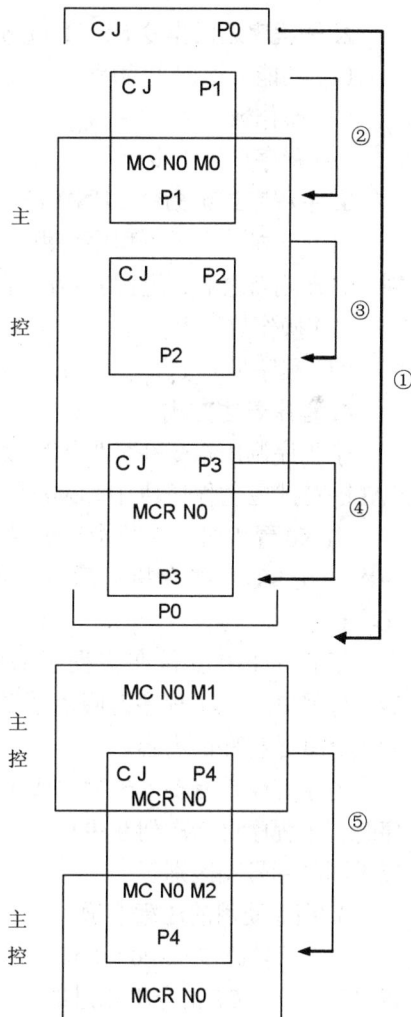

图 6-50　自动/手动转换程序

图中输入继电器 X0 为手动／自动转换开关。当 X0 置 1 时，执行自动工作方式，置 0 时执行手动工作方式。

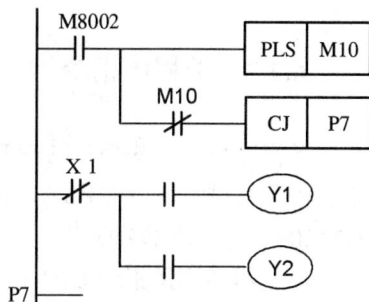

图 6-49　主控指令与跳转操作的关系

6.4.2　子程序指令

子程序是为一些特定的控制目的编制的相对独立的程序。为了区别于主程序，规定在程序编排时，将主程序排在前边，子程序排在后边，并以主程序结束指令 FEND（FNC06）将这两部分隔开。

1. 子程序调用指令 CALL（P）FNC01（16）

（1）功能。当子程序调用指令的执行条件为 ON 时，CALL 指令使程序跳到标号处，子程序被执行。

（2）操作数。[D·] 为 P0～P62（允许变址修改）。

（3）程序步。CALL（P）为 3 步；标号 P 为 1 步。

2. 子程序返回指令 SRET（FNC02）

（1）功能。返回主程序。

（2）操作数。无。

（3）程序步为 1 步。

3. 主程序结束指令 FEND（FNC06）

（1）功能。表示主程序结束。执行到 FEND 指令时机器进行输出、输入处理，监视定时器刷新之后，返回 0 步的程序。

（2）操作数。无。

（3）程序步为 1 步。

4. 程序表达方式

子程序调用指令在梯形图中使用的情况如图 6-51 所示。图中，子程序调用指令 CALL 安排在主程序段中，X0 是子程序执行的条件，当 X0 置 1 时，执行指针标号为 P10 的子程序一次。在 SRET 指令执行后程序回到主程序中的 104 步处。

子程序 P10 安排在主程序结束指令 FEND 之后，标号 P10 和子程序返回指令 SRET 之间的程序构成 P10 子程序的内容。

若主程序带有多个子程序或子程序中嵌套子程序时，子程序可依次列在主程序结束指令之后，并以不同的标号相区别。

5. 指令使用的注意事项

（1）标号范围从 P0～P62，但同一标号不能出现多于 1 次；CJ 指令中用过的标号不能重复再用，但不同的 CALL 指令可调用同一标号的子程序。

（2）在子程序中可用 CALL 子程序，形成子程序嵌套，总数可有五级嵌套。图

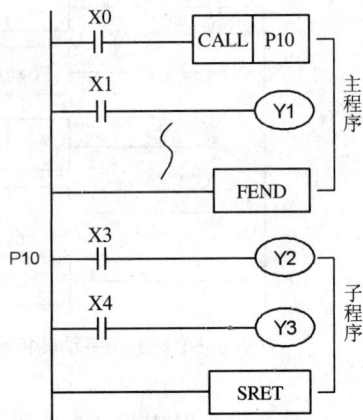

图 6-51　子程序的使用说明

6-52 是一级嵌套的例子。子程序 P1 是脉冲执行方式,即 X0 置 1 一次,子程序 P1 只执行一次。当子程序 P1 开始执行并且 X2 置 1 时,程序转去执行子程序 P2,当 P2 执行完毕后又回到 P1 原断点处执行 P1,直到 P1 执行完成后返回主程序。

6. 子程序应用举例

例 6-12　某化工反应装置完成多液体物料的化合工作,连续生产。使用可编程控制器完成物料的比例投入及送出,并完成反应装置温度的控制工作。反应物料的投入比例,根据装置内酸碱度经运算后,控制有关阀门的开启程度实现,反应物的送出量,根据进入物料的量经运算后,控制出料阀门的开启程度实现。温度控制使用加温及降温设备。温度需维持在一个区间内。

解:在设计程序的总体结构时,将运算为主的程序内容作为主程序;将加温及降温等逻辑控制为主的程序作为子程序。子程序的执行条件 X10 及 X11 为温度高限继电器及温度低限继电器。图 6-53 为该程序结构示意图。

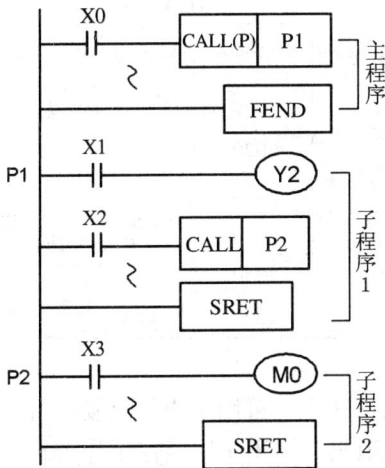

图 6-52　子程序的嵌套

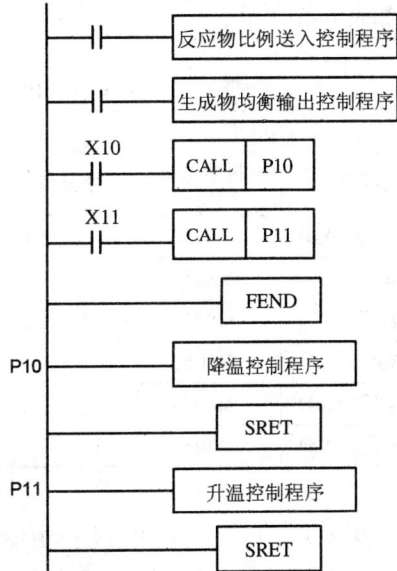

图 6-53　温度控制子程序结构图

6.4.3　中断指令及其应用

中断是计算机所特有的一种工作方式。指在主程序的执行过程中,中断主程序的执行过程去执行中断子程序。和前面所谈到的子程序一样,中断子程序也是为某些特定的控制功能而设定的。和普通子程序的不同点是,这些特定的控制功能都有一个共同的特点,即要求响应时间小于机器的扫描周期。

1. 中断返回指令 IRET（FNC03）

（1）功能。返回主程序，用在中断服务程序的末尾，表示中断服务程序的结束。

（2）操作数。无。

（3）程序步为1步。

2. 允许中断指令 EI（FNC04）

禁止中断指令 DI（FNC05）

（1）功能。在主程序中，EI 和 DI 一起规定允许中断区间。EI 表示允许中断区间的起点，DI 表示允许中断区间的终点。

（2）操作数。无。

（3）程序步为1步。

3. FX 系列可编程控制器中断编号方法

FX 系列可编程控制器有三类中断源，输入中断、定时器和计数器中断。为了区别不同的中断，在程序中标明中断子程序的入口，规定了中断指针标号。中断编号方法如表6-6所示。

表6-6　中断编号与中断相关的辅助继电器

输入中断用		定时器中断用		计数器中断用	
中断编号	中断禁止辅助继电器	中断编号	中断禁止辅助继电器	中断编号	中断禁止辅助继电器
I00□（X0）	M8050	I6□□	M8056	I010	M8059
I10□（X1）	M8051	I7□□	M8057	I020	
I20□（X2）	M8052	I8□□	M8058	I030	
I30□（X3）	M8053			I040	M8059 接通，计数器中断全禁止
I40□（X4）	M8054	□□：表示 10～99ms		I050	
I50□（X5）	M8055			I060	

从表6-6中可以看出，输入中断信号从输入端子送入，可用于机外突发随机事件引起的中断。定时器中断是机内中断，使用定时器引出，多用于周期性工作场合。计数器中断是利用机内高速计数器的比较结果，引起中断的。由于中断的控制是脱离于程序的扫描执行机制的，多个突发事件出现时处理也必须有个秩序，这就是中断优先权。FX 系列 PLC 一共可安排15个中断，其优先权由中断号的大小决定，号数小的中断优先权高。由于外部中断号整体上高于定时器中断，即外部中断的优先权较高。

由于中断子程序是为一些特定的随机事件而设计的。在主程序的执行过程中，就有可能结合不同的程序段中 PLC 所要完成工作的性质决定能否响应中断。对可以响应中断的程序段用允许中断指令 EI 及不允许中断指令 DI 指令标出来。如在程序的任何地方都可以响应中断，称为全程中断。另外，如果机器安排的中断比较多，而这些中断又不一定需同时响应时，还可以通过特殊辅助继电器 M8050～M8059 实现中断的选择。这些特殊辅助继电器和 15 个中断的对应关系如表 6-6 中所示。机器规定，当这些辅助继电器通过控制信号被置 1 时，其对应的中断被封锁。

4. 中断指令的程序表达方式

中断指令的梯形图表示如图 6-54 所示。

从图 6-54 中可以看出，中断程序作为一种子程序安排在主程序结束指令 FEND 之后。主程序中允许中断指令 EI 及不允许中断指令 DI 间的区间表示可以开放中断的程序段。主程序带有多个中断子程序时，中断标号和与其最近的一处中断返回指令构成一个中断子程序。FX$_{2N}$ 型可编程控制器可实现不多于二级的中断嵌套。

另外，一次中断请求，中断程序一般仅能执行一次。

5. 中断指令的执行过程及应用实例

（1）外部中断子程序。外部中断常用来引入发生频率高于机器扫描频率的外控制信号，或用于处理那些需快速响应的信号。图 6-55 是带有外部输入中断子程序的梯形图。在主程序段程序执行中，特殊辅助继电器 M8050 为零时，标号为 I001 的中断子程序允许执行。该中断在输入口 X0 送入上升沿信号时执行。上升沿信号出现一次，该中断执行一次。执行完毕后即返回主程序。中断子程序的功能为，时钟脉冲为 1s 的特殊辅助继电器 M8013 驱动输出继电器 Y12 工作。作为执行结果的 Y12 的状态，视 M8013 上升沿出现时的状态而定。即 M8013 置 1，则 Y12 置 1；M8013 为零时，Y12 置 0。

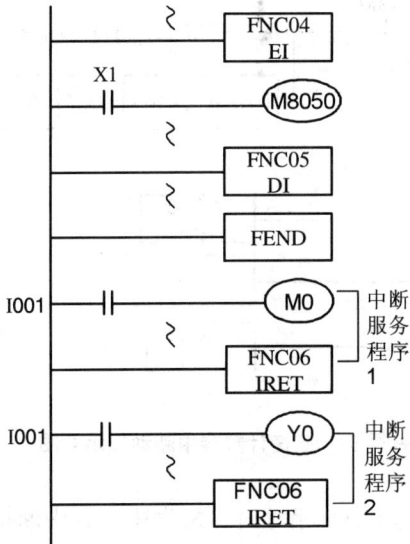

图 6-54　中断指令使用说明

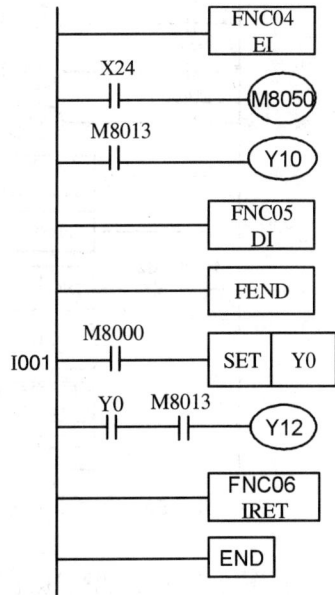

图 6-55　外部中断子程序

（2）时间中断子程序。图 6-56 为一段试验性质的定时中断子程序。中断标号 I610 的中断序号为 6，时间周期为 10ms 的定时器中断。从梯形图的程序来看，每执行一次中断程序将向数据存储器 D0 中加 1，当加到 1000 时，M2 为 ON 使 Y002 置 1，为了验证中断程序执行的正确性，在主程序段中设有时间继电器 T0，设定值为 100 并用此时间继电器控制输出端 Y1，这样当 X1 由 ON 变为 OFF 并经历 10s 后，Y1 及 Y2 应同时置 1。

（3）计数器中断子程序。根据可编程控制器内部的高速计数器的比较结果，执行中断子程序。用于优先控制利用高速计数器的计数结果。计数器中断指针 I 0□0（□=1～6）是利用高速计数的当前值进行中断，要与比较置位指令 FNC 53（HSCS）组合使用，如图 6-57 所示。

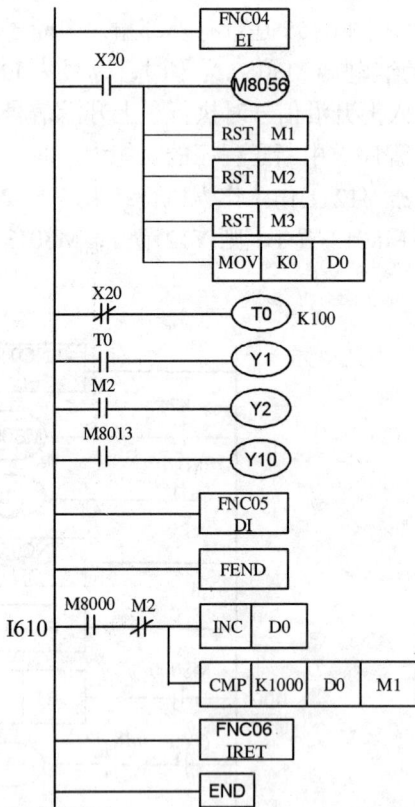

图 6-56　定时器中断子程序　　　图 6-57　高速计数器中断动作示意图

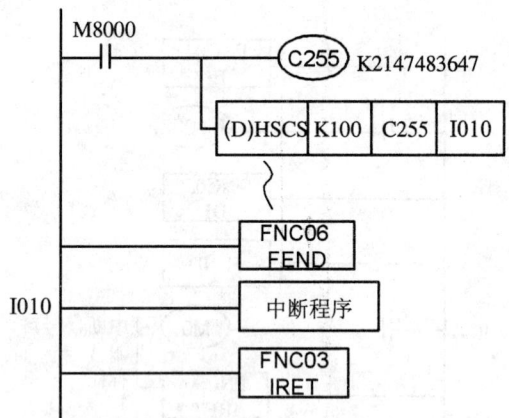

在图 6-57 中，当高速计数器 C255 的当前值与 K100 相等时，发生中断，中断指针指向中断程序，执行中断程序后，返回原断点程序。

以上讨论的中断用指针的动作会受到机内特殊辅助继电器 M8050～M8059 的控制，它们若接通，则中断禁止。例如，M8059 接通，计数器中断全禁止。

6.4.4　循环指令

1. 循环开始指令 FOR（FNC08）（16）

（1）功能。循环区起点。

（2）操作数。K、H、KnX、KnY、KnM、KnS、T、C、D、V、Z。

（3）程序步。3 步。

2. 循环结束指令 NEXT（FNC09）

（1）功能。循环区终点。

（2）操作数。无。

（3）程序步。1 步。

3. 循环指令程序表达方式

循环指令由 FOR 及 NEXT 两条指令构成，这两条指令总是成对出现的。如梯形图 6-58 所示。循环次数范围：1~32767；如果循环次数设置为-32767~0 时，循环次数作 1 处理，FOR-NEXT 循环一次。

图 6-58 中有三条 FOR 指令和三条 NEXT 指令相互对应，构成三层循环，这样的嵌套可达五层。在梯形图中相距最近的 FOR 指令和 NEXT 指令是一对，构成最内层循环①，其次是中间的一对指令构成中循环②，再就是最外层一对指令构成外循环③。每一层循环间包括了一定的程序，这就是所谓程序执行过程中需依一定的次数循环的部分。该程序中内层循环①程序是向数据存储器 D100 中加 1，若循环值从输入端设定为 4，它的中层②循环值 D3 中为 3，最外层③循环值为 4。循环嵌套程序的执行总是从最内层开始。以图 6-58 的程序为例，当程序执行到内循环程序段时先向 D100 中加四次 1，然后执行中层循环，中层循环要将内层的过程执行三次，执行

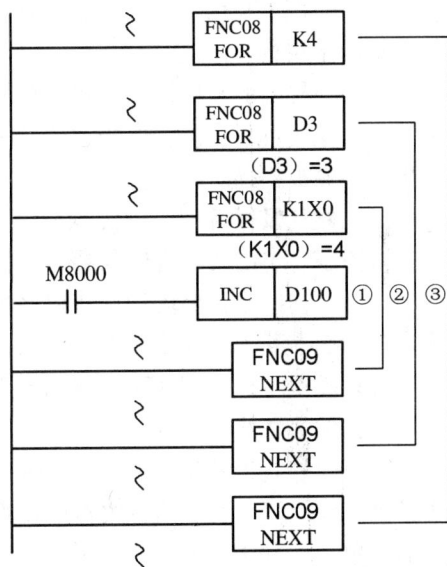

图 6-58　循环指令使用说明

完成后 D100 中的值为 12。最后执行最外层循环，即将内层及中层循环再执行四次。从以上的分析可以看出，多层循环间的关系是循环次数相乘的关系，这样，本例中的加 1 指令在一个扫描周期中就要向数据存储器 D100 中加入 48 个 1 了。

4. 指令使用注意事项

在使用循环指令时，下述情况下会出错：

（1）NEXT 指令在 FOR 指令之前。

（2）只有 FOR 指令而没有 NEXT 指令与之对应。

（3）NEXT 指令编在 FEND 或 END 指令之后。

（4）NEXT 指令的数目与 FOR 指令数目不符合。

5. 循环程序的应用

循环指令用于某种操作需反复进行的场合。如对某一取样数据做一定次数的加权运算，控制输出口依一定的规律做重复的输出动作或利用重复的加减运算完成一定量的增加或减少，或利用重复的乘除运算完成一定量的数据移位。循环程序可以使程序简明扼要，增加编程的方便，提高程序执行效率。

6.4.5 程序控制与程序结构

程序是由一条条的指令组成的，一定的指令集合总是完成一定的功能。当功能控制要求复杂，程序也变得庞大时，就要求将一定功能的指令块合理地组织起来，这就是程序的结构。程序结构应具有方便程序的编写，有利于阅读理解程序。好的程序结构，能使 PLC 的运行效率提高。

常见的程序结构类型有以下几种。

1. 简单结构

这是小程序的常用结构，也叫做线性结构。指令平铺直叙地写下来，执行时也是平铺直叙地运行下去。程序中也会分一些段。简单结构的特点是每个扫描周期中每一条指令都要被扫描。

2. 有跳转及循环的简单结构

由控制要求出发，程序需要有选择地执行时，采用跳转指令。如自动、手动程序段的选择，初始化程序段和工作程序段的选择。这时在某个扫描周期中就不一定是全部指令被扫描到了，而是有选择的执行，被跳过的指令不被扫描。循环用于当需要多次执行某段程序时，其他程序就相当于被跳过。

3. 组织模块式结构

组织模块式结构的程序则存在并列结构。组织模块式程序可分为组织块、功能块、数据块。组织块专门解决程序流程问题，常作为主程序。功能块则独立地解决局部的、单一的功能，相当于一个个的子程序。数据块则是程序所需的各种数据的集合。在这里，多个功能块和多个数据块相对组织块来说是并列的程序块。前边讨论过的子程序指令及中断程序指令常用来编制组织模块式结构的程序。组织模块式程序结构为编程提供了清晰的思路。各程序块的功能不同，编程时就可以集中精力解决局部问题。组织块主要解决程序的入口控制，子程序完成单一的功能，程序的编制无疑得到了简化。当然，作为组织块中的主程序和作为功能块的子程序，也还是简单结构的程序。不过并不是简单结构的程序就可以简单地堆积而不要考虑指令排列的次序，PLC 的串行工作方式使得程序的执行顺序和执行结果有十分密切的联系，这在任何时候的编程中都是重要的。

　　另一种程序结构是结构化编程结构。它特别适合具有许多同类控制对象的庞大控制系统，这些同类控制对象具有相同的控制方式及不同的控制参数。编程时先针对某种控制对象编出通用的控制方式程序，在程序的不同程序段中调用这些控制方式程序时再赋予其所需的参数值。结构化编程有利于多人协作的程序组织，有利于程序的调试。

6.5　高速计数器及高速计数器指令

6.5.1　FX 系列 PLC 的高速计数器

　　高速计数器，顾名思义是用来对较高频率的信号计数的计数器。这是和普通计数器比较而言的，普通计数器的工作受扫描频率的限制，只能对低于扫描频率的信号计数。这对于许多工业控制计数场合是不能胜任的。

　　在现代技术条件下，几乎各种信号都可以转变为脉冲序列，当信号的量值发生变化时，它所转变的脉冲序列的频率就会发生变化。比如，用光电编码器可以将转速变换为频率信号，速度越高，单位时间中脉冲数就越多。还可以将电压用模数转换器件变为脉冲信号，然后用计数器统计每秒中接收到的脉冲数，再经过一定的当量运算求对应的电压值。由于这类转化可以将模拟量变换为数字量，方便数字控制，且这种转变可以通过提高频率当量方便地提高测量精度，在现代控制系统中获得了广泛的应用。这种由其他物理量转化成的频率信号一般高于扫描频率，能达到数千赫兹，机内的普通计数器便不能胜任这种计数工作。高速计数器便应运而生了。

1. 高速计数器与普通计数器的主要差别

　　（1）对外部信号计数，工作在中断工作方式。由于待计量的高频信号都是来自机外，可编程控制器都设有专用的输入端子及控制端子。一般是在输入口中设置一些带有特殊功能的端子，它们既可完成普通端子的功能，又能接收高频信号。为了满足控制准确性的需要，计数器的计数、启动、复位及数值控制功能都能采取中断方式工作。

　　（2）计数范围较大，计数频率较高。一般高速计数器均为 32 位加减计数器。最高计数频率一般可达到 10kHz。

　　（3）工作设置较灵活。从计数器的工作要素来说，高速计数器的工作设置比较灵活。高速计数器除了具有普通计数器通过软件完成启动、复位、使用特种辅助继电器改变计数方向等功能外，还可通过机外信号实现对其工作状态的控制，如启动、复位、改变计数方向等。

　　（4）使用专用的工作指令。普通计数器工作时，一般是达到设定值，其触点动作，再通过程序安排其触点实现对其他器件的控制。高速计数器除了普通计数器的这一工作方式外，还具有专门的控制指令，可不通过本身的触点，以中断工作方式直接完成对其他器件的控制。

2. FX 系列 PLC 中高速计数器的数量及类型

FX 系列可编程控制器中 C235~C255 为高速计数器。它们共享同一个 PLC 机型输入端上的六个高速计数器输入端（X0～X5）。即，如果输入已被某个计数器占用，它就不能再用于另一个高速计数器，也就是说，由于只有六个高速计数的输入，因此，最多只能有六个高速计数器同时工作。另外，还可用做比较和直接输出高速应用功能。

高速计数器的选择并不是任意的，取决于所需计数器的类型及高速输入的端子。计数器的类型如下：

（1）1 相单输入型 C235～C245，11 点。①无启动／复位端子 C235～C240，6 点；②带启动／复位端子 C241～C245，5 点。

（2）1 相 2 计数双输入型 C246～C250，5 点。

（3）2 相双计数输入型 C251～C255，5 点。

以上高速计数器均为 32 位增／减计数器。表 6-7 列出了它们和各输入端之间的对应关系。从表 6-7 中可以看到，X6 及 X7 也可参与高速计数工作，但只能作为启动信号而不能用于计数脉冲的输入。

表 6-7 中：U 表示增计数输入，D 表示减计数输入，A 表示 A 相输入，B 表示 B 相输入，R 表示复位输入，S 表示启动输入。X6 和 X7 也是高速输入，但只能用做启动信号，而不能用于高速计数，不同类型的计数器可同时使用，但它们的输入不能共用。

3. 高速计数器的使用方式

（1）1 相单输入型（C235～C245）。1 相单输入型高速计数器有如下两种：①无启动／复位端子（C235～C240）；②带启动／复位端子（C241～C245）。

两组计数器的计数方式及触点动作与普通的 32 位计数器相同。做增计数时，当计数值达到设定值时，触点动作并保持，做减计数时，到达计数值则复位。其计数方向取决于计数方向标志继电器 M8235～M8245，M8×××后三位为对应的计数器号，计数方向标志继电器为 ON 时，对应的计数器做减计数，为 OFF 时做增计数。

1）图 6-59 为 1 相无启动／复位高速计数器工作的梯形图。这类计数器只有一个脉冲输入端。其动作如下：①当方向标志 M8235 为 ON 时，计数器 C235 减计数；M8235 为 OFF 时，计数器 C235 增计数。②当 X11 接通，C235 复位至 0，触点 C235 断开。③当 X12 接通，C235 选中，从表 6-7 可知，对应的计数器 C235 的输入为 X0，C235 对 X0 输入端的 OFF→ON 信号计数。

2）图 6-60 为 1 相带启动／复位高速计数器工作的梯形图。其动作如下：①当方向标志 M8245 为 ON 时，计数器 C245 减计数；M8245 为 OFF 时，计数器 C245 增计数。②当 X14 接通，C235 像普通 32 位计数器一样复位，C245 还能由外部输入 X3 复位。③计数器 C245 还有外部启动输入端 X7。当 X7 接通，C245 开始计数；X7

表 6-7　FX₂N 系列可编程控制器高速计数器分类一览表

输入中断	1相（无启动/复位）单输入						1相（带启动/复位）单输入					1相2计数双输入型					2相双计数输入				
	C235	C236	C237	C238	C239	C240	C241	C242	C243	C244	C245	C246	C247	C248	C249	C250	C251	C252	C253	C254	C255
X0	U/D						U/D			U/D		U	U		U		A	A		A	
X1		U/D					R			R		D	D		D		B	B		B	
X2			U/D					U/D			U/D		R		R			R		R	
X3				U/D				R			R			U		U	A		A		A
X4					U/D				U/D					D		D			B		B
X5						U/D			R					R		R			R		R
X6										S					S					S	
X7											S					S					S

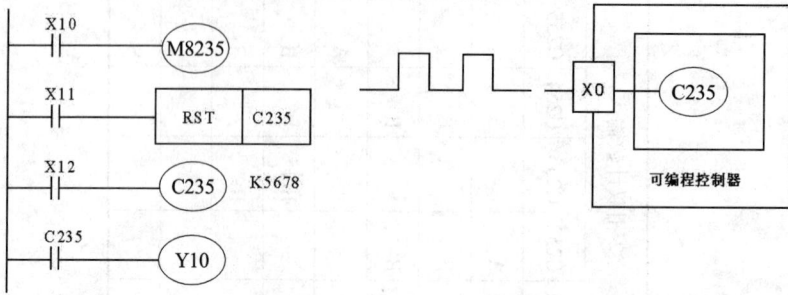

图 6-59　1 相无启动/复位端高速计数器

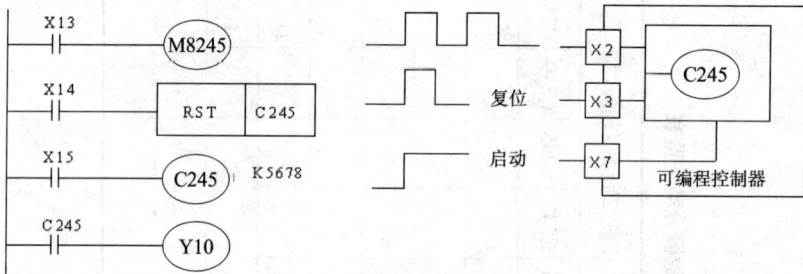

图 6-60　1 相带启动/复位端高速计数器

断开时，C245 停止计数。④当 X15 接通，C245 选中，从表 6-7 可知，对应的计数器 C245 的输入为 X2，C235 对 X2 输入端的 OFF→ON 信号计数。

（2）1 相 2 计数双输入型（C246～C250）。1 相 2 计数双输入高速计数器有两个外部计数输入端子。在一个端子上送入计数脉冲为增计数，在另一个端子上送入的则为减计数。

图 6-61 为 1 相 2 计数双输入型高速计数器的信号连接情况及梯形图。其动作如下：①当 X10 接通，C246 以普通 32 位增 / 减计数器一样方式的复位。②计数器 C246 以 X0 作为增计数端，X1 作为减计数端，X11 必须接通以便选通 C246，以使 X0、X1 输入有效。X0 输入端的 OFF→ON 信号，C246 增 1；X1 输入端的 OFF→ON 信号，C246 减 1；也有的 1 相 2 计数双输入计数器还带有外复位及外启动端。如高速计数器 C250，图 6-62 是 C250 的端子情况图。图中 X5 及 X7 分别为外启动及外复位端。它们的工作情况和 1 相带启动 / 复位端计数器的相应端子相同。

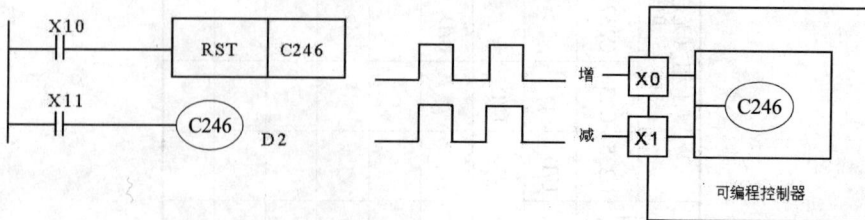

图 6-61　1 相 2 计数双输入型高速计数器

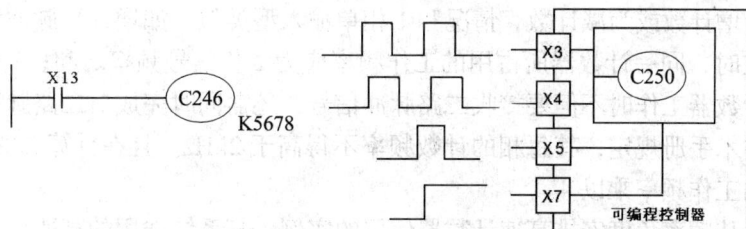

图 6-62　1 相 2 计数双输入型带启动/复位端高速计数器

（3）2 相双计数输入型（C251~C255）。
2 相双计数输入型高速计数器的两个脉冲输
入端子是同时工作的，外计数方向控制方
式由 2 相脉冲间的相位决定。如图 6-63
所示，当 A 相信号为"1"，且 B 相信号为
上升沿时为增计数，B 相信号为下降沿时为
减计数。其余功能与 1 相双输入型相同。

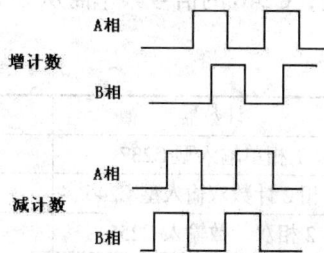

图 6-63　2 相双输入型计数方向控制脉冲

需要说明的是，带有外计数方向控制端
的高速计数器也配有与编号相对应的特殊辅
助继电器，只是它们没有控制功能只有指示功能。当采取外部计数方向控制方式工作
时，相应的特殊辅助继电器的状态会随着计数方向的变化而变化。

高速计数器设定值的设定方法和普通计数器相同，也有直接设定和间接设定两种
方式。也可以使用传送指令修改高速计数器的设定值及现时值。

（4）高速计数器的频率总和。由于高速计数器是采取中断方式工作的，受机
器中断处理能力的限制。使用高速计数器，特别是一次使用多个高速计数器时，还要
注意高速计数器的频率总和。

频率总和是指同时在 PLC 输入端口上出现的所有信号的最大频率总和。以 FX$_{2N}$
系列 PLC 为例，最大频率总和不得超过 20kHz。

因而，安排高速计数器的工作频率时需考虑以下的几个问题：

1）各输入端的响应速度。表 6-8 给出了受硬件限制，只使用一个计数器时，各
输入端的最高响应频率。

表 6-8　输入点的频率性能

输入点	最高频率
X0，X1，X2	10 kHz
X3，X4，X5	7 kHz

2）被选用的计数器及其工作方式。1 相单输入型高速计数器无论是增计数还是减
计数，都只需一个输入端送入脉冲信号；1 相 2 计数双输入型高速计数器在工作时，

如已确定为增计数或为减计数，情况和 1 相单输入型类似，如增计数脉冲和减计数脉冲同时存在时，同一计数器所占用的工作频率应为 2 相信号频率之和；2 相双计数输入型高速计数器工作时不但要接收二路脉冲信号，还需同时完成对二路脉冲的解码工作，有关技术手册规定，其每相的计数频率不得高于 2kHz。且在计算总的频率和时，要将它们的工作频率乘以 4。

下面是从频率角度安排高速计数器使用的实例。某系统选用的高速计数器情况如表 6-9 所示。C246 仅工作在增或减计数一种状态中。本例中求得频率总和虽低于 20kHz，但 1 相 2 计数双输入计数器（C246）的输入端子硬件响应频率限制为 7kHz，因此，C246 的信号频率需从 8kHz 降为 7kHz。

表 6-9　高速计数器的频率值安排

计数器	对应输入	最高信号频率
1 相单输入型 C237	X2	3 kHz
1 相 2 计数双输入型 C246	X0，X1	8kHz
2 相双计数输入 C255	X3，X4	2 kHz×4
		频率总和：3+8+（2×4）=19 kHz

上例说明，当使用多个高速计数器时，其频率总和必须低于 20kHz，且还需考虑不同的输入口及不同的计数器的具体情况。

（5）高速计数器的两种使用方式。高速计数器是实现数值控制的一种设备，我们的目的是通过高速计数器的计数值控制其他器件的工作状态。这有两种方法，一种是和普通计数器一样，通过计数器本身的触点在计数器达到设定值时动作并完成控制任务。图 6-59 及图 6-60 中梯形图内都有高速计数器的常开触点控制输出的内容，就是这种工作方式的例子。但是这种工作方式要受扫描周期的影响。从计数器计数值达到设定值至输出动作的时间有可能大于一个扫描周期。这显然要影响高速计数器的计数准确性。另一种是直接使用高速计数器工作指令方式，这种指令以中断方式工作，在计数器达到设定值时立即驱动相关器件动作。下面我们就介绍这些指令。

6.5.2　高速计数器指令

FX 系列 PLC 直接与高速计数器配合使用的指令有如下三条，现分别介绍如下。

1. 高速计数器置位指令 HSCS（FNC53）（16/32）

（1）功能。将高速计数器的当前值与源操作数 [S1·] 的数据进行代数比较，当相等时目标操作数 [D·] 被置位。

（2）操作数。[S1·] 为 K、H、KnX、KnY、KnM、KnS、T、C、D、V、Z；

[S2·] 为 C235～C255；

[D·] 为 Y、M、S。

（3）程序步。 (D) HSCS 为 13 步。

（4）程序表达方式。HSCS 指令的使用说明如图 6-64 所示。

图 6-64 为高速计数器置位指令的梯形图实例，上例中当 C255 的当前值由 99 变为 100 或由 101 变为 100 时，Y10 立即置 1。

2. 高速计数器复位指令 HSCR（FNC54）（16/32）

（1）功能。将高速计数器的当前值与源操作数 [S1·] 的数据进行代数比较，当相等时目标操作数 [D·] 被复位。当高速计数器的当前值变为设定值时，结果继电器被复位。

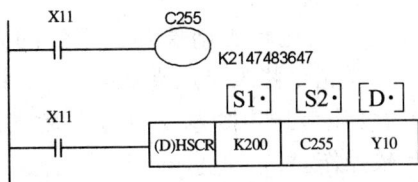

图 6-64　高速计数器置位指令说明

（2）操作数。 [S1·] 为 K、H、KnX、KnY、KnM、KnS、T、C、D、V、Z；

[S2·] 为 C235～C255；

[D·] 为 Y、M、S。

（3）程序步。 (D) HSCR 为 13 步。

（4）程序表达方式。HSCR 指令的使用说明如图 6-65 所示。

图 6-65 为高速计数器复位指令的梯形图实例，上例中当 C255 的当前值由 199 变为 200 或由 201 变为 100 时，Y10 立即复位。

高速计数器复位指令还可以用于高速计数器本身的复位。图 6-66 为使用高速计数器产生脉冲的梯形图，该例采用计数器一般控制方式和指令控制方式相结合的方法，使高速计数器的触点依一定的时间要求接通或复位以形成脉冲工作波形。

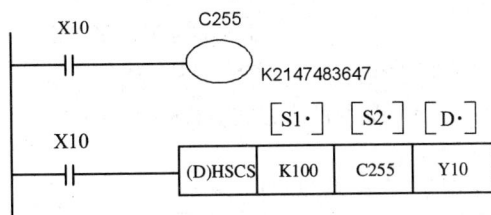

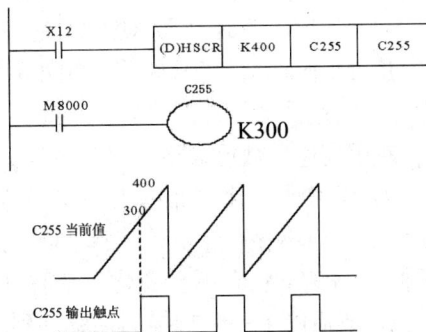

图 6-65　高速计数器复位指令说明

图 6-66　高速计数器自复位用以产生脉冲

3. 高速计数器区间比较指令 HSZ（FNC55）（16/32）

（1）功能。将高速计数器的当前值与两个源操作数［S1·］和［S2·］间的数据进行。代数比较，比较结果送到目标操作数［D·］中。

（2）操作数。　［S1·］为 K、H、KnX、KnY、KnM、KnS、T、C、D、V、Z；

　　　　　　　　［S2·］为 C235～C255；

　　　　　　　　［D·］为 Y、M、S。

（3）程序步。　（D）HSZ 为 13 步。

（4）程序表达方式。HSZ 指令的使用说明如图 6-67 所示。

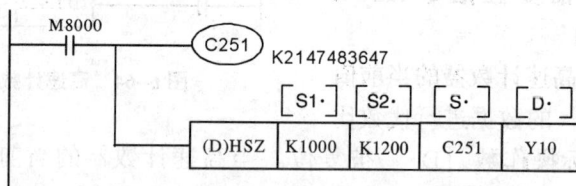

图 6-67　高速计数器区间比较指令说明

图 6-67 为高速计数器区间比较指令的梯形图实例，该例中当 C251 的当前值 <1000 时，Y10 置 1；大于 1000 小于 1200 时，Y11 置 1；大于 1200 时，Y12 置 1。

4. 高速计数器指令使用说明

（1）比较置位、比较复位、区间比较三条指令是高速计数器的 32 位专用控制指令，使用这些指令时，梯形图中应含有计数器设置内容，明确被选用的计数器。当不涉及计数器触点控制时，计数器的设定值可设为计数器计数最大值或任意高于控制数值的数据。

（2）在同一程序中如多处使用高速计数器控制指令，其被控对象输出继电器的编号的高 2 位应相同，以便在同一中断处理过程中完成控制。例如，使用 Y0 时，应为 Y0～Y7；使用 Y10 时，应为 Y10～Y17 等。

（3）特殊辅助继电器 M8025 是高速计数器指令的外部复位标志。PLC 一运行，M8025 就置 1，高速计数器的外部复位端 X1 若送入复位脉冲，高速计数比较指令指定的高速计数器立即复位。因此，高速计数器的外部复位输入点 X1 在 M8025 置 1，且使用高速计数比较指令时，可作为计数器的计数起始控制。

（4）高速计数比较指令是在外来计数脉冲作用下以比较当前值与设定值的方式工作的，当不存在外来计数脉冲时，应该使用传送类指令修改当前值或设定值，指令所控制的触点状态不会变化。在存在外来脉冲时使用传送指令修改当前值或设定值，在修改后的下一个扫描周期脉冲到来后执行比较操作。

习 题

1. FX 系列 PLC 数据传送比较指令有哪些?简述这些指令的编号、功能、操作数范围等。

2. 用 CMP 指令实现下面功能:X0 为脉冲输入,当脉冲数大于 5 时,Y1 为 ON;反之,Y0 为 ON。编写此梯形图。

3. 三台电机相隔 5s 起动,各运行 10s 停止,循环往复。使用传送比较指令完成控制要求。

4. 试用比较指令,设计一密码锁控制电路。密码锁为四键,若按 H65 对后 2s,开照明;按 H87 对后 3s,开空调。

5. 设计一台计时精确到秒的闹钟,每天早上 6 点提醒你按时起床。

6. 用传送与比较指令作简易四层升降机的自动控制。要求:①只有在升降机停止时,才能呼叫升降机;②只能接收一层呼叫信号,先按者优先,后按者无效;③上升、下降或停止自动判别。

7. 用拨码开关构成二进制数输入与 BCD 数字开关输入 BCD 数字有什么区别?应注意哪些问题?

8. 试编写一个数字钟的程序。要求有时、分、秒的输出显示,应起动、清除功能。进一步可考虑时间调整功能。

9. 跳转发生后,CPU 还是否对被跳转指令跨越的程序段逐行扫描,逐行执行。被跨越的程序中 6t 输出继电器、定时器及计数器的工作状态怎样?

10. 某报时器有冬季和夏季两套报时程序。请设计两种程序结构,安排这两套程序。

11. 试比较中断子程序和普通子程序的异同点。

12. FX 系列可编程控制器有哪些中断源?如何使用?这些中断源所引出的中断在程序中如何表示?

13. 某化工设备设有外应急信号,用以封锁全部输出口,以保证设备的安全。试用中断方法设计相关梯形图。

14. 高速计数器与普通计数器在使用方面有哪些异同点?

15. 如何控制高速计数器的计数方向?

16. 什么是高速计数器的外启动、外复位功能?该功能在工程上有什么意义?外启动、外复位和在程序中安排的启动复位有何区别?

17. 使用高速计数器触点控制被控对象的置位、复位和使用高速计数器置位复位指令使控制对象置位复位有什么不同?

第7章 可编程控制器的程序设计与应用设计

> **内容提要：** 程序设计是 PLC 应用中最关键的问题。程序设计方法是指用什么方法设计 PLC 梯形图。它们是梯形图设计的状态表法、PLC 程序设计的功能图法、PLC 程序设计的流程图法及 PLC 程序设计的现代 Petri 网方法等。状态表和功能图是用于程序设计的两种表示方法。状态表法是从传统继电器逻辑设计方法继承而来的，经过适当改进，适合于可编程控制器梯形图设计的一种方法。它的基本思想是，被控过程由若干个状态组成，每个状态都是由于接受了某个切换主令信号而建立，辅助继电器用于区分状态且构成执行元件的输入变量，而辅助继电器的状态由切换主令信号来控制。正确写出辅助继电器与切换主令信号之间的逻辑方程及执行元件与辅助继电器之间的逻辑关系，也就基本完成了程序设计任务。但状态表法仅适合于单一顺序问题的程序设计，而对于具有并发顺序和选择顺序的问题就显得无能为力了。功能图法是先将控制要求表达为功能图，用功能图来说明可编程控制器所要完成的控制功能，然后由功能图写出逻辑方程，再画出梯形图或写出指令。
>
> 　　本章首先介绍程序设计的一般方法，然后以 PLC 程序设计的功能图为重点，介绍顺序控制设计法，最后对 PLC 的应用设计做较全面的介绍。

7.1 可编程控制器程序设计的一般方法

7.1.1 PLC 程序设计的一般步骤

1. 梯形图的绘制原则

（1）梯形图按自上而下、从左到右的顺序排列。每个继电器线圈为一个逻辑行，即一层阶梯。每一个逻辑行起于左母线，然后是触点的连接，最后终止于继电器线圈或右母线。绘制梯形图时应注意的是：线圈与右母线之间没有任何触点，而线圈与左母线之间必须要有触点。

（2）在梯形图中某个编号继电器线圈只能出现一次，而继电器触点（常开或常闭）可无限次引用。有些 PLC，在含有跳转指令或步进指令的梯形图中允许线圈重复输出。

（3）在每一逻辑行中，串联触点多的支路应放在上方。如果将串联触点多的支路放在下方，则语句增多，程序变长。如图 7-1 所示。

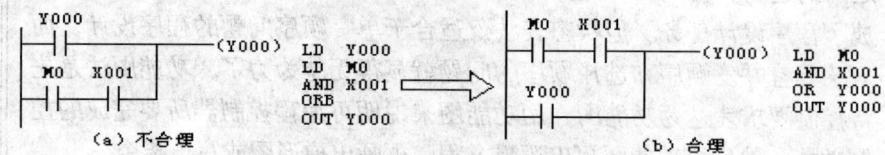

图 7-1 梯形图之一

（4）在每一个逻辑行中，并联触点多的支路应放在左边。如果将并联触点多的电路放在右边，则语句增多，程序变长。如图 7-2 所示。

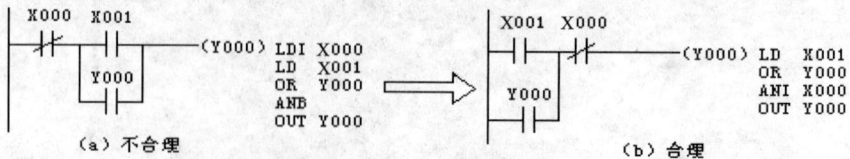

图 7-2 梯形图之二

（5）梯形图中，不允许一个触点上有双向"电流"通过。如图 7-3（a）所示，触点 X002 上有双向"电流"通过，该梯形图不能编程，这是不允许的。对于这样的梯形图，应根据其逻辑功能做适当的等效变换，如图 7-3（b）所示。

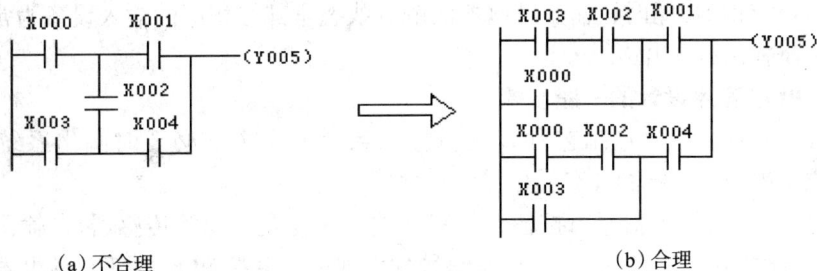

(a) 不合理　　　　　　　　　　　　　　(b) 合理

图 7-3　梯形图之三

（6）梯形图中，当多个逻辑行都具有相同条件时，为了节省语句数量，常将这些逻辑行合并。如图 7-4（a）所示，并联触点 X000、X001 是各个逻辑行所共有的相同条件。可合并成图 7-4（b）所示的梯形图，可以利用主控指令或分支指令来编程。

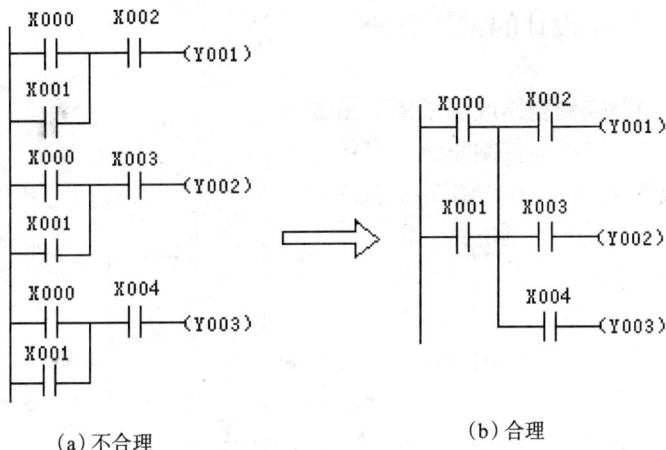

(a) 不合理　　　　　　　　　　　　　　(b) 合理

图 7-4　梯形图之四

（7）如果电路结构复杂，用 ANB、ORB 等指令难以处理时，可以重复使用一些触点改成等效电路，再进行编程，如图 7-5 所示。

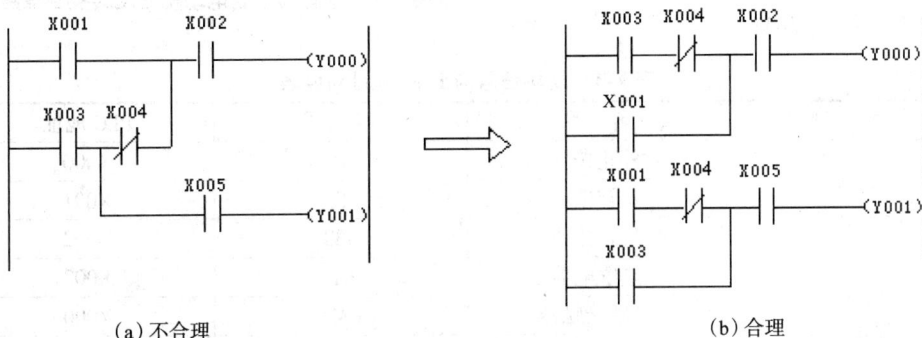

(a) 不合理　　　　　　　　　　　　　　(b) 合理

图 7-5　复杂电路的处理方法

（8）设计梯形图时，输入继电器的触点状态全部按相应的输入设备为常开进行设计更为合适，不易出错。

2. PLC 程序设计的一般步骤

（1）详细了解生产工艺和设备对控制系统的要求。必要时画出系统的工作循环图或流程图、功能图及有关信号的时序图。

（2）将所有输入信号（按钮、行程开关、速度及时间等传感器）、输出信号（接触器、电磁阀、信号灯等）及其他信号分别列表，并按 PLC 内部软继电器的编号范围，给每个信号分配一个确定的编号，即编制现场信号与 PLC 软继电器编号对照表。

（3）根据控制要求设计梯形图。图上的文字符号应按现场信号与 PLC 软继电器编号对照表的规定标注。

（4）编写程序清单。梯形图上的每个逻辑元件均可相应地写出一条命令语句，编写程序应按梯形图的逻辑行和逻辑元件的编排顺序由上至下、自左至右依次进行。

7.1.2 程序设计的常用方法

1. 将继电器控制电路改画成梯形图法

对于成熟的继电器控制系统，可用此法改画成 PLC 梯形图。图 7-6 为三相感应电动机正反转控制电路，现以此为例来说明此法。

（1）分析控制要求。

正转：按下 SB2，KM1 通电吸合，M 正转。

反转：按下 SB3，KM2 通电吸合，M 反转。

停止：按下 SB1，KM1（KM2）断电释放，M 停。

（2）编制现场信号与 PLC 软继电器对照表，见表 7-1。

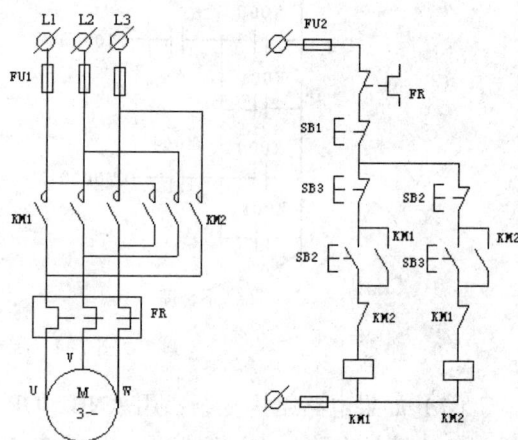

图 7-6 接触器控制电动机正反转控制电路

表 7-1 现场信号与 PLC 地址对照表

类 别	名 称	现场信号	PLC 地址
输入信号	停止按钮	SB1	X000
	正转按钮	SB2	X001
	反转按钮	SB3	X002
	热继电器	KR	X003
输出信号	正转接触器	KM1	Y000
	反转接触器	KM2	Y001

（3）画梯形图。按梯形图的要求把原控制电路适当改动，并根据表 7-1 标出各触点、线圈的文字符号，画出梯形图，如图 7-7（b）所示。改用 PLC 软继电器后，触点的使用次数不受限制，故作为停止按钮和热继电器的输入继电器触点各用了两次。

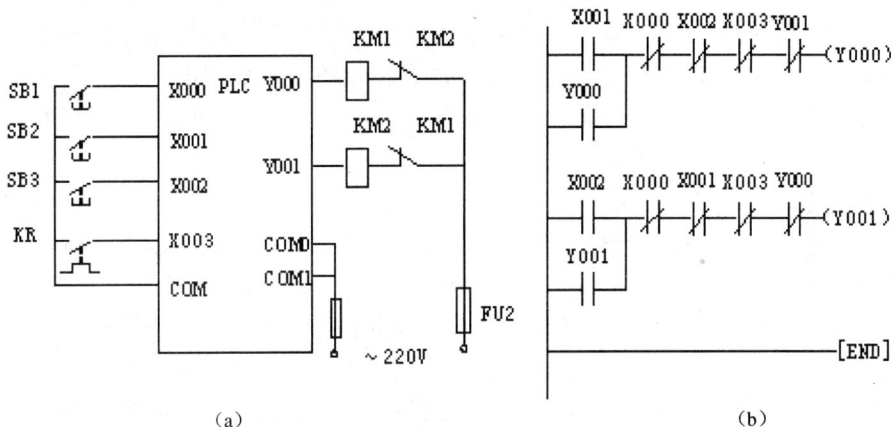

（a）PLC 的外部硬件接线图；（b）梯形图

图 7-7　PLC 控制电动机正反转控制电路

由于梯形图中的触点代表软继电器的状态，其中 X000 的常闭触点只有在输入继电器 X000 未得电的条件下才保持闭合，所以当电动机运行时，停止按钮应该断开输入继电器 X000，即停止按钮 SB1 应当接常开触点，其接线图如图 7-7（a）所示。

（4）列写程序清单。根据梯形图自上而下、从左到右按它们的逻辑关系，列写程序清单，如表 7-2 所示。

表 7-2　程序清单

步序号	指令	数据	步序号	指令	数据
0	LD	X001	8	OR	Y001
1	OR	Y000	9	ANI	X000
2	ANI	X000	10	ANI	X001
3	ANI	X002	11	ANI	X003
4	ANI	X003	12	ANI	Y000
5	ANI	Y001	13	OUT	Y001
6	OUT	Y000	14	END	
7	LD	X002			

2. 经验设计法

根据被控对象对控制的要求，初步设计出继电器控制电路，或直接设计出梯形图，再进行必要的化简和校验，有时在调试过程中还需要进行必要的修改。这种设计方法灵活性大，其结果一般不是唯一的。

例如：电动机正反转控制电路，图 7-7（a）所示为 PLC 的外部硬件接线图。其中 SB1 为停止按钮，SB2 为正转起动按钮，SB3 为反转起动按钮，KM1 为正转接触器，KM2 为反转接触器。实现电动机正反转功能的梯形图如图 7-7（b）所示。应该注意的是：图 7-7 虽然在梯形图中已经有了内部软继电器的互锁触点（X001 与 X002、Y000 与 Y001），但在外部硬件输出电路中还必须使用 KM1、KM2 的常闭触点进行互锁。因为，一方面是 PLC 内部软继电器互锁只相差一个扫描周期，而外部硬件接触器触点的断开时间往往大于扫描周期，来不及响应。另一方面也是避免接触器 KM1或 KM2 的主触点熔焊引起电动机主电路短路。

3. 程序设计的状态表法

状态表法是从传统继电器逻辑设计方法继承而来的，经过适当改进，适合于可编程控制器梯形图设计的一种方法。它的基本思路是，被控过程由若干个状态所组成；每个状态都是由于接受了某个切换主令信号而建立；辅助继电器用于区分状态且构成执行元件的输入变量；而辅助继电器的状态由切换主令信号来控制。正确写出辅助继电器与切换主令信号之间的逻辑方程及执行元件与辅助继电器之间的逻辑方程，也就基本完成了程序设计任务。为此，应首先列出状态表，用以表示被控对象工作过程。

状态表是在一矩形表格中，从左到右列有如下项：状态序号、该序号状态的切换主令信号、该状态对应的动作名称、每个执行元件的状态、输入元件状态、将要设计的辅助继电器状态及约束条件等。

状态表列出后，用 1 或 0 数码来记载每一个输入信号触点的状态，若将该状态序号的每一个输入信号的数码从左到右排成一行就成为该状态序号的特征数，所以特征数是由该状态输入触点数码组成。

将各个状态的特征数进行分析，看哪些是可区分状态，哪些是不可区分状态。对于不可区分状态可通过引入辅助继电器，构成尾缀数码，把它们尾缀在特征数之后，使之获得新的特征数。这样，由于辅助继电器的介入，使所有状态的特征数都获得完全区分。利用特征数中的数码就能构成每个状态的输出逻辑方程。此后，再将逻辑方程转化为梯形图或程序命令。

状态表法可参阅有关资料，在此不详叙。

7.2　顺序控制设计法与顺序功能图

7.2.1　顺序控制设计法

用经验设计法设计梯形图时，没有一套固定的方法和步骤可以循环，具有很大的试探性和随意性，对于不同的控制系统，没有一种通用的容易掌握的设计方法。在设计较为复杂系统的梯形图时，用大量的中间单元来完成记忆、联锁和互锁等功能，由于需要考虑的因素很多，它们往往又交织在一起，分析起来非常困难，并且很容易遗漏一些应该考虑的问题。修改某一局部电路时，可能对系统的其他部分产生意想不到的影响，因此梯形图的修改也很麻烦，花了很长的时间还得不到一个满意的结果。用经验法设计出的梯形图往往很难阅读，给系统的修改和改进带来了很大的困难。

所谓顺序控制，就是按照生产预先规定的顺序，在各个输入信号的作用下，根据内部状态和时间的顺序，在生产过程中使各个执行机构自动地、有序地进行操作。使用顺序控制设计法时首先根据系统的工艺过程，画出顺序功能图，然后根据顺序功能图画出梯形图。有的 PLC 编程软件为用户提供了顺序功能图（SFC）语言，在编程软件中生成顺序功能图后便完成了编程工作。

顺序控制设计法是一种先进的设计方法，很容易被初学者接受，对于有经验的设计者也会提高设计的效率，程序的阅读和测试修改也很方便。某厂有经验的电气工程师用经验设计法设计某控制系统的梯形图，花了两周的时间，同一系统改用顺序控制设计法，只用了不到半天的时间，就完成了梯形图的设计和模拟调试，现场试车一次成功。

顺序控制设计法用转换条件控制代表各步的编程元件，让他们的状态按一定的顺序变化，然后用代表各步的编程元件去控制 PLC 的各输出继电器。转换条件为当前步进入下一步的信号，可以是外部的输入信号，如按钮、指令开关、限位开关的接通和断开等，也可以是 PLC 内部产生的信号，如定时器、计数器常开触点的接通等，还可能是若干个信号的与、或、非逻辑组合。

顺序功能图（Sequential function chart，简称为 SFC）是描述控制系统的控制过程、功能和特性的一种图形，也是设计 PLC 的顺序控制程序的有力工具。

顺序功能图并不涉及所描述的控制功能的具体技术，它是一种通用的技术语言，可以供进一步设计和不同专业的人员之间进行技术交流之用。

1993 年 5 月公布的 IEC PLC 标准（IEC1131）中，顺序功能图被定为 PLC 位居首位的编程语言。顺序功能图主要由步、有向连线、转换、转换条件和动作（或指令）组成。

7.2.2 步与动作

1. 步

顺序控制设计法最基本的思想是将系统的一个工作周期划分为若干个顺序相连的阶段，这些阶段称为步（Step），可以用编程元件（例如内部辅助继电器 M 和状态继电器 S）来代表各步。步是根据输出量的状态变化来划分的。在任何一步之内，各输出量的 ON/OFF 状态不变，但是相邻两步输出量总的状态是不同的，步的这种划分方法使代表各步的编程元件的状态与各输出量的状态之间有着极为简单的逻辑关系。

送料小车开始停在左侧限位开关 X1 处（见图 7-8），按下起动按钮 X0，Y2 变为

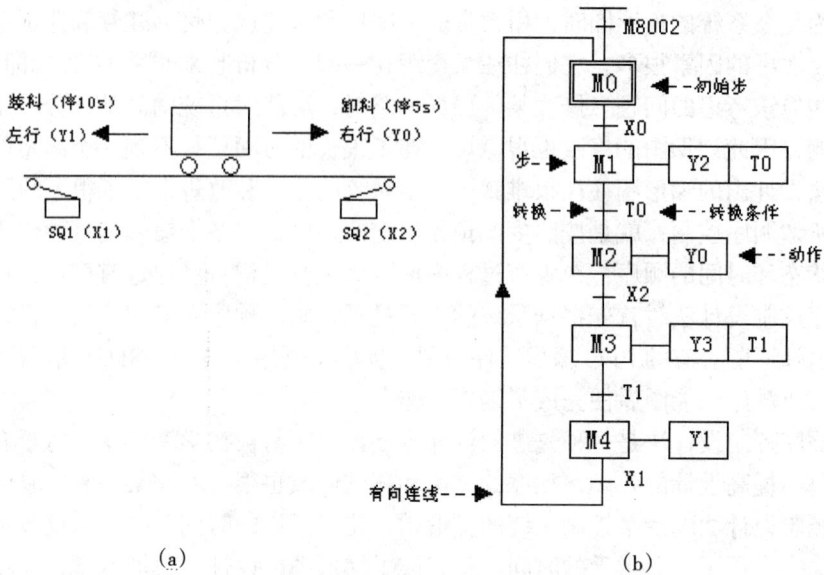

图 7-8 运料小车运行的空间示意图和顺序功能图

ON，打开储料斗的闸门，开始装料，同时用定时器 T0 定时，10s 后关闭储料斗的闸门，Y0 变为 ON，开始右行，碰到限位开关 X2 后停下来卸料（Y3 为 ON），同时用定时器 T1 定时；5s 后 Y1 变为 ON，开始左行，碰到限位开关 X1 后返回初始状态，停止运行。

根据 Y0~Y3 的 ON/OFF 状态的变化。显然一个周期可以分为装料、右行、卸料和左行这 4 步，另外还应设置等待起动的初始步，分别用 M0~M4 来代表这 5 步。图 7-8（a）是运料小车运行的空间示意图，图 7-8（b）是描述该系统的顺序功能图，图中用矩形方框表示步，方框中可以用数字表示该步的编号，一般用代表该步的编程元件的元件号作为步的编号，如 M0 等，这样在根据顺序图设计梯形图时较为方便。

2. 初始步

与系统的初始状态相对应的步称为初始步，初始状态一般是系统等待起动命令的相对静止的状态。初始步用双线方框表示，每一个顺序功能图至少应该有一个初始步。

3. 活动步

当系统正处于某一步所在的阶段时，该步处于活动状态，称该步为"活动步"。步处于活动状态时，相应的动作被执行；处于不活动状态时，相应的非存储型动作被停止执行。

4. 与步对应的动作或命令

可以将一个控制系统划分为被控系统和施控系统，例如在数控车床系统中，数控装置是施控系统，而车床是被控系统。对于被控系统，在某一步中要完成某些"动作"（action）；对于施控系统，在某一步中则要向被控系统发出某些"命令"（command)。为了叙述方便，下面将命令或动作统称为动作，并用矩形框中的文字或符号表示，该矩形框应与相应的步的符号相连。

如果某一步有几个动作，可以用图 7-9 中的两种画法来表示，但是并不隐含这些动作之间的任何顺序。说明命令的语句应清楚地表明该命令是存储型的还是非存储型的。例如某步的存储型命令"打开 1 号阀并保持"，是指该步为

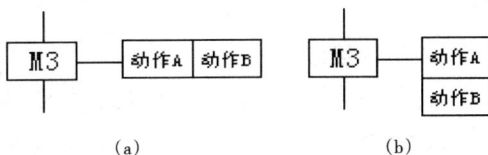

图 7-9　多个动作的表示方法

活动步时 1 号阀打开，该步为不活动步时继续打开；非存储型命令"打开 1 号阀"，是指该步为活动步时打开，为不活动步时关闭。

除了以上的基本结构之外，使用动作的修饰词（见表 7-3）可以在一步中完成不同的动作。修饰词允许在不增加逻辑的情况下控制动作。例如，可以使用修饰词 L 来限制配料阀打开的时间。

表 7-3　动作的修饰词

N	非存储型	当步变为不活动步时动作终止
S	置位（存储）	当步变为不活动步时动作继续，直到动作被复位
R	复位	被修饰词 S，SD，SL 或 DS 起动的动作被终止
L	时间限制	步变为活动步时动作被起动，直到步变为不活动步或设定时间到
D	时间延迟	步变为活动步时延迟定时器被起动，如果延迟之后步仍然是活动的，动作被起动和继续，直到步变为不活动步
P	脉冲	当步变为活动步，动作被起动并且只执行一次
SD	存储与时间延迟	在时间延迟之后动作被起动，一直到动作被复位
DS	延迟与存储	在延迟之后如果步仍然是活动的，动作被起动直到被复位
SL	存储与时间限制	步变为活动步时动作被起动一直到设定的时间到或动作被复位

在图 7-8 中，定时器 T0 的线圈应在 M1 为活动步时"通电"，M1 为不活动步时断电，从这个意义上来说，T0 的线圈相当于步 M1 的一个动作，所以将 T0 作为步 M1 的动作来处理。步 M1 下面的转换条件 T0 由在指定时间到时闭合的 T0 的常开触点提供。因此，动作框中的 T0 对应的是 T0 的线圈，转换条件 T0 对应的是 T0 的常开触点。

7.2.3　有向连线与转换条件

1. 有向连线

在顺序功能图中，随着时间的推移和转换条件的实现，将会发生步的活动状态的进展，这种进展按有向连线规定的路线和方向进行。在画顺序功能图时，将代表各步的方框按它们成为活动步的先后次序顺序排列，并用有向连线将它们连接起来。步的活动状态习惯的进展方向是从上到下或从左至右，在这两个方向有向连线上的箭头可以省略。如果不是上述的方向，应在有向连线上用箭头注明进展方向。在可以省略箭头的有向连线上，为了更易于理解也可以加箭头。

如果在画图时有向连线必须中断（例如在复杂的图中，或用几个图来表示一个顺序功能图时），应在有向连线中断之处标明下一步的标号和所在的页数，如步12、8页。

2. 转换

转换用有向连线上与有向连线垂直的短划线来表示，转换将相邻两步分隔开。步的活动状态的进展是由转换的实现来完成的，并与控制过程的发展相对应。

3. 转换条件

转换条件是与转换相关的逻辑命题，转换条件可以用文字语言、布尔代数表达式或图形符号标注在表示转换的短线的旁边，使用得最多的是布尔代数表达式。

例如，转换条件 X0 和 $\overline{X0}$ 分别表示当输入信号 X0 为 ON 和 OFF 时转换实现；↑ X0 和 ↓ X0 分别表示当 X0 从 0→1 状态和从 1→0 状态时转换实现。

为了便于将顺序功能图转换为梯形图，最好用代表各步的编程元件的元件号作为步的代号，并用编程元件的元件号来标注转换条件和各步的动作或命令。

7.2.4　顺序功能图的基本结构

1. 单序列

单序列由一系列相继激活的步组成，每一步的后面仅有一个转换，每一个转换的后面只有一个步。如图 7–10 (a) 所示。

2. 选择序列

选择序列的开始称为分支，如图 7–10 (b) 所示，转换符号只能标在水平连线之下。如果步 2 是活动步，并且转换条件 c=1，将发生由步 2→步 3 的进展。如果步 2 是活动步，并且 h=1，将发生由步 2→步 5 的进展。如果将选择条件 h 改为 ch，则当 c 和 h 同时为 ON 时，将优先选择 c 对应的序列，一般只允许同时选择一个序列，即选择序列中的各序列是互相排斥的，其中的任何两个序列都不会同时执行。

选择序列的结束称为合并，如图 7–10 (b) 所示，几个选择序列合并到一个公共序列时，用需要重新组合的序列相同数量的转换符号和水平连线来表示，转换符号只

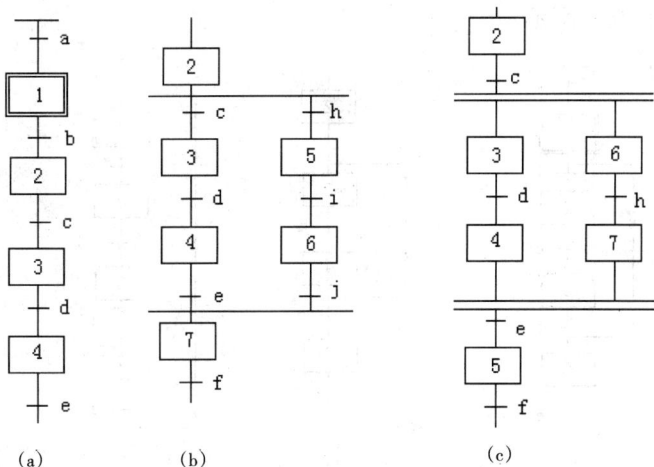

（a）单序列 ；（b）选择序列；（c）并行序列

图 7-10 单序列、选择序列和并行序列

允许标在水平连线之上。如果步 4 是活动步，并且转换条件 e=1，将发生由步 4→步 7 的进展。如果步 6 是活动步，并且 j=1，将发生由步 6→步 7 的进展。

3. 并行序列

并行序列的开始称为分支，如图 7-10（c）所示,当转换的实现导致几个序列同时激活时，这些序列称为并行序列。当步 2 是活动步，并且转换条件 c=1，3 和 6 这两步同时变为活动步，同时步 2 变为不活动步。为了强调转换的同步实现，水平连线用双线表示。步 3、6 被同时激活后，每个序列中活动步的进展将是独立的。在表示同步的水平双线之上，只允许有一个转换符号。并行序列用来表示系统的几个同时工作的独立部分的工作情况。

并行序列的结束称为合并，如图 7-10（c）所示，在表示同步的水平双线之下，只允许有一个转换符号。当直接连在双线上的所有前级步（步 4、7）都处于活动状态，并且转换条件 e=1 时才会发生步 4、7 到步 5 的进展，即步 4、7 同时变为不活动步，而步 5 变为活动步。

在每一个分支点，最多允许 8 条支路，每条支路的步数不受限制。

4. 跳步、重复和循环

（1）跳步。在生产过程中，有时要求在一定条件下停止执行某些原定动作，可用图 7-11（a）所示的跳步序列。这是一种特殊的选择序列，当步 1 为活动步时，若转换条件 f=1，b=0 时，则步 2、3 不被激活而直接转入步 4。

（2）重复。在一定条件下，生产过程需重复执行某几个工步的动作，可按图 7-11（b）绘功能图。它也是特殊的选择序列，当步 4 为活动步时，若转换条件 e=0 而 h=1 时，序列返回到步 3，重复执行步 3、4，直到转换条件 e=1 才转入步 7。

（3）循环。在序列结束后，用重复的办法直接返回到初始步，就形成了系统的循环如图 7-11 (c) 所示。

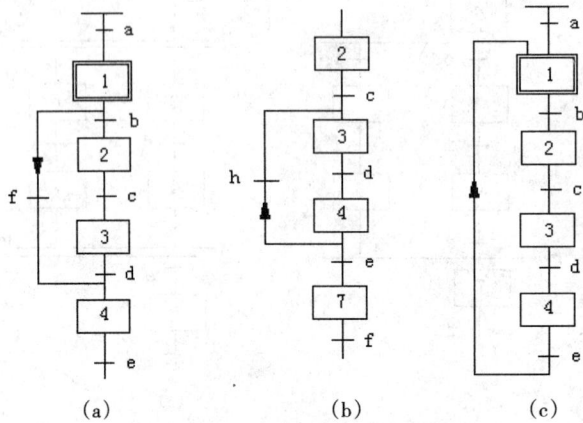

(a) 跳步；(b) 重复；(c) 循环

图 7-11 跳步、重复和循环

7.3 顺序控制梯形图的编程方法

根据控制系统的顺序功能图设计梯形图的方法，称为顺序控制梯形图的编程方法。在本节内主要介绍使用起保停电路的编程方法、以转换为中心的编程方法、使用步进梯形指令（STL）的编程方法。

7.3.1 使用起保停电路的编程方法

根据顺序功能图设计梯形图时，可用内部辅助继电器 M（特殊辅助继电器除外）来代表各步。某一步为活动步时，对应的辅助继电器为 ON，某一转换实现时，该转换的后续步变为活动步，前级步变为不活动步。很多转换条件都是短信号，即它存在的时间比它的后续步激活为活动步的时间短，因此应使用有记忆（或称保持）功能的电路来控制代表步的辅助继电器。如常用的有起、保、停电路和置位、复位指令组成的电路。

起保停电路仅仅使用与触点和线圈有关的通用逻辑指令，各种型号 PLC 都有这一类指令，所以这种编程方法，适用于任何型号 PLC。

如图 7-12 所示，采用了起保停电路进行顺序控制梯形图编程。图中 M2、M3 和 M4 是顺序功能图中顺序相连的 3 步，X2 是步 M3 之前的转换条件。设计起保停电路的关键是找出它的起动条件和停止条件。根据转换实现的基本规则，转换实现的条件是它的前级步为活动步，并且满足相应的转换条件，所以步 M3 变为活动步的条件是它的前级步 M2 为活动步，且转换条件 X2=1。在起保停电路中，则应将前级步 M2 和转换条件 X2 对应的常开触点串联，作为控制 M3 的起动电路。

当 M3 和 X3 均为 ON 时，步 M4 变为活动步，这时步 M3 应变为不活动步，因此可以将 M4=1 作为使辅助继电器 M3 变为 OFF 的条件，即将后续步 M4 的常闭触点与 M3 的线圈串联，作为起保停电路的停止电路。图 7-12 中的梯形图可以用逻辑代数式表示为：

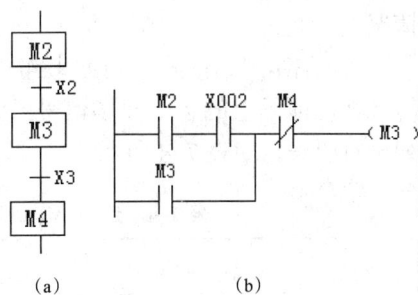

图 7-12 用起保停电路控制步

$$M3 = (M2 \cdot X002 + M3) \overline{M4}$$

在这个例子中，M4 的常闭触点可以用 X3 的常闭触点来代替。但是当转换条件由多个信号经"与、或、非"逻辑运算组合而成时，将它的逻辑表达式求反，再将对应的触点串并联电路作为起保停电路的停止电路，不如使用后续步的常闭触点这样简单方便。

1. 使用起保停电路的单序列结构的编程方法

以图 7-13 所示的运料小车自动循环的控制过程为例说明单序列的编程方法和用顺序功能图绘制梯形图的步骤：

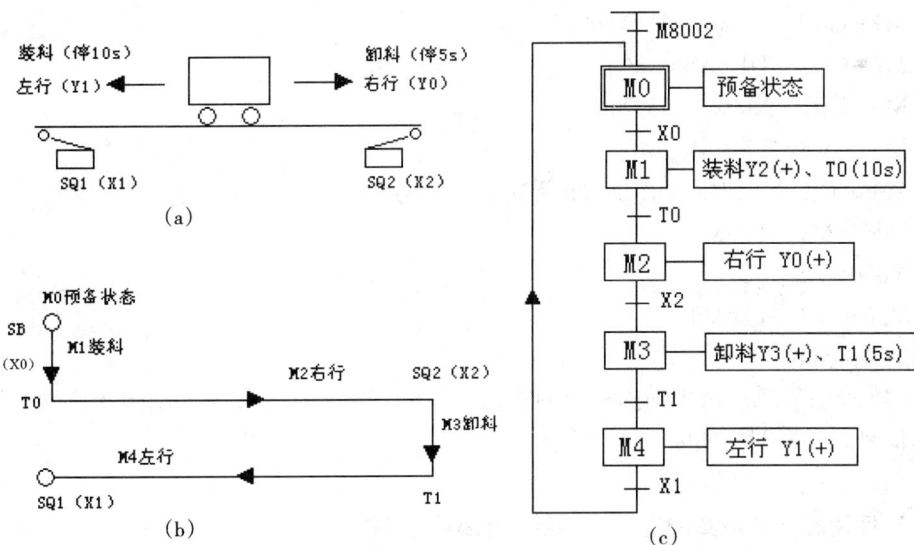

图 7-13 运料小车运行的状态示意图和顺序功能图

（1）根据控制要求绘制功能图。首先把工作循环分成预备、装料、右行、卸料和左行共 5 步，它们的转换条件分别为 SB（X0）、T0、SQ2（X2）、T1 和 SQ1（X1）。图 7-13（c）画出了功能图，并且填写了各步对应的动作及执行电器的工作情况。

（2）编制现场信号与 PLC 软继电器编号对照表。根据图 7-13 运料小车的功能图，给标在功能图上的各个现场信号或工步，分配一个 PLC 软继电器编号与之对应，可列出对照表，如表 7-4 所示。

表 7-4　运料小车的现场信号和 PLC 软继电器编号对照表

分类	输入信号			输出信号				步序继电器					其他	
信号名称	起动按钮	左限位开关	右限位开关	右行接触器	左行接触器	装料电磁铁	卸料电磁铁	预备状态	一工步	二工步	三工步	四工步	激活初始步	装料卸料时间
现场信号	SB	SQ1	SQ2	KM1	KM2	YV1	YV2	Q0	Q1	Q2	Q3	Q4	L	t0t1
PLC 地址	X0	X1	X2	Y0	Y1	Y2	Y3	M0	M1	M2	M3	M4	M8002	T0T1

（3）工步状态的逻辑表达式。根据功能图直接写出五个工步状态的以 PLC 地址表达的逻辑式：

$M0 = (M4 \cdot X001 + M8002 + M0)\overline{M1}$

$M1 = (M0 \cdot X000 + M1)\overline{M2}$

$M2 = (M1 \cdot T0 + M2)\overline{M3}$

$M3 = (M2 \cdot X002 + M3)\overline{M4}$

$M4 = (M3 \cdot T1 + M4)\overline{M0}$

各执行电器（即输出信号）的逻辑表达式为：

Y002=M1，T0=M1

Y000=M2

Y003=M3，T1=M3

Y001=M4

（4）根据逻辑表达式画出梯形图。由电路的逻辑表达规律，可画出步序继电器和输出信号的梯形图，如图 7-14 所示。

（5）写出指令语句表。（略）

2. 使用起保停电路的选择序列结构的编程方法

复杂控制系统的顺序功能图由单序列、选择序列和并行序列组成，掌握了选择序列和并行序列的编程方法，就可以将复杂的顺序功能图转换为梯形图。

对选择序列和并行序列编程的关键在于对它们的分支和合并的处理，转换实现的基本规则是设计复杂系统梯形图的基本规则。

图 7-15 是自动门控制系统的顺序功能图。人靠近自动门时，感应器 X0 为 ON，

Y0 变为 ON，驱动电动机正转高速开门，碰到开门减速开关 X1 时，Y1 变为 ON，减速开门。碰到开门极限开关 X2 时电动机停转，开始延时。若在 1 秒内感应器检测到无人，Y2 变为 ON，起动电动机反转高速关门。碰到关门减速开关 X4 时，Y3 变为 ON，改为减速关门，碰到关门极限开关 X5 时电动机停转。在关门期间若感应器检测到有人停止关门，T1 延时 1 秒后自动转换为高速开门。

（1）选择序列的分支的编程方法。如果某一步的后面有一个由 N 条分支组成的选择序列，该步可能转到不同的 N 步中去，应将这 N 个后续步对应的辅助继电器的常闭触点与该步的线圈串联，作为结束该步的条件。

在图 7-15 中步 M4 之后有一个选择序列的分支，当它的后续步 M5、M6 变为活动步时，它应变为不活动步。所以需将 M5 和 M6 的常闭触点与 M4 的线圈串联。同样 M5 之后也有一个选择序列的分支，处理方法同上（见图 7-16 中的下部）。

（2）选择序列的合并的编程方法。对于选择序列的合并，如果每一步之前有 N 个转换（即有 N 条分支在该步之前合并后进入该步），则代表该步的辅助继电器的起动电路由 N 条支路并列而成，各支路由某一前级步对应的辅助继电器的常开触点与相应转换条件对应的触点或电路串联而成。

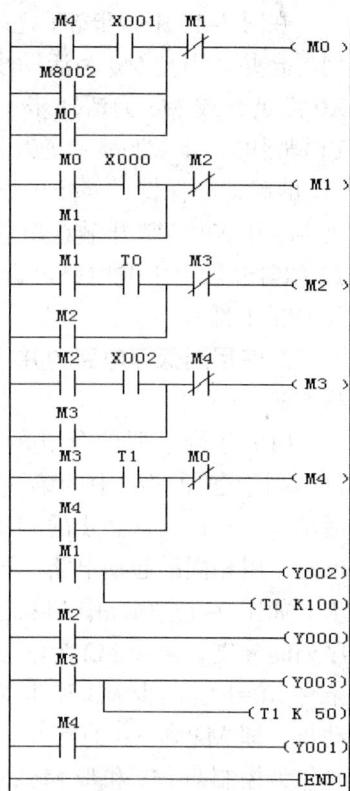

图 7-14　运料小车的梯形图

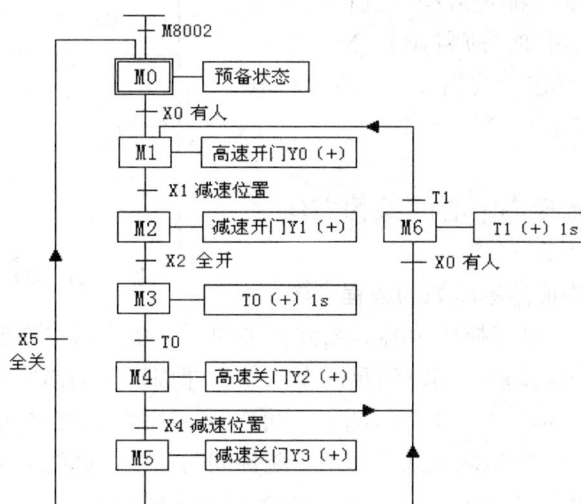

图 7-15　自动门控制系统顺序功能图

253

在图 7-15 中，步 M1 之前有一个选择序列的合并，当步 M0 为活动步并且转换条件 X0 满足，或 M6 为活动步，并且转换条件 T1 满足时，步 M1 都应变为活动步，即控制 M1 的起动、保持、停止电路的起动条件应为 M0 和 X0 的常开触点串联电路与 M6 和 T1 的常开触点串联电路进行并联（见图 7-16 中的上部）。

3. 使用起保停电路的并行序列结构的编程方法

（1）并行序列的分支的编程方法。并行序列中各单序列中的第一步应同时变为活动步。对控制这些步的起动、保持、停止电路使用相同的起动电路，可以实现这一要求。如图 7-17（a）中 M2 之后有一个并行序列的分支，当步 M2 为活动步，并且转换条件 X0=1 时，步 M3 和步 M5 同时变为活动步，即 M2 和 X0 的常开触点串联电路同时作为控制步 M3 和步 M5 的起动电路，如图 7-17（b）所示。

（2）并行序列的合并的编程方法。图 7-17（a）中步 M6 之前有一个并行序列的合并，该转换实现的条件是所有的前级步（即步 M4 和步 M6）都是活动步且转换条件 X3=1 满足。由此可知，应将 M4、M6 和 X3 的常开触点串联，作为控制步 M6 的起动电路，如图 7-17（b）所示。

7.3.2 以转换为中心的编程方法

1. 以转换为中心的单序列的编程方法

图 7-18 给出了以转换为中心的编程方法的顺序功能图与梯形图的对应关系。实现图中 X2 对应的转换需要同时满足两个条件，即该转换的前级步是活动步（M2=1）和转换条件满足（X2=1）。在梯形图中，可以用 M2 和 X2 的常开触点组成的串联电路来表示上述条件。该电路接通时，两个条件同时满足，此时应完成两个操作，即将该转换的后续步变为活动步（用 SET M3 指令将 M3 置位）和将该转换的前级步变为不活动步（用 RST M2 指令将 M2 复位），这种编程方法与转换实现的基本原则之间

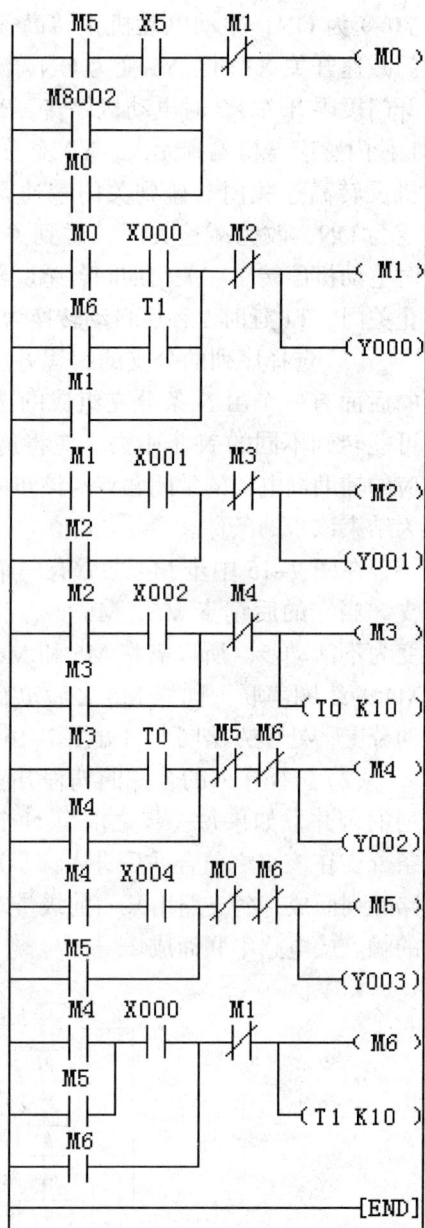

图 7-16 自动门控制系统梯形图

有着严格的对应关系，用它编制复杂的顺序功能图的梯形图时，更能显示出它的优越性。

图 7-19（a）中的两条运输带顺序相连，为了避免运送的物料在 2 号运输带上堆积，按下起动按钮后，2 号运输带开始运行，5s 后 1 号运输带自动起动。停机的顺序与起动的顺序刚好相反，间隔仍然为 5s。图 7-19（b）、图 7-19（c）分别给出了控制系统的顺序功能图和梯形图。

在顺序功能图中，如果某一转换所有的前级步都是活动步并且相应的转换条件满足，则转换可实现。即所有由有向连线与相应转换符号相连的后续步都变为活动步，而所有由有向连线与相应转换符号相连的前级步都变为不活动步。在以转换为中心的编程方法中，用该转换所有前级步对应的辅助继电器的常开触点与转换对应的触点或电路串联，作为使所有后续步对应的辅助继电器置位（使用 SET 指令）和使所有前级步对应的辅助继电器复位（使用 RST 指令）的条件。在任何情况下，代表步的辅助继电器的控制电路都可以用这一原则来设计，每一个转换对应一个这样的控制置位和复位的电路块，有多少个转换就有多少个这样的电路块。这种设计方法特别有规律，在设计复杂的顺序功能图的梯形图时既容易掌握，又不容易出错。

使用这种编程方法时，不能将输出继电器的线圈与 SET 和 RST 指令并联，这是因为图 7-19 中前级步和转换条件对应的串联电路接通时间是相当短的（只有一个扫描周期），转换条件满足后前级步马上被复位，在下一扫描周期控制置位、复位的串联电路被断开，而输出继电器的线圈至少应该在某一步对应的全部时间内被接通。所以应根据顺序功能图，用代表步的辅助继电器的常开触点或它们的并联电路来驱动输出继电器的线圈。

2. 以转换为中心的选择序列的编程方法

如果某一转换与并行序列的分支、合并无关，那么它的前级步和后续步都只有一

（a）

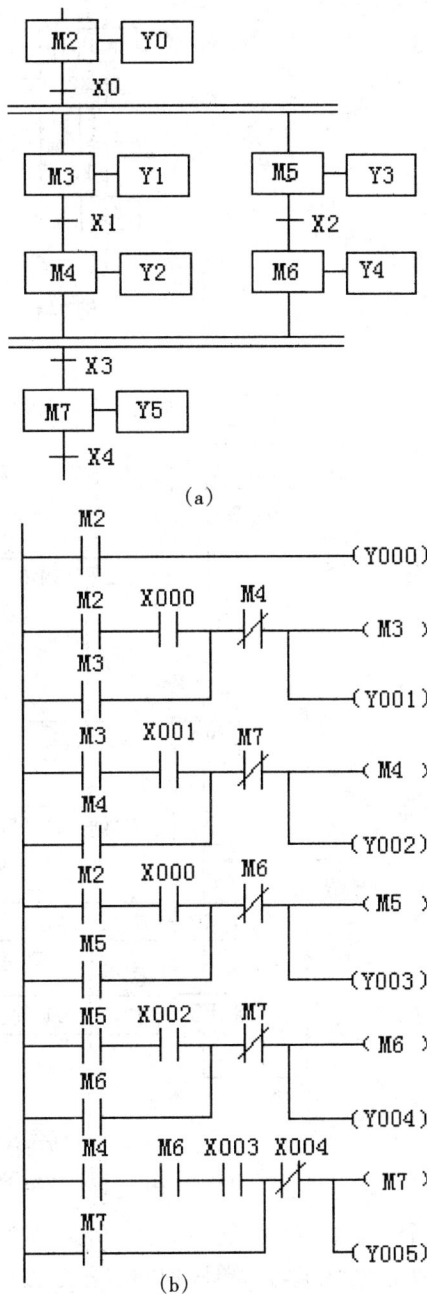

（b）

图 7-17　并行序列功能图和梯形图

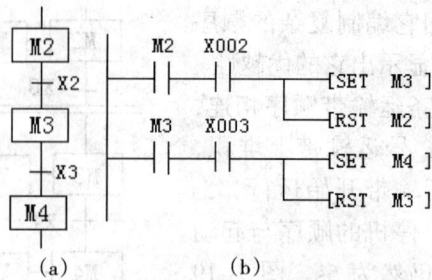

图 7-18　以转换为中心的编程方式

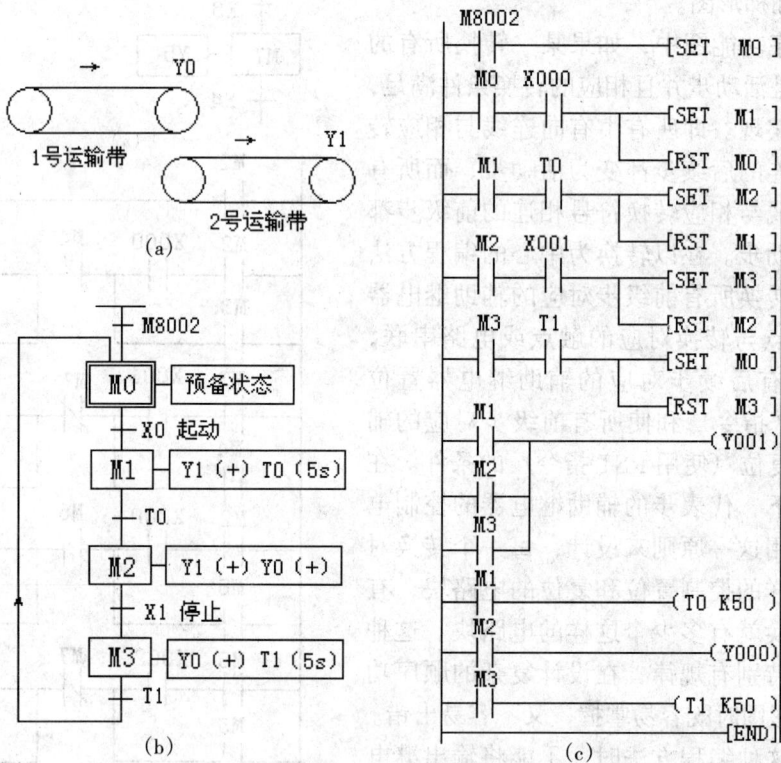

(a)传送带示意图；(b)顺序功能图；(c)梯形图

图 7-19　传送带控制系统的顺序功能图与梯形图

个，需要复位、置位的辅助继电器也只有一个，因此对选择序列的分支与合并的编程
方法实际上与对单序列的编程方法完全相同。

图 7-20 所示是图 7-15 自动门控制系统顺序功能图的梯形图。每一个控制置位、
复位的电路块都由前级步对应的辅助继电器的常开触点和转换条件对应的常开触点组
成的串联电路、一条 SET 指令和一条 RST 指令组成。

3. 并行序列的编程方法

组合机床是针对特定工件和特定加工要求设计的自动化加工设备，通常由标准通
用部件和专用部件组成，PLC 是组合机床电气控制系统中的主要控制设备。

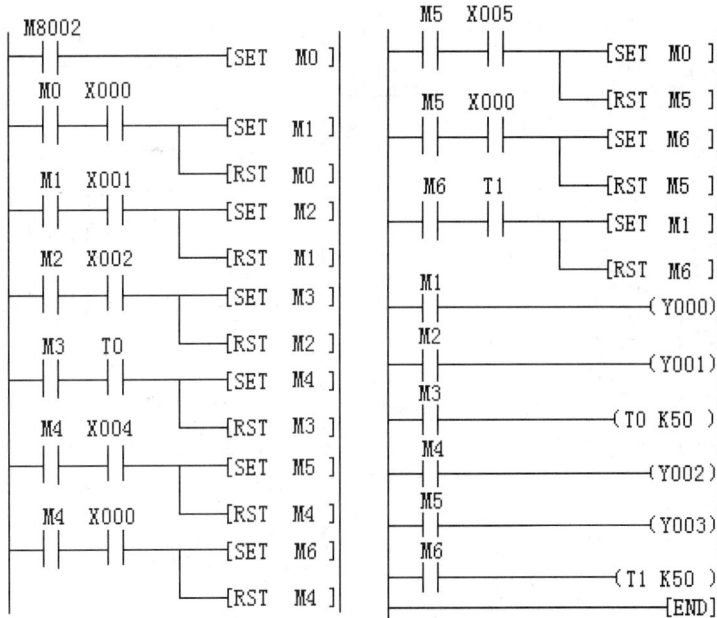

图 7-20　自动门控制系统梯形图

用于双面钻孔的组合机床在工件相对的两面钻孔，机床由动力滑台提供进给运动，刀具电动机固定在动力滑台上。工件装入夹具后，按下起动按钮 X0，工件被夹紧，限位开关 X1 变为 ON，并行序列中两个子序列的起始步 M2 和 M6 变为活动步，两侧的左、右动力滑台同时进行快速进给、工作进给和快速退回的加工循环，同时刀具电机也起动工作。两侧的加工均完成后，系统进入步 M10，工件被松开，限位开关 X10 变为 ON，系统返回初始步 M0，动力滑台返回原位，一次加工的工作循环结束。

图 7-21 的并行序列中的两个子序列分别用来表示左、右侧滑台的进给运动，两个子序列应同时开始工作和同时结束。实际上左、右滑台的工作是先后结束的，为了保证并行序列中的各子序列同时结束，在各子序列的末尾增设了一个等待步（即步 M5 和 M9），它们没有什么操作，如果两个子序列分别进入了步 M5 和 M9，表示两侧滑台的快速退回均已结束（限位开关 X4 和 X6 均已动作），应转换到步 M10，将工件松开。因此步 M5 和 M9 之后的转换条件为"=1"，表示应无条件转换，在梯形图中，该转换可等效为一根短接线，或理解为不需要转换条件。

图 7-21 中步 M1 之后有一个并行序列的分支，当 M1 是活动步，并且转换条件 X1 满足时，步 M2 与步 M6 应同时变为活动步，这是用 M1 和 X1 的常开触点组成的串联电路使 M2 和 M6 同时置位来实现的；与此同时，步 M1 应变为不活动步，这是用复位指令来实现的，如图 7-22 所示。

步 M10 之前有一个并行序列的合并，该转换实现的条件是所有的前级步（即步 M5 和 M9）都是活动步，因为转换条件是"=1"，即不需要转换条件，只需将 M5 和 X9 的常开触点串联，作为使 M10 置位和使 M5、M9 复位的条件。

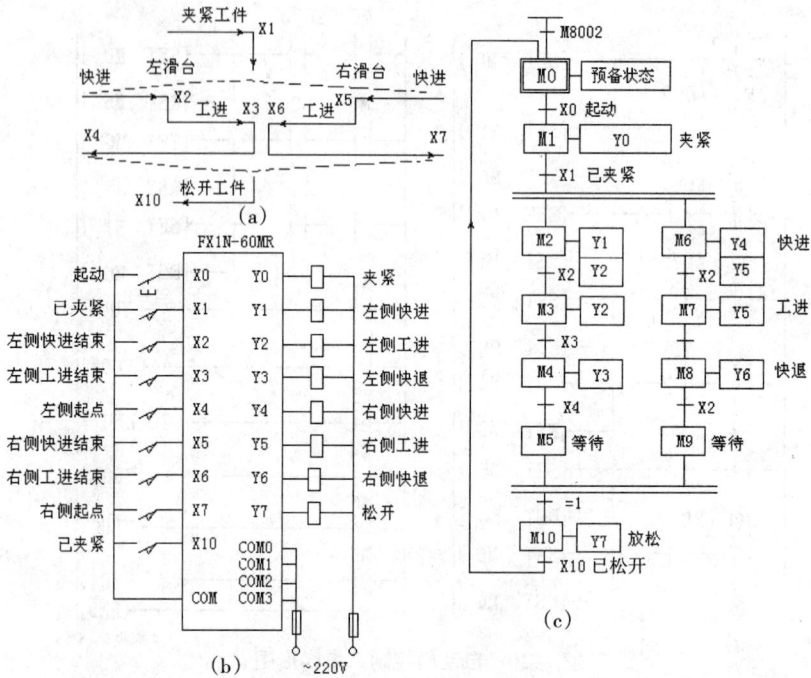

(a)工作示意图;(b)PLC接线图;(c)顺序功能图

图7-21 双面钻孔组合机床

如图7-23所示,转换的上面是并行序列的合并,转换的下面是并行序列的分支,该转换实现的条件是所有的前级步(即步M3和M7)都是活动步和转换条件X11满足。由此可知,应将M3、M7、X11的常开触点的串并联电路作为使M4、M8置位和使M3、M7复位的条件。

7.3.3 步进梯形指令的编程方法

1. 步进梯形指令

许多PLC都有专门用于编制顺序控制程序的步进梯形指令及编程元件。

步进梯形指令简称为STL指令,FX系列PLC还有一条使STL指令复位的RET指令。利用这两条指令,可以很方便地编制顺序控制梯形图程序。

步进梯形指令STL只有与状态继电器S配合才具有步进功能。S0~S9用于初始步,S10~S19用于自动返回原点。使用STL指令的状态继电器的常开触点称为STL触点,用符号"—||—"或"—|STL|—"表示,没有常闭的STL触点。

STL指令的用法如图7-24所示,从图中可以看出顺序功能图与梯形图之间的关系。用状态继电器表示顺序功能图的步,每一步都具有三种功能:负载的驱动处理、指定转换条件和指定转换目标。

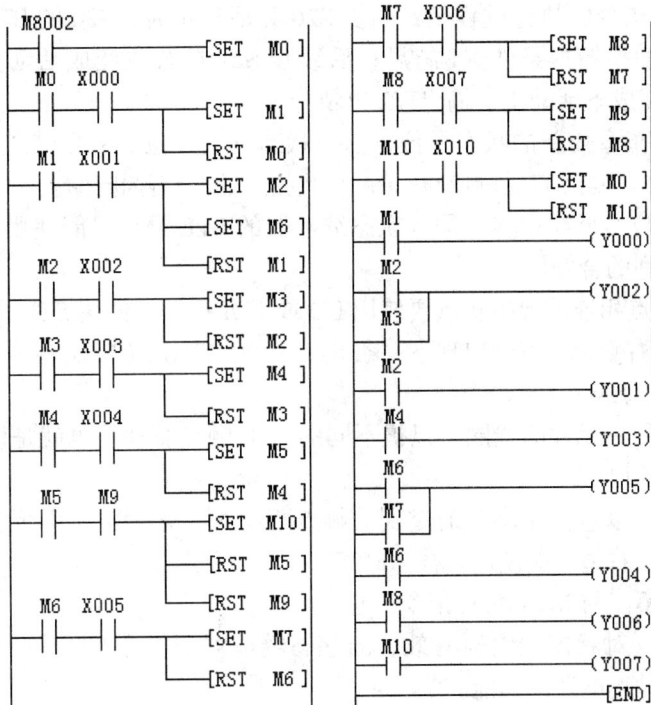

图 7-22 组合机床控制系统梯形图

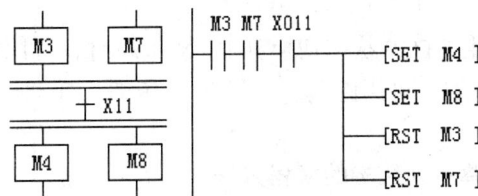

图 7-23 转换同步实现的编程

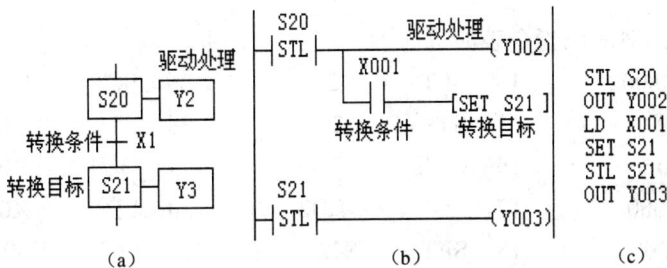

(a)顺序功能图;(b)梯形图;(c)指令语句表

图 7-24 STL 指令的用法

图中 STL 指令的执行过程是：当步 S20 为活动步时，S20 的 STL 触点接通，负载 Y2 输出。如果转换条件 X1 满足，后续步 S21 被置位变成活动步，同时前级步 S20 自动断开变成不活动步，输出 Y2 也断开。

使用 STL 指令使新的状态置位，前一状态自动复位。STL 触点接通后，与此相连的电路被执行；当 STL 触点断开时，与此相连的电路停止执行。

STL 触点与左母线相连，同一状态继电器的 STL 触点只能使用一次（除了后面介绍的并行序列的合并）。

与 STL 触点相连的起始触点要使用 LD 或 LDI 指令。使用 STL 指令后，LD 触点移至 STL 触点右侧，一直到出现下一条 STL 指令或者出现 RET 指令止，RET 指令使 LD 触点返回左母线。

梯形图中同一元件的线圈可以被不同的 STL 触点驱动，也就是说使用 STL 指令时允许双线圈输出。

STL 触点可以直接驱动或通过别的触点驱动 Y、M、S、T 等元件的线圈和功能指令。STL 触点右边不能使用入栈（MPS）指令。

STL 指令不能与 MC-MCR 指令一起使用。

STL 指令仅对状态继电器有效，当状态继电器不作为 STL 指令的目标元件时，就具有一般辅助继电器的功能。

STL 指令和 RET 指令是一对步进梯形（开始和结束）指令。在一系列步进梯形指令 STL 之后，加上 RET 指令，表明步进梯形指令功能的结束，LD 触点返回到原来母线。

在主机的状态开关由 STOP 状态切换到 RUN 状态时，可用初始化脉冲 M8002 来将初始状态继电器置为 ON，可用区间复位指令（ZRST）来将除初始步以外的其余各步的状态继电器复位。

2. 步进梯形指令的单序列结构的编程方法

如前面图 7-13 所示的运料小车自动循环的控制过程中，小车运动系统一个周期由 5 步组成，它们可分别对应 S0、S20～S23，步 S0 代表初始步。其顺序功能图和梯形图如图 7-25 所示。

图 7-25 的梯形图对应的指令表如下：

0	LD	M8002	13	SET	S21	26	SET	S23
1	SET	S0	15	STL	S21	28	STL	S23
3	STL	S0	16	OUT	Y000	29	OUT	Y001
4	LD	X000	17	LD	X002	30	LD	X001
5	SET	S20	18	SET	S22	31	OUT	S0
6	STL	S20	20	STL	S22	33	RET	
8	OUT	Y002	21	OUT	Y003	34	END	
9	OUT	T0 K100	22	OUT	T1 K50			
12	LD	T0	25	LD	T1			

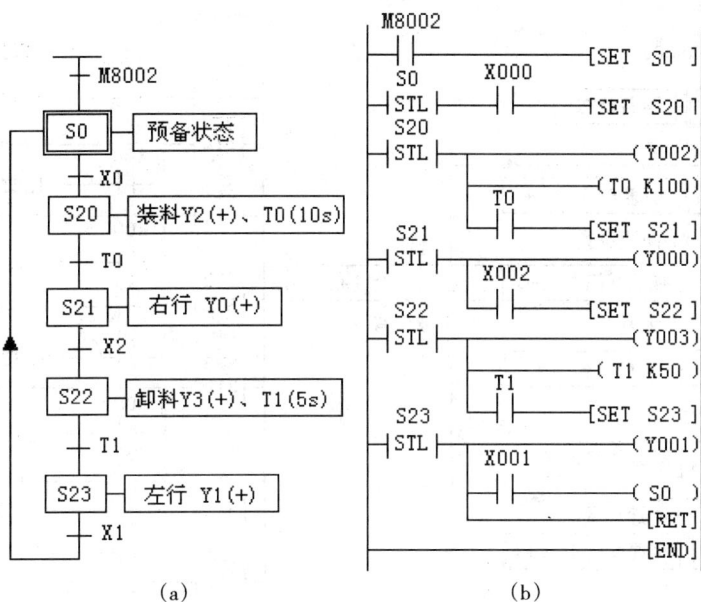

（a）顺序功能图；（b）梯形图

图 7-25　运料小车 STL 指令编程

PLC 通电进入 RUN 状态，初始化脉冲 M8002 的常开触点闭合一个扫描周期，梯形图中第一行的 SET 指令将初始步 S0 置为活动步。

在梯形图的第二行中，S0 的 STL 触点和 X0 的常开触点组成的串联电路代表转换实现的两个条件。当初始步 S0 为活动步，按下起动按钮 X0 时，转换实现的两个条件同时满足，置位指令 SET S20 被执行，后续步 S20 变为活动步，同时 S0 自动复位为不活动步。

S20 的 STL 触点闭合后，该步的负载被驱动，Y2 变为 ON，打开储料斗的闸门，开始装料，同时用定时器 T0 定时，10S 后关闭储料斗的闸门，转换条件 T0=1 得到满足，下一步的状态继电器 S21 被置位，同时状态继电器 S20 被自动复位。系统将这样依次工作下去，直到最后返回到起始位置，碰到限位开关 X1 时，用 OUT S0 指令使 S0 变为 ON 并保持，系统返回并停在初始步。

在图 7-25 中梯形图的结束处，一定要使用 RET 指令，使 LD 触点回到左母线上，否则系统将不能正常工作。

3. 步进梯形指令的选择序列结构的编程方法

如图 7-26 所示是采用步进梯形指令编程的自动门控制系统（系统说明见 7.3.1 "2. 使用起保停电路的选择序列结构的编程方法"）的顺序功能图和梯形图。

（1）选择序列分支的编程方法。图 7-26 中步 S23 之后有一个选择序列的分支。当 S23 为活动步时，如果转换条件 X0 满足，将转换到步 S25；如果转换条件 X4 满足，将转换到步 S24。

如果某一步的后面有 N 条选择序列的分支，则该步的 STL 触点开始的电路块中

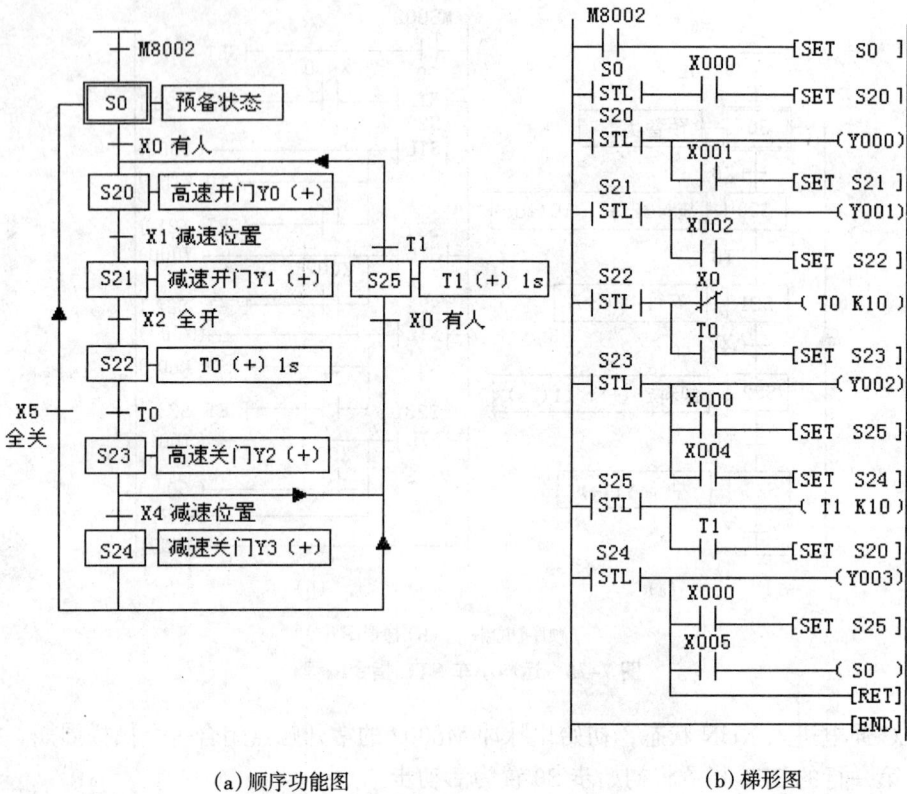

(a) 顺序功能图　　　　　　　　　(b) 梯形图

图 7-26　自动门控制系统 STL 指令编程

应有 N 条分别指明各转换条件和转换目标的并联电路。对于图 7-26 中步 S23 之后的这两条支路，有两个转换条件 X4 和 X0，可能进入步 S24 和步 S25，所以在 S23 的 STL 触点开始的电路块中，有两条分别由 X4 和 X0 作为置位条件的串联电路。

（2）选择序列合并的编程方法。图 7-26 中步 S20 之前有一个由两条支路组成的选择序列的合并。当 S20 为活动步，转换条件 X0 得到满足时，或者步 S25 为活动步，转换条件 T1 得到满足时，都将使步 S20 变为活动步，同时将步 S0 或步 S25 变为不活动步。

在梯形图中，S0 和 S25 的 STL 触点驱动的电路块中均有转换目标 S20，对它们的后续步 S20 的置位是用 SET 指令实现的，对相应的前级步的复位是由系统程序自动完成的。其实在设计梯形图时，没有必要特别留意选择序列的合并如何处理，只要正确地确定每一步的转换条件和转换目标，就能自然地实现选择序列的合并。

4. 步进梯形指令的并行序列结构的编程方法

如图 7-27 所示由 S22～S23 和 S24～S25 组成的两个单序列是并行工作的，设计梯形图时应保证这两个单序列同时开始工作和同时结束，即步 S22 和 S24 应同时变为活动步，步 S23 和 S25 应同时变为不活动步。

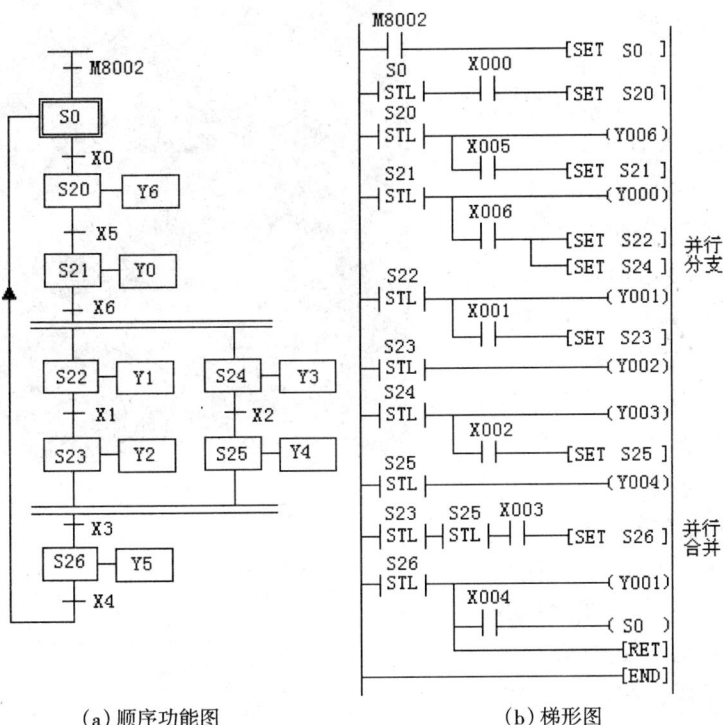

(a) 顺序功能图　　　　　(b) 梯形图

图 7-27 STL 指令编程的并行序列

　　并行序列分支的处理是很简单的，在图 7-27（a）中，当步 S21 是活动步时，且转换条件 X6 满足时，步 S22 和 S24 同时变为活动步，两个序列同时开始工作。在梯形图中，用 S21 的 STL 触点和 X6 的常开触点组成的串联电路来控制 SET 指令对 S22 和 S24 同时置位，同时系统程序将前级步 S21 变为不活动步。

　　图 7-27（a）中并行序列合并处的转换有两个前级步 S23 和 S25，根据转换实现的基本规则，当它们均为活动步且转换条件满足时，将实现并行序列的合并。在梯形图中，用 S23 和 S25 的 STL 触点和 X3 的常开触点组成的串联电路使步 S26 置位变为活动步，同时系统程序将两个前级步 S23 和 S25 变为不活动步。图 7-27（a）所对应的梯形图如图 7-27（b）所示。

7.3.4　步进梯形指令的应用

　　步进梯形指令是专为顺序控制而设计的，在顺序控制系统中使用步进梯形指令是相当方便的。下面以具有多种工作方式的顺序控制系统简易机械手为例，介绍顺序控制系统的程序设计。

1. 工艺要求与工作方式

　　简易机械手的工作示意图，如图 7-28 所示，运动示意图如图 7-29 所示。

机械手将工件从 A 点向 B 点传送。机械手的上升、下降与左移、右移都是由双线圈两位电磁阀驱动汽缸来实现的。抓手对工件的松夹是由一个单线圈两位电磁阀驱动汽缸完成，只有在电磁阀通电时抓手才能夹紧。该机械手工作原点在左上方，按下降、夹紧、上升、右移、下降、松开、上升、左移的顺序依次运动。它有手动、单步、一个周期和连续工作（自动）四种操作方式。

简易机械手的操作面板如图 7-30 所示。工作方式选择开关分四挡与四种方式对应。上升、下降、左移、右移、放松、夹紧几个步序一目了然。

下面就操作面板上标明的几种工作方式说明如图 7-30。

手动方式：是指用各自的按钮使各个负载单独接通或断开。

回原点：按下此按钮，机

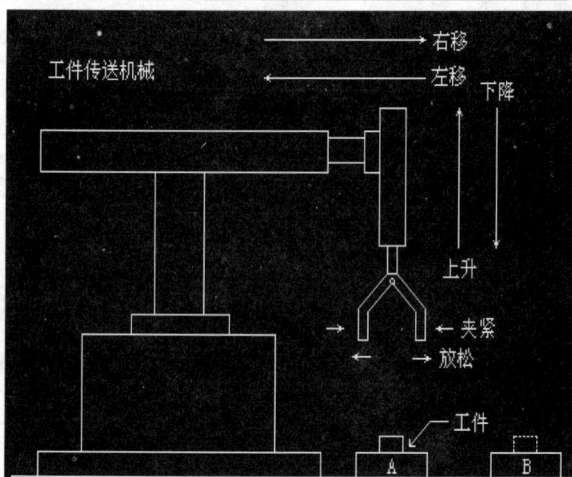

图 7-28 简易机械手工作示意图

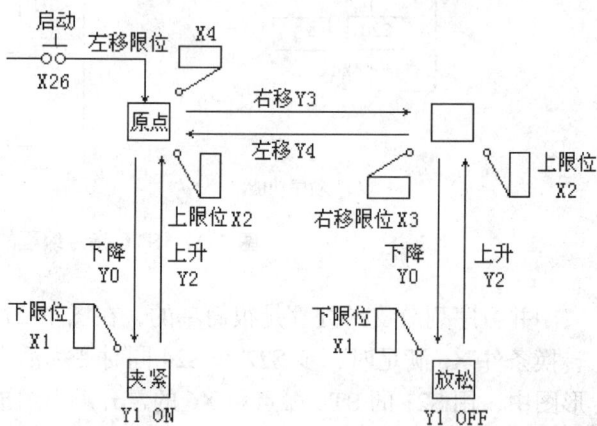

图 7-29 简易机械手运动示意图

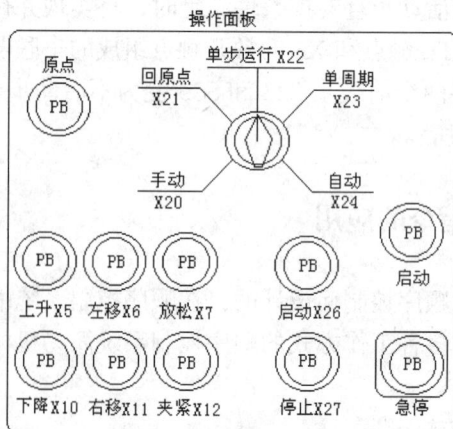

图 7-30 简易机械手操作面板

械手自动回到原点。

　　单步运行：按动一次启动按钮，前进一个工步。

　　单周期运行（半自动）：在原点位置按动启动按钮，自动运行一遍后回到原点停止。

　　若在中途按动停止按钮，则停止运行；再按启动按钮，从断点处继续运行，回到原点处自动停止。

　　连续运行（全自动）：在原点位置按动启动按钮，连续反复运行。若在中途按动停止按钮，运行到原点后停止。

　　面板上的起动和急停按钮与 PLC 运行程序无关。这两个按钮用来接通和断开 PLC 外部负载的电源。

2. 简易机械手顺控程序编写

　　（1）初始化程序。FX 系列 PLC 的状态初始化指令 IST 的功能指令编号为 FNC60，它与 STL 指令一起使用，专门用来设置有多种工作方式的控制系统的初始状态和设置有关的特殊辅助继电器的状态，可以大大简化复杂的顺序控制程序的设计。IST 指令只能使用一次，它应放在程序开始的地方，被它控制的 STL 电路应放在它的后面。

　　该系统的初始化程序如图 7-31 中的左图上两行所示，用来设置初始状态和原点位置条件。IST 指令中的 S20 和 S26 用来指定在自动操作中用到的最小和最大状态继电器的元件号，IST 中的源操作数可取 X、Y 和 M，图 7-31 中 IST 指令的源操作数 X20 用来指定与工作方式有关的输入继电器的首元件，它实际上指定从 X20 开始的八个输入继电器，这八个输入继电器的意义如表 7-5 所示。

表 7-5　输入继电器功能对照表

输入继电器 X	功能	输入继电器 X	功能
X20	手动	X24	连续运行
X21	回原点	X25	回原点启动
X22	单步运行	X26	自动启动
X23	单周期运行	X26	停止

　　X20 ~X24 中同时只能有一个处于接通状态，必须使用选择开关（见图 7-30），以保证这五个输入不可能同时为 ON。

　　IST 指令的执行条件满足时，初始状态继电器 S0~S2 和下列特殊辅助继电器被自动指定为以下功能（如表 7-6 所示），以后即使 IST 指令的执行条件变为 OFF，这些元件的功能仍保持不变。

　　如果改变了当前选择的工作方式，在"回原点方式"标志 M8043 变为 ON 之前，所有的输出继电器将变为 OFF。

　　（2）手动方式程序。手动方式程序如图 7-31 左图第三行所示。S0 为手动方式的初始状态。手动方式的夹紧、放松、上升、下降、左移、右移是由相应的按钮来完成的。

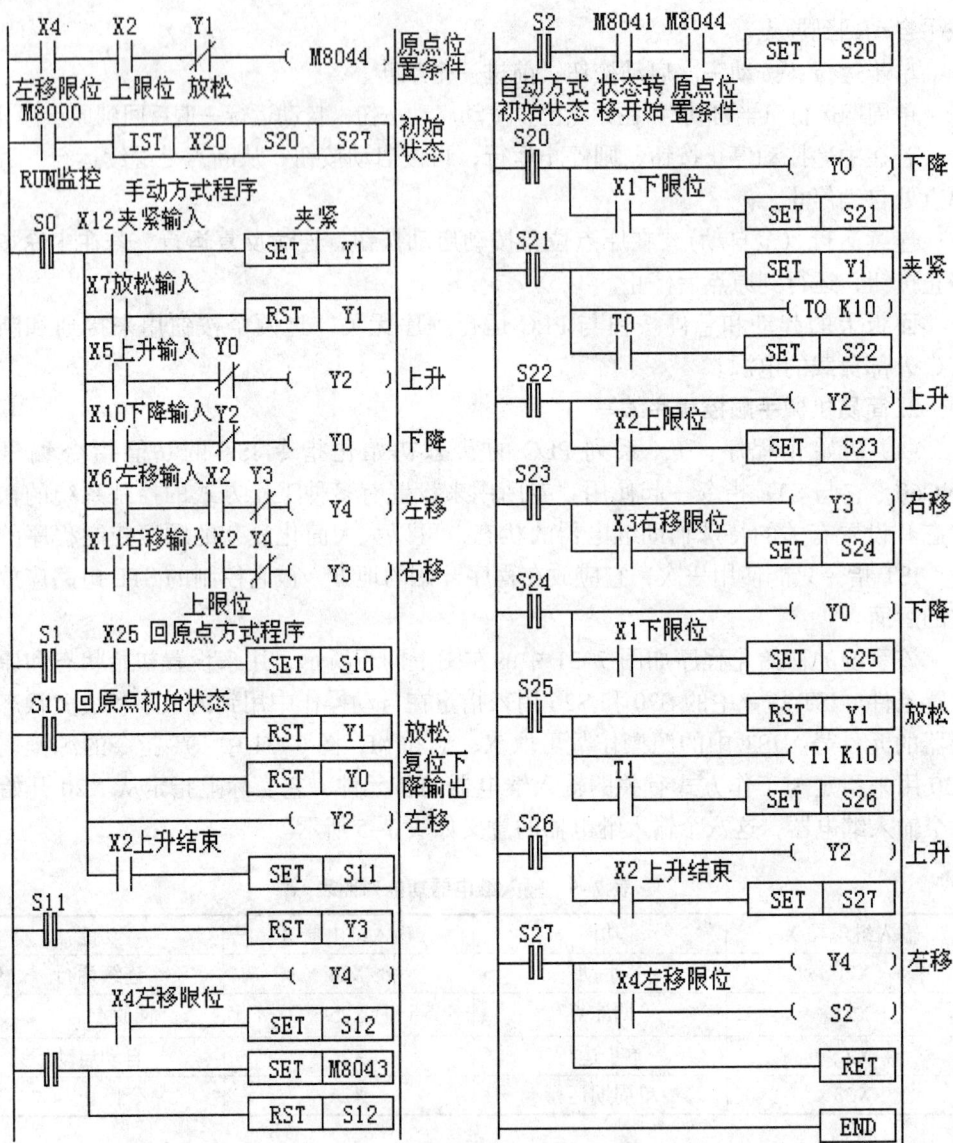

图 7-31 简易机械手控制系统梯形图

表 7-6 特殊辅助继电器、状态继电器功能对照表

特殊辅助继电器 M	功能	状态继电器 S	功能
M8040	禁止转换	S0	手动操作初始状态继电器
M8041	转换启动	S1	回原点初始状态继电器
M8042	启动脉冲	S2	自动操作初始状态继电器
M8043	回原点完成		
M8044	原点条件		
M8046	STL 监控有效		

（3）原点方式程序。回原点方式的功能图如图 7-32 所示，S1 是回原点的初始状态。自动返回原点结束后，M8043（回原点完成）置 ON。返回原点的顺序功能图中的步应使用 S10~S19。回原点方式程序如图 7-31 中的左图下部所示。

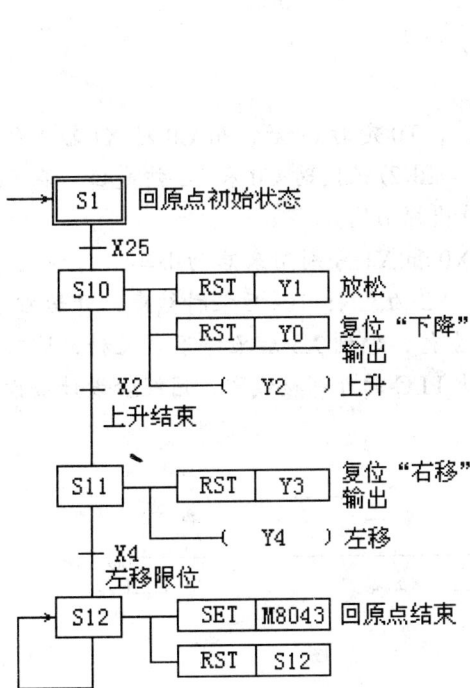

图 7-32 回原点方式顺序功能图

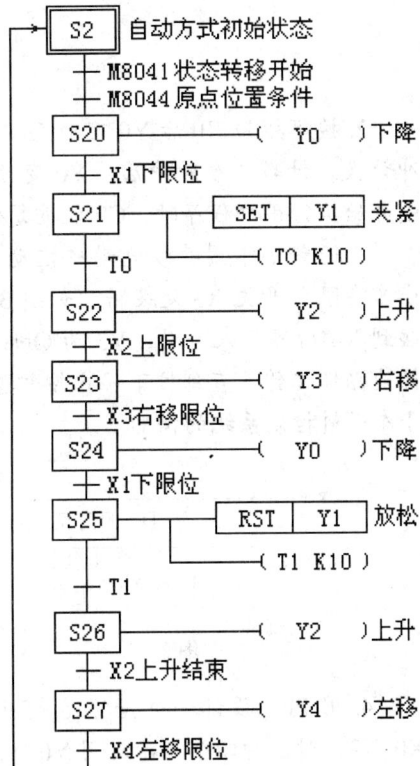

图 7-33 自动方式顺序功能图

（4）自动方式程序。自动方式程序的顺序功能图如图 7-33 所示。特殊辅助继电器 M8041（转换启动）和 M8044（原点位置条件）是从自动程序的初始步 S2 转换到下一步 S20 的转换条件。M8041 和 M8044 都是在初始化程序设定的，在程序运行中不再改变。自动方式程序的梯形图如图 7-31 中的右图所示。

使用 IST 指令后，系统的手动、自动、单周期、单步、连续和回原点这几种工作方式的切换是由系统程序自动完成的。但必须按照前述规定安排输入继电器 X20~X26 的元件号顺序，来控制工作的方式。

习　题

1. 用经验设计法设计满足图 1 所示波形的梯形图。

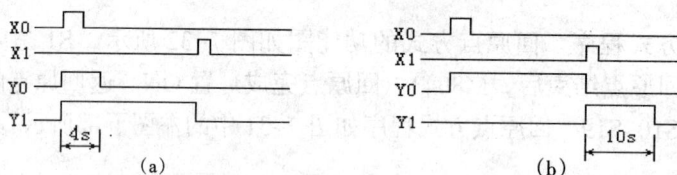

图 1

2. 按下按钮 X0 后 Y0 变为 ON 并自保持，T0 定时 6s 后，用 C0 对 X1 输入的脉冲计数，计数 4 个脉冲后，Y0 变为 OFF（如图 2），同时 C0 和 T0 被复位，在 PLC 刚开始执行用户程序时，C0 也被复位，设计出梯形图。

3. 送料小车用异步电动机拖动，按钮 X0 和 X1 分别用来启动小车右行和左行。小车在限位开关 X3 处装料（如图 3 所示），Y2 为 ON；10s 后装料结束，开始右行，碰到 X4 后停下来卸料，Y3 为 ON；15s 后左行，碰到 X3 后又停下来装料，这样不停地循环工作，直到按下停止按钮 X2。画出 PLC 的外部接线图，用经验设计法设计小车送料控制系统的梯形图。

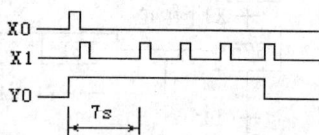

图 2

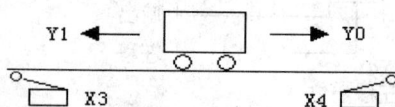

图 3

4. 用 PLC 设计一个抢答器，可用于四支比赛队伍进行抢答。四个抢答器按钮为 X0-X3，对应的四个指示灯用 Y0-Y3 来控制，复位按钮为 X4。

5. 设计出图 4 所示的顺序功能图的梯形图程序。

6. 某液压动力滑台在初始状态时停在最左边，行程开关 X0 接通。按下启动按钮 X4，动力滑台的进给运动如图 5 所示。工作一个循环后，返回并停在初始位置。控制各电磁阀的输出点 Y0-Y3，在每工步的工作状态如表所示。画出 PLC 外部接线图和控制系统的顺序功能图，分别用起保停电路、以转换为中心设计法和步进梯形指令设计法设计梯形图程序。

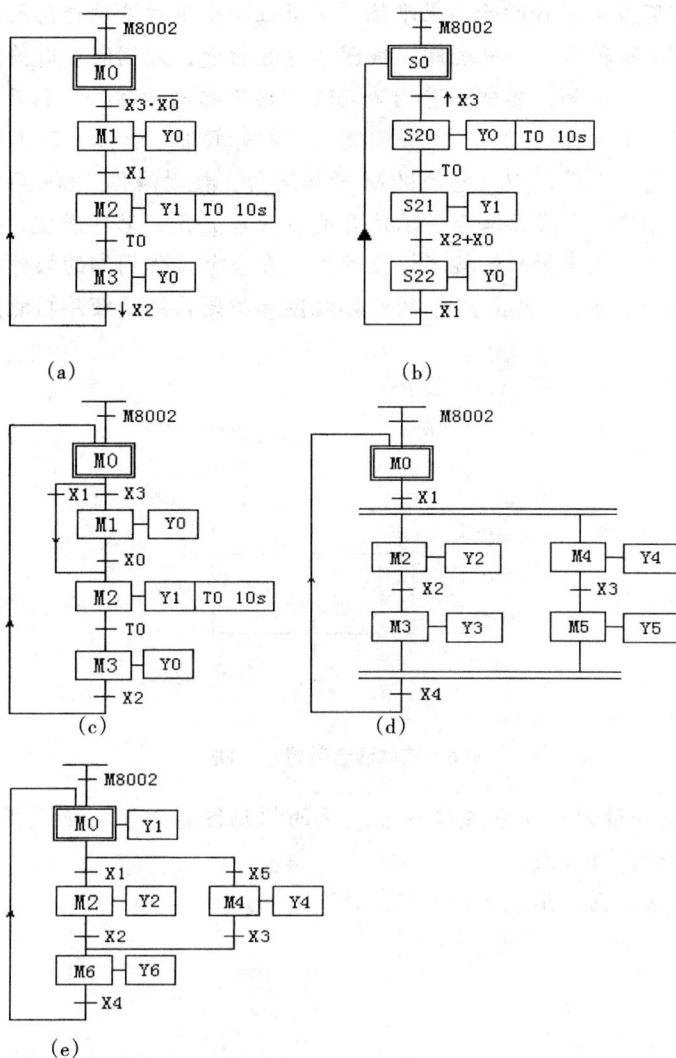

图 4

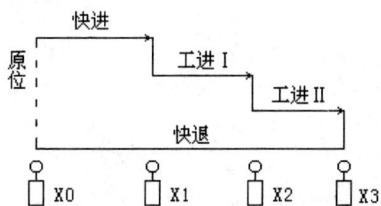

工　步	Y0	Y1	Y2	Y3
快进	−	+	+	−
工进 I	+	+	−	−
工进 II	−	+	−	−
快退	−	−	+	+

图 5

7. 液体混合装置如图 6 所示。上限位、下限位和中限位液位传感器被液体淹没时为 ON，阀 A、阀 B 和阀 C 为电磁阀，线圈通电时打开，线圈断电时关闭。开始时容器是空的，各阀门均关闭，各传感器均为 OFF。按下起动按钮后，打开阀 A，液体 A 流入容器，中限位开关变为 ON 时，关闭阀 A，打开阀 B，液体 B 流入容器。当液面到达上限位开关时，关闭阀 B，电动机 M 开始运行，搅动液体，60s 后停止搅动，打开阀 C，放出混合液，当液面降至下限位开关之后再过 5s，容器放空，关闭阀 C，打开阀 A，又开始下一周期操作。按下停止按钮，在当前工作周期的操作结束后，才停止操作（停在初始状态）。画出 PLC 的外接线图和控制系统的顺序功能图，设计梯形图程序。

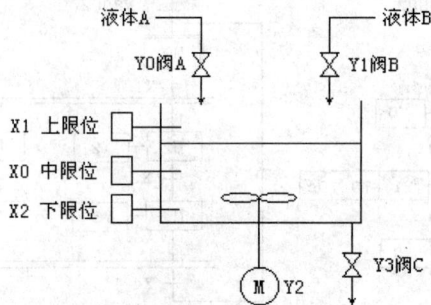

图 6　液体混合装置示意图

8. 用 STL 指令设计题 7 中液体混合装置的梯形图程序，要求设置手动、连续、单周期、单步 4 种工作方式。

9. 要求与题 8 相同，用起保停电路设计。

第 8 章　三菱 FX 系列 PLC 编程器与编程软件使用方法

> **内容提要：** 可编程控制器在程序设计完后，要将程序输入到可编程控制器的内存中。程序的输入一般使用手持编程器和个人电脑。如果使用电脑输入程序就一定要使用编程软件。本章将介绍三菱 FX 系列 PLC 的编程以及编程软件的使用方法。

8.1　手持式编程器的使用方法

手持式编程器可以用来给 PLC 写入程序、读出程序、插入程序、删除程序、监视 PLC 的工作状态等。手持式编程器具有体积小、重量轻、价格低等特点，它广泛用于微型和小型 PLC 的用户程序编制、现场调试和监控。FX–10P–E、FX–20P–E 手持式编程器的显示器分别可以显示 2 行和 4 行，每行 16 个字符。下面分别介绍这两种编程器的使用方法。

8.1.1　FX–10P–E 型手持式编程器的使用方法

1. FX–10P–E 型手持式编程器的功能概述

FX–10P–E 型手持式编程器（简称 HPP）通过编程电缆可与三菱 FX 系列 PLC 相连，用来给 PLC 写入、读出、插入和删除程序，以及监视 PLC 的工作状态等。

图 8-1 为 FX–10P–E 型手持式编程器，这是一种简易型编程器，只能联机编程，本机显示窗口可同时显示两条基本指令。它的功能如下：

（1）读（Read）——从 PLC 中读出已经存在的程序；

（2）写（Write）——向 PLC 中写入程序，或修改程序；

（3）插入（Insert）——插入和增加程序；

（4）删除（Delete）——从 PLC 程序中删除指令；

（5）监控（Monitor）——监视 PLC 的控制操作和状态；

（6）检测（Test）——改变当前状态或监视器件的值；

（7）其他（Others）——列屏幕菜单，监视或修改程序状态，程序检查，内存传送，修改参数，清除，音响控制。

2. FX-10P-E 型手持式编程器的组成与面板布置

（1）FX-10P-E 型手持式编程器的组成。FX-10P-E 型手持式编程器由一个 2（行）× 16（字符）的液晶显示屏，以及一个 5×7 按键阵列的橡胶键盘和编程电缆等组成。键盘中包括了功能键、指令键、软元件符号键和数字键等。编程器与 PLC 连接编程电缆是必需的，FX-10P-E 型手持式编程器与 FX0 以上系列 PLC 相连时，应使用 FX-20P-CAB0 型编程电缆；与其他的 FX 系列 PLC 相连时，应使用 FX-20P-CAB 型编程电缆。

（2）FX-10P-E 型编程器的面板布置。FX-10P-E 型编程器的面板布置如图 8-1 所示。面板的上方是一个 2 行，每行 16 个字符的液晶显示器。它的下面共有 35 个键，最上面一行和最右边一列为 11 个功能键，其余的 24 个键为指令键和数字键。

1）功能键。11 个功能键在编程时的功能如下：

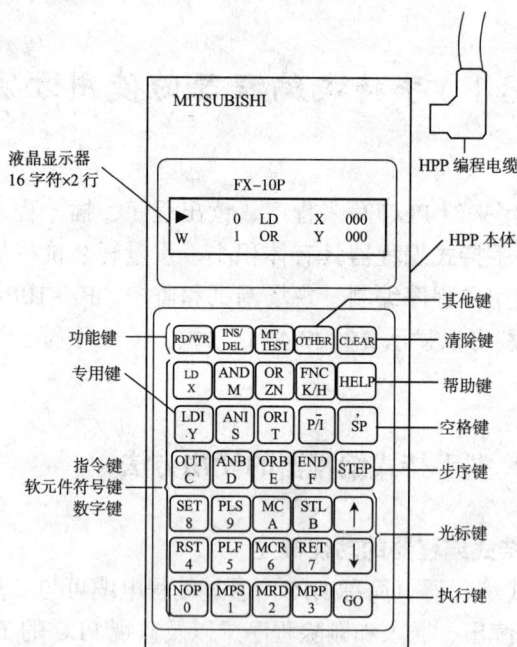

图 8-1　FX-10P-E 型手持式编程器面板布置示意图

① RD/WR 键，读出 / 写入键。是双功能键，按第一下选择读出方式，在液晶显示屏的左侧显示是 "R"；按第二下选择写入方式，在液晶显示屏的左侧显示是 "W"；按第三下又回到读出方式，编程器当时的工作状态显示在液晶显示屏的左侧。

② INS/DEL 键，插入 / 删除键。是双功能键，按第一下选择插入方式，在液晶

显示屏的左侧显示是"I"；按第二下选择删除方式，在液晶显示屏的左侧显示是"D"；按第三下又回到插入方式，编程器当时的工作状态显示在液晶显示屏的左侧。

③ MNT/TEST 键，监视／测试键。也是双功能键，按第一下选择监视方式，在液晶显示屏的左侧显示是"M"；按第二下选择测试方式，在液晶显示屏的左侧显示是"T"；按第三下又回到监视方式，编程器当时的工作状态显示在液晶显示屏的左侧。

④ GO 键，执行键。用于对指令的确认和执行命令，在键入某指令后，再按下 GO 键，编程器就将该指令写入 PLC 的用户程序存储器，该键还可用来选择工作方式。

⑤ CLEAR 键，清除键。在未按 GO 键之前，按下 CLEAR 键，刚刚键入的操作码或操作数被清除。另外，该键还用来清除屏幕上的错误内容或恢复原来的画面。

⑥ SP 键，空格键。输入多参数的指令时，用来指定操作数或常数。在监视工作方式下，若要监视位编程元件，先按下 SP 键，再送该编程元件和元件号。

⑦ STEP 键，步序键。如果需要显示某步的指令，先按下 STEP 键，再送步序号。

⑧ ↑ 、↓ 键，光标键。使光标"▶"上移或下移。

⑨ HELP 键，帮助键。按下 FNC 键后按 HELP 键，屏幕上显示应用指令的分类菜单，再按下相应的数字键，就会显示出该类指令的全部指令名称。在监视方式下按 HELP 键，可用于将字编程元件内的数据在十进制和十六进制数之间进行切换。

⑩ OTHER 键，"其他"键。无论什么时候按下它，立即进入菜单选择方式。

2）指令键、元件符号键和数字键。它们都是双功能键，键的上部分是指令助记符，键的下部分是数字或软元件符号，何种功能有效，是在当前操作状态下，由功能自动定义。下面的双重元件符号 Z/V、K/H 和 P/I 交替起作用，反复按键时相互切换。

3）FX-10P-E 型编程器的液晶显示屏。在编程时，FX-10P-E 型编程器的液晶显示屏的画面示意图如图 8-2 所示。

```
▶    0  LD    X  000
R    1  OR    Y  000
```

图 8-2　FX-10P-E 型手持式编程器液晶显示屏

FX-10P-E 型编程器的液晶显示屏可显示 2 行，每行 16 个字符，第 1 列显示字符和光标"▶"，字符代表编程器的工作方式。其中"R"为读出用户程序；"W"为写入或修改用户程序；"I"为将编制的程序插入光标"▶"所指的指令之前；"D"为删除"▶"所指的指令；"M"表示编程器处于监视工作状态，可以监视位编程元件的 ON/OFF 状态、字编程元件内的程序，以及对基本逻辑指令的通断状态进行监视；"T"表示编程器处于测试（TEST）工作状态，可以对位编程元件的状态以及定时器和计数器的线圈强制 ON 或强制 OFF，也可以对字编程元件内的数据进行修改。

第 2 列为空格，第 3~6 列为指令步序号，第 7 列为空格，第 8~11 列为指令助记符，第 12 列为操作数或元件类型，第 13~16 列为操作数或元件号。

3. FX-10P-E 型编程器的实际使用和编程举例

（1）编程前的准备工作。

1）编程电缆的连接。打开 FX 系列 PLC 主机上（左下角）外围设备接线插座（即 RS-422 接口）盖板，将 FX-20P-CAB0 型编程电缆（直柄端）接至该插座，编程电缆的另一端（直角端）接至 FX-10P-E 型编程器的右侧插座。注意要对准电缆插头与插座的定位方向直接插入，切忌左右转动插入，否则会损坏电缆插头。

2）打开电源。将 PLC 主机电源接通，则编程器的电源也接通，在 FX-10P-E 型手持式编程器液晶显示屏上按顺序显示信息内容，如图 8-3 所示。若同时按下 RST 键和 GO 键，可以对 FX-10P-E 型手持式编程器进行复位，重新按顺序显示开机的版本。

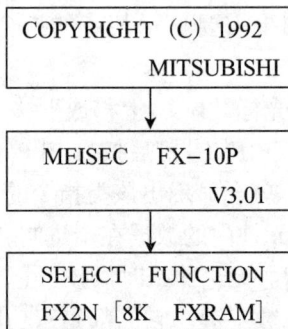

```
┌─────────────────────┐
│  COPYRIGHT（C）1992  │
│         MITSUBISHI   │
└─────────────────────┘
          ↓
┌─────────────────────┐
│  MEISEC   FX-10P     │
│              V3.01   │
└─────────────────────┘
          ↓
┌─────────────────────┐
│  SELECT   FUNCTION   │
│  FX2N〔8K  FXRAM〕    │
└─────────────────────┘
```

图 8-3 FX-10P-E 型手持式编程器开机显示内容

（2）编程。

1）PLC 主机开关位置。将 PLC 主机"RUN/STOP"选择开关置于"STOP"位置。

2）方式选择。按下 RD/WR 键一次，编程器液晶显示屏上左边显示"R"为读出方式，从 PLC 中读出已经存在的程序；再按一次 RD/WR 键，编程器液晶显示屏上左边显示"W"为写入方式，即可进行编程。

3）用户程序存储器初始化（清零）。在写入一个新的程序之前，一般需要将存储器中原有的内容全部清除，让编程器处于"W"写入方式，接着按以下顺序按键：

$$\boxed{\text{NOP}} \rightarrow \boxed{\text{A}} \rightarrow \boxed{\text{GO}} \rightarrow \boxed{\text{GO}}$$

4）编程举例。编程举例如图 8-4 所示（三相异步电动机的 Y-D 减压起动控制程序）。

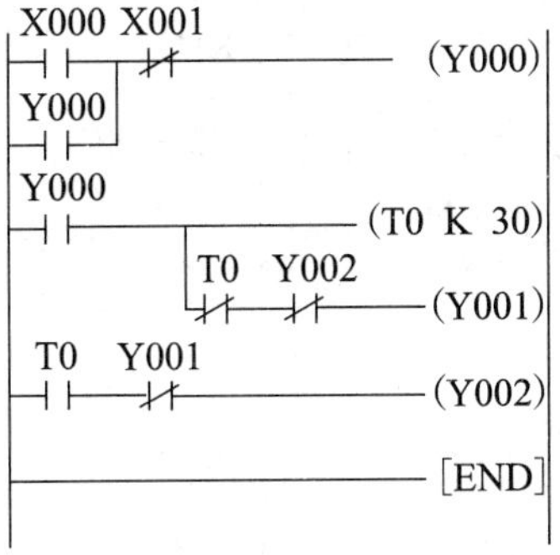

0	LD	X000
1	OR	Y000
2	ANI	X001
3	OUT	Y000
4	LD	Y000
5	OUT	T0 K30
8	ANI	T0
9	ANI	Y002
10	OUT	Y001
11	LD	T0
12	ANI	Y001
13	OUT	Y002
14	END	

图 8-4　编程举例

输入程序之前，首先让编程器保持在"W"写入方式，光标"▶"指向步序号"0"，然后按图 8-4 指令表具体输入程序如下：

LD → X → 0 → GO，OR → Y → 0 → GO，ANI → X → 1 → GO，OUT → Y → 0 → GO；

LD → Y → 0 → GO，OUT → T → 0 → SP → K → 3 → 0 → GO，ANI → T → 0 → GO，ANI → Y → 2 → GO，OUT → Y → 1 → GO；

LD → T → 0 → GO，ANI → Y → 1 → GO，OUT → Y → 2 → GO；

END → GO。

5）程序读出与检查。程序输入完毕后，需要检查程序输入是否正确。可按下 RD/WR 键一次，使编程器处于"R"读出方式，按 STEP 键（步序键）和步序号，再按下 GO 键，即可从该地址号检查。通过按↑或↓键可以继续往上或往下检查。

6）程序试运行。通过程序试运行可以检验编写程序的正确性，PLC 的外部接线按图 8-5 连接。主电路电源开关先不接通，将 PLC 主机"RUN/STOP"选择开关置于"RUN"（运行）位置，运行结果如下：

按下 SB1（ON/OFF）→X0
（ON/OFF）→Y0（ON 自锁）→

KM1（ON）

Y1（ON）→KM3（ON）

T0（定时开始）→T0（延时 3s 到）→Y1（OFF）→

KM3（OFF）→Y2（ON）→KM2（ON）。

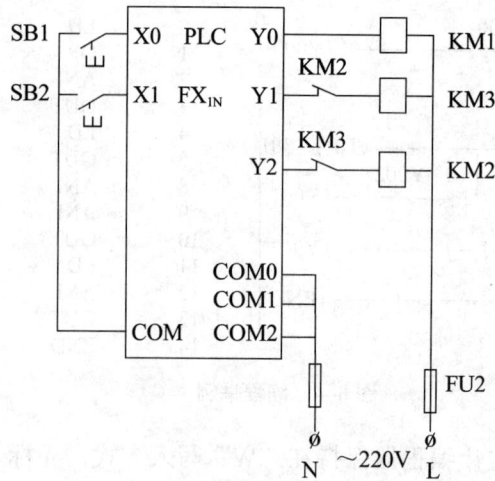

图 8-5 PLC 的 I/O 接线图

按下 SB2（ON/OFF）→X1（ON/OFF）→Y0（OFF）→$\begin{cases} KM1（OFF）\\ T0（OFF）→Y2（OFF）\\ →KM2（OFF）。\end{cases}$

FX-10P-E 型手持式编程器的其余操作及功能与 FX-20P-E 型手持式编程器（除具有离线编程功能外）相同，有关使用方法详见 8.1.2 节 FX-20P-E 型手持式编程器的使用方法说明。

8.1.2 FX-20P-E 型手持式编程器的使用方法

1. FX-20P-E 型手持式编程器的功能概述

FX-20P-E 型手持式编程器（简称 HPP）通过编程电缆可与三菱 FX 系列 PLC 相连，用来给 PLC 写入、读出、插入和删除程序，以及监视 PLC 的工作状态等。

图 8-6 为 FX-20P-E 型手持式编程器，这是一种智能简易型编程器，既可联机编程又可脱机编程，本机显示窗口可同时显示四条基本指令。它的功能如下：

（1）读（Read）——从 PLC 中读出已经存在的程序。

（2）写（Write）——向 PLC 中写入程序，或修改程序。

（3）插入（Insert）——插入和增加程序。

（4）删除（Delete）——从 PLC 程序中删除指令。

（5）监控（Monitor）——监视 PLC 的控制操作和状态。

（6）检测（Test）——改变当前状态或监视器件的值。

（7）其他（Others）——列屏幕菜单，监视或修改程序状态，程序检查，内存传送，修改参数，清除，音响控制。

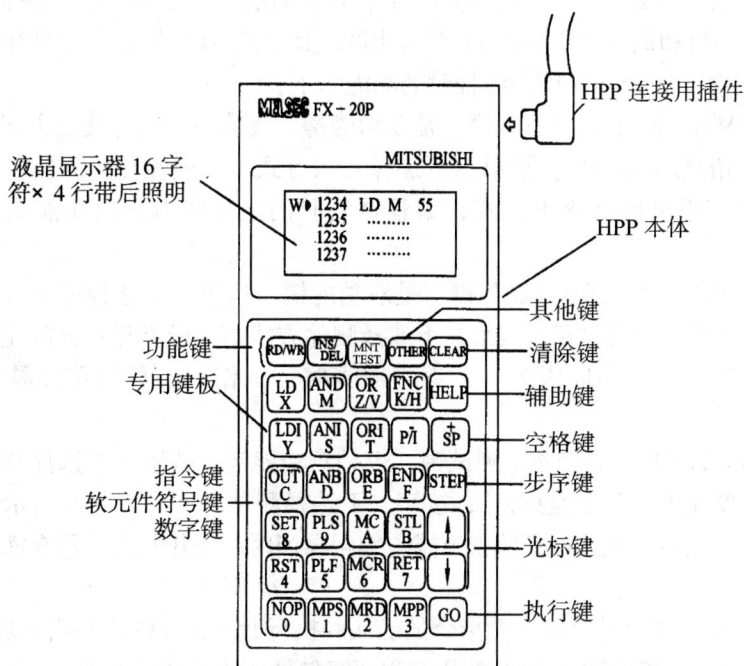

液晶显示器 16 字符× 4 行带后照明

HPP 连接用插件

HPP 本体

其他键

清除键

辅助键

空格键

步序键

光标键

执行键

功能键

专用键板

指令键
软元件符号键
数字键

图 8-6　FX-20P-E 型手持式编程器面板布置示意图

2. FX-20P-E 型手持式编程器的组成与面板布置

（1）FX-20P-E 型手持式编程器的组成。FX-20P-E 型手持式编程器主要包括以下几个部件：

① FX-20P-E 型编程器；② FX-20P-CAB0 型电缆，用于对三菱的 FX0 以上系列 PLC 编程；③ FX-20P-RWM 型 ROM 写入器模块；④ FX-20P-ADP 型电源适配器；⑤ FX-20P-CAB 型电缆，用于对三菱的其他 FX 系列 PLC 编程；⑥ FX-20P-FKIT 型接口，用于对三菱的 F1、F2 系列 PLC 编程。

其中编程器与电缆是必需的，其他部分是选配件。编程器右侧面的上方有一个插座，将 FX-20P-CAB0 电缆的一端输入该插座内（见图 8-6），电缆的另一端插到 FX0系列 PLC 的 RS-422 编程器插座内。

FX-20P-E 型编程器的顶部有一个插座，可以连接 FX-20P-RWM 型 ROM 型写入器，编程器底部插有系统程序存储器卡盒，需要将编程器的系统程序更新时，只要更换系统程序存储器即可。

在 FX-20P-E 型编程器与 PLC 不相连的情况下（脱机或离线方式），需要用编程器编制用户程序时，可以使用 FX-20P-ADP 型电源适配器对编程器供电。

FX-20P-E 型编程器内附有 8K RAM，在脱机方式时用来保存用户程序。编程器内附有高性能的电容器，通电一小时后，在该电容器的支持下，RAM 内的信息可以保留三天。

（2）FX-20P-E 型编程器的面板布置。FX-20P-E 型编程器的面板布置如图 8-6

所示。面板的上方是一个 4 行，每行 16 个字符的液晶显示器。它的下面共有 35 个键，最上面一行和最右边一列为 11 个功能键，其余的 24 个键为指令键和数字键。

1）功能键。11 个功能键在编程时的功能如下：

① RD/WR 键，读出 / 写入键。是双功能键，按第一下选择读出方式，在液晶显示屏的左上角显示是 "R"；按第二下选择写入方式，在液晶显示屏的左上角显示是 "W"；按第三下又回到读出方式，编程器当时的工作状态显示在液晶显示屏的左上角。

② INS/DEL 键，插入 / 删除键。是双功能键，按第一下选择插入方式，在液晶显示屏的左上角显示是 "I"；按第二下选择删除方式，在液晶显示屏的左上角显示是 "D"；按第三下又回到插入方式，编程器当时的工作状态显示在液晶显示屏的左上角。

③ MNT/TEST 键，监视 / 测试键。也是双功能键，按第一下选择监视方式，在液晶显示屏的左上角显示是 "M"；按第二下选择测试方式，在液晶显示屏的左上角显示是 "T"；按第三下又回到监视方式，编程器当时的工作状态显示在液晶显示屏的左上角。

④ GO 键，执行键。用于对指令的确认和执行命令，在键入某指令后，再按 GO 键，编程器就将该指令写入 PLC 的用户程序存储器，该键还可用来选择工作方式。

⑤ CLEAR 键，清除键。在未按 GO 键之前，按下 CLEAR 键，刚刚键入的操作码或操作数被清除。另外，该键还用来清除屏幕上的错误内容或恢复原来的画面。

⑥ SP 键，空格键。输入多参数的指令时，用来指定操作数或常数。在监视工作方式下，若要监视位编程元件，先按下 SP 键，再送该编程元件和元件号。

⑦ STEP 键，步序键。如果需要显示某步的指令，先按下 STEP 键，再送步序号。

⑧ ↑、↓ 键，光标键。用此键移动光标和提示符，指定当前软元件的前一个或后一个元件，作上、下移动。

⑨ HELP 键，帮助键。按下 FNC 键后按 HELP 键，屏幕上显示应用指令的分类菜单，再按下相应的数字键，就会显示出该类指令的全部指令名称。在监视方式下按 HELP 键，可用于使字编程元件内的数据在十进制和十六进制数之间进行切换。

⑩ OTHER 键，"其他" 键。无论什么时候按下它，立即进入菜单选择方式。

2）指令键、元件符号键和数字键。它们都是双功能键，键的上面是指令助记符，键的下部分是数字或软元件符号，何种功能有效，是在当前操作状态下，由功能自动定义。下面的双重元件符号 Z/V、K/H 和 P/I 交替起作用，反复按键时相互切换。

3）FX-20P-E 型编程器的液晶显示屏。在操作时，FX-20P-E 型编程器液晶显示屏的画面示意图如图 8-7 所示。

液晶显示屏可显示 4 行，每行 16 个字符，第一行第 1 列的字符代表编程器的工作方式。其中显示 "R" 为读出用户程序；"W" 为写入用户程序；"I" 为将编制的程序插入光标 "▶" 所指的指令之前；"D" 为删除 "▶" 所指的指令；"M" 表示编程

```
R▶ 104  LD    M   20
    105  OUT   T    6
               K  150
    108  LDI   X  007
```

图 8-7 FX-20P-E 型手持式编程器液晶显示屏

器处于监视工作状态，可以监视位编程元件的 ON/OFF 状态、字编程元件内的程序，以及对基本逻辑指令的通断状态及其进行监视；"T"表示编程器处于测试（Test）工作状态，可以对位编程元件的状态以及定时器和计数器的线圈强制 ON 或强制 OFF，也可以对自编程元件内的数据进行修改。

第 2 列为行光标，第 3 列到第 6 列为指令步序号，第 7 列为空格，第 8 列到第 11 列为指令助记符，第 12 列为操作数或元件类型，第 13 列到 16 列为操作数或元件号。

3. FX-20P-E 型手持式编程器的工作方式选择

FX-20P-E 型编程器具有在线（ONLINE，或称联机）编程和离线（OFFLINE，或称脱机）编程两种工作方式。在线编程时编程器与 PLC 直接相连，编程器直接对 PLC 的用户程序存储器进行读写操作。若 PLC 内装有 EEPROM 卡盒，则程序写入该卡盒，若没有 EEPROM 卡盒，则程序写入 PLC 内的 RAM 中。在离线编程时，编制的程序首先写入编程器内的 RAM 中，以后再成批地传送到 PLC 的存储器。

FX-20P-E 型编程器上电后，其液晶屏幕上显示的内容如图 8-8 所示。

其中闪烁的符号"■"指明编程器所处的工作方式。用 ↑ 或 ↓ 键将"■"移动到选中的方式上，然后按 GO 键，就进入所选定的编程方式。

在联机方式下，用户可用编程器直接对 PLC 的用户程序存储器进行读/写操作，在执行写操作时，若 PLC 内没有安装 EEPROM 存储器卡盒，则程序写入 PLC 的 RAM 存储器内；反之则写入 EEPROM 中。此时，EEPROM 存储器的写保护开关必须处于"OFF"位置。只有用 FX-20P-RWM 型 ROM 写入器才能将用户程序写入 EEPROM。

若按下 OTHER 键，则进入工作方式选定的操作。此时，FX-20P-E 型手持编程器的液晶屏幕显示的内容如图 8-9 所示。

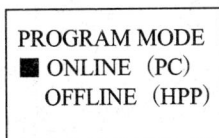

```
PROGRAM MODE
■ ONLINE （PC）
  OFFLINE （HPP）
```

图 8-8 在线、离线工作方式选择

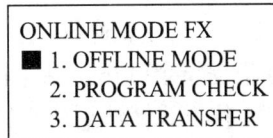

```
ONLINE MODE FX
■ 1. OFFLINE MODE
  2. PROGRAM CHECK
  3. DATA TRANSFER
```

图 8-9 工作方式选定

闪烁的符号"■"表示编程器所选的工作方式，按 ↑ 或 ↓ 键，将"■"上移或下移到所需的位置，再按 GO 键，就进入了选定的工作方式。在联机编程方式下，可供选择的工作方式共有 7 种，它们分别是：

（1）OFFLINE MODE（脱机方式）：进入脱机编程方式。

（2）PROGRAM CHECK：程序检查，若没有错误，显示"NO ERROR"（没有错误）；若有错误，则显示出错误指令的步序号及出错代码。

（3）DATA TRANSFER：数据传送，若 PLC 内安装有存储器卡盒，在 PLC 的 RAM 和外装的存储器之间进行程序和参数的传送。反之则显示"NO MEM CASSETTE"（没有存储器卡盒），不进行传送。

（4）PARAMETER：对 PLC 的用户程序存储器容量进行设置，还可以对各种具有断电保持功能的编程元件的范围以及文件寄存器的数量进行设置。

（5）XYM．．NO．CONV．：修改 X、Y、M 的元件号。

（6）BUZZER LEVEL：蜂鸣器的音量调节。

（7）LATCH CLEAR：复位有断电保持功能的编程元件。

对文件寄存器的复位与它使用的存储器类别有关，只能对 RAM 和写保护开关处于 OFF 位置的 EEPROM 中的文件寄存器复位。

4. 用户程序存储器初始化

在写入程序之前，一般需要将存储器中原有的内容全部清除，再按 RD/WR 键，使编程器（写）处于 W 工作方式，接着按以下顺序按键：

$$\boxed{\text{NOP}} \rightarrow \boxed{\text{A}} \rightarrow \boxed{\text{GO}} \rightarrow \boxed{\text{GO}}$$

5. 指令的读出

（1）根据步序号读出指令。基本操作如图 8-10 所示，先按 RD/WR 键，使编程器处于 R（读）工作方式，如果要读出步序号为 105 的指令，再按下列的顺序操作，该指令就显示在屏幕上。

$$\boxed{\text{STEP}} \rightarrow \boxed{1} \rightarrow \boxed{0} \rightarrow \boxed{5} \rightarrow \boxed{\text{GO}}$$

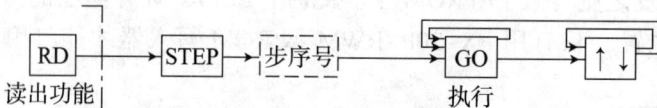

图 8-10 根据步序号读出的基本操作

若还需要显示该指令之前或之后的其他指令，可以按 ↑、↓ 或 GO 键。按 ↑、↓ 键可以显示上一条或下一条指令。按 GO 键可以显示下面 4 条指令。

（2）根据指令读出。基本操作如图 8-11 所示，先按 RD/WR 键，使编程器处于 R（读）工作方式，然后根据图 8-11 或图 8-12 所示的操作步骤依次按相应的键，该指令就显示在屏幕上。

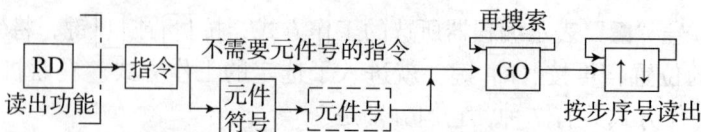

图 8-11 根据指令读出的基本操作

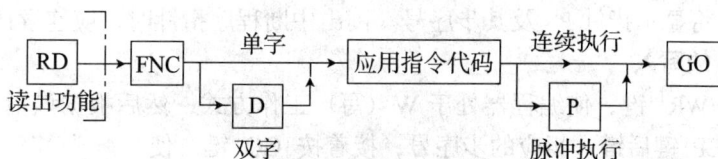

图 8-12　应用指令的读出

例如：指定指令 LD　X020，从 PLC 中读出该指令。

按 RD/WR 键，使编程器处于读（R）工作方式，然后按以下的顺序按键：

LD → X → 2 → 0 → GO

按 GO 键后屏幕上显示出指定的指令和步序号。再按 GO 键，屏幕上显示出下一条相同的指令及其步序号。如果用户程序中没有该指令，在屏幕的最后一行显示"NOT FOUND"（未找到）。按 ↑ 或 ↓ 键可读出上一条或下一条指令。按 CLEAR 键，则屏幕显示出原来的内容。

例如：读出数据传送指令（D）MOV（P）D10 D14。

MOV 指令的应用指令代码为 12，先按 RD/WR 键，使编程器处于 R（读）工作方式，然后按下列顺序按键：

FUN → D → 1 → 2 → P → GO

（3）根据元件读出指令。先按 RD/WR 键，使编程器处于 R（读）工作方式，在读（R）工作方式下读出含有 Y1 的指令的基本操作步骤，如图 8-13 所示。

SP → Y → 1 → GO

这种方法只限于基本逻辑指令，不能用于应用指令。

（4）根据指针查找其所在的步序号。

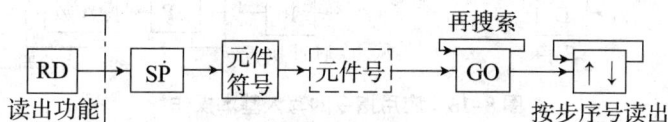

图 8-13　根据元件读出的基本操作

根据指针查找其所在的步序号基本操作如图 8-14 所示，在 R（读）工作方式下读出 8 号指针的操作步骤如下：

P → 8 → GO

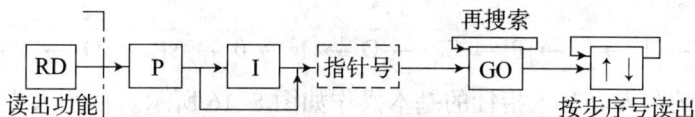

图 8-14　根据指针读出的基本操作

屏幕上将显示指针 P8 及其步序号。读出中断程序指针时，应连续按两次 $\boxed{\text{P/I}}$ 键。

6. 指令的写入

按 $\boxed{\text{RD/WR}}$ 键，使编程器处于 W（写）工作方式，然后根据该指令所在的步序号，按 $\boxed{\text{STEP}}$ 键后键入相应的步序号，接着按 $\boxed{\text{GO}}$ 键，使"▶"移动到指定的步序号时，可以开始写入指令。如果需要修改刚写入的指令，在未按 $\boxed{\text{GO}}$ 键之前，按下 $\boxed{\text{CLEAR}}$ 键，刚键入的操作码或操作数被清除。若按了 $\boxed{\text{GO}}$ 键之后，可按 $\boxed{↑}$ 键，回到刚写入的指令，再作修改。

（1）写入基本逻辑指令。写入指令 LD X010 时，先使编程器处于 W（写）工作方式，将光标"▶"移动到指定的步序号位置，然后按以下顺序按键：

$$\boxed{\text{LD}} \rightarrow \boxed{\text{X}} \rightarrow \boxed{1} \rightarrow \boxed{0} \rightarrow \boxed{\text{GO}}$$

写入 LDP、ANP、ORP 指令时，在按对应指令键后还要按 $\boxed{\text{P/I}}$ 键；写入 LDF、ANF、ORF 指令时，在按对应指令键后还要按 $\boxed{\text{F}}$ 键；写入 INV 指令时，按 $\boxed{\text{NOP}}$、$\boxed{\text{P/I}}$ 和 $\boxed{\text{GO}}$ 键。

（2）写入应用指令。基本操作如图 8-15 所示，按 $\boxed{\text{RD/WR}}$ 键，使编程器处于 W（写）工作方式，将光标"▶"移动到指定的步序号位置，然后按 $\boxed{\text{FNC}}$ 键，接着按该应用指令的指令代码对应的数字键，然后按 $\boxed{\text{SP}}$ 键，再按相应的操作数。如果操作数不止一个，每次键入操作数之前，先按一下 $\boxed{\text{SP}}$ 键，键入所有的操作数后，再按 $\boxed{\text{GO}}$ 键，该指令就被写入 $\boxed{\text{PLC}}$ 的存储器内。如果操作数为双字，按 $\boxed{\text{FNC}}$ 键后，再按 $\boxed{\text{D}}$ 键；如果是脉冲上升沿执行方式，在键入编程代码的数字键后，接着再按 $\boxed{\text{P}}$ 键。

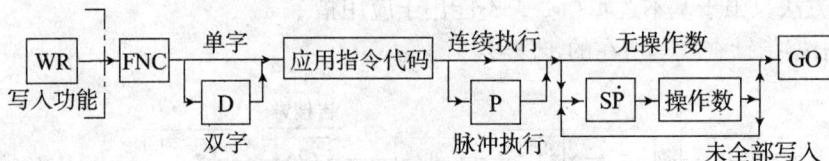

图 8-15 应用指令的写入基本操作

例如：写入数据传送指令 MOV　D10　D14。

MOV 指令的应用指令编号为 12，写入的操作步骤如下：

$$\boxed{\text{FUN}} \rightarrow \boxed{1} \rightarrow \boxed{2} \rightarrow \boxed{\text{SP}} \rightarrow \boxed{\text{D}} \rightarrow \boxed{1} \rightarrow \boxed{0} \rightarrow \boxed{\text{SP}} \rightarrow \boxed{\text{D}} \rightarrow \boxed{1} \rightarrow \boxed{4} \rightarrow \boxed{\text{GO}}$$

例如：写入数据传送指令 (D) MOV (P) D10　D14。

操作步骤如下：

$$\boxed{\text{FUN}} \rightarrow \boxed{\text{D}} \rightarrow \boxed{1} \rightarrow \boxed{2} \rightarrow \boxed{\text{P}} \rightarrow \boxed{\text{SP}} \rightarrow \boxed{\text{D}} \rightarrow \boxed{1} \rightarrow \boxed{0} \rightarrow \boxed{\text{SP}} \rightarrow \boxed{\text{D}} \rightarrow \boxed{1} \rightarrow \boxed{4} \rightarrow \boxed{\text{GO}}$$

（3）指针的写入。写入指针的基本操作如图 8-16 所示。如写入中断用的指针，应连续按两次 $\boxed{\text{P/I}}$ 键。

（4）指令的修改。例如：将其步序号为 105 原有的指令 OUT　T6　K150 改写为

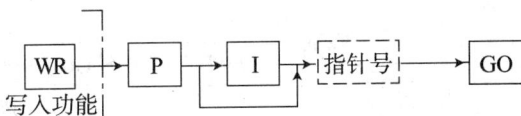

图 8-16　指针写入的基本操作

OUT　T6　K30。

根据步序号读出原指令后，按 RD/WR 键，使编程器处于 W（写）工作方式，然后按下列操作步骤按键：

OUT → T → 6 → SP → K → 3 → 0 → GO

如果要修改应用指令中的操作数，读出该指令后，将光标"►"移到欲修改的操作数所在的行，然后修改该行的参数。

7. 指令的插入

如果需要在某条指令之前插入一条指令，按照前述指令读出的方式，先将某条指令显示在屏幕上，使光标"►"指向该指令。然后按 INS/DEL 键，使编程器处于 I（插入）工作方式，再按照指令写入的方法，将该指令写入，按 GO 键后，写入的指令插在原指令之前，后面的指令依次向后推移。

例如：要在 180 步之前插入指令 AND　M3，在 I 工作方式下首先读出 180 步的指令，然后使光标"►"指向 180 步，按以下顺序按键：

INS → AND → M → 3 → GO

8. 指令的删除

（1）逐条指令的删除。如果需要将某条或某个指针删除，按照指令读出的方法，先将该指令或指针显示在屏幕上，令光标"►"指向该指令。然后按 INS/DEL 键，使编程器处于 D（删除）工作方式，再按功能键 GO ，该指令或指针即被删除。

（2）NOP 指令的成批删除。按 INS/DEL 键，使编程器处于 D（删除）工作方式，依次按 NOP 键和 GO 键，执行完毕后，用户程序中间的 NOP 指令被全部删除。

（3）指定范围内的指令删除。按 INS/DEL 键，使编程器处于 D（删除）工作方式，接着按下列操作步骤依次按相应的键，该范围内的程序就被删除：

STEP → 起始步序号 → SP → STEP → 终止步序号 → GO

9. 对 PLC 编程元件与基本指令通/断状态的监视

监视功能是通过编程器对各个位编程元件的状态和各个字编程元件内的数据监视和测试，监视功能可监视和确认联机方式下 PLC 编程元件的动作和控制状态，包括对编程元件的监视和对基本逻辑运算指令通/断状态的监视。

（1）对位元件的监视。基本操作如图 8-17 所示，FX_{2N}、FX_{2NC} 有多个变址寄存器 Z0~Z7 和 V0~V7，应送变址寄存器的元件号。以监视辅助继电器 M135 的状态为例，

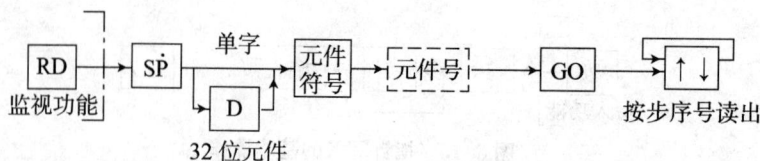

图 8-17 元件监视的基本操作

先按 $\boxed{\text{MNT/TEST}}$ 键，使编程器处于 M（监视）工作方式，然后按下列的操作步骤按键：

$$\boxed{\text{SP}} \to \boxed{\text{M}} \to \boxed{1} \to \boxed{3} \to \boxed{5} \to \boxed{\text{GO}}$$

屏幕上就会显示出 M135 的状态，如图 8-18 所示。如果在编程元件左侧有字符"■"，表示该编程元件处于 ON 状态；如果没有字符"■"，表示它处于 OFF 状态，最多可监视 8 个元件。按 $\boxed{\uparrow}$ 或 $\boxed{\downarrow}$ 键，可以监视前面或后面的元件状态。

图 8-18 位编程元件的监视

图 8-19 32 位元件的监视

（2）监视 16 位字元件（D、Z、V）内的数据。以监视数据寄存器 D10 内的数据为例，首先按 $\boxed{\text{MNT/TEST}}$ 键，使编程器处于 M（监视）工作方式，接着按下面的顺序按键：

$$\boxed{\text{SP}} \to \boxed{\text{D}} \to \boxed{1} \to \boxed{0} \to \boxed{\text{GO}}$$

屏幕上就会显示出数据寄存器 D10 内的数据。再按功能键 $\boxed{\downarrow}$，依次显示 D11，D12，D13 内的数据。此时显示的数据均以十进制数表示，若要以十六进制数表示，可按功能键 $\boxed{\text{HELP}}$，重复按功能键 $\boxed{\text{HELP}}$，显示的数据在十进制和十六进制数之间切换。

（3）监视 32 位字元件（D、Z、V）内的数据。以监视由数据寄存器 D0 和 D1 组成的 32 位数据寄存器内的数据为例，首先按 $\boxed{\text{MNT/TEST}}$ 键，使编程器处于 M（监视）工作方式，再按下面的顺序按键：

$$\boxed{\text{SP}} \to \boxed{\text{D}} \to \boxed{\text{D}} \to \boxed{0} \to \boxed{\text{GO}}$$

屏幕上就会显示出由数据寄存器 D0 和 D1 组成的 32 位数据寄存器内的数据（见图 8-19）。若要以十六进制数表示，可用帮助键 $\boxed{\text{HELP}}$ 来切换。

（4）对定时器和 16 位计数器的监视。以监视定时器 C98 的运行情况为例，首先按 $\boxed{\text{MNT/TEST}}$ 键，使编程器处于 M（监视）工作方式，再按下面的顺序按键：

$$\boxed{\text{SP}} \to \boxed{\text{C}} \to \boxed{9} \to \boxed{8} \to \boxed{\text{GO}}$$

屏幕上显示的内容如图 8-20 所示。图中第三行显示的数据 "K20" 是 C98 的当前计数值。第四行末尾显示的数据 "K100" 是 C98 的设定值。第四行中的字母 "P" 表示 C98 输出触点的状态，当其右侧显示 "■" 时，表示其常开触点闭合；反之则表示其常开触点断开。第四行中的字母 "R" 表示 C98 复位电路的状态，当其右侧显示 "■" 时，表示其复位电路闭合，复位位为 ON 状态；反之则表示其复位电路断开，复位位为 OFF 状态。非积算定时器没有复位输入，图 8-20 中 T100 的 "R" 未用。

（5）对 32 位计数器的监视。以监视 32 位计数器 C210 的运行情况为例，首先按 MNT/TEST 键，使编程器处于 M（监视）工作方式，再按下面的顺序按键：

$$\boxed{SP} \rightarrow \boxed{C} \rightarrow \boxed{2} \rightarrow \boxed{1} \rightarrow \boxed{0} \rightarrow \boxed{GO}$$

屏幕上显示的内容如图 8-21 所示。第一行显示的 "P" 和 "R" 的意义与图 8-20 中的一样，"U" 的右侧显示 "■" 时，表示其计数方式为递增（UP），反之为递减计数方式。第二行显示的数据为当前计数值。第三行和第四行显示设定值，如果设定值为常数，直接显示在屏幕的第三行上；如果设定值存放在某数据寄存器内，第三行显示该数据寄存器的元件号，第四行才显示其设定值。按功能键 HELP ，显示的数据在十进制数和十六进制数之间切换。

```
M  T   100   K    100
       P R K     250
 ►C    98   K     20
   P■R     K    100
```

图 8-20 定时器计数器的监视

```
M ►C   210   P R U■
       K   1234568
       K   2345678
```

图 8-21 32 位计数器的监视

（6）通 / 断检查。在监视状态下，根据步序号或指令读出程序，可监视指令中元件触点的通 / 断和线圈的状态，基本操作如图 8-22 所示。按 GO 键后显示 4 条指令，第一行是指令的指令。若某一行的第 11 列（即元件符号的左侧）显示空格，表示该行指令对应的触点断开，对应的线圈 "断电"；若第 11 列显示 "■"，表示该行指令对应的触点接通，对应的线圈 "通电"。若在 M 工作方式下，按以下顺序按键：

$$\boxed{STEP} \rightarrow \boxed{1} \rightarrow \boxed{2} \rightarrow \boxed{6} \rightarrow \boxed{GO}$$

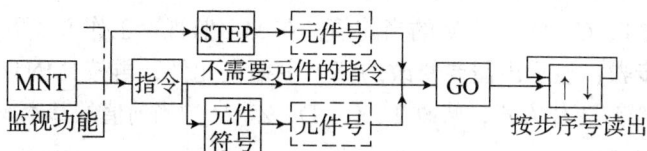

图 8-22 通/断检查的基本操作

屏幕上显示的内容如图 8-23 所示。根据各行是否显示 "■"，就可以判断触点和线圈的状态。但是对定时器和计数器来说，若 OUT T 或 OUT C 指令所在行显示 "■"，仅表示定时器或计数器分别处于定时或计数工作状态（其线圈 "通电"），并不表示其输出常开触点接通。

（7）状态继电器的监视。用指令或编程元件
的测试功能使 M8047（STL 监视有效）为 ON，
首先按 MNT/TEST 键，使编程器处于 M（监
视）工作方式，再按 STL 键和 GO 键，可以
监视最多 8 点为 ON 的状态继电器（S），它们
按元件号从大到小的顺序排列。

```
M ▶126LD     X   013
  127ORI ■   M   100
  128OUT ■   Y   005
  129LDI     T   15
```

图 8-23 通/断检查

10. 对编程元件的测试

测试功能是指用编程器对位元件的强制置位与复位（ON/OFF）、对字操作元件内
数据的修改，如对 T、C、D、Z、V 当前值的修改，对 T、C 设定值的修改和文件寄
存器的写入等内容。

（1）位编程元件强制 ON/OFF。先按 MNT/TEST 键，使编程器处于 M（监视）
工作方式，然后按照监视位编程元件的操作步骤，显示出需要强制 ON/OFF 的那个编
程元件，接着再按 MNT/TEST 键，使编程器处于 T（测试）工作方式，确认"▶"
指向需要强制 ON 或强制 OFF 的编程元件以后，按一下 SET 键，即强制该位编程元
件为 ON；按一下 RST 键，即强制该编程元件为 OFF。

强制 ON/OFF 的时间与 PLC 的运行状态有
关，也与位编程元件的类型有关。一般来说，当
PLC 处于 STOP 状态时，按一下 SET 键，除了
输入继电器 X 接通的时间仅一个扫描周期以外，
其他位编程元件的 ON 状态一直持续到按下 RST
键为止，其波形示意图如图 8-24 所示（注意，
每次只能对"▶"所指的那一个编程元件执行强
制 ON/OFF）。

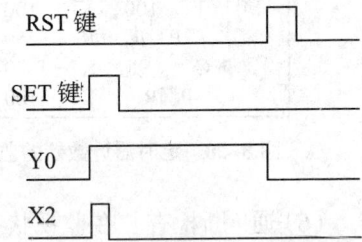

图 8-24 强制 ON/OFF 波形

但是，当 PLC 处于 RUN 状态时，除了输入继电器 X 的执行情况与在 STOP 状态
时的一样以外，其他位编程元件的执行情况还与梯形图的逻辑运算结果有关。假设扫
描用户程序的结果使输出继电器 Y0 为 ON，按 RST 键只能使用 Y0 为 OFF 的时间
维持一个扫描周期；反之，假设扫描用户程序的结果使输出继电器 Y0 OFF，按 SET
键只能使 Y0 为 ON 的时间维持一个扫描周期。

（2）修改 T、C、D、Z、V 的当前值。在 M（监视）工作方式下，按照监视字编程
元件的操作步骤，显示出需要修改的那个字编程元件，再按 MNT/TEST 键，使编程
器处于测试（T）工作方式，修改 T、C、D、Z、V 的当前值的基本操作如图 8-25所示。

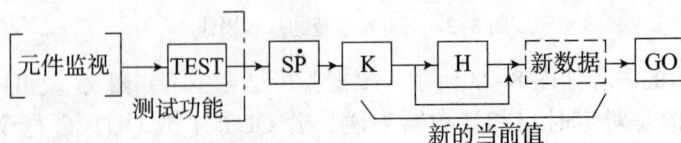

元件监视 → TEST → SP → K → H → 新数据 → GO
测试功能
新的当前值

图 8-25 修改字元件数据的基本操作

286

将定时器 T6 的当前值修改为 K210 的操作如下：

监视 T6 → TEST → SP → K → 2 → 1 → 0 → GO

常数 K 为十进制数设定，H 为十六进制数设定，输入十六进制数时连续按两次 K/H 键。

（3）修改 T、C 设定值。先按 MNT/TEST 键，使编程元件处于 M（监视）工作方式，然后按照前述监视定时器和计数器的操作步骤，显示出待监视的定时器和计数器指令后，再按 MNT/TEST 键，使编程器处于 T（测试）工作方式，修改 T、C 设定值的基本操作如图 8–26 所示。将定时器 T4 的设定值修改为 K50 的操作为：

监视 T4 → TEST → SP → SP → K → 5 → 0 → GO

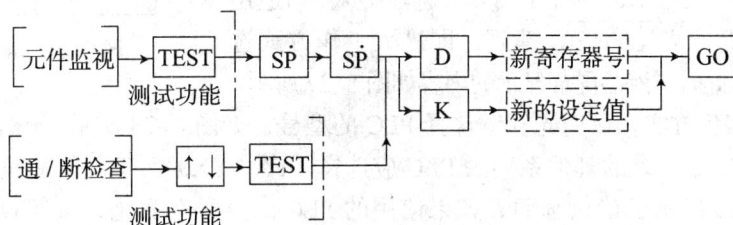

图 8-26 修改定时器、计数器设定值的基本操作

第一次按 SP 键后，提示符"▶"出现在当前值前面，这时可以修改其当前值；第二次按 SP 键后，提示符"▶"出现在设定值前面，这时可以修改其设定值；键入新的设定值后按 GO，设定值修改完毕。

将 T10 存放设定值的数据寄存器的元件号修改为 D20 的键操作如下：

监视 T10 → TEST → SP → SP → D → 2 → 0 → GO

另一种修改方法是先对 OUT T10（以修改 T10 的设定值为例）指令作通/断检查，然后按功能键 ↓ 使"▶"指向设定值所在行，再按 MNT/TEST 键，使编程器处于 T（测试）工作方式，键入新的设定值后按 GO 键，便完成了设定值的修改。

将 105 步的 OUT T5 指令的设定值修改为 K35 的键操作如下：

监视 105 步的指令→ ↓ → TEST → K → 3 → 5 → GO

11. 脱机（OFFLINE）编程方式

（1）脱机编程。脱机方式编制的程序存放在手持式编程内部的 RAM 中；联机方式编制的程序存放在 PLC 内的 RAM 中，编程器内部 RAM 中的程序不变。编程器内部 RAM 中写入的程序可成批地传送到 PLC 的内部 RAM 中，也可成批地传送到装在 PLC 上的存储器卡盒。往 ROM 写入器的传送应当在脱机方式下进行。

手持式编程器内 RAM 的程序用超级电容器作断电保护，充电 1 小时，可保持 3 天以上。因此，可将在实验室里脱机生成的装在编程器 RAM 内的程序，传送给安装在现场的 PLC。

（2）进入脱机编程方式的方法。有两种方法可以进行脱机编程方式：

1）FX-20P-E 型手持式编程器上电后，按"⬇"键，将闪烁的符号"■"移动到 OFFLINE（HPP）位置上，然后再按 GO 键，就进入脱机编程方式。

2）FX-20P-E 型手持式编程器处于 ONLINE（联机）编程方式时，按功能键 OTHER 键，进入工作方式选择，此时闪烁的符号"■"处于 OFFLINE MODE 的位置上，接着按 GO 键，就进入 OFFLINE（脱机）编程方式。

（3）工作方式。FX-20P-E 型手持式编程器处于脱机编程方法时，所编制的用户程序存入编程器内的 RAM 中，与 PLC 内的用户程序存储器以及 PLC 的运行方式都没有关系。除了联机编程方式中的 M 和 T 两种工作方式不能使用以外，其余的工作方式（R、W、I、D）及操作步骤均适用于脱机编程。按 OTHER 键后，即进入工作方式选择的操作。此时，液晶屏幕显示的内容如图 8-27 所示。

```
OFFLINE MODE FX
■ 1. ONLINE MODE
  2. PROGRAM CHECK
  3. HPP〈—〉FX
```

图 8-27　屏幕显示

脱机编程方式，可用光标键选择 PLC 的型号，如图 8-28 所示。FX2N，FX2NC，FX1N 和 FX1S 之外的其他系列的 PLC 应选择"FX，FX0"。选择好后按 GO 键，出现如图 8-29 所示的确认画面，如果使用的 PLC 的型号有变化，按 GO 键。要复位参数或返回起始状态时按 CLEAR 键。

```
SELECT PC TYPE
■ FX, FX0
  FX2N, FX1N, FX1S
```

图 8-28　屏幕显示

```
PC TYPE CHANGED
UPDATE PARAMS
OK→ [GO]
NO→ [CLEAR]
```

图 8-29　屏幕显示

在脱机编程方式下，可供选择的工作方式工有七种，它们依次是：

1）ONLINE MODE；

2）PROGRAM CHECK；

3）HPP〈—〉FX；

4）PARAMETER；

5）XYM. . NO. CONV. ；

6）BUZZER LEVEL；

7）MODULE。

选择 ONLINE MODE 时，编程器进入联机编程方式。PROGRAM CHECK，PARAMETER，XYM. . NO. CONV. 和 BUZZER LEVEL 的操作与联机编程方式下的相同。

（4）程序传送。选择 HPP〈—〉FX 时，若 PLC 内没有安装存储器卡盒，屏幕显示的内容如图 8-30 所示。按功能键 ⬆ 或 ⬇ 将"■"移到需要的位置上，再按功能键 GO ，就执行相应的操作。其中"→"表示将编程器内的 RAM 中的用户程序传送到

PLC 内的用户程序存储器中去，这时 PLC 必须处于 STOP 状态。"←"表示将 PLC 内存储器中的用户程序读入编程器内的 RAM 中，":"表示将编程器内 RAM 中的用户程序与 PLC 的存储器中的用户程序进行比较，PLC 处于 STOP 或 RUN 状态都可以进行后两种操作。

若 PLC 内装了 RAM，EEPROM 或 EPROM 扩展存储器卡盒，屏幕显示的内容类似于图 8-31 中的 ROM 分别为 RAM，EEPROM 和 EPROM，且不能将编程器内 RAM 中的用户程序传送到 PLC 内的 EPROM 中去。

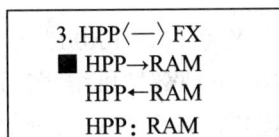

```
3. HPP⟨—⟩FX
■ HPP→RAM
  HPP←RAM
  HPP：RAM
```

图 8-30　未安装存储器卡盒屏幕显示

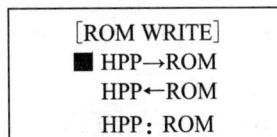

```
[ROM WRITE]
■ HPP→ROM
  HPP←ROM
  HPP：ROM
```

图 8-31　安装存储器卡盒屏幕显示

（5）MODUL 功能。MODULE 功能用于 EEPROM 和 EPROM 的写入，先将 FX-20P-RWM 型 ROM 写入器插在编程器上，开机后进入 OFFLINE（脱机）方式，选中 MODULE 功能，按功能键 GO 后屏幕显示的内容如图 8-31 所示。

在 MODULE 方式下，共有 4 种工作方式可供选择：

1）HPP→ROM。将编程器内 RAM 中的用户程序写入插在 ROM 写入器上的 EEPROM 或 EPROM 内。写操作之前必须先将 EPROM 中的内容全部擦除或先将 EEPROM 的写保护开关置于 OFF 位置。

2）HPP←ROM。将 EPROM 或 EEPROM 中的用户程序读入编程器内的 RAM。

3）HPP：ROM。将编程器内 RAM 中的用户程序插在 ROM 写入器上的 EPROM 或 EEPROM 内的用户程序进行比较。

4）ERASE CHECK。用来确认存储器卡盒中的 EPROM 是否已被擦除干净。如果 EPROM 中还有数据，将显示"ERASE ERROR"（擦除错误）。如果存储器卡盒中是 EEPROM，将显示"ROM MISCONNECTED"（ROM 连接错误）。

使用图 8-32 所示的画面，可将 X0~X17 中的一个输入点设置为外部的 RUN 开关，选择"DON'T USE"可取消此功能。

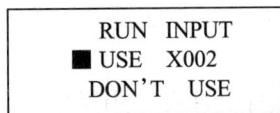

```
RUN  INPUT
■ USE   X002
  DON'T  USE
```

图 8-32　设置外部 RUN 开关屏幕显示

8.2 SWOPC-FXGP/WIN-C 编程软件的使用方法

8.2.1 SWOPC-FXGP/WIN-C 编程软件概述

SWOPC-FXGP/WIN-C 编程软件应用于对三菱 FX 系列的 FX0/FX0S、FX0N、FX1、FX〔FX2/FX2C〕、FX1S、FX1N 和 FX2N/FX2NC 系列微型可编程控制器进行编程，在 Windows 操作系统中运行。在 SWOPC-FXGP/WIN-C 中，可通过梯形图、指令表和 SFC（顺序功能图）符号来创建 PLC 的顺控指令程序，也可以监控可编程控制器中各软元件的实时状态。

1. SWOPC-FXGP/WIN-C 编程软件的 PC 环境与软件安装

（1）编程计算机的配置要求。SWOPC-FXGP/WIN-C 系统操作软件的界面和帮助文件均已汉化，它占用的存储空间少，安装后仅 1M 多字节（一般原版的为 1.80MB，可装在两张容量为 1.44MB 的 3.5 英寸软盘上），功能较强，使用的个人计算机的 CPU 要求 486 以上，内存 8M 或更高（推荐 16M 以上），显示器的分辨率为 800×600 像素，16 色或更高。用 SC-09 电缆来连接 PLC 和计算机实现编程通信，用它实现 RS-232 接口（计算机侧）和 RS-422 接口（PLC 侧）的转换。

（2）SWOPC-FXGP/WIN-C 系统操作软件的安装。SWOPC-FXGP/WIN-C 系统操作软件安装分两种情况：

一种情况是在购置 FX 系列 PLC 产品的同时，供应商也提供其配套应用的软件光盘，将软件光盘放入光驱，打开光盘文件，选择文件夹名为"Fx-1s-1n"进行复制，然后将其粘贴到要放置的硬盘中（建议放在 D 以后的硬盘）。

另一种情况是软件装在两张容量为 1.44MB 的 3.5 英寸软盘上时，先将一张软盘插入软驱，用鼠标左键双击"3.5 软盘（A）"打开文件，在菜单栏选择"工具"→"文件夹选项"→"查看"→"隐藏文件和文件夹"→选择"显示所有文件和文件夹"，然后，进行全选、复制，再将其粘贴到要放置硬盘的新建文件夹中，第二张软盘安装方法与第一张相同。

安装好软件后，打开编程软件文件夹，用鼠标左键双击可执行文件"FXGPWIN"图标（或在桌面上建立的快捷方式），即打开编程软件。其界面如图 8-33 所示。执行菜单命令"文件→退出"或按下"关闭"按钮，将退出编程软件。具体使用见后面详细叙述。

2. SWOPC-FXGP/WIN-C 编程软件的主要功能

（1）可以用梯形图（L）、指令表（I）和 SFC（S）语言来输入、编辑 PLC 的程序，可以给梯形图的编程元件和程序块加上注释。可将程序保存为文件，或用打印机

图 8-33　SWOPC-FXGP/WIN-C 编程环境打开界面

将程序打印出来。

（2）可以将用户程序和数据寄存器中的值通过串行口通信下载到 PLC，可以读出未设置口令的 PLC 中的用户程序，可以核对计算机和 PLC 中的用户程序是否相同。

（3）可以实现各种监控和测试功能，如元件监控、梯形图监控、元件强制 ON/OFF、T、C、D 当前值的修改等。

8.2.2　梯形图程序的输入与编辑

1. PLC 类型的选择

首先用鼠标左键双击可执行文件"FXGPWIN"图标，打开编程软件界面如前面图 8-33 所示，然后打开"新文件"就会弹出如图 8-34 所示的"PLC 类型选择对话框"，选择相应的 PLC 类型（例如"FX1N"）后，点"确定"按钮便进入编程界面。

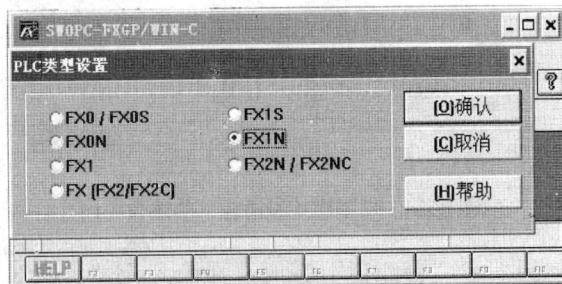

图 8-34　PLC 类型选择对话框

2. 编程语言的选择

SWOPC-FXGP/WIN-C 编程软件有梯形图、指令表和 SFC 三种编程语言可供选择。用鼠标左键单击"视图"菜单展开其下拉菜单中各项命令如图 8-35 所示，可以从中选择相应的编程语言。例如选择梯形图编程语言，可以进行梯形图程序的输入与编辑等。

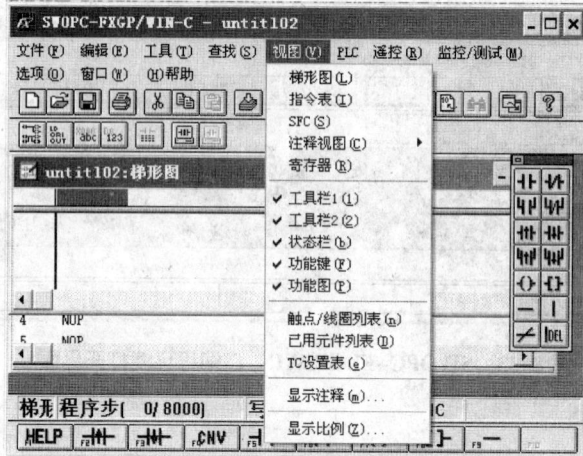

图 8-35　编程语言的选择

3. 新梯形图程序的输入与编辑

以前面的图 8-4 梯形图为例讲述新梯形图程序的输入与编辑的操作，在完成打开"新文件"→"PLC 类型设置"（选型）→"视图"→"梯形图"选择后，进入梯形图编程语言界面，选中"视图"菜单中的"功能图"、"功能键"、"工具栏"和"状态栏"命令后，则在梯形图编程语言下的编辑界面如图 8-36 所示。

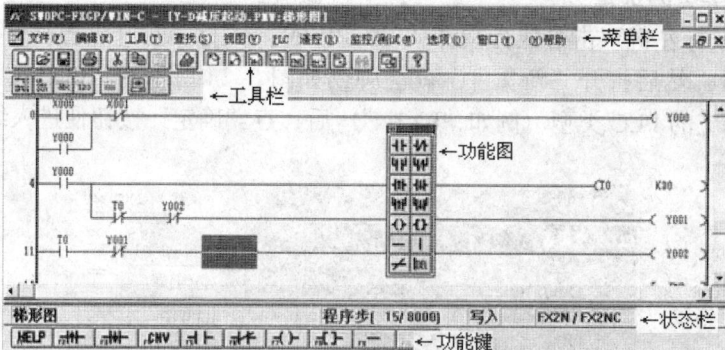

图 8-36　梯形图编程语言下的编辑界面

（1）通过"功能图"或"功能键"完成选择输入元件。图 8-4 梯形图的输入操作，光标（深蓝色矩形）点向左母线最上一行，开始输入常开触点 X000，可以通过点"功能图"或"功能键"（也可以直接按计算机上键盘 F5）选择常开触点，弹出如图 8-37 所示的输入元件对话框，输入 X0（X 的地址号按有效数字输入即可）后，点"确定"或按"回车键"（Enter）完成常开触点 X000 的输入。接着用同样的方法选择常闭触点输入常闭触点 X001，输出 Y000 的线圈在"功能图"或"功能键"中符号是小括号。

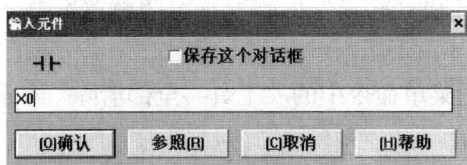

图 8-37　输入元件对话框

　　触点的并联，例如 Y000 与 X000 触点的并联输入，因为它俩只是一对触点之间的并联，可以直接选择并联触点输入。如果下面是一个触点和上面两个以上串联触点向并联时，需要用常开触点（或常闭触点）、横线"—"和竖线"|"组合画出。定时器和计数器的元件号和设定值用空格键隔开，例如输入定时器输出指令"T0 K30"。可直接输入应用指令的指令助记符和指令中的参数，助记符和参数之间、参数和参数之间用空格分隔开，例如输入应用指令"EMOVP D10 D12"，表示由输入信号的上升沿，将 D10 和 D11 中的 32 位数据传送到 D12 和 D13 中去。

　　（2）通过"工具"菜单中的命令完成选择输入元件。通过"工具"菜单中的命令也可以完成选择输入元件，点开"工具"的下拉菜单的内容如图 8-38 所示。其中的"触点"子菜单提供了对输入元件的常开触点、常闭触点、上升沿检测触点和下降沿检测触点的选用，选择相应触点同样会弹出如图 8-37 所示的输入元件对话框，余下操作与前述相同。其中的"线圈"（输出类指令即小括号符号）和"功能"（功能类指令即中括号符号）菜单命令提供了对软元件如"Y、M、T、C、S"等的选用。其中的"连线"子菜单可以画横线"—"、竖线"|"、取反"—/—"连线和"|"删除。

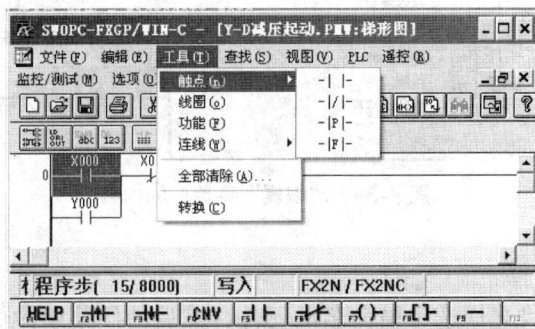

图 8-38　"工具"菜单中的内容

　　（3）梯形图的编辑。

　　1）梯形图的转换、清除和保存。梯形图输入过程中，输入完指令或几行完整的指令后就需要进行梯形图的"转换"，执行"工具→转换"菜单操作或按"转换"按钮（F4），转换过程完成，编辑的梯形图灰底色将变成白色，说明输入的梯形图逻辑上是正确的，梯形图自动地变为规范化，并且被转换格式，存放在计算机内。如果指令输入逻辑上有错误，就会显示"梯形图错误"，则应改正错误后再执行"转换"。另外需要注意的是在没有完成"转换"的情况下关闭电路窗口，新创建的电路将会被抹去。

梯形图的清除，使用菜单命令中的"工具→全部清除"可清除编程软件中当前所有的用户程序。

程序的保存。梯形图执行"转换"后可以进行保存时自动赋名。比如从"UNTITL01.PMW"开始自动排号，一般情况下保存时文件名重新起一个"程序控制名"，但要保持扩展名不变。例如图8-4梯形图的文件名为"Y-D减压起动.PMW"。其他类型文件的保存可以参考工具栏中的"帮助"。

2）梯形图的编辑。通过键盘的"Delete"键可以直接进行删除触点符号、功能符号、横线"—"、取反"—/—"等，而竖线"|"的删除操作，是先将光标点在竖线"|"的右上方，点"| DEL"即可。

"编辑"菜单的使用。"编辑"菜单中的内容如图8-39所示。其中的"撤消键入"、"剪切"、"复制"、"粘贴"和"删除"菜单命令与其他软件操作一样，这里就不再详细介绍。使用"编辑"菜单中的"行删除"和"行插入"可删除一行或插入一行。

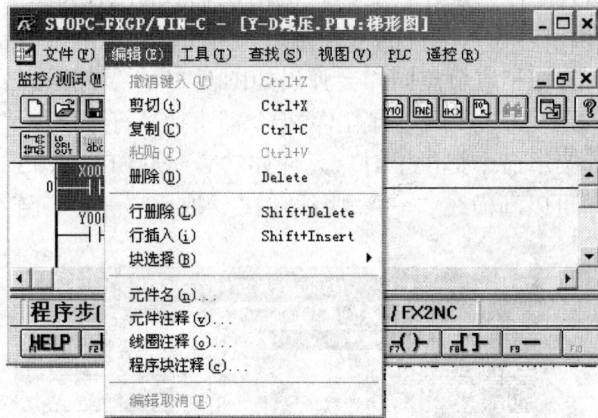

图8-39　"编辑"菜单中的内容

（4）梯形图的注释。

1）元件名。先将光标选中被命名的元件，然后使用菜单命令"编辑→元件名"，弹出"输入元件名"对话框，输入元件名称后确定。例如将输入元件"X000"的名称设置为"SB1"，元件名只能允许使用数字和字符，一般由汉语拼音或英文的缩写和数字组成。

2）元件注释。先将光标选中被注释的元件，然后使用菜单命令"编辑→元件注释"，弹出"输入元件注释"对话框如图8-41所示，输入注释的文字后确定。注释可使用多行汉字，例如"起动按钮"（如图8-40和图8-41所示）。用类似的方法可以给线圈加上注释，线圈的注释在线圈的右侧（如图8-40所示），可以使用多行汉字。

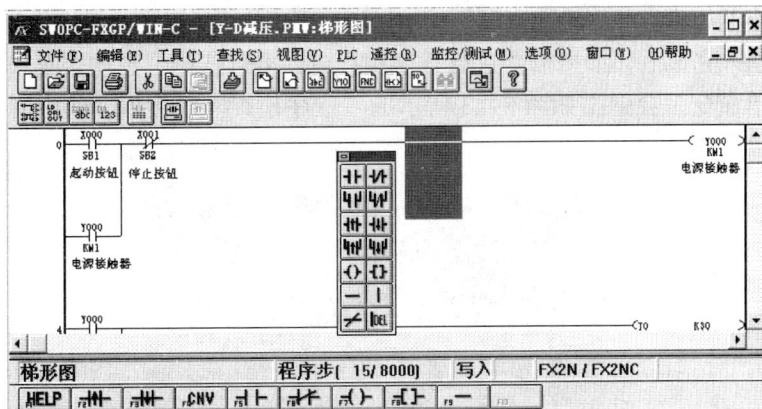

图 8-40　梯形图注释界面

图 8-41　输入元件注释对话框

3）程序块注释。使用菜单命令"工具→转换"后，用"编辑→程序块注释"菜单命令，可在光标指定的程序块的上面加上程序块的注释，如图 8-40 中的"电源控制程序"。

4）梯形图注释显示方式的设置。使用"视图→显示注释"菜单命令，将弹出"梯形图注释设置"对话框（如图 8-42 所示），可选择是否显示元件名称、元件注释、线圈注释和程序块注释，以及元件注释和线圈注释每行的字符数和所占的行数，注释可放在元件的上面或下面。

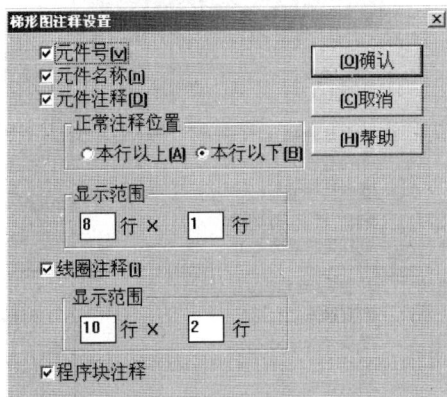

图 8-42　梯形图注释设置对话框

4. 程序的检查

程序输入完成后，如果需要进行程序检查时，可以选择"选项"菜单下的"程序检查"菜单命令，会弹出如图 8–43 所示的"程序检查"对话框，其中有三个单选的检查项目供选择。

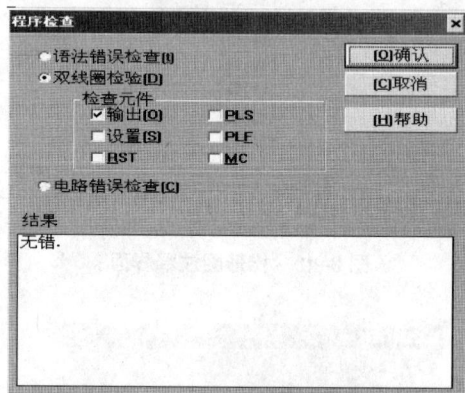

图 8–43 "程序检查"对话框

（1）"语法错误检查"主要检查指令代码及指令的格式是否正确。

（2）"双线圈检验"用来检验同一编程元件或显示顺序输出指令的重复使用状况。

（3）"电路错误检查"用于检查梯形图电路中的缺陷。

5. 编程语言之间的转换

当梯形图的输入完成后，可以通过"视图"菜单展开其下拉菜单，如图 8–35 所示中命令"梯形图（L）"、"指令表（I）"和"SFC（S）"三种语言，它们之间可以相互转换。

6. "查找"功能

选择系统菜单栏中的"查找"菜单可显示如图 8–44 所示中的全部"查找"功能，

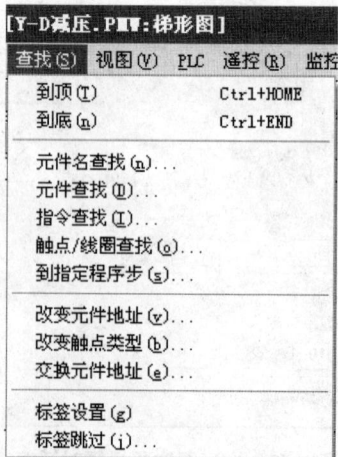

图 8–44 "查找"下拉菜单

在窗口的工具栏中也有部分常用"查找"功能按钮。当执行"查找"菜单中的命令"到顶"时，则将光标移至梯形图的开始步，而执行"查找"菜单中的命令"到底"时，可将光标移至梯形图的最后一步。另外分别选择"元件名查找"、"元件查找"、"指令查找"和"触点／线圈查找"命令，可查找到指令所在的电路块，按"查找"窗口中的"向上"和"向下"按钮，可找到光标的上面或下面其他相同的查找对象。通过"查找"菜单中的"跳向标签"还可以跳到指定的程序步。

通过"查找"菜单中的命令"改变元件地址"、"变换元件地址"和"改变触点类型"可以分别实现元件地址的改变、元件地址的变换和触点类型的取反。

8.2.3　指令表程序的输入与编辑

在"视图"菜单命令下，选择"指令表"编辑状态。输入新程序时，从步序号"0"开始可逐行输入指令，"步序号"不用输入，只输入指令、软件编号（和数据），它们之间用插入空格。例如输入指令"CMP K100 C10 M0"。

指定了操作的步序号范围之后，在"编辑"菜单中用菜单命令"NOP 覆盖写入"、"NOP 插入"和"NOP 删除"，可在指令表程序中作相应的操作。

使用"工具→指令"菜单命令，在弹出的"指令表"对话框中如图 8-45 所示，将显示光标所在行的指令，按指令后面的"参照"按钮，出现指令参照对话框如图 8-46 所示，可帮助使用者选择指令。

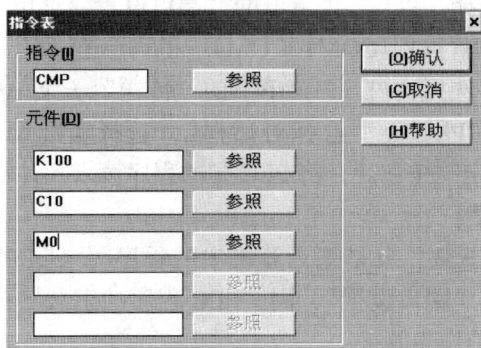

图 8-45　指令表对话框

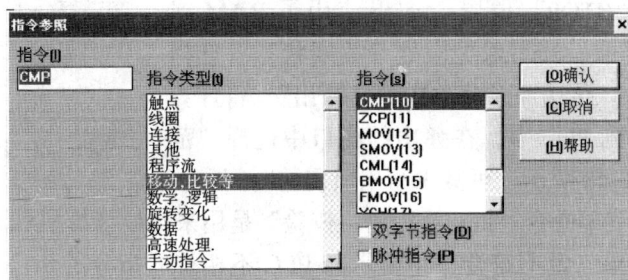

图 8-46　指令参照对话框

按图 8-45 中元件号和参数右面的"参照"按钮，将出现"元件说明"对话框，如图 8-47 所示，显示元件的范围和所选元件类型中已存在的元件的名称。

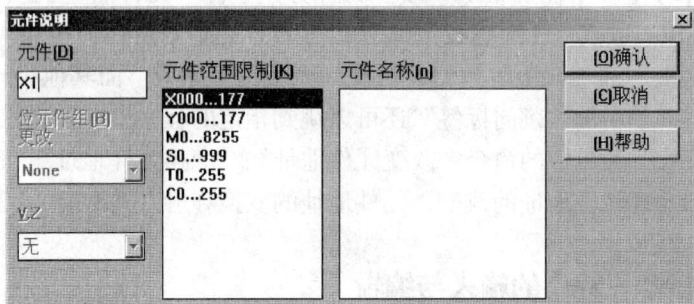

图 8-47　元件说明对话框

8.2.4　PLC 程序的上载和下载

1. PLC 程序的上载

所谓 PLC 程序的上载，就是把 PLC 中的程序读入到计算机中，其操作步骤如下：

（1）通信电缆的连接。应使用编程转换接口电缆 SC-09 连接好计算机的 RS-232C 接口和 PLC 的 RS-422 编程器接口。

（2）端口设置。选择"PLC"菜单下的"端口设置"菜单命令，可选计算机与 PLC 通信的 RS-232C 串行口（COM1~COM4）和"传送速率"（9600 或 19200bit/s）。

（3）程序的上载。选择"PLC"菜单下的"传送"子菜单中的"读入"，就会弹出如图 8-34 所示的"PLC 类型选择对话框"，选择实际型号的 PLC 类型（例如"FX2N"）后，点"确定"按钮后，将 PLC 中的程序读入到计算机中。

2. PLC 程序的下载

所谓 PLC 程序的下载，就是把计算机中的程序写入到 PLC 中，其操作步骤是"通信电缆的连接"和"端口设置"，同"PLC 程序的上载"中的步骤（1）和（2）。而 PLC 程序的下载的操作步骤是：

在执行下载（写出）功能时，首先应将 PLC 上的主机开关拨在"STOP"位置，如果使用了 RAM 或 EEPROM 存储器卡，其写保护应处于关断状态。选择"PLC"菜单下的"传送"子菜单中的"写出"，将计算机中的程序发送到 PLC 中，在弹出的窗口中选择"范围设置"，如图 8-48 所示，可减少写出所需的时间。

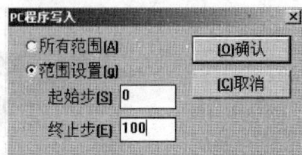

图 8-48　程序写出对话框

另外，执行菜单命令"PLC→传送→校验"是用来比较计算机和 PLC 中的顺控程序是否相同。如果二者不符合，将显示与 PLC 不相符的指令的步序号。选中某一步序号，可显示计算机和 PLC 中该步序号的指令。

8.2.5 "PLC" 菜单下其他命令

1. 寄存器数据传送

在 "PLC" 菜单下的 "寄存器数据传送" 子菜单中有三项功能："读入"、"写出"、"核对"，如图 8-49 所示。选择 "PLC→寄存器数据传送→读入" 命令用来将 PLC 中的寄存器数据读入计算机。选择 "PLC→寄存器数据传送→写出" 命令用来将计算机中已创建的寄存器数据成批传送到 PLC 中。选择 "PLC→寄存器数据传送→核对" 命令用来将计算机中的寄存器数据与 PLC 中的数据进行比较。

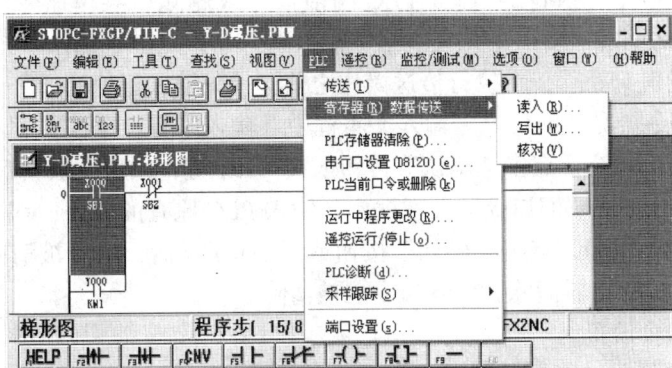

图 8-49　"寄存器数据传送" 子菜单界面

2. PLC 存储器清除

执行 "PLC→PLC 存储器清除" 菜单命令，在弹出的窗口中可选择：

（1）"PLC 存储空间"。清除后顺控程序全为 NOP 指令，参数被设置为缺省值。

（2）"数据元件存储空间"。将数据文件缓冲区中的数据置零。

（3）"位元件存储空间"。将位元件 X、Y、M、S、T、C 的值置零。

按 "确认" 键执行清除操作，特殊数据寄存器的数据不会被清除。

3. PLC 的串口设置（D8120）

计算机和 PLC 之间使用 RS 通信指令和 RS-232C 通信适配器进行通信时，通信参数用特殊数据寄存器 D8120 来设置，执行 "PLC→串口设置（D8120）" 菜单命令时，在 "串口设置（D8120）" 对话框中设置通信格式。执行此命令时设置的参数将传送到 PLC 的 8120 中去。

4. 遥控运行/停止

在可编程控制器中以遥控的方式进行运行 / 停止操作，执行 "PLC→遥控运行 / 停止" 菜单命令，在弹出的窗口中选择 "运行" 或 "停止"，按 "确认" 键后可改变 PLC 的运行模式。

5. PLC 诊断

执行"PLC→PLC 诊断"菜单命令，将显示与计算机相连的 PLC 的状况，给出出错信息、扫描周期的当前值、最大值和最小值，以及 PLC 的 RUN/STOP 运行状态。

8.2.6 PLC 口令设置和计算机口令设置

1. PLC 口令设置

PLC 口令设置功能是将与计算机相连接的 PLC 口令加以设置、改变和删除。它对计算机中的顺控程序没有影响。

（1）设置新口令。执行"PLC→PLC 当前口令或删除"菜单命令时，在弹出的"PLC 设置"对话框的"新口令"文本框中输入新口令，点击"确认"按钮或按 Enter 键完成操作。设置口令后，在执行传送操作之前必须先输入正确的口令。

（2）修改口令。在"旧口令"输入文本框中，输入原有口令；在"新口令"输入文本框中输入新的口令，点击"确认"按钮或按 Enter 键，旧口令被新口令代替。

（3）清除口令。在"旧口令"文本框中，输入 PLC 原有的口令；在"新口令"文本框中，输入 8 个空格，点击"确认"按钮或按 Enter 键后，口令被清除。执行菜单命令"PLC→PLC 存储器清除"后，口令也被清除。

2. 计算机口令设置

计算机口令设置功能是重新设置、改变或取消在计算机一方的口令。该口令对PLC 无用。

（1）设置新口令。执行"选项→口令设置"菜单命令时，在弹出的"口令设置"对话框的"新口令"文本框中输入新口令，点击"确认"按钮或按 Enter 键完成操作。

（2）改变口令。在"旧口令"输入文本框中，输入原有口令；按 Tab 键在"新口令"输入文本框中输入新的口令，点击"确认"按钮或按 Enter 键，旧口令被新口令代替。

（3）删除口令。在"旧口令"输入文本框中，输入原有口令；按 Tab 键在"新口令"输入文本框中输入空格键，点击"确认"按钮或按 Enter 键后，口令被删除。

8.2.7 软元件的监控与测试

在 SWOPC–FXGP/WIN–C 编程软件的 PC 操作环境中，可以监控各编程软元件的状态和强制执行输出等功能。这些功能主要是在"监控／测试"菜单命令下完成的，其界面如图 8–50 所示。

1. 开始监控

在梯形图方式执行"监控／测试→开始监控"菜单命令后，若软元件的触点或线圈接通（工作在 ON 状态）时，则其触点或线圈上显示绿色方块，而计数器、定时器

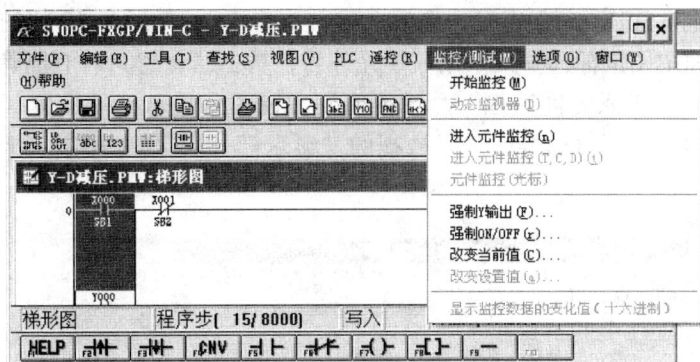

图 8-50　"监控/测试"菜单界面

和数据寄存器的当前值显示在元件号的上面。若软元件的触点或线圈不接通（工作在 OFF 状态）时，则其触点或线圈上无任何显示。如图 8-51 所示的"梯形图监控"画面。

若想"停止监控"时，执行"监控 / 测试→停止监控"菜单命令即可。

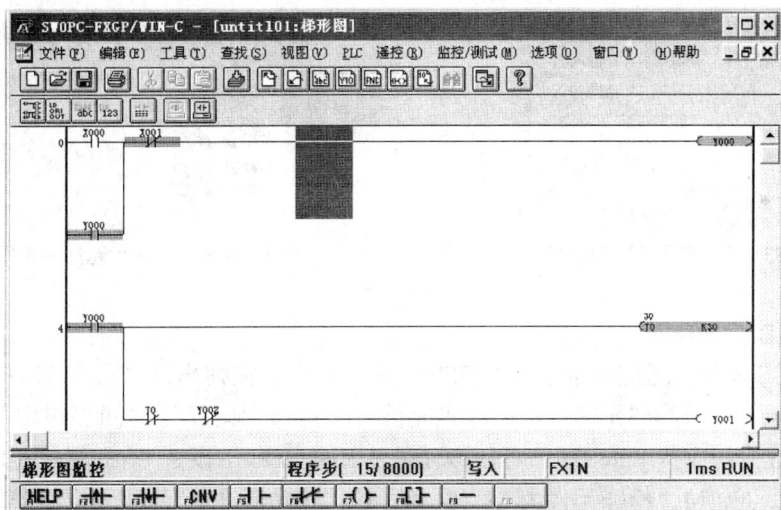

图 8-51　"梯形图监控"画面

2. 进入元件监控

执行"监控 / 测试→进入元件监控"菜单命令后，弹出"进入元件监控"画面如图 8-52 所示，首先双击在画面左侧的深蓝色矩形光标，便会出现如图 8-53 所示的"设置元件"对话框，输入元件号和要监视的连续的点数，可监控元件号相邻的若干个元件。例如，在图 8-53 中的"元件"栏内输入待监控的起始元件"Y0"，在"元件数"栏内输入"3"，点击"输入"按钮，则在图 8-52 画面中就可监控元件号相邻的 3 个元件"Y000、Y001、Y002"的状态。图 8-52 中绿色的方块表示常开触点闭合、线圈通电。在图 8-53 中可选择显示的数据是 16 位的还是 32 位的。在"进入元件监控"画面中用鼠标选中某一被监控元件后,按 Delete 键可将它删除,停止对该元件的监控。在"进入元件监控"画面下使用"视图→显示元件设置"菜单命令如图8-54 所示,可改变元件监控时显示数据的"显示模式",如二进制、十进制、十六进制等。

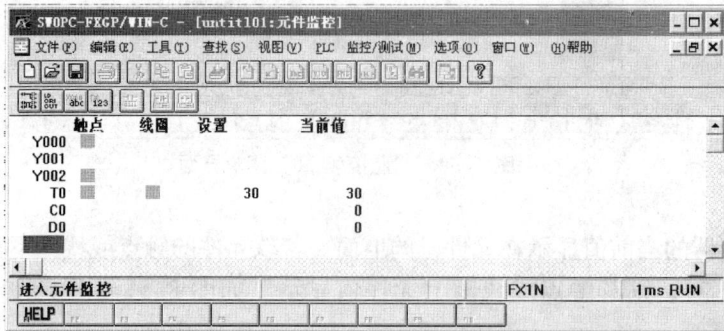

图 8-52 "进入元件监控"画面

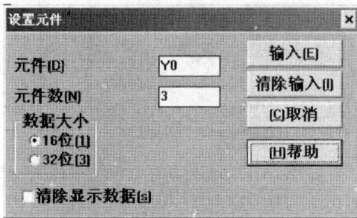

图 8-53 "设置元件"对话框

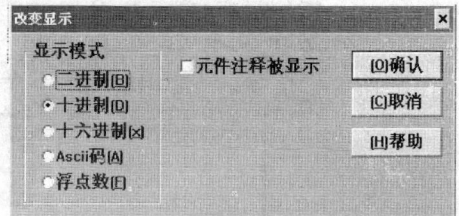

图 8-54 "显示元件设置"对话框

3. 强制 ON/OFF

执行"监控 / 测试→强制 ON/OFF"菜单命令,在弹出的"强制 ON/OFF"对话框如图 8-55 所示的"元件"栏内输入元件号,选择"设置"/"重新设置"后,点击"确认"键按钮或按 Enter 键,可使该元件为 ON/OFF。"设置"(即置位,SET)有效元件为 X、Y、M,特殊元件为 M、S、T、C。"重新设置"(即复位,RST)有效元件为 X、Y、M,特殊元件为 M、S、T、C、D、V、Z。

4. 强制 Y 输出

执行"监控 / 测试→强制 Y 输出"菜单命令,在弹出的"强制 Y 输出"对话框如图 8-56 所示的"Y"栏内输入元件地址号(如"2"),选择"ON"/"OFF"后,点击"确认"键按钮或按 Enter 键,可使 Y 输出元件(如"Y002")为 ON/OFF。另外,在执行"强制 Y 输出"操作时,Y 输出的实际情况与 PLC 上的主机开关所处的位置有关。当主机开关拨在"STOP"位置时,Y 输出的实际情况与对话框中"过程显示"的结果一致;而当主机开关拨在"RUN"位置时,Y 输出的实际情况将受到PLC 中程序的制约。

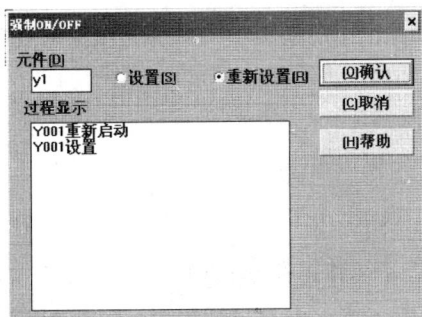

图 8-55　"强制 ON/OFF" 对话框

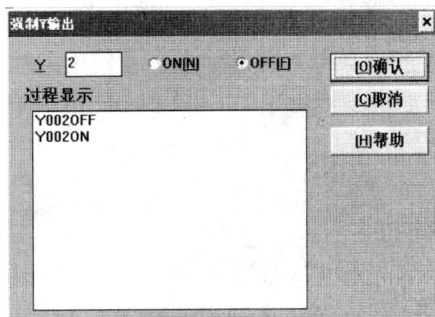

图 8-56　"强制 Y 输出" 对话框

5. 改变当前值

执行 "监控 / 测试→改变当前值" 菜单命令后，在弹出的对话框中输入字元件号和新的当前值，按确认键或按 Enter 键后将新的值输入 PLC。该功能在监控梯形图 "进入元件监控" 时，可以显示改变的 "当前值"。

6. 改变设定值

该功能仅在梯形图方式执行 "监控 / 测试→开始监控" 菜单命令时有效，如果光标所在位置为定时器或计数器的输出命令状态（线圈），执行 "监控 / 测试→改变设定值" 菜单命令后，在弹出的对话框中将显示定时器或计数器的元件号和原有的设定值，输入新的设定值，按确认键或按 Enter 键后送入 PLC。采用同样的方法可以改变 D，V 或 Z 的设定值。

8.2.8　编程软件与 PLC 的参数设置

"选项" 菜单主要用于参数设置，包括程序检查、口令设置、PLC 型号设置、串行口参数设置、元件范围设置和字体的设置等。

在执行 "选项→PLC 模式设置" 菜单命令弹出的对话框（如图 8-57）中，可以将某一个输入点（图中为 X0）设置为外接的 RUN 开关来使用。

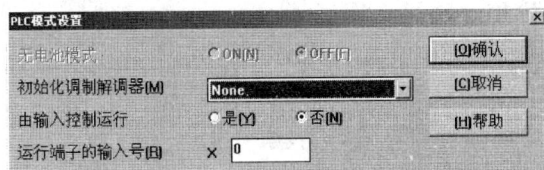

图 8-57　"PLC 模式设置" 对话框

执行 "选项→参数设置" 菜单命令弹出 "参数设置" 的对话框，可设置实际使用的存储器的容量，设置是否使用以 500 步（即 500 字）为单位的文件寄存器和注释区，以及由锁存（断电保持）功能的元件的范围。如果没有特殊的要求，按 "缺省" 按钮后，可使用默认的设定值。

其他菜单和目录的使用可以通过 SWOPC–FXGP/WIN–C 编程软件的"帮助"（"?"）菜单来帮助你学习和使用编程软件。

习　题

1. 用 PLC 控制三相异步电动机定时正反转交替工作，要求：（1）有起动、停止，（2）正转 2S、反转 4S，（3）交替循环 3 次自动停车。请：①画出梯形图；②写出指令表；③画出 I/O 接线图；④连接电路；⑤输入程序并运行；⑥回答问题：一台电动机定时正反转交替工作与两台电动机定时交替循环工作控制电路的主要区别是什么？为什么？

2. 用 PLC 控制两台三相异步电动机定时交替循环工作，要求：（1）有起动、停止，（2）M1 运行时间为 5S、M2 运行时间为 2S，（3）循环 4 次自动停车。请：①画出梯形图；②写出指令表；③画出 I/O 接线图；④连接电路；⑤输入程序并运行；⑥回答问题：两台电动机定时交替循环工作与一台电动定时正反转交替工作控制电路的主要区别是什么？为什么？

3. 用 PLC 控制三相异步电动机 Y–D 起动，要求：（1）有起动、停止，（2）Y 起动时间为 4S。请：①画出梯形图；②写出指令表；③画出 I/O 接线图；④连接电路；⑤输入程序并运行；⑥回答问题：三相异步电动机为 D 连接时运行 7S 自动停车，梯形图应如何设计？

4. 图 1 为交通信号灯的梯形图。请：①写出指令表；②连接电路；③输入程序并运行。

5. 用 PLC 实现密码锁的程序设计与接线，要求：（1）先按 SB1→5 次，再按 SB2→4 次后。（2）按 SB3 密码锁打开，输出信号（KM1 吸合）；输入密码错误时，输出报警信号（KM2 吸合）。（3）SB4 为复位按钮。请：①画出梯形图；②写出指令表；③画出 I/O 接线图；④连接电路；

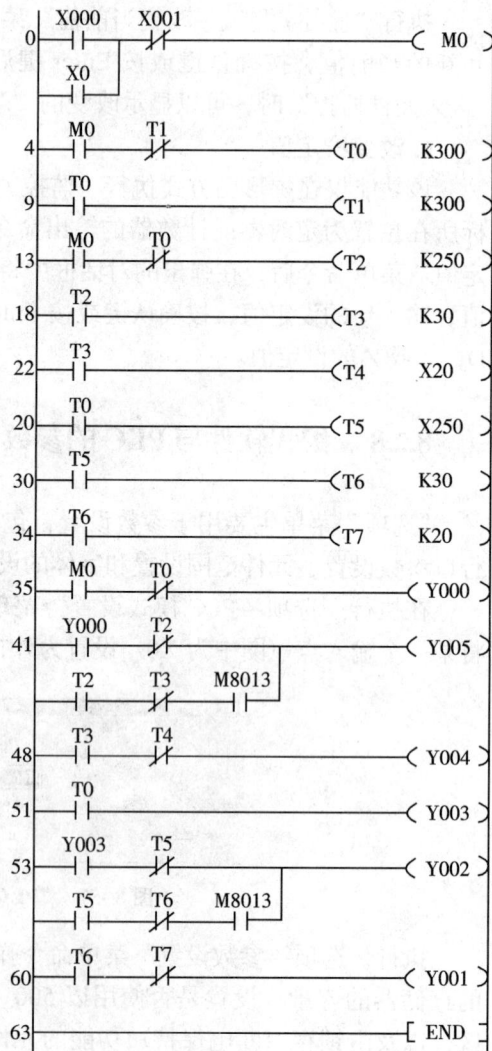

图 1　交通信号灯的梯形图

⑤输入程序并运行。

6. 用 PLC 控制两台三相异步电动机定时顺序运转和计数停止。要求：（1）有起动为 SB1、停止为 SB2；（2）按下 SB1 时，M1 连续运转 8S；当 M1 运转到 4.5 S 时，M2 开始连续运转 7S，M2 运转定时到，M1 又起动；（3）交替循环 3 次自动停车。请：①画出梯形图；②写出指令表；③画出 I/O 接线图；④连接电路；⑤输入程序并运行。

7. 钻床主轴多次进给控制系统的程序设计。

（1）设计要求：钻头从初始位置在原点 SQ1（行程开关 X001）处，按下起动按钮 SB1（X000），钻头进给至 SQ2（行程开关 X002）处返回原点，然后再进给至 SQ3（行程开关 X003）处返回原点，紧接着钻头再次进给至 SQ4（行程开关 X004）处返回原点停止，至此完成钻床主轴进给控制系统全过程。

（2）钻床主轴进给控制系统工作循环图（如图 2 所示）。

（3）请：①设计出梯形图；②写出指令表；③连接电路；④输入程序并运行。

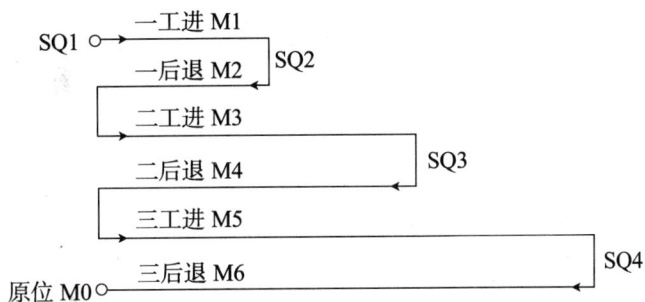

图2 钻床主轴进给控制系统工作循环图

第3篇　实验与实训

学习电气控制与可编程控制器，其应用是关键。要想掌握应用技巧必须经过反复实践方能有长足进步。为了加强实践技能培养，本篇提供了电气控制实验、可编程控制器实验、电气控制实训、可编程控制器实训四个方面的指导书，力求理论与实践相结合。

第9章 电气控制与可编程控制器实验与实训

> **内容提要:** 电气控制实验、可编程控制器实验、电气控制实训、可编程控制器实训。

9.1 电气控制实验

9.1.1 三相异步电动机单向起动控制电路

1. 实验目的

(1)了解交流接触器、热继电器和按钮的结构及其在控制电路中的应用。

(2)学习异步电动机基本控制电路的连接。

(3)学习按钮、熔断器、热继电器的使用方法。

2. 实验设备和器件

(1)交流接触器。   (1台)

(2)热继电器。   (1台)

(3)二位(或三位)按钮。   (1个)

(4)熔断器。   (5个)

(5)三相电源开关。   (1个)

(6)电工工具。   (1套)

(7)三相异步电动机。   (1台)

(8)导线。   (若干)

3. 实验内容和步骤

(1)图 9-1 是三相异步电动机单向起动控制电气原理图。

(2)在实验板上找到交流接触器等元器件,了解其结构及动作原理。

(3)按原理图安装接线,注意接线要牢固、接触良好,文明操作,保护好电器元件。

（4）接线完后，检查无误，经指导教师检查允许后方可通电。

（5）观察电器及电动机的动作、运转情况。

（6）通过实验，掌握基本电路的接线方法。

4. 实验报告要求

（1）画出电气原理图并分析工作原理。

（2）记录实验过程并观察实验结果。

（3）小结本次实验的体会与收获。

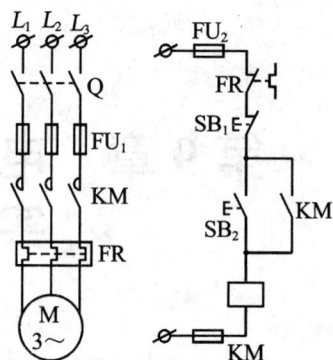

图 9-1　单向异步电动机起动控制电气原理图

9.1.2　三相异步电动机单向点动、常动控制电路

1. 实验目的

（1）熟悉常见的低压电器。

（2）掌握三相异步电动机点动控制方法。

（3）培养电气线路安装操作能力。

2. 实验设备和器件

（1）交流接触器。　　　　　　（1台）

（2）热继电器。　　　　　　　（1台）

（3）三位按钮。　　　　　　　（1个）

（4）熔断器。　　　　　　　　（5个）

（5）三相电源开关。　　　　　（1个）

（6）电工工具。　　　　　　　（1套）

（7）三相异步电动机。　　　　（1台）

（8）导线。　　　　　　　　　（若干）

3. 实验内容和步骤

（1）图 9-2 是三相异步电动机单向点动、常动控制电气原理图。

（2）在实验板上找到交流接触器等元器件，了解其结构及动作原理。

（3）按原理图安装接线，注意接线要牢固、接触良好，文明操作，保护好电器元件。

（4）接线完后，检查无误，经指导教师检查允许后方可通电。

（5）观察电器及电动机的动作、运转情况。

（6）通过实验，掌握三相异步电动机单向点动、常动控制电路的接线方法。

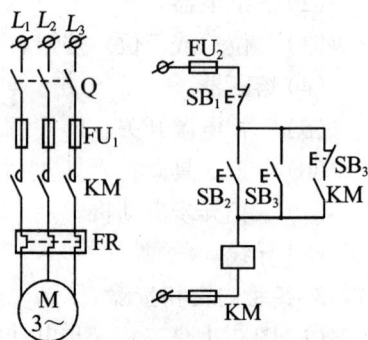

图 9-2　单向点动、常动控制电气原理图

4. 实验报告要求

(1) 画出电气原理图并分析工作原理。

(2) 说明联锁的含义。

(3) 说明点动、常动控制电路的方便性和安全可靠性。

(4) 记录实验过程并观察实验结果。

(5) 小结本次实验的体会与收获。

9.1.3　三相异步电动机的正、反转控制电路

1. 实验目的

(1) 熟悉常见的低压电器。

(2) 掌握三相异步电动机接触器联锁正反转控制方法。

(3) 掌握三相异步电动机按钮联锁正反转控制方法。

(4) 培养电气线路安装操作能力。

2. 实验设备和器件

(1) 交流接触器。　　　　　(2 台)

(2) 热继电器。　　　　　　(1 台)

(3) 三位按钮。　　　　　　(1 个)

(4) 熔断器。　　　　　　　(5 个)

(5) 三相电源开关。　　　　(1 个)

(6) 电工工具。　　　　　　(1 套)

(7) 三相异步电动机。　　　(1 台)

(8) 导线。　　　　　　　　(若干)

3. 实验内容和步骤

(1) 图 9-3 是三相异步电动机正、反转控制电气原理图。

(2) 在实验板上找到交流接触器等元器件，了解其结构及动作原理。

(3) 按原理图安装接线，注意接线要牢固、接触良好，文明操作，保护好电器元件。

(4) 接线完后，检查无误，经指导教师检查允许后方可通电。

(5) 观察电器及电动机的动作、运转情况。

(6) 通过实验，掌握双重联锁正、反转控制电路的接线方法。

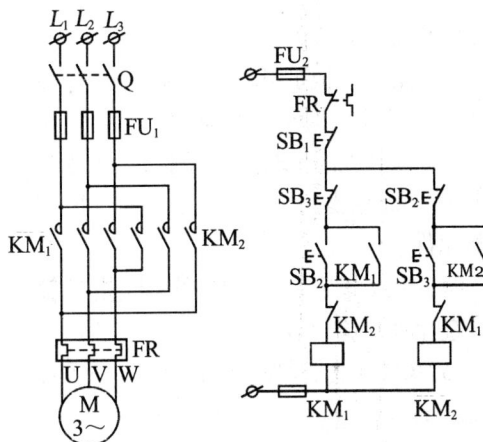

图 9-3　正、反转控制电气原理图

4. 实验报告要求

（1）画出电气原理图并分析工作原理。

（2）说明联锁的含义。

（3）说明双重联锁正、反转控制电路的方便性和安全可靠性。

（4）记录实验过程并观察实验结果。

（5）小结本次实验的体会与收获。

9.1.4 两台电动机顺序起动、逆序停止控制电路

1. 实验目的

（1）熟悉常见的低压电器。

（2）掌握两台电动机顺序起动控制方法。

（3）掌握两台电动机逆序停止控制方法。

（4）培养电气线路安装操作能力。

2. 实验设备和器件

（1）交流接触器。 （2台）

（2）热继电器。 （2台）

（3）二位（或三位）按钮。 （2个）

（4）熔断器。 （5个）

（5）三相电源开关。 （1个）

（6）电工工具。 （1套）

（7）三相异步电动机。 （2台）

（8）导线。 （若干）

3. 实验内容和步骤

（1）图 9-4 是两台电动机顺序起动、逆序停止控制电气原理图。

（2）在实验板上找到交流接触器等元器件，了解其结构及动作原理。

（3）按原理图安装接线，注意接线要牢固、接触良好，文明操作，保护好电器元件。

（4）接线完后，检查无误，经指导教师检查允许后方可通电。

（5）观察电器及电动机的动作、运转情况。

（6）通过实验，掌握两台电动机顺序起动、逆序停止控制电路的接线方法。

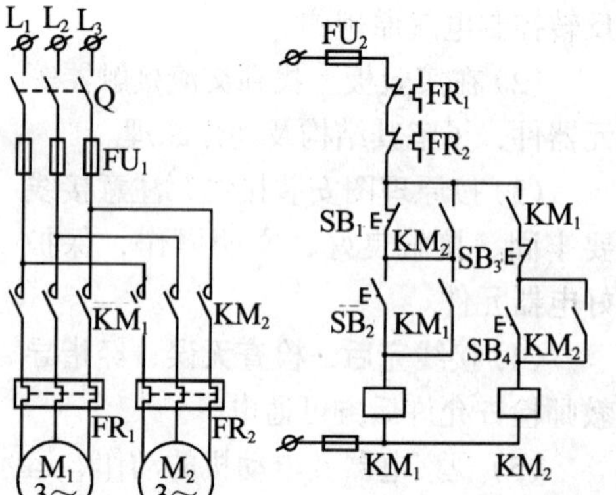

图 9-4　顺序起动、逆序停止控制电气原理图

4. 实验报告要求

（1）画出电气原理图并分析工作原理。

（2）说明联锁的含义。

（3）说明两台电动机顺序起动、逆序停止控制电路在生产中的应用。

（4）记录实验过程并观察实验结果。

（5）小结本次实验的体会与收获。

9.1.5　三相异步电动机自动循环控制电路

1. 实验目的

（1）熟悉常见的低压电器。

（2）掌握三相异步电动机自动循环控制电路控制方法。

（3）培养电气线路安装操作能力。

2. 实验设备和器件

（1）交流接触器。	（2 台）
（2）热继电器。	（1 台）
（3）行程开关。	（4 个）
（4）三位按钮。	（1 个）
（5）熔断器。	（5 个）
（6）三相电源开关。	（1 个）
（7）电工工具。	（1 套）
（8）三相异步电动机。	（1 台）
（9）导线。	（若干）

3. 实验内容和步骤

（1）图 9-5 是三相异步电动机自动循环控制电气原理图。

（2）在实验板上找到交流接触器等元器件，了解其结构及动作原理。

（3）按原理图安装接线，注意接线要牢固、接触良好，文明操作，保护好电器元件。

（4）接线完后，检查无误，经指导教师检查允许后方可通电。

（5）观察电器及电动机

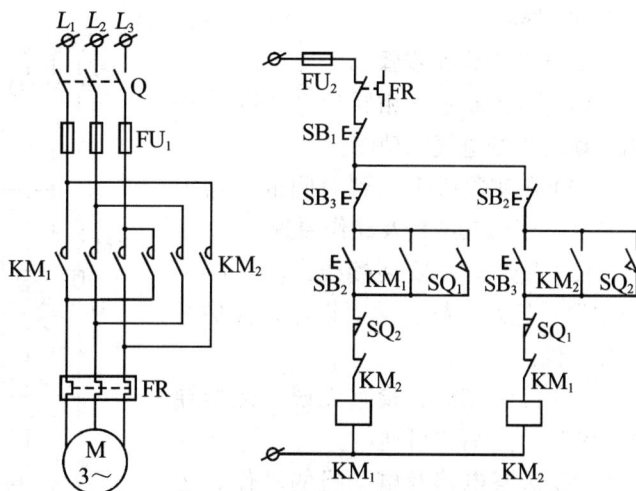

图 9-5　三相异步电动机自动循环控制电气原理图

的动作、运转情况。

（6）通过实验，掌握三相异步电动机自动循环控制电路的接线方法。

4. 实验报告要求

（1）画出电气原理图并分析工作原理。

（2）说明行程开关的作用。

（3）说明三相异步电动机自动循环控制电路的方便性和安全可靠性。

（4）记录实验过程并观察实验结果。

（5）小结本次实验的体会与收获。

9.1.6 三相异步电动机 Y—△起动控制电路

1. 实验目的

（1）熟悉空气阻尼式时间继电器的结构、原理及使用方法。

（2）掌握三相异步电动机 Y—△起动控制电路的控制方法。

（3）培养电气线路安装操作能力。

2. 实验设备和器件

（1）交流接触器。	（3台）
（2）热继电器。	（1台）
（3）三位按钮。	（1个）
（4）熔断器。	（5个）
（5）三相电源开关。	（1个）
（6）时间继电器。	（1台）
（7）电工工具。	（1套）
（8）三相电动机。	（1台）
（9）导线。	（若干）

3. 实验内容和步骤

（1）图 9-6 是三相异步电动机 Y—△起动控制的电气原理图。

（2）在实验板上找到时间继电器等元器件，了解其结构及动作原理。

（3）按原理图安装接线，注意接线要牢固、接触良好，文明操作，保护好电器元件。

（4）接线完后，检查无误，经指导教师检查允许后方可通电。

（5）观察电器及电动机的动作、运转情况。

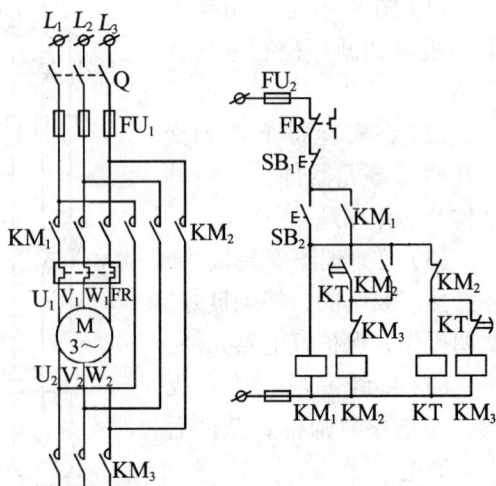

图 9-6 三相异步电动机 Y—△起动控制电气原理图

（6）通过实验，掌握三相异步电动机 Y—△起动控制电路的接线方法。

4. 实验报告要求

（1）画出电气原理图并分析工作原理。

（2）说明时间继电器的结构和原理。

（3）说明三相异步电动机 Y—△起动的控制电路为什么只适用于空载或轻载起动。

（4）记录实验过程并观察实验结果。

（5）小结本次实验的体会与收获。

9.1.7　三相异步电动机反接制动控制电路

1. 实验目的

（1）熟悉常见的低压电器。

（2）掌握三相异步电动机反接制动控制电路的控制方法。

（3）掌握速度继电器调节方法。

2. 实验设备和器件

（1）交流接触器。　　　　（2 台）

（2）热继电器。　　　　　（1 台）

（3）二位按钮。　　　　　（1 个）

（4）熔断器。　　　　　　（5 个）

（5）三相电源开关。　　　（1 个）

（6）制动电阻。　　　　　（2 个）

（7）速度继电器。　　　　（1 台）

（8）测速仪。　　　　　　（1 台）

（9）电工工具。　　　　　（1 套）

（10）三相电动机。　　　（1 台）

（11）导线。　　　　　　（若干）

3. 实验内容和步骤

（1）图 9-7 是三相异步电动机反接制动控制电气原理图。

（2）在实验板上找到速度继电器等元器件，了解其结构及动作原理。

（3）按原理图安装接线，注意接线要牢固、接触良好，文明操作，保护好电器元件。

（4）接线完后，检查无误，经指导教师检查允许后方可通电。

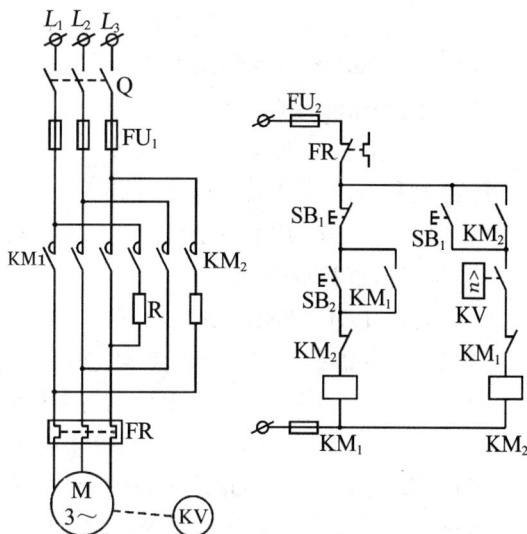

图 9-7　反接制动控制电气原理图

（5）速度继电器的调整，手持测速仪，对准电机输出轴，测量电机输出转速。此时，按 SB1 使制动控制电路工作，当电机转速由额定转速向下降，降至 100r/min 时观察速度继电器常开触点，看是否分断，若不分断将螺丝向外拧，使反力弹簧力量减小，若分断过早，则将调整螺丝向内拧，使反力弹簧力量增大，如此反复多次，使电机转速在 100r/min 左右时，速度继电器触点分断符合电路要求。

（6）观察电器及电动机的动作、运转情况。

（7）通过实验，掌握三相异步电动机反接制动控制电路的接线方法。

4. 实验报告要求

（1）画出电气原理图并分析工作原理。

（2）说明速度继电的结构和原理。

（3）掌握制动电阻的选择条件。

（4）记录实验过程并观察实验结果。

（5）小结本次实验的体会与收获。

9.2　可编程控制器实验

9.2.1　基本逻辑指令实验一

1. 实验目的

（1）掌握可编程序控制器的操作方法。

（2）熟悉实验设备的使用方法。

（3）熟悉基本指令的使用方法。

2. 实验设备和器件

（1）可编程序控制器。　　　　　　　　　　（1 台）

（2）编程器或计算机编程软件。　　　　　　（1 台）

（3）SAC–PC 可编程序控制器教学实验设备。（1 台）

3. 实验内容和步骤

（1）LD、LDI、AND、ANI、OR、ORI、OUT、END。

1）LD：取指令，将常开触点与左母线连接。

2）LDI：取反指令，将常闭触点与左母线连接。

3）AND：与指令，常开触点的串联连接。

4）ANI：与反指令，常闭触点的串联连接。

5）OR：或指令，常开触点的并联连接。

6）ORI：或反指令，常闭触点的并联连接。

7）OUT：输出指令，线圈驱动。

8）END：结束指令，表示程序的结束。

（2）将图 9-8 给出的梯形图程序，输入到可编程序控制器中运行，根据运行情况进行调试，直到通过为止。

指令语句表如下：

0	LD	X0
1	OUT	Y0
2	LDI	X0
3	AND	X1
4	OUT	M0
5	OUT	Y1
6	LDI	X1
7	OR	X2
8	ORI	X3
9	OUT	Y2
10	END	

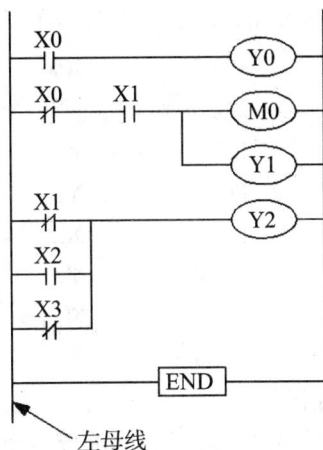

图 9-8　基本逻辑指令实验一梯形图

（3）操作。

1）当输入 X0 接通时，驱动输出 Y0。

2）当输入 X0 切断、输入 X1 接通时，驱动辅助继电器 M0，同时驱动输出 Y1。

3）输入 X1 切断，或输入 X2 接通，或 X3 切断时，驱动输出 Y2。

4. 实验报告要求

（1）画出梯形图并写出指令语句表。

（2）记录实验过程并观察实验结果。

（3）小结本次实验的体会与收获。

9.2.2　基本逻辑指令实验二

1. 实验目的

（1）掌握可编程序控制器的操作方法。

（2）熟悉实验设备的使用方法。

（3）熟悉基本指令的使用方法。

2. 实验设备和器件

（1）可编程序控制器。　　　　　　　　　（1 台）

（2）编程器或计算机编程软件。　　　　　（1 台）

（3）SAC–PC 可编程序控制器教学实验设备。（1 台）

3. 实验内容和步骤

（1）MC、MCR。

1）MC：主控指令，公共串联触点联接。

2）MCR：主控复位指令，公共串联触点断开。

（2）将图 9-9 给出的梯形图程序，输入到可编程序控制器中运行，根据运行情况进行调试，直到通过为止。

指令语句表如下：

0	LD	X0	
1	MC	N0	M0
4	LD	X1	
5	OUT	Y0	
6	LD	X2	
7	OUT	Y1	
8	MCR	N0	
10	END		

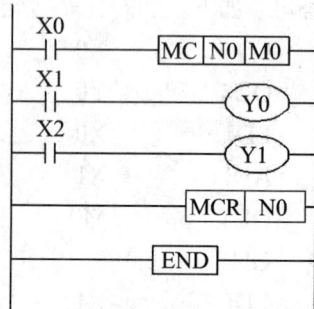

图 9-9　基本逻辑指令实验二梯形图一

（3）操作。

1）输入 X0 接通，辅助继电器 M0 接通。当 M0 接通时，从 MC 指令起到 MCR 指令止的程序段中的输出都可能接通。

2）在 X0 接通条件下，输入 X1 接通时，驱动输出 Y0；输入 X2 接通时，驱动输出 Y1。

（4）SET、RST、PLS、PLF。

1）SET：置位指令，使线圈置位并保持。

2）RST：复位指令，使线圈复位。

3）PLS：脉冲指令，上升沿微分输出。

4）PLF：脉冲指令，下降沿微分输出。

（5）将图 9-10 给出的梯形图程序，输入到可编程序控制器中运行，根据运行情况进行调试，直到通过为止。

指令语句表如下：

0	LD	X0
1	PLS	M0
3	LD	X1
4	PLF	M1
6	LD	M0
7	SET	Y0
8	LD	M1
9	RST	Y0
10	END	

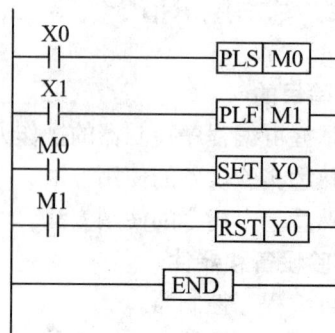

图 9-10　基本逻辑指令实验二梯形图二

（6）操作。

1）用输入 X0 的上升沿微分输出来驱动辅助继电器 M0（一个扫描周期），输出 Y0 触点接通并保持。

2）用输入 X1 的下降沿微分输出来驱动辅助继电器 M1（一个扫描周期），使输出 Y0 触点断开。

4. 实验报告要求

（1）画出梯形图并写出指令语句表。

（2）记录实验过程并观察实验结果。

（3）小结本次实验的体会与收获。

9.2.3　基本逻辑指令实验三

1. 实验目的

（1）掌握可编程序控制器的操作方法。

（2）熟悉实验设备的使用方法。

（3）熟悉基本指令的使用方法。

2. 实验设备和器件

（1）可编程序控制器。　　　　　　　　　　（1 台）

（2）编程器或计算机编程软件。　　　　　　（1 台）

（3）SAC-PC 可编程序控制器教学实验设备。（1 台）

3. 实验内容和步骤

（1）AND、ORB 。

1）AND：电路块与指令，并联电路块之间的串联连接指令。

2）ORB：电路块或指令，并联电路块之间的并联连接指令。

（2）将图 9-11 给出的梯形图程序，输入到可编程序控制器中运行，根据运行情况进行调试，直到通过为止。

指令语句表如下：

0	LD	X0
1	OR	X1
2	LD	X2
3	OR	X3
4	ANB	
5	OUT	Y0
6	LD	X4
7	AND	X5
8	LD	X6
9	AND	X7
10	ORB	
11	OUT	Y1
12	END	

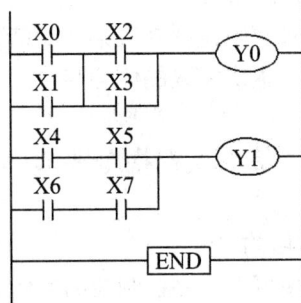

图 9-11　基本逻辑指令实验三梯形图一

（3）操作。

1）输入 X0 或输入 X1 接通，并且输入 X2 或 X3 接通时，驱动输出 Y0。

2）输入 X4 与输入 X5 同时接通，或输入 X6 与输入 X7 同时接通时，驱动输出 Y1。

（4）MPS、MRD、MPP。

1）MPS：进栈指令，记忆到 MPS 指令为止的状态。

2）MRD：读栈指令，读出用 MPS 指令记忆的状态。

3）MPP：出栈指令，读出用 MPS 指令记忆的状态并消除这些状态。

（5）将图 9-12 给出的梯形图程序，输入到可编程序控制器中运行，根据运行情况进行调试，直到通过为止。

指令语句表如下：

0	LD	X0
1	MPS	
2	AND	X1
3	OUT	Y0
4	MRD	
5	AND	X2
6	OUT	Y1
7	MPP	
8	OUT	Y2
9	END	

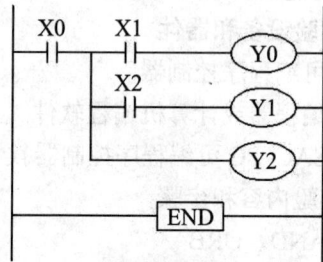

图 9-12　基本逻辑指令实验三梯形图二

（6）操作。

1）输入 X0 接通，当输入 X1 接通时，驱动输入 Y0。

2）当输入 X2 接通时驱动输出 Y1，而输出 Y2 在输入 X0 接通时就驱动。

4. 实验报告要求

（1）画出梯形图并写出指令语句表。

（2）记录实验过程并观察实验结果。

（3）小结本次实验的体会与收获。

9.2.4　基本逻辑指令实验四

1. 实验目的

（1）掌握可编程序控制器的操作方法。

（2）熟悉实验设备的使用方法。

（3）熟悉基本指令的使用方法。

2. 实验设备和器件

（1）可编程序控制器。　　　　　　　　　　（1 台）

（2）编程器或计算机编程软件。　　　　　　（1 台）

（3）SAC–PC 可编程序控制器教学实验设备。　（1 台）

3. 实验内容和步骤

（1）定时器。

表 9–1　定时器范围

M8028 = OFF	T0~T62	以 100ms 为单位	0~3276.7s
	T63	以 1ms 为单位	0~32.767s
M8020 = ON	T0~T31	以 100ms 为单位	0~3276.7s
	T32~T62	以 10ms 为单位	0~327.67s
	T63	以 1ms 为单位	0~32.767s

（2）将图 9–13 给出的梯形图程序，输入到可编程序控制器中运行，根据运行情况进行调试，直到通过为止。

指令语句表如下：

0	LD	X0
1	OUT	T0
		K 123
4	LD	T0
5	OUT	Y0
6	END	

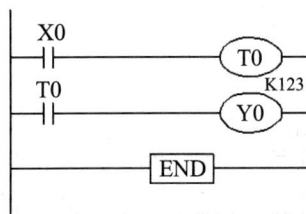

图 9–13　基本逻辑指令实验四梯形图一

（3）动作时序图如图 9–14 所示。

定时器既可以按图 9–14 的程序直接指定值，也可以用数据寄存器间接指定设定值。如图 9–15 和图 9–16 所示。

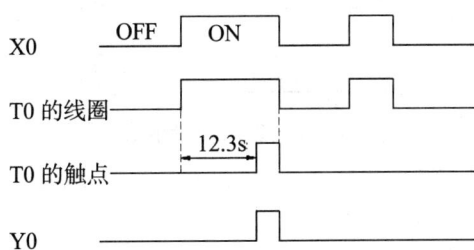

图 9–14　定时器动作时序图

图 9–15　数据寄存器间接指定定时器的设定值

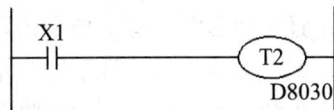

图 9–16　特殊数据寄存器间接指定定时器的设定值

如果采用数据寄存器（D），特殊数据寄存器（D8013、D8030、D8031）时，数据寄存器中的数值就是定时器的设定值。1 号模拟电位器的模拟值（0~255）装入 D8013 或 D8030；2 号模拟电位器的模拟值（0~255）装入 D8031。

（4）计数器。

表 9-2　计数器范围

通用	C0 ～ C15	0 ～ 32.767 次
保持用	C16 ～ C31	0 ～ 32.767 次

（5）将图 9-17 给出的梯形图程序，输入到可编程序控制器中运行，根据运行情况进行调试，直到通过为止。指令语句表由读者写出。

计数器既可用图 9-17 中的这种方法来直接指定设定值，也可采用数据寄存器（D）来间接指定计数器的设定值。如图 9-18 所示。

图 9-17 所示梯形图动作时序图如图 9-19 所示。

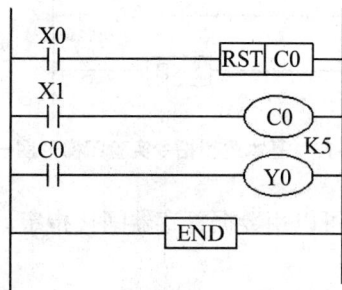

图 9-18　数据寄存器间接指定计数器的设定值

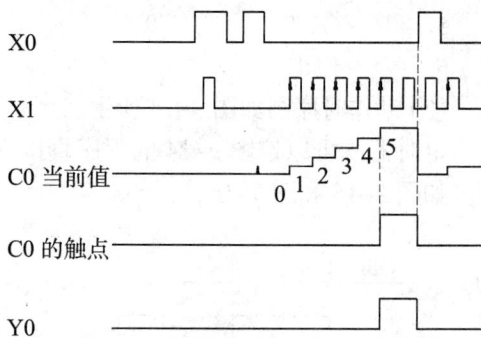

图 9-17　基本逻辑指令实验四梯形图二

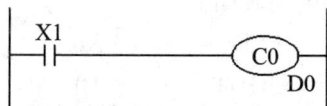

图 9-19　计数器动作时序图

4. 实验报告要求

（1）画出梯形图并写出指令语句表。

（2）记录实验过程并观察实验结果。

（3）小结本次实验的体会与收获。

9.2.5　小车直线行驶正反向自动往返控制

1. 实验目的

（1）了解可编程序控制器构成的控制系统。

（2）熟悉编程器的使用。

（3）学习编制程序的方法。

2. 实验设备和器件

（1）FXON–60MR 基本单元（PC 主机）。 （1 台）

（2）FX–10P–E 编程器。 （1 台）

（3）SAC–PC 可编程序控制器教学实验设备。 （1 台）

3. 实验内容和步骤

（1）连接及通电操作。将 PC 主机、编程器和 PC 教学实验设备连线接好无误后，方能通电，PC 电源（POWER）指示灯亮，基本单元 RUN/STOP 开关置于"STOP"位置，即 PC 处于编程状态。

（2）零操作。PC 状态：STOP。在输入新程序之前，清除程序存储器的内容。先按一下编程器的 RD/WR 键，使编程器处于写入状态，编程器荧屏最左侧显示"W"，并通过 ↑ 键使荧屏上的"→"指向步序号"0"行开始，完成后用上下移动键检查内存中内容，正确应全部"NOP"。具体操作如下：

RD/WR → NOP → A → GO → GO

（3）写入操作。按图 9–20 所示梯形图写入 PC 的用户程序存储器。连续按两次 RD/WR 键，使编程器处于（Write）写入状态，即编程器荧屏最左侧显示"W"。从步序号"0"开始具体操作如下：

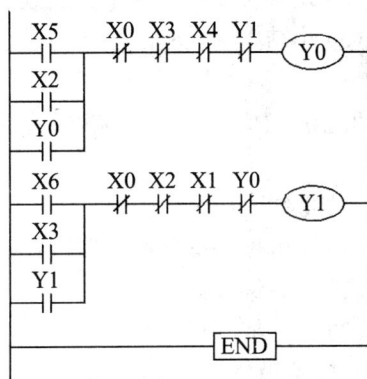

图 9–20 小车自动往返控制梯形图

1）LD → X → 5 → GO, OR → X → 2 → GO, OR → Y → 0 → GO, ANI → X → 0 → GO, ANI → X → 3 → GO, ANI → X → 4 → GO, ANI → Y → 1 → GO, OUT → Y → 0 → GO

2）LD → X → 6 → GO, OR → X → 3 → GO, OR → Y → 1 → GO, ANI → X → 0 → GO, ANI → X → 2 → GO, ANI → X → 1 → GO, ANI → Y → 0 → GO, OUT → Y → 1 → GO

3）END → GO

（4）程序检查与修改操作。上述程序输入 PC 机中，用 ↑ 和 ↓ 键检查程序是否有误，若程序有错，有以下情况：

1）语句的错误。可以通过 RD/WR 键处于"W"（写入）状态，"→"指向出错的语句行，直接重写即可。

2）多余的语句。可以通过 INS/DEL 键处于"D"（删除）状态，"→"指向多余的语句行，再按 $\boxed{\text{GO}}$ 键一次即删除多余的一行语句。

3）缺少的语句。可以通过 $\boxed{\text{INS/DEL}}$ 键处于"I"（插入）状态，""指向缺少语句的行号，输入缺少语句，再按 $\boxed{\text{GO}}$ 键即可。

（5）电路连接。程序检查无误后，连接 SAC–PC 可编程序控制器教学实验设备插线，输入 X1~X4 对应与 SQ1~SQ4（行程开关）相连；X0（总停）、X5（正向起动）和 X6（反向起动）与 SAC–PC 上的按钮相连；输出 Y0、Y1 对应与 SAC–PC 上直线区的"正转"、"反转"插口相连。

（6）程序运行和验证操作。接线检查无误后，将基本单元 RUN/STOP 开关置于"RUN"（运行）位置，PC 处于运行状态。按下起动按钮，"小车"实现自动往复。

4. 实验报告要求

（1）画出梯形图，并写出指令语句表。

（2）记录实验过程并观察实验结果。

（3）小结本次实验的体会与收获。

9.2.6　PLC 的十字路口交通信号灯控制

1. 实验目的

（1）了解可编程序控制器构成的控制系统。

（2）熟悉编程器的使用。

（3）学习编制程序的方法。

2. 实验设备和器件

（1）FXON–60MR 基本单元（PC 主机）。　　　（1 台）

（2）FX–10P–E 编程器。　　　　　　　　　　（1 台）

（3）SAC–PC 可编程序控制器教学实验设备。（1 台）

3. 实验内容和步骤

（1）连接及通电操作。将 PC 主机、编程器和 PC 教学实验设备连线接好无误后，方能通电，PC 电源（POWER）指示灯亮，基本单元 RUN/STOP 开关置于"STOP"位置，即 PC 处于编程状态。

（2）清零操作。在输入新程序之前，清除程序存储器的内容。先按一下编程器的 $\boxed{\text{RD/WR}}$ 键，使编程器处于写入状态，并通过 $\boxed{\uparrow}$ 键使荧屏上的"→"指向步序号"0"行开始，完成后用上下移动键检查内存中内容，正确应全部"NOP"。具体操作如下：

$$\boxed{\text{RD/WR}} \rightarrow \boxed{\text{NOP}} \rightarrow \boxed{\text{A}} \rightarrow \boxed{\text{GO}} \rightarrow \boxed{\text{GO}}$$

（3）写入操作。按图 9-21 所示梯形图写入 PLC 的用户程序存储器。连续按两次 RD/WR 键，使编程器处于（W）写入状态，即编程器荧屏最左侧显示"Write"。从步序号"0"行开始写入。具体写法（略）。

（4）程序检查与修改操作。

（5）电路连接。程序检查无误后，连接 SAC-PC 可编程序控制器教学实验设备插线，输入 X0（起动）、X1（总停）与 SAC-PC 上的按钮相连；输出 Y0~Y5 对应与 SAC-PC 上交通信号灯实验区的"1 方向"、"2 方向"插口相连。

（6）程序运行和验证操作。接线检查无误后，将基本单元 RUN/STOP 开关置于"RUN"（运行）位置，PC 处于运行状态。按下起动按钮，交通信号灯开始工作。

4. 实验报告要求

（1）画出梯形图，并写出指令语句表。

（2）记录实验过程并观察实验结果。

（3）小结本次实验的体会与收获。

9.2.7　钻床主轴进给控制系统

1. 实验目的

（1）了解可编程序控制器构成的控制系统。

（2）熟悉编程器的使用。

（3）学习编制程序的方法。

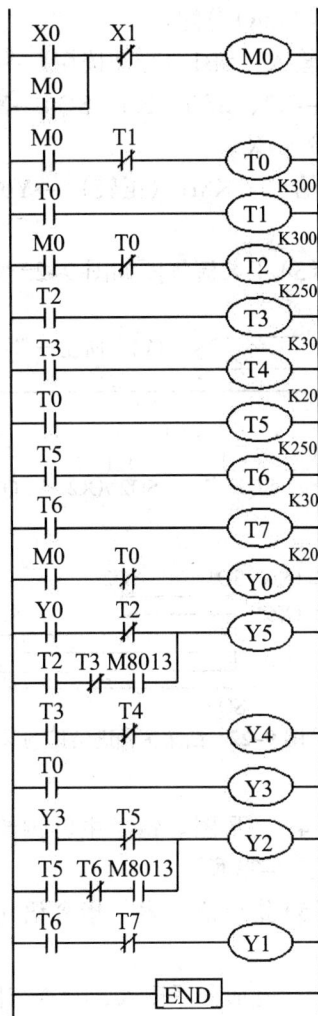

图 9-21　十字路口交通信号灯控制梯形图

2. 实验设备和器件

（1）FXON-60MR 基本单元（PC 主机）。 （1 台）

（2）FX-10P-E 编程器。 （1 台）

（3）SAC-PC 可编程序控制器教学实验设备。 （1 台）

3. 实验内容和步骤

（1）钻头初始位置在原点处（光电开关 SQ1 处）按下起动按钮 SB1，钻头进给至 SQ2 光电开关处后返回原点，然后再进给至 SQ3 光电开关处后返回原点，紧接着钻头再次进给至 SQ4 光电开关处后返回原点停止，至此完成钻床主轴进给控制系统全过程。

（2）I/O 分配。

输入：SB1（起动按钮）→X0、SQ1→X1、SQ2→X2、SQ3→X3、SQ4→X4、SB2（急停按钮）→X5。

输出：KM1（正转）→Y0、KM2（反转）→Y1。

（3）工艺流程图如图 9-22 所示。

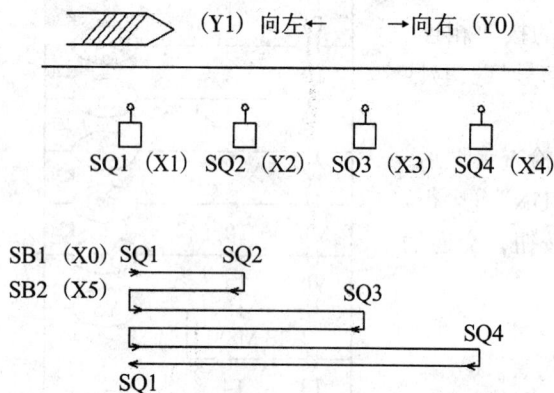

图 9-22　钻床主轴进给控制系统工艺流程图

（4）梯形图。钻床主轴进给控制系统梯形图如图 9-23 所示。

（5）指令语句表。指令语句表由读者自己写出。

（6）完成程序输入、检查与修改操作。

4. 实验报告要求

（1）画出梯形图，并写出指令语句表。

（2）记录实验过程并观察实验结果。

（3）小结本次实验的体会与收获。

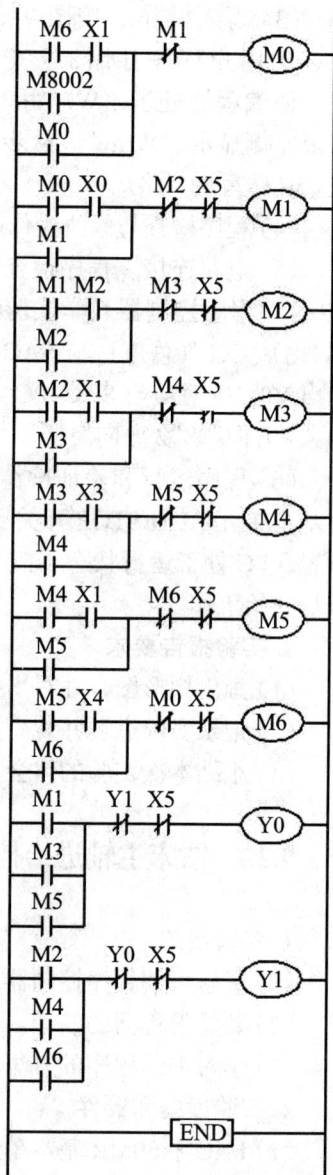

图 9-23　钻床主轴进给控制系统梯形图

9.3 电气控制实训

9.3.1 三相异步电动机单向点动控制线路

1. 实训目的

（1）熟悉安装控制线路的基本步骤。

（2）学习绘制安装接线图。

（3）培养电气线路安装操作能力。

2. 实训设备和器件

（1）交流接触器。　　　　　　（1 台）

（2）二位按钮。　　　　　　　（1 个）

（3）熔断器。　　　　　　　　（5 个）

（4）三相电源开关。　　　　　（1 个）

（5）电工工具。　　　　　　　（1 套）

（6）三相异步电动机。　　　　（1 台）

（7）接线端子板。　　　　　　（1 套）

（8）导线。　　　　　　　　　（若干）

3. 实训内容和步骤

（1）图 9-24 是电动机单向点动控制线路的电气原理图，线路控制动作如下：

1）合上电源开关 QS。

2）起动。按下 SB→KM 线圈得电→KM 主触点闭合→电动机 M 得电起动并进入运行状态。

3）停止。松开 SB→KM 线圈失电→KM 主触点复位→电动机 M 失电停转。

（2）绘制安装接线图。线路中的电源开关 QS、两组熔断器 FU1 和 FU2 及交流接触器 KM 装在安装底板上，控制按钮 SB（使用 LA4 系列按钮盒）和电动机 M 在底板外，通过接线端子板 XT 与安装底板上的电器连接。绘图时注意使 QS、FU1 及 KM 排在一条直线上。对照原理图上的线号，在接线图上做好端子标注编号。绘制好的接线图如图 9-25 所示。

（3）固定电器元件。按照接线图规定的位置将电器元件摆放在安装底板上。注意使 QS、FU1、KM 及接线端子排成一条直线，以保证主电路走线美观规整，定位打孔后，将各电器元件固定好。

（4）按照接线图接线。从电源开关 QS 的下接线端子开始，先连接主电路，然后连接辅助电路。

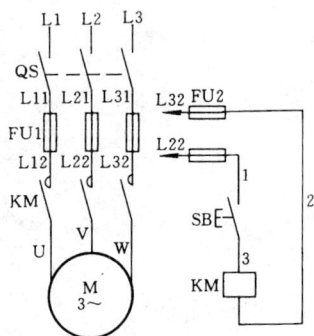

图 9-24 三相异步电动机单向点动控制
线路电气原理图

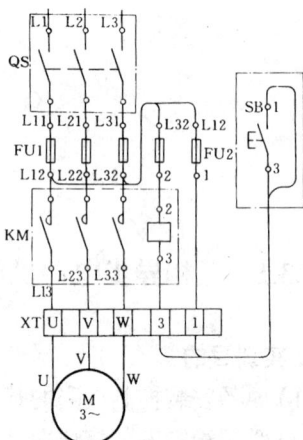

图 9-25 三相异步电动机单向点动控制
线路安装接线图

主电路使用导线的横截面积应按电动机的工作电流适当选取。将导线先校直，剥好两端的绝缘皮后成型，套上写好的线号管接到端子上。接线时要注意水平走线时尽量靠近底板；中间一相线路的各段导线成一直线，左右两相导线应对称。三相电源线直接接入电源开关 QS 的上接线端子，电动机接线盒至安装底板上的接线端子板之间应使用护套线连接。注意做好电动机外壳接地保护线。

辅助电路（对中小容量电动机控制线路而言）一般可以使用横截面积为 1.5 mm² 左右的导线连接。将同一走向的相邻导线并成一束。接入螺丝端子的导线先套好线号管，将芯线按顺时针方向煨成圆环，压接入端子，避免旋紧螺丝时将导线挤出，造成虚接。

（5）检查线路和试验。对照原理图、接线图逐线检查，核对线号，防止错接、漏接；检查所有端子接线的接触情况，排除虚接处。

（6）通电试验。完成上述检查后，清点工具，清理安装板上的线头杂物，检查三相电源电压，一切正常后，通电试验。

9.3.2 三相异步电动机单向起动控制线路

1. 实训目的
（1）熟悉安装控制线路的基本步骤。
（2）学习绘制安装接线图。
（3）培养电气线路安装操作能力。

2. 实训设备和器件
（1）交流接触器。　　　　　（1台）
（2）热继电器。　　　　　　（1台）
（3）二位按钮。　　　　　　（1个）

(4) 熔断器。 　　　　　　　　　（5 个）

(5) 三相电源开关。 　　　　　　（1 个）

(6) 电工工具。 　　　　　　　　（1 套）

(7) 三相异步电动机。 　　　　　（1 台）

(8) 接线端子板。 　　　　　　　（1 套）

(9) 导线。 　　　　　　　　　　（若干）

3. 实训内容和步骤

（1）图 9-26 是电动机单向起动控制线路的电气原理图。

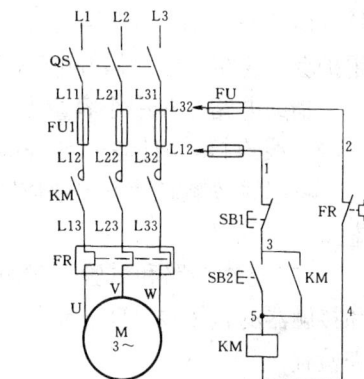

图 9-26　三相异步电动机单向起动控制线路电气原理图

线路控制动作如下：合上电源开关 QS 后：

1）起动。

按下 SB2→KM 线圈得电 ┬→ KM 主触点闭合→电动机 M 得电起动、运行

　　　　　　　　　　└→ KM 常开辅助触点闭合→实现自锁

2）停车。

松开 SB2→KM 线圈失电 ┬→ KM 主触点复位→电动机 M 断电停车

　　　　　　　　　　└→ KM 常开辅助触点复位→自锁解除

（2）绘制安装接线图。根据原理图进行电器元件布置，对照原理图上的线号，在接线图上做好端子标注编号。绘制好的接线图如图 9-27 所示。

（3）固定电器元件。按照接线图规定的位置将电器元件摆放在安装底板上。注意使 QS、FU1 和 KM 及接线端子排成一条直线，以保证主电路走线美观规整。定位打孔后，将各电器元件固定好。要注意将热继电器水平安装，并将盖板向上以利散热，保证其工作符合保护特性要求。

（4）按照接线图接线。从电源开关 QS 的下接线端子开始，先连接主电路，然后连接辅助电路。

主电路使用导线的横截面积应按电动机的工作电流适当选取。将导线先校直，剥好两端的绝缘皮后成型，套上写好的线号管接到端子上。做线时要注意水平走线时尽量靠近底板；中间一相线路的各段导线成一直线，左右两相导线应对称。三相电源线直接

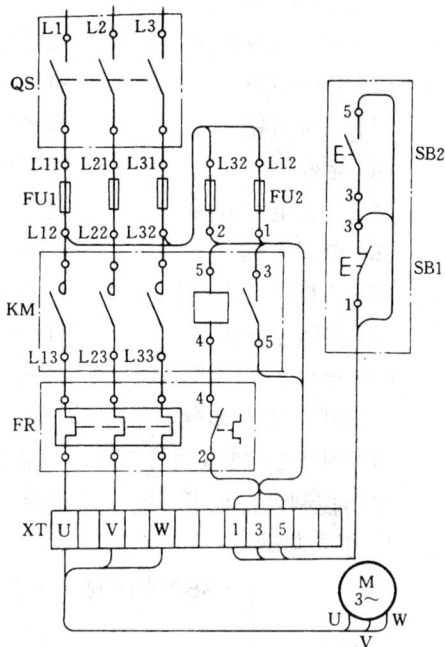

图 9-27　三相异步电动机单向起动控制线路安装接线图

接入电源开关 QS 的上接线端子，电动机接线盒至安装底板上的接线端子板之间应使用护套线连接。注意做好电动机外壳接地保护线。

辅助电路（对中小容量电动机控制线路而言）一般可以使用截面积为 1.5 mm² 左右的导线连接。将同一走向的相邻导线并成一束。接入螺丝端子的导线先套好线号管，将芯线按顺时针方向煨成圆环，压接入端子，避免旋紧螺丝时将导线挤出，造成虚接。

（5）检查线路和试验。对照原理图、接线图逐线核查；重点检查按钮盒内的接线和接触器的自锁线，防止错接；检查各接线端子处接线情况，排除虚接故障；用万用表检查。

（6）通电试验。完成上述检查后，清点工具，清理安装板上的线头杂物，检查三相电源电压，将热继电器电流整定值按电动机的额定电流调节好，通电试验。

9.3.3 三相异步电动机双重联锁正反向起动控制线路

1. 实训目的
（1）熟悉安装控制线路的基本步骤；
（2）学习绘制安装接线图；
（3）培养电气线路安装操作能力。

2. 实验设备和器件
（1）交流接触器　　　　　　（2 台）
（2）热继电器　　　　　　　（1 台）
（3）三位按钮　　　　　　　（1 个）
（4）熔断器　　　　　　　　（5 个）
（5）三相电源开关　　　　　（1 个）
（6）电工工具　　　　　　　（1 套）
（7）三相异步电动机　　　　（1 台）
（8）接线端子板　　　　　　（1 套）
（9）导线　　　　　　　　　（若干）

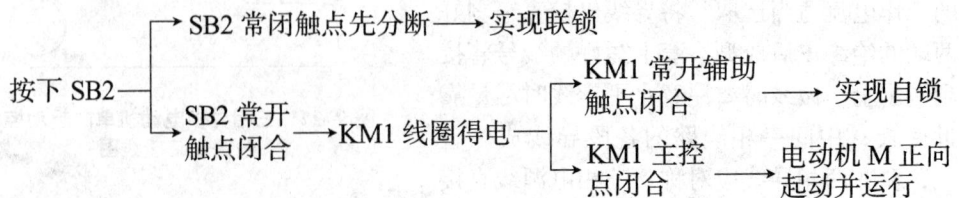

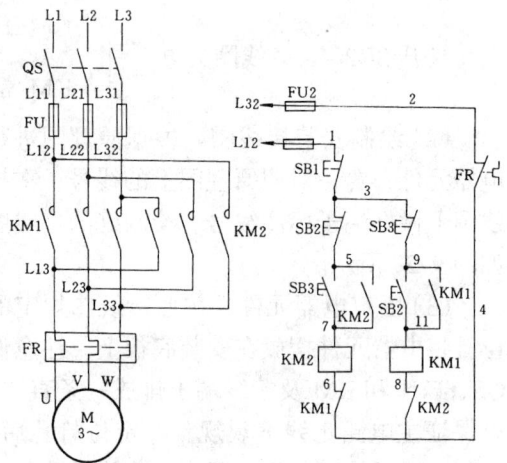

图 9-28　三相异步电动机双重联锁正反向控制线路电气原理图

3. 实训内容和步骤
（1）图 9-28 是电动机双重联锁正反向控制线路的电气原理图。
线路控制动作如下，合上电源开关 QS 后：
1）正向起动。

按下 SB2 ──┬── SB2 常闭触点先分断 ── 实现联锁
　　　　　　└── SB2 常开触点闭合 ── KM1 线圈得电 ──┬── KM1 常开辅助触点闭合 ── 实现自锁
　　　　　　　　　　　　　　　　　　　　　　　　　　└── KM1 主控点闭合 ── 电动机 M 正向起动并运行

2) 反向起动。

```
                              ┌→ KM1 常开辅助   →  解除自锁
                              │  触点复位
          ┌→ SB3 常闭触 →KM1 线圈失电─┤
          │  点先分断           └→ KM1 主触   →  电动机 M 失电
          │                      点复位         停车
按下 SB2 ─┤
          │                    ┌→ KM2 常开辅助   →  实现自锁
          │                    │  触点闭合
          └→ SB3 常开  →KM2 线圈得电─┤
             触点闭合           └→ KM2 主触   →  电动机 M 反向
                                   点闭合         起动并运行
```

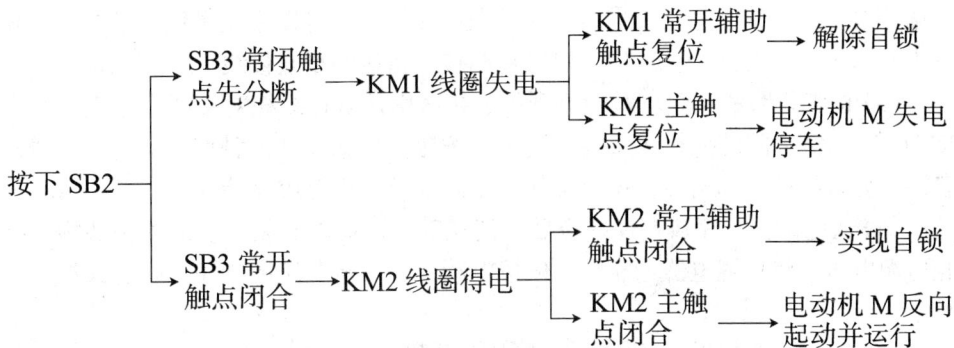

（2）绘制安装接线图。根据原理图进行电器元件布置，对照原理图上的线号，在接线图上做好端子标注编号。双重联锁正反向起动控制线路自锁、联锁线号多，应仔细标注端子号。绘制好的接线图如图 9-29 所示。

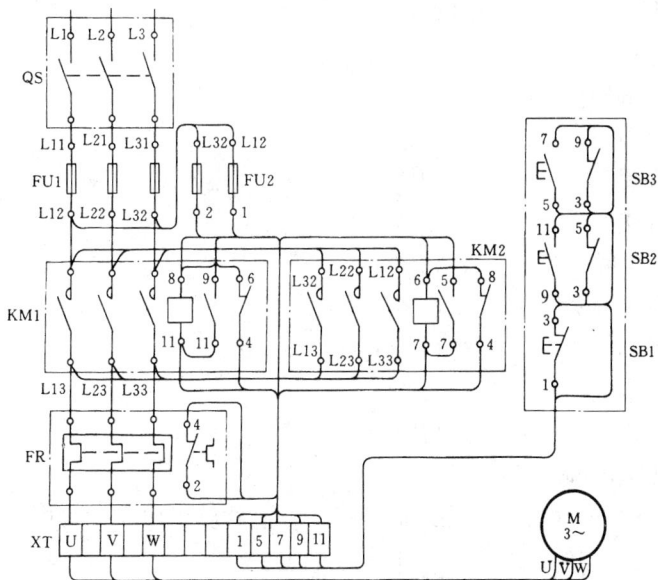

图 9-29 三相异步电动机双重联锁正反向控制线路安装接线图

（3）固定电器元件。按照接线图规定的位置将电器元件摆放在安装底板上，定位打孔后，将各电器元件固定好。要注意将热继电器水平安装，并将盖板向上以利散射，保证其工作符合保护特性要求。

（4）按照接线图接线。从电源开关 QS 的下接线端子开始，先连接主电路，然后连接辅助电路。

主电路两只接触器主触点端子之间的连接可以直接在主触点高度的平面内走线，不必向下贴近安装底板，以减少导线的弯折。

　　辅助电路接线时，可先做各接触器的自锁线，然后做按钮联锁线，最后做辅助触头联锁线。由于辅助电路线号多，应随做线随核查。可以采用每做一条线，就在接线图上标一个记号的办法，这样可以避免漏接、错接和重复接线。

　　（5）检查线路和试验。对照原理图、接线图认真逐线核对接线，重点检查主电路KM1 和 KM2 之间的换相线及辅助电路中按钮、接触器辅助触点之间的连接线；检查各端子处接线的紧固情况，排除接触不良的隐患；用万用表检查。

　　（6）通电试验。完成上述检查后，清点工具，清理安装板上的线头杂物，检查三相电源电压，将热继电器电流整定值按电动机的额定电流调节好，通电试验。

9.3.4　三相异步电动机自动往复循环运动控制线路

1. 实训目的

（1）熟悉常见的低压电器。

（2）掌握三相异步电动机自动循环控制电路控制方法。

（3）培养电气线路安装操作能力。

2. 实训设备和器件

（1）交流接触器。　　　　　（2 台）

（2）热继电器。　　　　　　（1 台）

（3）行程开关。　　　　　　（4 个）

（4）三位按钮。　　　　　　（1 个）

（5）熔断器。　　　　　　　（5 个）

（6）三相电源开关。　　　　（1 个）

（7）电工工具。　　　　　　（1 套）

（8）三相异步电动机。　　　（1 台）

（9）导线。　　　　　　　　（若干）

3. 实训内容和步骤

（1）图 9-30 是电动机自动往复循环运动控制线路的电气原理图。

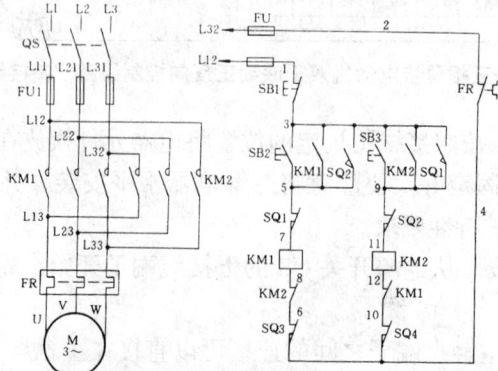

图 9-30　三相异步电动机自动往复循环运动控制线路电气原理图

线路控制动作如下，合上电源开关 QS 后：

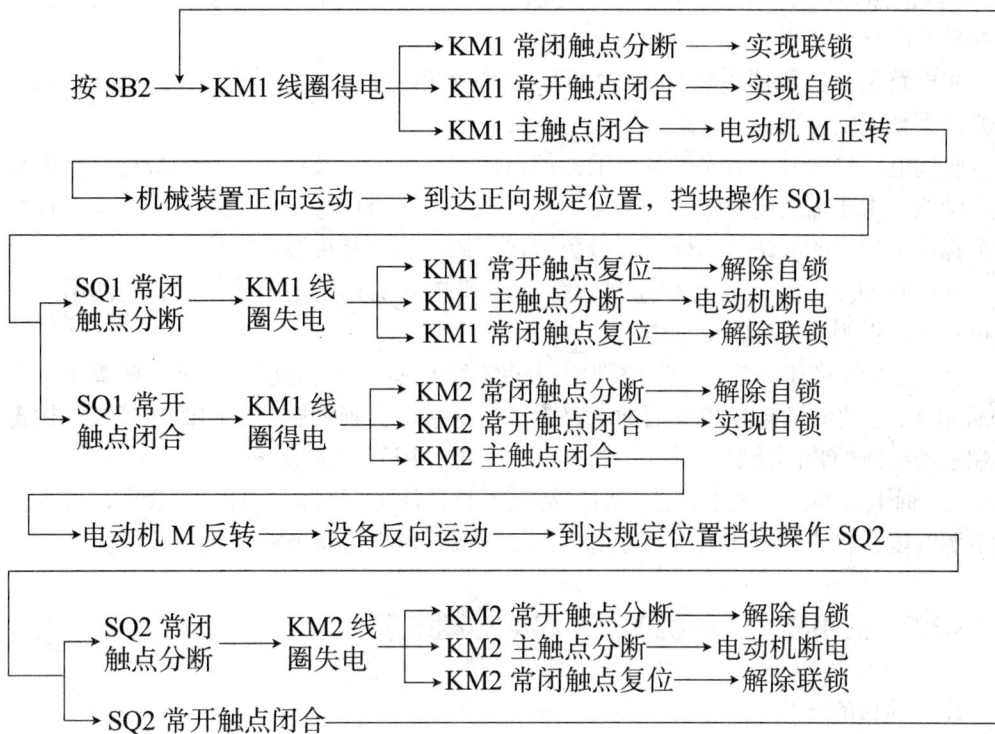

按 SB2 → KM1 线圈得电 →
- KM1 常闭触点分断 → 实现联锁
- KM1 常开触点闭合 → 实现自锁
- KM1 主触点闭合 → 电动机 M 正转

→ 机械装置正向运动 → 到达正向规定位置，挡块操作 SQ1

SQ1 常闭触点分断 → KM1 线圈失电 →
- KM1 常开触点复位 → 解除自锁
- KM1 主触点分断 → 电动机断电
- KM1 常闭触点复位 → 解除联锁

SQ1 常开触点闭合 → KM1 线圈得电 →
- KM2 常闭触点分断 → 解除自锁
- KM2 常开触点闭合 → 实现自锁
- KM2 主触点闭合

→ 电动机 M 反转 → 设备反向运动 → 到达规定位置挡块操作 SQ2

SQ2 常闭触点分断 → KM2 线圈失电 →
- KM2 常开触点分断 → 解除自锁
- KM2 主触点分断 → 电动机断电
- KM2 常闭触点复位 → 解除联锁

→ SQ2 常开触点闭合

（2）绘制安装接线图。根据原理图进行电器元件布置，对照原理图上的线号，在接线图上做好端子标注编号。电动机自动往复循环运动控制线路自锁、联锁线号多，应仔细标注端子号。在接线端子板 XT 的符号上留出端子位置以安装行程开关的连线。绘制好的接线图如图 9-31 所示。

（3）固定电器元件。按照接线图规定的位置将电器元件摆放在安装底板上。定位打孔后，将各电器元件固定好。在设备规定位置上安装行程开关，检查、调整挡块与行程开关滚轮的相对位置，保证控制动作

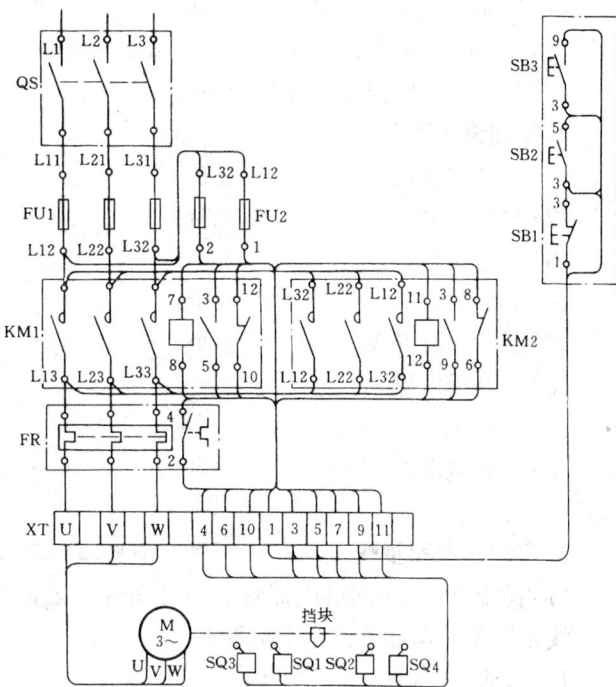

图 9-31 三相异步电动机自动往复
循环运动控制线路安装接线图

准确可靠。

（4）按照接线图接线。从电源开关 QS 的下接线端子开始，先连接主电路，然后连接辅助电路。

主电路两只接触器主触点端子之间的连接可以直接在主触点高度的平面内走线，不必向下贴近安装底板，以减少导线的弯折。

辅助电路接线时，可先做各接触器的自锁线，然后做按钮联锁线，最后做辅助触头联锁线。由于辅助电路线号多，应随做线随核查。可以采用每做一条线，就在接线图上标一个记号的办法，这样可以避免漏接、错接和重复接线。

SQ1 和 SQ2 的作用是行程控制，而 SQ3 和 SQ4 的作用是限位控制，这两组开关不可装反，否则会引起错误动作。

（5）检查线路和试验。对照原理图、接线图认真逐线核对接线，重点检查主电路 KM1 和 KM2 之间的换相线及辅助电路中按钮、接触器辅助触点之间的连接线；检查各端子处接线的紧固情况，排除接触不良的隐患；用万用表检查。

（6）通电试验。完成上述检查后，清点工具，清理安装板上的线头杂物，检查三相电源电压，将热继电器电流整定值按电动机的额定电流调节好，通电试验。

9.3.5 三相异步电动机 Y—△ 起动控制线路

1. 实训目的

（1）熟悉空气阻尼式时间继电器的结构、原理及使用方法。

（2）掌握三相异步电动机 Y—△ 起动控制电路的控制方法。

（3）培养电气线路安装操作能力。

2. 实训设备和器件

（1）交流接触器。	（3 台）
（2）热继电器。	（1 台）
（3）三位按钮。	（1 个）
（4）熔断器。	（5 个）
（5）三相电源开关。	（1 个）
（6）时间继电器。	（1 台）
（7）电工工具。	（1 套）
（8）三相电动机。	（1 台）
（9）导线。	（若干）

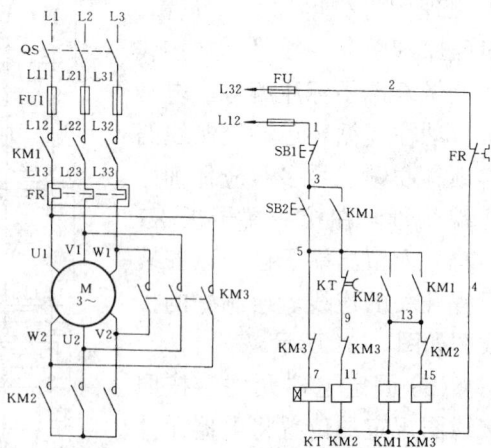

图 9-32　三相异步电动机 Y—△ 起动线路电气原理图

3. 实训内容和步骤

（1）图 9-32 是时间继电器转换的自动 Y—△ 起动线路的电气原理图。

线路控制动作如下，合上电源开关 QS 后：

1）起动。

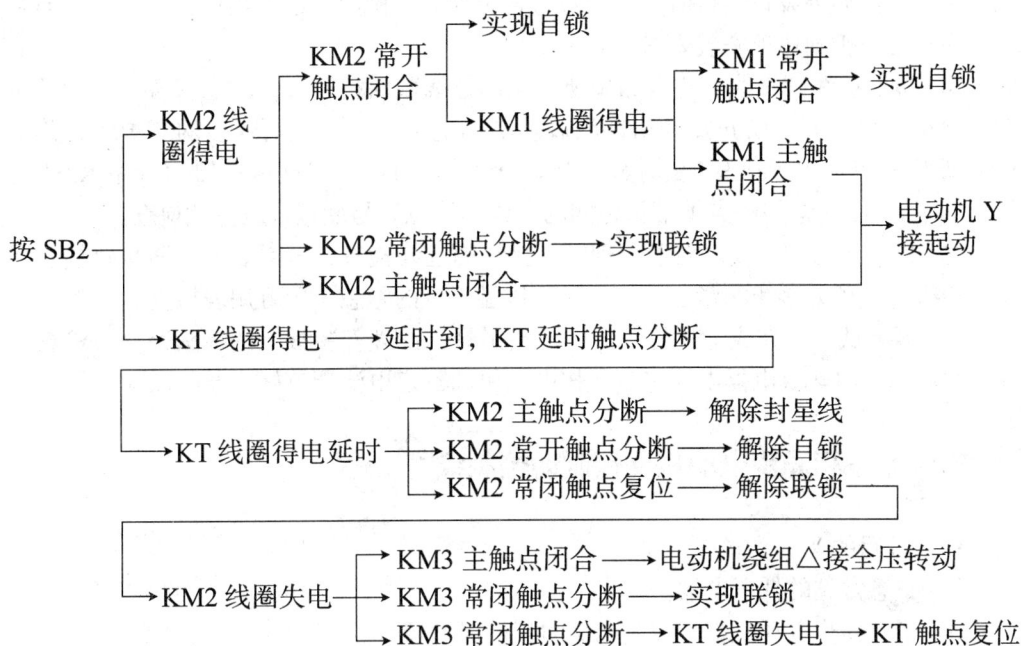

```
                              ┌→ 实现自锁
              ┌→ KM2 常开 ──────┤
              │   触点闭合       │              ┌→ KM1 常开 ──→ 实现自锁
              │                └→ KM1 线圈得电 ──┤   触点闭合
   KM2 线圈得电 ┤                                └→ KM1 主触
              │                                   点闭合 ────┐
              │                                              │
              │                                              ↓
按 SB2 ────────┤  → KM2 常闭触点分断 ──→ 实现联锁              电动机 Y
              │  → KM2 主触点闭合 ────────────────────────────→ 接起动
              │
              └→ KT 线圈得电 ──→ 延时到，KT 延时触点分断 ──┐
                                                        │
       ┌────────────────────────────────────────────────┘
       │                      ┌→ KM2 主触点分断 ──→ 解除封星线
       └→ KT 线圈得电延时 ──────┤→ KM2 常开触点分断 ──→ 解除自锁
                              └→ KM2 常闭触点复位 ──→ 解除联锁 ──┐
       ┌──────────────────────────────────────────────────────┘
       │                   ┌→ KM3 主触点闭合 ──→ 电动机绕组△接全压转动
       └→ KM2 线圈失电 ──────┤→ KM3 常闭触点分断 ──→ 实现联锁
                           └→ KM3 常闭触点分断 ──→ KT 线圈失电 ──→ KT 触点复位
```

2) 停车。

按 SB1→辅助电路断电→各接触器释放→电动机断电停车。

（2）绘制安装接线图。主电路中 QS、FU1、KM1 和 KM3 排成一条直线，KM2 与 KM3 并列放置，以上布置与上一实训线路相同。将 KT 与 KM 并列放置，并且与 KM 在纵方向对齐，使各电器元件排列整齐，布线美观方便。注意主电路中各接触器主触点的端子号不得标错。辅助电路的并联支路较多，应对照原理图看清楚连线方位和顺序。尤其注意连接端子较多的 5 号线，应认真核对，防止漏标编号。绘制好的接线图如图 9–33 所示。

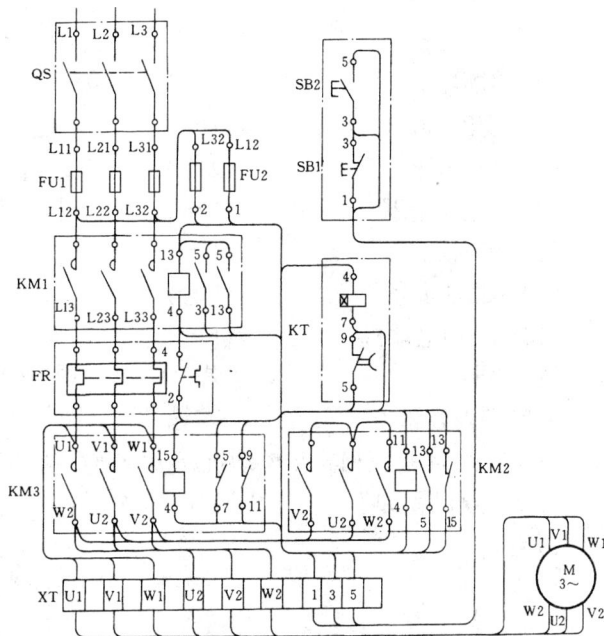

（3）固定电器元件。按照接线图规定的位置将电器元件

图 9–33 自动 Y—△起动线路安装接线图

摆放在安装底板上。定位打孔后，将各电器元件固定好。要注意 JS7-1A 时间继电器的安装方位。如果设备运行时安装底板垂直于地面，则时间继电器的衔铁释放方向必须指向下方，否则违反安装要求。

（4）按照接线图接线。主电路中所使用的导线截面积较大，注意将各接线端子压紧，保证接触良好和防止振动引起松脱。辅助电路中 5 号线所连接的端子多，其中 KM2 常闭触点上端子到 KT 延时触点上端子之间的连线容易漏接；13 号线中 KM1 线圈上端子到 KM2 常闭触点上端子之间的一段连线也容易漏接，应注意检查。

（5）检查线路和试验。对照原理图、接线图逐线检查，核对线号；防止错接、漏接；检查各端子处接线的紧固情况，排除接触不良的隐患。用万用表检查。

（6）通电试验。完成上述检查后，清点工具，清理安装板上的线头杂物，检查三相电源电压，将热继电器电流整定值按电动机的额定电流调节好，通电试验。

9.3.6　三相异步电动机反接制动控制线路

1. 实训目的

（1）熟悉常见的低压电器。

（2）了解异步电动机基本控制电路的各种保护环节。

（3）掌握速度继电器调节方法。

2. 实训设备和器件

（1）交流接触器。　　　　　（2 台）

（2）热继电器。　　　　　　（1 台）

（3）二位按钮。　　　　　　（1 个）

（4）熔断器。　　　　　　　（5 个）

（5）三相电源开关。　　　　（1 个）

（6）制动电阻。　　　　　　（2 个）

（7）速度继电器。　　　　　（1 台）

（8）测速仪。　　　　　　　（1 台）

（9）电工工具。　　　　　　（1 套）

（10）三相电动机。　　　　　（1 台）

（11）导线。　　　　　　　　（若干）

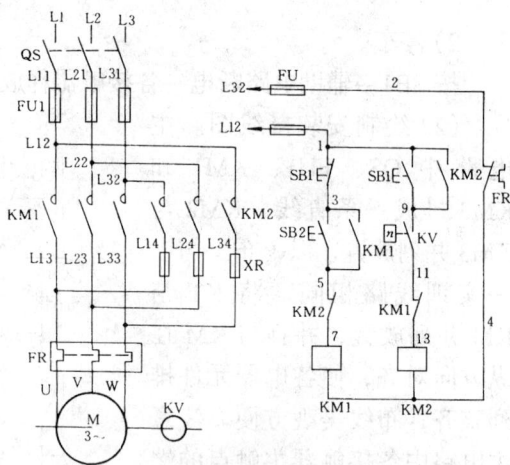

图 9-34　三相异步电动机反接制动控制线路电气原理图

3. 实训内容和步骤

（1）图 9-34 是三相异步电动机反接制动控制线路的电气原理图。

线路控制动做如下，合上电源开关 QS 后：

1）起动。

按 SB2 → KM1 线圈得电 →
- KM1 常闭触点分断 → 实现联锁
- KM1 常开触点闭合 → 实现自锁
- KM1 主触点闭合 → 电动机起动 → 转速

上升到 100r/min 时，SR 常开触点闭合 —— 为制动做准备

2）制动。

按 SB1 →
- KM1 线圈断电 →
  - KM1 主触点分断 → 电动机断电，继续做惯性运转
  - KM1 常开触点复位 → 解除自锁
  - KM1 常闭触点复位 → 解除联锁
- KM2 线圈得电 →
  - KM2 常闭触点分断 → 实现联锁
  - KM2 常开触点闭合 → 实现自锁
  - KM2 主触点闭合 → 电源换相串接限流电阻

→ 电动机制动 → 转速下降到 100r/min 时 → SR 常开触点分断

→ KM2 线圈失电 →
- KM2 常开触点复位 → 解除自锁
- KM2 主触点复位 → 电动机断电
- KM2 常闭触点复位 → 解除联锁

（2）绘制安装接线图。根据原理图进行电器元件布置，对照原理图上的线号，在接线图上做好端子标注编号。将 KM1 与 KM2 主触点上端子用导线并联，而下端子用导线与接线端子板 XT 上的六对端子连接，接线时，根据计算好的制动电流，选取适当截面积的导线（选用护套线）接限流电阻箱。速度继电器装在电动机轴头或传动箱上预留的安装平面上，用护套线通过 XT 上的端子与控制线路连接。绘制好的接线图如图 9-35 所示。

（3）固定电器元件。在安装底板上固定好各元件，检查速度继电器与传动装置的紧固情况。用手转动电动机轴，检

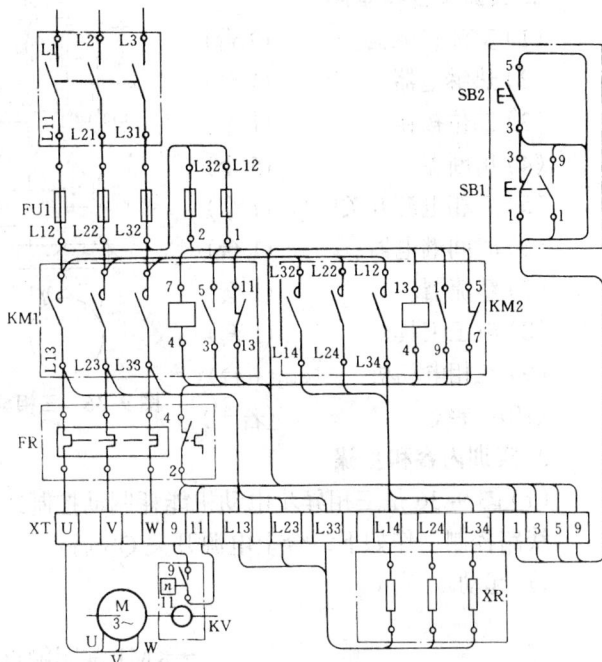

图 9-35 三相异步电动机反接制动控制线路安装接线图

查传动机构有无卡阻等不正常情况。

（4）按照接线图接线。从电源开关 QS 的下接线端子开始，先做主电路，后做辅助电路的连接线。注意 KM1 及 KM2 主触点的相序不可接错，接线端子板 XT 与电阻箱之间使用护套线。接线前应仔细校线，防止错接造成短路。JY1 系列速度继电器有两组触点，每组都有常开、常闭出头，使用公共动触头，应认真辨认，防止错接造成线路故障。

（5）检查线路和试验。对照原理图、接线图逐线检查，核对线号。防止错接、漏接；检查各端子处接线的紧固情况，排除接触不良的隐患；用万用表检查。

（6）通电试验。完成上述检查后，清点工具，清理安装板上的线头杂物，检查三相电源电压，将热继电器电流整定值按电动机的额定电流调节好，通电试验。

9.3.7　三相异步电动机能耗制动控制线路

1. 实训目的

（1）熟悉常见的低压电器。

（2）了解异步电动机基本控制电路的各种保护环节。

（3）掌握速度继电器调节方法。

2. 实训设备和器件

（1）交流接触器。　　　　（2 台）

（2）热继电器。　　　　　（1 台）

（3）二位按钮。　　　　　（1 个）

（4）熔断器。　　　　　　（5 个）

（5）三相电源开关。　　　（1 个）

（6）时间继电器。　　　　（1 台）

（7）整流器。　　　　　　（1 套）

（8）电工工具。　　　　　（1 套）

（9）三相电动机。　　　　（1 台）

（10）导线。　　　　　　（若干）

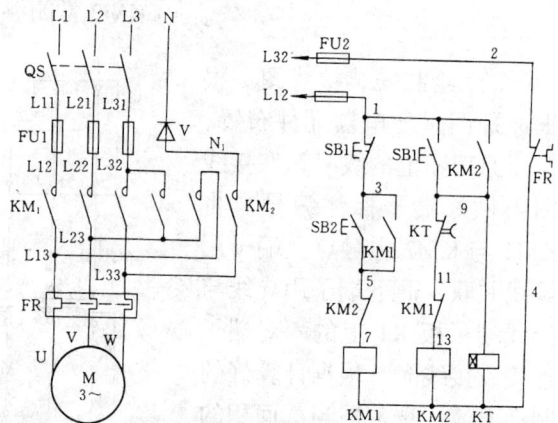

图 9-36　三相异步电动机能耗制动控制线路电气原理图

3. 实训内容和步骤

（1）图 9-36 是三相异步电动机能耗制动控制线路的电气原理图。

线路控制动作如下，合上电源开关 QS 后：

1）起动。

按 SB2 ──→ KM1 线圈得电 ──→
　　　├──→ KM1 常闭触点分断 ──→ 实现联锁
　　　├──→ KM1 主触点闭合 ──→ 电动机起动
　　　└──→ KM1 常开触点闭合 ──→ 实现自锁

2）制动。

按 SB1 →
- → KM1 线圈失电 →
  - → KM1 主触点复位 → 电动机断电惯性运转
  - → KM1 常开触点复位 → 解除自锁
  - → KM1 常闭触点复位 → 解除联锁
- → KM2 线圈得电 →
  - → KM2 常闭触点分断 → 实现联锁
  - → KM2 主触点闭合 → 脉动直流接入电动机进行制动
  - → KM2 常开触点闭合 → 实现自锁
- → KT 线圈得电开始延时 → 延时到时 KT 触点分断
- → KM2 线圈失电 →
  - → KM2 主触点分断 → 切断制动电流
  - → KM2 常开触点分断 → 解除自锁 → KT 线圈失电 → 触点复位
  - → KM2 常闭触点复位 → 解除联锁

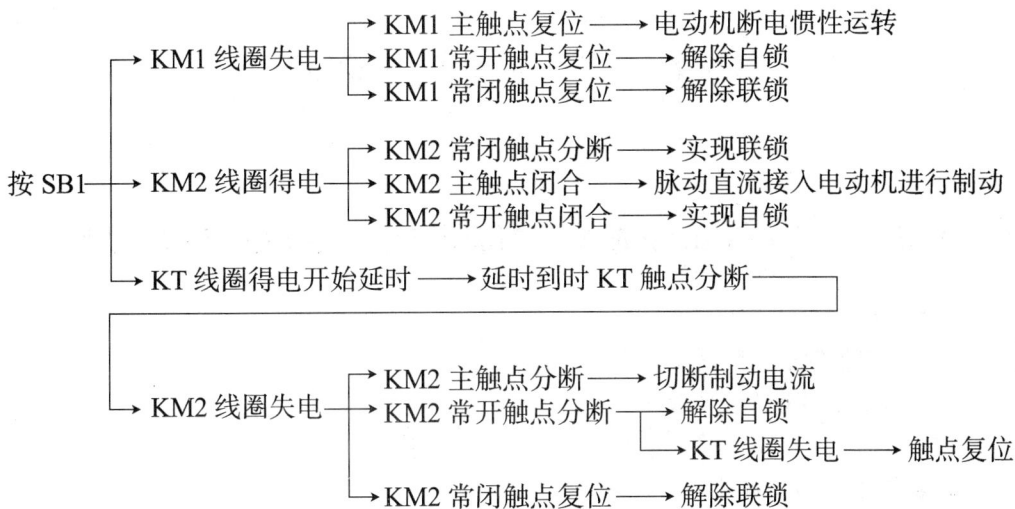

（2）绘制安装接线图。根据原理图进行电器元件布置，对照原理图上的线号，将 KM2 与 KM1 并列放置，按原理图规定标好 KM1 和 KM2 的主触点上下端子标号，将 KT 放置在 KM2 的上方，再考虑走线方位。绘制好的接线图如图 9-37 所示。

（3）固定电器元件。按照接线图规定的位置将电器元件摆放在安装底板上。定位打孔后，将各电器元件固定好。

（4）按照接线图接线。按接线图上所标的端子号正确做好 KM1、KM2 主触点之间的连接线，防止错接造成短路。辅助电路的 9 号线连接的端子多，尤其注意所接的 KM1 联锁触点、KT 线圈及 KM2 自锁触点端子等，各部件

图 9-37　三相异步电动机能耗制动控制线路安装接线图

的上、下端子不要接错，防止联锁失效造成电器误动作。

（5）检查线路和试验。对照原理图、接线图逐线检查，核对线号。防止错接、漏接；检查各端子处接线的紧固情况，排除接触不良的隐患；用万用表检查。

（6）通电试验。完成上述检查后，清点工具，清理安装板上的线头杂物，检查三相电源电压，将热继电器电流整定值按电动机的额定电流调节好，通电试验。

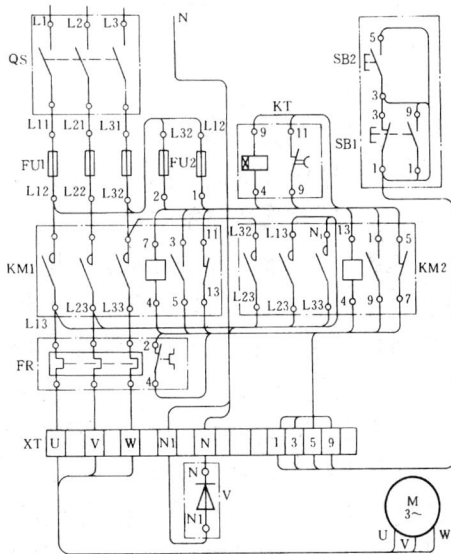

9.4 可编程控制器实训

9.4.1 三相异步电动机的 Y—△ 降压起动控制系统的 PLC 控制

1. 实训目的

（1）掌握根据继电器电路图来设计梯形图的方法。

（2）熟悉程序设计的步骤和梯形图的设计规则。

（3）掌握控制电路接线，程序的输入、运行与调试。

2. 实训设备和元器件

（1）FX$_{IN}$–60MR 主机。　　　（1台）

（2）FX–20P 编程器。　　　　（1台）

（3）实训电路板及器件。　　　（1套）

（4）三相异步电动机。　　　　（1台）

（5）导线。　　　　　　　　　（若干）

3. 实训内容及步骤

（1）三相异步电动机的 Y—△ 降压起动，继电—接触器控制电路。

电路工作分析：图 9–38 是三相异步电动机的 Y—△ 降压起动继电—接触器控制电气原理图。KM1 是电源接触器，KM3 是电动机定子绕组连接成星形的接触器，KM2 是电动机定子绕组连接成三角形的接触器。

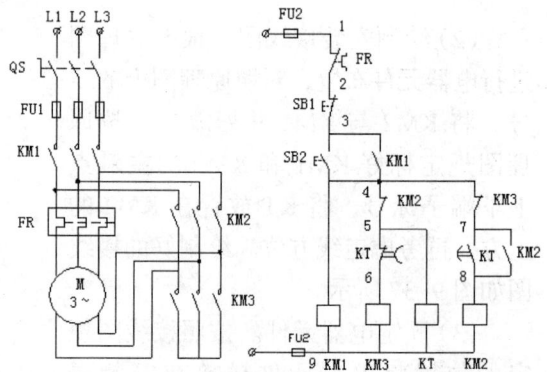

图 9–38　三相异步电动机的 Y—△ 降压起动，
继电—接触器控制电路原理图

电路工作时，合上电源开关 QS，按下起动按钮 SB2，KM1、KT、KM3 线圈同时通电并自锁，电动机三相定子绕组连接成星形接入三相交流电源进行减压起动；当电动机转速接近额定转速时，通电延时型时间继电器动作，KT（5–6）常闭触点断开，KM3 线圈断电释放；同时 KT（7–8）常开触点闭合，KM2 线圈通电吸合并自锁，电动机绕组连接成三角形全压运行。当 KM2 通电吸合后，KM2（4–5）常闭触点断开，使 KT 线圈断电，避免时间继电器长期工作。常闭触点 KM2（4–5）、KM3（4–7）触点为互锁触点，以防止同时接成星形和三角形造成三相电源短路。按下停止按钮 SB1，接触器 KM1、KM2 线圈均断电，电动机 M 停车。

（2）程序设计。

1）选择 PLC 型号并画出 I/O 接线图。

①选择 PLC 型号。主要考虑开关量输入需要 2~3 点，开关量输出（继电器）需

要 3~4 点，有定时器即可，故选择 PLC 型号为 FX_{IN}-60MR 主机（实训室现有的 PLC）完全可以满足控制要求。

② 确定 PLC 的输入信号和输出负载，画出 PLC 的 I/O 接线图。（a）输入信号。停止按钮 SB1→X1，起动按钮 SB2→X0。（b）输出负载。电源接触器 KM1→Y0，连接成星形的接触器 KM3→Y1，连接成三角形的接触器 KM2→Y2。（c）画出 PLC 的 I/O 接线图，如图 9-39 所示。

2) 画出梯形图。根据图 9-38 继电

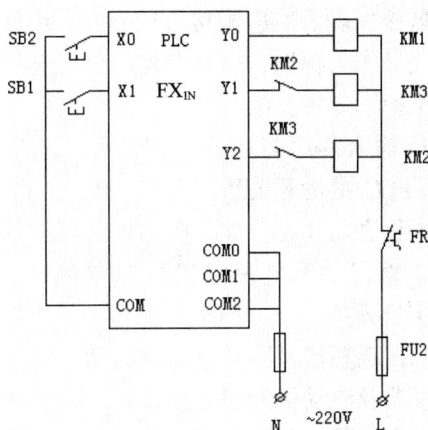

图 9-39　PLC 的 I/O 接线图

器电路图来设计梯形图如图 9-40（a）所示。在梯形图中，用一个起保停电路来控制电动机 M。按下起动按钮 SB2，X0 变为 ON，其常开触点接通，Y0 的线圈"得电"并自锁，使 KM1 的线圈通电，同时 Y0 的常开触点也使 Y1、T0 的线圈"得电"，Y1 使 KM3 的线圈通电，将电动机 M 连接成星形进行减压起动。当 T0 延时 3s 后，其常闭触点断开，Y1 的线圈"失电"，使 KM3 的线圈断电，T0 常开触点接通，Y2 的线圈"得电"，使 KM2 的线圈通电，将电动机 M 连接成三角形进行全压运行。按下停止按钮 SB1，X1 变为 ON，其常闭触点断开，使 Y0、T0、Y2 的线圈均"失电"，电动机 M 停止运行。

梯形图中 Y1 和 Y2 常闭触点起到"软件互锁"的作用，而图 9-39 中的 KM3 和 KM2 常闭触点起到"硬件互锁"的作用。

3) 编写指令表。把图 9-40（a）梯形图转换成为指令表如图 9-40（b）所示。

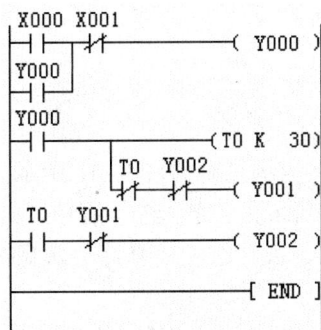

```
0   LD    X000
1   OR    Y000
2   ANI   X001
3   OUT   Y000
4   LD    Y000
5   OUT   T0 K30
8   ANI   T0
9   ANI   Y002
10  OUT   Y001
11  LD    T0
12  ANI   Y001
13  OUT   Y002
14  END
```

(a) 梯形图　　　　　　　　(b) 指令语句表

图 9-40　Y—△减压起动梯形图与指令表

4) 硬件的安装与接线。①硬件的安装。硬件安装中应布置合理，信号线与动力线分离，注意整齐牢固，PLC 使用 DIN 导轨安装。②接线。原则上动力线应采用 2.5mm² 以上单芯粗线（或软线），剥头后直接连接，信号线及二次线用 0.5mm² 多股

电线连接，剥头后应配接 φ3.5mmU 形端子，用专用压线钳压接。应将所有导线两端套上线号作为标记，这是电控线路安装接线的一项工作，对查找接线错误和日后的改造与维护均有重要的帮助。

5）输入程序与运行、调试程序。①输入程序。在断电情况下，连接编程器与 PLC，PLC 主机开关置于"STOP"位置，连线经指导教师检查无误后接通电源，开始写入程序。注意，此时控制板各部位均处于带电状态，一定要注意安全。程序编写好后，编程器不要脱离 PLC 以便调试时监控或修改程序。②运行、调试程序。将 PLC 主机开关置于"RUN"位置，按下列步骤观察工作状态检验程序。(a)按下起动按钮 SB2，观察接触器及电动机的动作情况是否和要求相符；(b)按下停止按钮 SB1，观察接触器及电动机的停止方式是否和要求相符；(c)在电动机的起动过程中按下停止按钮，观察结果；(d)将编程器置于监控状态，观察相关元件的状态。

9.4.2 交通信号灯的 PLC 控制系统

1. 实训目的

（1）熟悉十字路口交通信号灯的自动控制原理。

（2）掌握使用 STL 指令对并行序列的编程方法。

（3）进一步熟练使用编程器和编程软件。

（4）掌握控制电路接线，程序的输入、运行与调试。

2. 实训设备和元器件

（1）FX$_{1N}$–60MR 主机。　　　　（1 台）

（2）FX–20P 编程器。　　　　　（1 台）

（3）微机及 SC–09 电缆。　　　　（1 套）

（4）交通信号灯组件。　　　　　（1 套）

（5）导线。　　　　　　　　　　（若干）

3. 实训内容及步骤

（1）交通信号灯组件简介及控制要求。

1）交通信号灯组件简介。该组件的结构示意图如图 9–41 所示。图中 G1、Y1 和 R1 为安装于东西干道（以下简称 1 方向）的绿、黄、红色信号灯；G2、Y2 和 R2 为安装于南北干道（以下简称 2 方向）的绿、黄、红色信号灯。两只按钮分别为起动按钮 SB2 和停止按钮 SB1。

2）交通信号灯的控制要求。按 SB2 起动后，1 方向绿灯亮，2 方向红灯亮。10s 后 1 方向绿灯闪烁 3s（3 次，每次亮、暗 0.5s），然后熄灭。在 1 方向绿灯熄灭的同时，1 方向黄灯闪烁 2s（2 次，每次亮、暗 0.5s），然后熄灭。在 1 方向黄灯熄灭的同时，1 方向红灯亮，2 方向绿灯亮。以下的变化规律与上述相同。到 1 方向绿灯亮、2 方向红灯亮开始第二个循环。按停止按钮 SB1 后立即停止输出。

3）根据上述控制要求，画出时序图，并在时序图上标出各时间段的值。

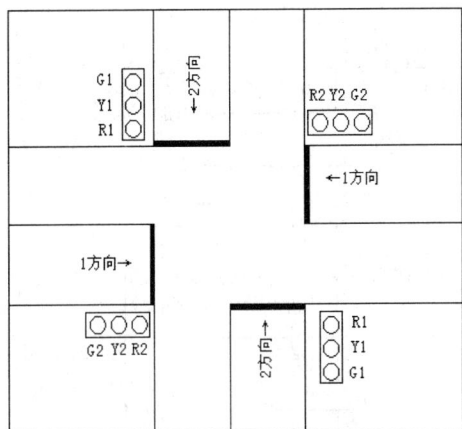

图 9-41 交通信号灯示意图

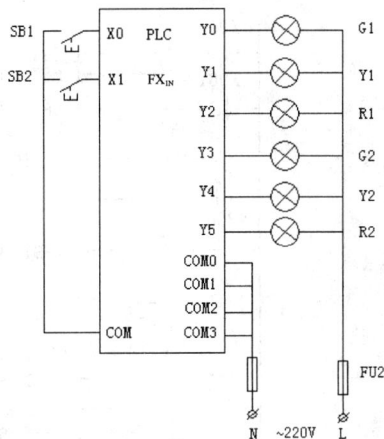

图 9-42 交通信号灯的 I/O 接线图

（2）确定 PLC 的输入信号和输出负载，画出 PLC 的 I/O 接线图。

1）输入信号。停止按钮 SB1→X0，起动按钮 SB2→X1。

2）输出负载。Y0→1 方向绿灯（G1），Y1→1 方向黄灯（Y1），Y2→1 方向红灯（R1）；Y3→2 方向绿灯（G2），Y4→2 方向黄灯（Y2），Y5→2 方向红灯（R2）。

3）画出 PLC 的 I/O 接线图（如图 9-42 所示）。

（3）用步进梯形图指令（STL）实现信号灯的控制功能。

1）根据交通信号灯的控制要求画出交通信号灯控制的状态转移图，如图 9-43 所示，其步进梯形图如图 9-44 所示。根据交通信号灯的控制要求分析理解其工作原理及过程。

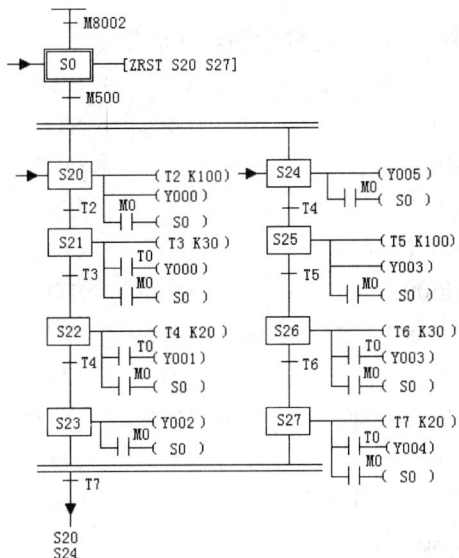

图 9-43 交通信号灯的状态转移图

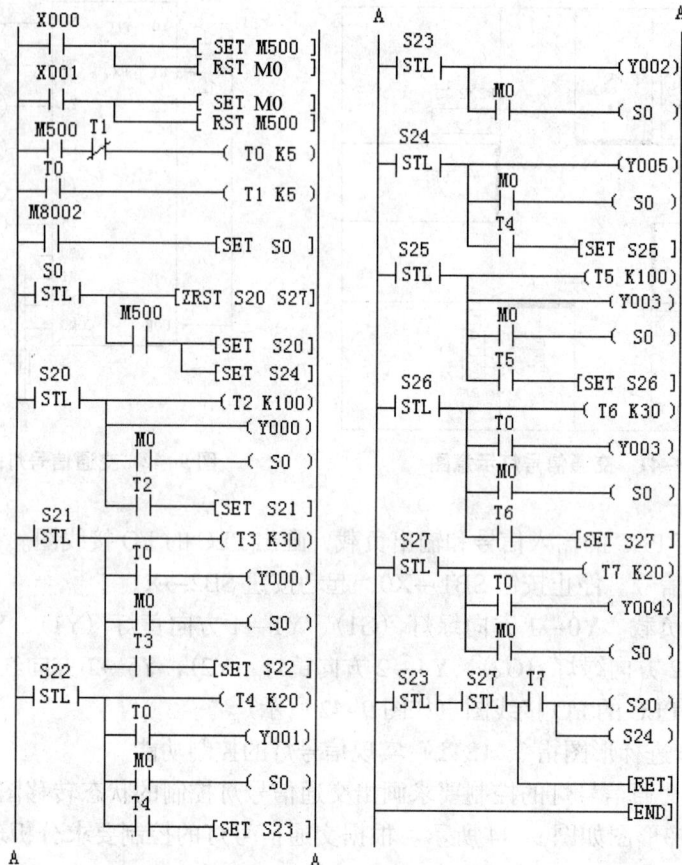

图 9-44　交通信号灯的步进梯形图

2) 编写指令表。将图 9-44 步进梯形图转换成指令表，如下所示。

0	LD	X0		62	SET	S23	
1	SET	M500		64	STL	S23	
2	RST	M0		65	OUT	Y2	
3	LD	X1		66	LD	M0	
4	SET	M0		67	OUT	S0	
5	RST	M500		69	STL	S24	
6	LD	M500		70	OUT	Y5	
7	ANI	T1		71	LD	M0	
8	OUT	T0	K5	72	OUT	S0	
11	LD	T0		74	LD	T4	
12	OUT	T1	K5	75	SET	S25	
15	LD	M8002		77	STL	S25	
16	SET	S0		78	OUT	T5	K100

18	STL	S0		81	OUT	Y3	
19	ZRST	S20	S27	82	LD	M0	
24	LD	M500		83	OUT	S0	
25	SET	S20		85	LD	T5	
27	SET	S24		86	SET	S26	
29	STL	S20		88	STL	S26	
30	OUT	T2	K100	89	OUT	T6	K30
33	OUT	Y0		92	LD	T0	
34	LD	M0		93	OUT	Y3	
35	OUT	S0		94	LD	M0	
37	LD	T2		95	OUT	S0	
38	SET	S21		97	LD	T6	
40	STL	S21		98	SET	S27	
41	OUT	T3	K30	100	STL	S27	
44	LD	T0		101	OUT	T7	K20
45	OUT	Y0		104	LD	T0	
46	LD	M0		105	OUT	Y4	
47	OUT	S0		106	LD	M0	
49	LD	T3		107	OUT	S0	
50	SET	S22		109	STL	S23	
52	STL	S22		110	STL	S27	
53	OUT	T4	K20	111	LD	T7	
56	LD	T0		112	OUT	S20	
57	OUT	Y1		114	OUT	S24	
58	LD	M0		116	RET		
59	OUT	S0		117	END		
61	LD	T4					

（4）硬件的安装与接线。

1）硬件的安装。硬件安装中应布置合理，信号线与动力线分离，注意整齐牢固，PLC 使用 DIN 导轨安装。

2）接线。按图 9-42 接线，信号灯线应采用 1.0~1.5mm² 以上单芯粗线（或软线），剥头后直接连接，信号线及二次线用 0.5mm² 多股电线连接，剥头后应配接 φ3.5mmU 形端子，用专用压线钳压接。应将所有导线两端套上线号作为标记，便于查找接线错误和进行日后的改造与维护。

（5）输入程序与运行、调试程序。

1）输入程序。在断电情况下，连接编程器（或用微机通过 SC-09）与 PLC，PLC 主机开关置于"STOP"位置，连线经指导教师检查无误后接通电源，开始写入程序。

注意，此时控制板各部位均处带电状态，一定要注意安全。程序编写好后，编程器不要脱离 PLC，以便调试时监控或修改程序。

2）运行、调试程序。将 PLC 主机开关置于"RUN"位置，按下列步骤观察工作状态，检验程序。① 按下起动按钮 SB1，观察 1 方向和 2 方向信号灯的亮灭时间与循环情况是否和要求相符；② 按下停止按钮 SB2，观察 1 方向和 2 方向信号灯的停止是否符合要求；③ 在信号灯的运行过程中断开电源 3s 后，再接通电源，观察信号灯的运行结果；④ 将编程器（或微机）置于监控状态，观察相关元件的状态。

9.4.3　自动上料系统的 PLC 控制

（使用 PLC 实现加密起动，控制运料小车顺序运转控制电路的程序设计与线路安装）

1. 实训目的

（1）掌握步进指令（STL）设计梯形图的方法。

（2）熟悉应用指令及程序设计的步骤和梯形图的设计规则。

（3）掌握控制电路接线，程序的输入、运行与调试。

2. 实训设备和元器件

（1）FX$_{1N}$–60MR 主机。　　　　　（1 台）

（2）FX–20P 编程器。　　　　　　（1 台）

（3）实训电路板及器件。　　　　　（1 套）

（4）三相异步电动机。　　　　　　（1 台）

（5）导线。　　　　　　　　　　　（若干）

3. 实训内容及步骤

（1）使用 PLC 实现加密起动控制运料小车顺序运转控制电路的控制要求。

1）加密起动。先按 SB1→3 次，再按 SB2→2 次，按 SB3 开启（解密），密码输入错误时，报警指示灯 HL0 亮，SB4 为复位按钮。

2）运料小车顺序控制。在按 SB3 开启（解密）以后，当运料小车停在（原位）位置开关 SQ1 时，按下 SB5 起动，KM1 吸合运料小车前进（电动机 M 正转），小车向前运行直到撞到甲料斗下（中间）位置开关 SQ2 时，运料小车停止前进，指示灯HL1 亮，使甲料斗装料 2.5s，然后小车再次向前运行直到撞到乙料斗下（终点）位置开关 SQ3 时，运料小车停止前进，指示灯 HL2 亮，使乙料斗装料 1.8s，随后 KM2 吸合，运料小车返回（电动机 M 反转）原点直到撞到 SQ1 开关停止，指示灯 HL3 亮使小车卸料 2.8s 后完成一次循环。起动后，小车要连续作 2 次循环后自动停止。中途按下停止按钮 SB6，小车立即停止（料斗装料及小车卸料均不受此限制）。当再次按起动按钮 SB5 时，小车继续运行。

（2）确定 PLC 的输入信号和输出负载，画出 PLC 的 I/O 接线图。

1）输入信号。密码输入按钮 SB1→X4、SB2→X5，解密按钮 SB3→X6，复位按钮 SB3→X7，起动按钮 SB5→X0，停止按钮 SB6→X10；原位置开关 SQ1→X1，甲料斗下（中间）位置开关 SQ2→X2，乙料斗下（终点）位置开关 SQ3→X3。

2）输出负载。Y0→KM1，Y1→KM2，Y2→HL1，Y3→HL2，Y4→HL3，Y5→HL0。

3）画出 PLC 的 I/O 接线图（如图 9-45 所示）。

（3）按工艺要求画出运料小车的控制流程图（如图 9-46 所示）。

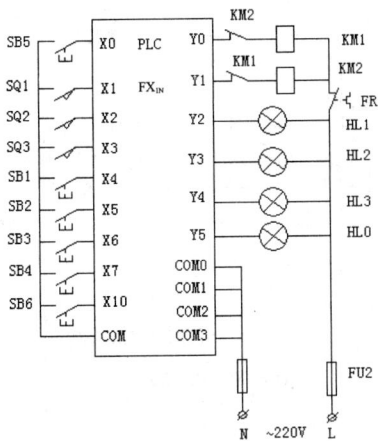

图 9-45　运料小车 PLC 的 I/O 接线图

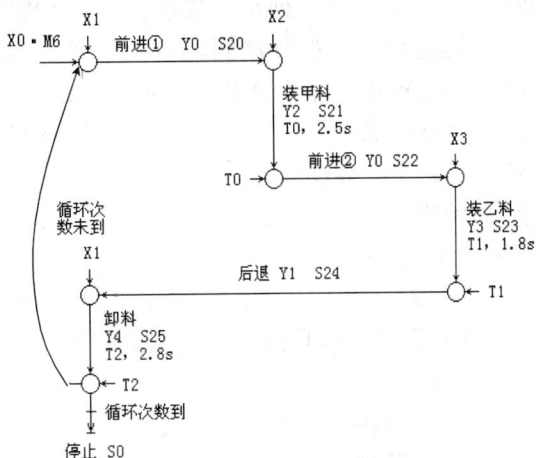

图 9-46　运料小车的控制流程图

（4）画出运料小车的状态转移图如图 9-47 所示。

（5）画出运料小车的加密起动梯形图如图 9-48 所示。

（6）根据图 9-48 梯形图请自己写出指令表。

（7）硬件的安装与接线。

1）硬件的安装。硬件安装中应布置合理，信号线与动力线分离，注意整齐牢固，PLC 使用 DIN 导轨安装。

2）接线。按图 9-45 接线，信号灯线应采用 1.0~1.5mm² 以上单芯粗线（或软线），剥头后直接连接，信号线及二次线用 0.5mm² 多股电线连接，剥头后应配接 φ3.5mmU 形端子，用专用压线钳压接。应将所有导线两端套上线号作为标记，便于查找接线错误和日后的改造与维护。

（8）输入程序与运行、调试程序。

1）输入程序。在断电情况下，连接编程器

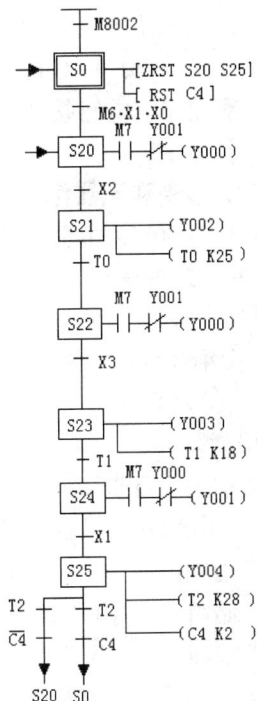

图 9-47　运料小车的状态转移图

（或用微机通过 SC-09）与 PLC，PLC 主机开关置于"STOP"位置，连线经指导教师检查无误后接通电源，开始写入程序。注意，此时控制板各部位均处带电状态，一定要注意安全。程序编写好后，编程器不要脱离 PLC 以便调试时监控或修改程序。

2）运行、调试程序。将 PLC 主机开关置于"RUN"位置，按下列步骤观察工作状态检验程序。① 密码起动部分的程序测试，检验是否和要求相符；② 运料小车部分的程序测试，观察运料小车运行与循环情况是否和要求相符；③ 按下停止按钮 SB6，观察运料小车运行的停止是否符合要求；④ 将编程器（或用微机）置于监控状态，观察相关元件的状态。

9.4.4　机械手自动控制系统

（大小球分选的 PLC 控制系统）

1. 实训目的

（1）掌握初始化指令 IST 的意义、功能及应用。

（2）熟识气动机械手的工作原理，掌握气动机械手（大小球分选）PLC 控制的编程方法。

（3）掌握控制电路接线、程序的输入、运行与调试。

2. 实训设备和元器件

（1）FX$_{IN}$-60MR 主机。　　　　（1台）

（2）FX-20P 编程器。　　　　　（1台）

（3）微机及 SC-09 电缆。　　　（1套）

（4）大小球分选的 PLC 控制系统电气柜。

　　　　　　　　　　　　　　　（1套）

（5）导线。　　　　　　　　　　（若干）

3. 实训内容及步骤

（1）大小球分选系统的控制要求。每一个控制系统都是为完成一定的生产过程控制而设计的，在设计的开始阶段必须深入了解生产工艺过程，明确控制要求，确保系统可靠、实用、经济、高效。

系统设有手动、回原点、单步、单周期和连续五种工作方式。编程内有着五种工作方式的公用程序。

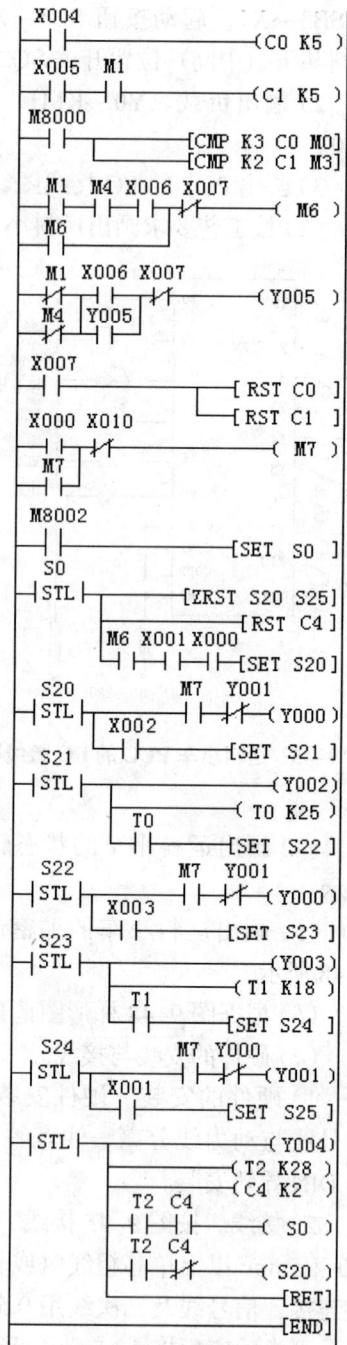

```
 X004
─┤├─────────────────────( C0 K5 )
 X005   M1
─┤├────┤├────────────────( C1 K5 )
 M8000
─┤├──────────────────[CMP K3 C0 M0]
     └────────────────[CMP K2 C1 M3]
 M1  M4  X006 X007
─┤├─┤/├─┤/├─┤/├───────────( M6 )
 M6
─┤├─
 M1  X006 X007
─┤├─┤/├─┤/├──────────────( Y005 )
 M4  Y005
─┤├─┤├─
 X007
─┤├──────────────────────[ RST C0 ]
 └───────────────────────[ RST C1 ]
 X000 X010
─┤├─┤/├──────────────────( M7 )
 M7
─┤├─
 M8002
─┤├──────────────────────[ SET S0 ]
 S0
─┤STL├───────────────────[ZRST S20 S25]
 └───────────────────────[ RST C4 ]
         M6  X001 X000
        ─┤├─┤├─┤├──────[ SET S20 ]
 S20            M7  Y001
─┤STL├─────────┤/├─┤/├───( Y000 )
         X002
        ─┤├──────────────[ SET S21 ]
 S21
─┤STL├───────────────────( Y002 )
         T0
        ─┤/├──────────────( T0 K25 )
        ─────────────────[ SET S22 ]
 S22            M7  Y001
─┤STL├─────────┤/├─┤/├───( Y000 )
         X003
        ─┤├──────────────[ SET S23 ]
 S23
─┤STL├───────────────────( Y003 )
         T1
        ─┤/├──────────────( T1 K18 )
        ─────────────────[ SET S24 ]
 S24            M7  Y000
─┤STL├─────────┤/├─┤/├───( Y001 )
         X001
        ─┤├──────────────[ SET S25 ]
─┤STL├───────────────────( Y004 )
                          ( T2 K28 )
                          ( C4 K2 )
         T2  C4
        ─┤├─┤/├───────────( S0 )
         T2  C4
        ─┤├─┤├────────────( S20 )
                          [ RET ]
                          [ END ]
```

图 9-48　运料小车加密起动的梯形图

348

1）手动。把总开关设在手动位置，按下上升按钮 X22，机械手位置上升，若松开按钮，停止上升，或者上升到上限位置 X4 自动停止。按下下降按钮 X23，机械手下降，松开按钮，停止下降，或者下降到下限位置自动停止。按下右移按钮 X24，机械手右移，松开按钮，停止右移，或者右移到右极限位置自动停止。按下左移按钮 X25，机械手左移，松开按钮，停止左移，或者左移到左极限位置自动停止。按下吸合按钮 X20，吸合物品，按下释放按钮 X21，释放物品。

2）回原点。首先满足回原点条件，按下下降按钮 X23（碰到限位开关）→吸合（延时 2s）→上升→右移→下降→释放（延时 1s）→上升→左移→回原点。①当按下右限位，下限位复位，上限位灯亮；②当按下左限位，下限位复位，上限位上升；③当全部都按下，停留在中间，下降 X23 复位，上升 X22 上升。

3）单步。在满足回原点的条件下，按起动按钮 X16，机械手下降到下限位置后自动停止；再按起动按钮 X16，电磁铁得电并且保持得电状态，吸合小球。再按起动按钮 X16，机械手上升，升到上限位置后自动停止。再按起动按钮 X16，机械手右移，移到右极限位置后自动停止；再按起动按钮 X16，机械手下降，降到下限位置停止；再按起动按钮 X16，电磁铁失电释放小球并且保持失电状态。

4）单周期。步骤与单步相同，不同在于连续运行下降（碰到限位开关）→吸合（延时 2s）→上升→右移→下降→放松（延时 1s）→上升→左限位→回到原点位置。

5）连续。按下下降按钮 X23（碰到限位开关）→吸合（延时 2s）→上升→右移→下降→释放（延时 1s）→上升→左限位→回原点→下降（碰到限位开关）→吸合（延时 2s）→上升→右移→下降→释放（延时 1s）→上升→左限位→回原点（重复循环）。

6）机械手示意图如图 9-49 所示，面板图如图 9-50 所示。

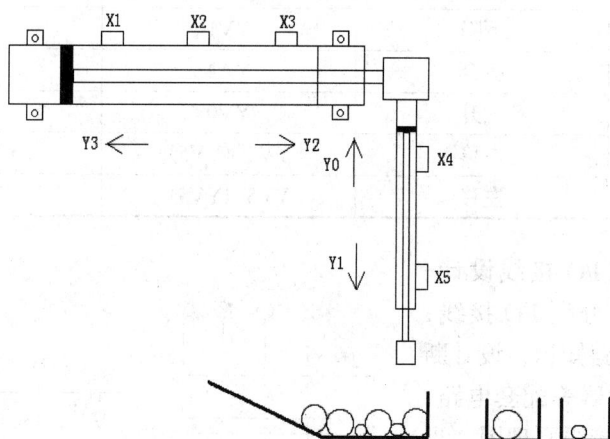

图 9-49 大小球分选系统示意图

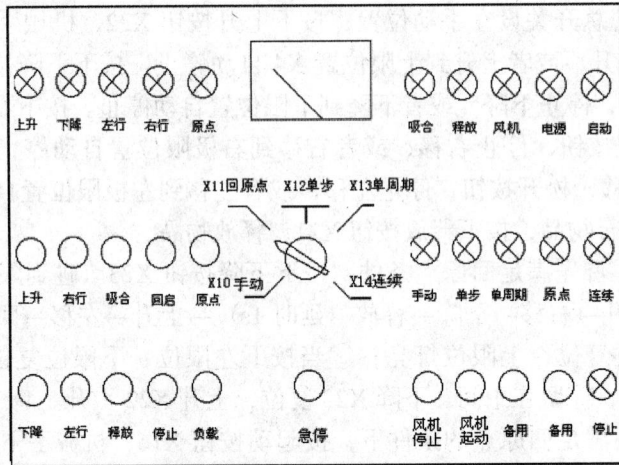

图 9-50 操作面板图

（2）I/O 点分析和 PLC 选型。根据控制要求和工艺过程，分析有多少个开关量（没有模拟量），是否需要通信连网等，并根据控制规模确定 PLC 型号。PLC 型号：FX_{2N}-64MR。

表 9-3 输入输出设备选择 PLC 分配 I/O 点数

类 别	名 称	现场信号	PC 地址
输入信号	下限位	SQ5	X5
	上限位	SQ4	X4
	右大球限位	SQ2	X2
	右小球限位	SQ3	X3
	左限位	SQ1	X1
输出信号	下降	YV1	Y1
	吸合	YA4	Y4
	上升	YV0	Y0
	右移	YV2（YV5）	Y2（Y5）
	左移	YV3（YV5）	Y3（Y5）

（3）硬件电路和 I/O 接线设计。根据 I/O 信号类型，分配 I/O 接线；并结合继电器控制电路知识，设计断路器、继电器、接触器等配套电路，画出硬件电路和 I/O 接线原理图（见图 9-51、图 9-52）。

（4）控制程序设计。根据控制工艺要求，结合 I/O 定义表，用梯形图

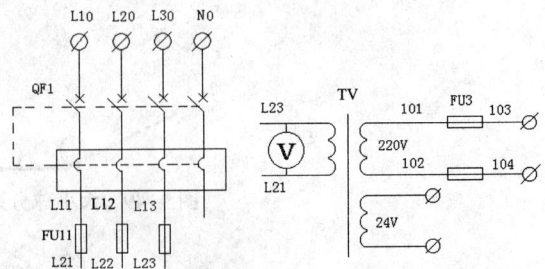

图 9-51 电源进线、控制变压器接线图

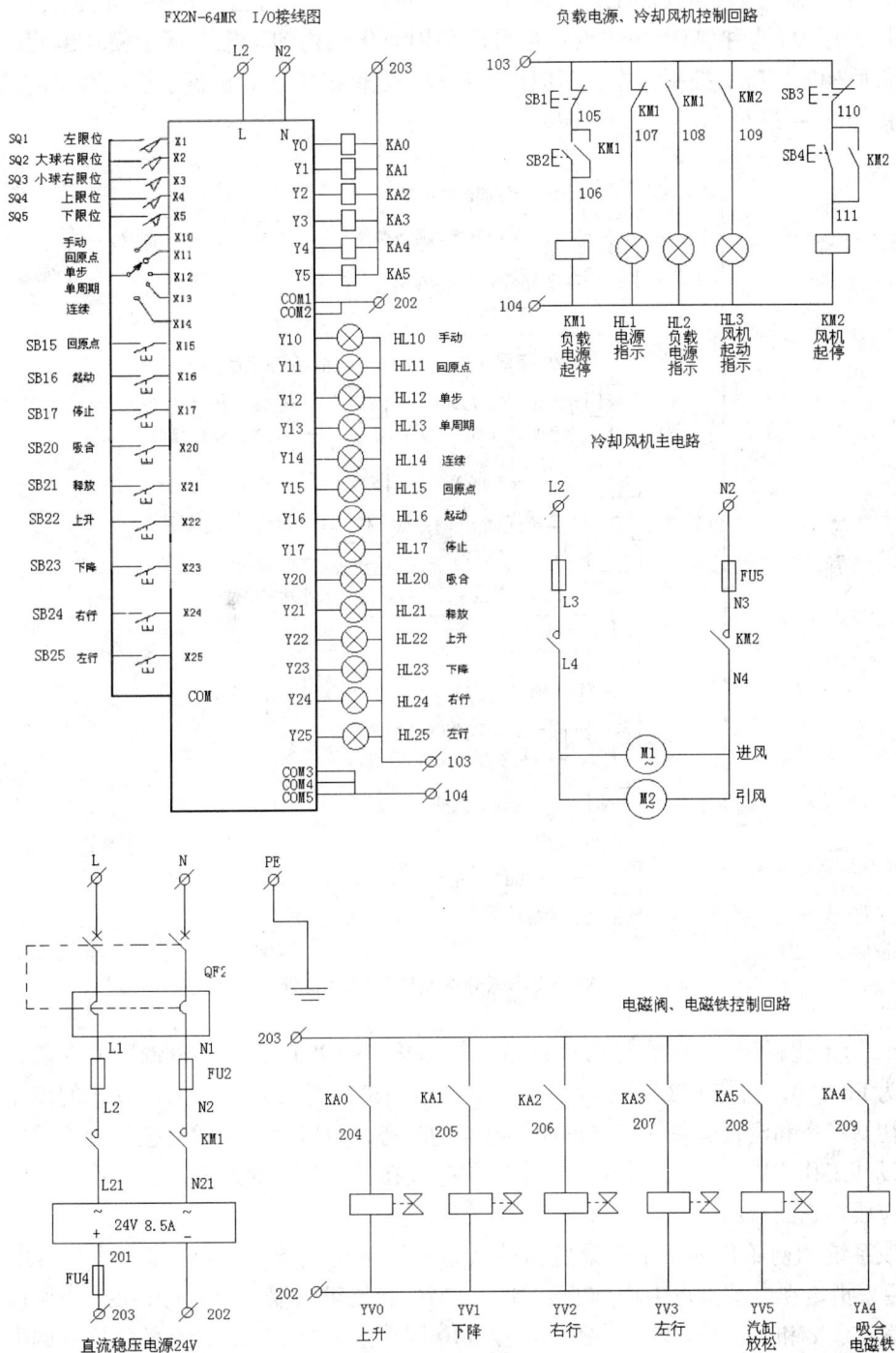

FX2N-64MR I/O接线图

负载电源、冷却风机控制回路

冷却风机主电路

直流稳压电源24V

电磁阀、电磁铁控制回路

图 9-52 PLC 的 I/O 接线图与控制原理图

或语句表编制程序。当控制工艺比较复杂时，可绘制顺序功能图 SFC 或状态转换图，以帮助程序设计。控制程序的设计也可以采用块化结构的思想，逐个模块编程、调试，最后构成完整的控制程序，但应注意各模块之间的关联。机械手控制系统的顺序功能图如图 9–53 所示。

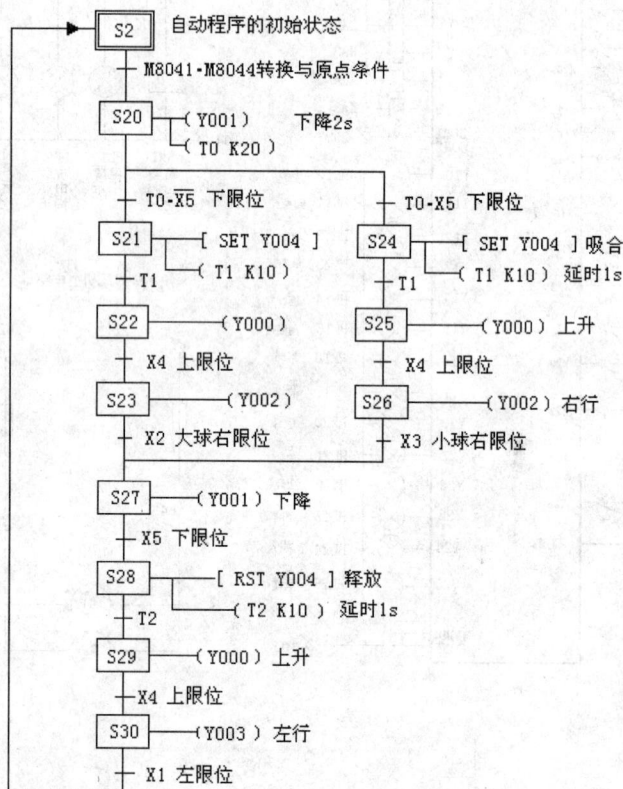

图 9–53　大小球分选系统顺序功能图

1）初始化程序。FX 系列 PLC 的状态初始化指令 IST（Initial State）的功能指令编号为 FNC60，它与 STL 指令一起使用，专门用来设置具有多种工作方式的控制系统的初始状态和设置有关的特殊辅助继电器的状态，可以大大简化复杂的顺序控制程序的设计工作。IST 指令只能使用一次，它应放在程序开始的地方，被它控制的 STL 电路应放在它的后面。

该系统的初始化程序用来设置初始状态和原点位置条件。IST 指令中的 S20 和 S30 用来指定在自动操作中用到的最低和最高的状态继电器的元件号，IST 中源操作数可取 X、Y 和 M，IST 指令的源操作数 X10 用来指定与工作方式有关的输入继电器的首元件，它实际上指定从 X10 开始的 8 个输入继电器具有以下含义：

X10：手动

X11：回原点

X12：单步运行

X13：单周期运行（半自动）

X14：连续运行（全自动）

X15：回原点起动

X16：自动操作起动

X17：停止

X10~X14 中同时只能有一个处于接通状态，必须使用选择开关，以保证这 5 个输入中不可能有两个同时为 ON。

IST 指令的执行条件满足时，状态继电器 S0~S2 和下列的特殊辅助继电器被自动指定为以下功能，以后即使 IST 指令的执行条件变为 OFF，这些元件的功能仍保持不变：

M8040：禁止转换

M8041：转换起动

M8042：起动脉冲

M8043：回原点完成

M8044：原点条件

M8047：STL 监控有效

S0：手动操作初始状态继电器

S1：回原点初始状态继电器

S2：自动操作初始继电器

如果改变了当前选择的工作方式，在"回原点方式"标志 M8043 变为 ON 之前，所有的输出继电器将变为 OFF。

2）手动程序。手动操作时用 X20~X25 对应的 6 个按钮控制钢球的吸合和释放、机械手的升降左行和右行。为了保证系统的安全运行，在手动程序中设置了一些必要的连锁，例如上升与下降之间、左行与右行之间的互锁，以防止功能相反的两个输出继电器同时为 ON。上下左右极限开关 X1、X3~X5 的常闭触点分别与控制机械手移动的 Y0~Y3 的线圈串联，以防止因机械手运行超限出现的事故。

3）自动返回原点程序。当自动返回原点条件满足时，特殊辅助继电器 M8044（原点条件）为 ON。自动返回原点结束后，用 SET 指令将 M8043（回原点完成）置为 ON，并用 RST 指令将回原点顺序功能图中的最后一步 S12 复位，返回原点的顺序功能图中的步应使用 S10~S19。

4）自动程序。特殊辅助继电器 M8041（转换起动）和 M8044（原点条件）是从自动程序的初始步 S2 转换到下步 S20 的转换条件。

使用 IST 指令后，系统的手动、自动、单周期、单步、连续、回原点这几种工作方式的切换是系统程序自动完成的，但是必须按照前述的规定，安排输入继电器 X10~X17 的元件号顺序来控制工作的方式。

工作方式的切换是通过特殊辅助继电器 M8040~M8042 实现的，IST 指令自动驱动 M8040~M8042。

5）IST 指令用于工作方式选择的输入继电器元件号的处理。IST 指令可以使用元件号不连续输入继电器，也可以只使用前述的部分工作方式。特殊辅助继电器 M8000 在 RUN（运行）状态时为 ON，其常闭触点一直处于断开状态。当只有回原点和连续两种工作方式，其余的工作方式是被禁止的，"起动"与"回原点起动"功能合用一个按钮 X32。

6）由 IST 指令自动控制的特殊辅助继电器。

① 禁止状态转换标志 M8040。其线圈"通电"时，禁止所有的状态转换。手动工作方式时它一直为 ON，即禁止在手动时步的活动状态的转换。在回原点和单周期工作方式，从按下停止按钮到按下起动按钮之间 M8040 起作用。如果在运行过程中按下停止按钮，M8040 变为 ON 并自锁，转换被禁止。在完成当前步的工作后，停止当前步。按下起动按钮后，M8040 变为 OFF，允许转换，系统才能转换。在连续完成剩下的工作。在单步工作方式，M8040 一直起作用，只是在按了起动按钮时不起作用，允许转换。在连续工作方式，STOP→RUN 时，初始化脉冲 M8002 ON 一个扫描周期，M8040 变为 ON 并自锁，禁止转换；按起动按钮后 M8040 变为 OFF，允许转换。

② 状态转换起动标志 M8041。它是自动程序中的初始步 S2 到下一步的转换条件之一。它在手动和自动返回原点方式时不起作用。在单步和单周期工作方式中只是在按起动按钮时起作用（无保持功能）。在连续工作方式按起动按钮时 M8041 变为 ON 并自锁，按停止按钮后变为 OFF，保证了系统的连续运行。

③ 起动脉冲标志 M8042。在非手动工作方式按钮和回原点起动按钮时，为 ON 一个扫描周期。

7）由用户程序控制的特殊辅助继电器。①回原点完成标志 M8043。在回原点方式，系统自动返回原点时，通过用户程序用 SET 指令将它置位。②原点条件标志 M8044。在系统满足初始条件（或称原点条件）时为 ON。③STL 监控有效标志 M8047。其线圈"通电"时，当前的活动步对应的状态继电器的元件按从大到小的顺序排列，存放在特殊数据寄存器 D8040~D8047 中，由此可以监控 8 点活动步对应的状态继电器的元件号。此外，若有任何一个状态继电器为 ON，特殊辅助继电器 M8046 将为 ON。

（5）系统程序调试。系统调试首先要验证 I/O 连接是否正确，通常可通过指示灯观察输入点的连接情况，通过设定或简单的测试程序观察输出点的连接情况，然后按图 9-54 梯形图装入控制程序，检查程序的实验运行效果。

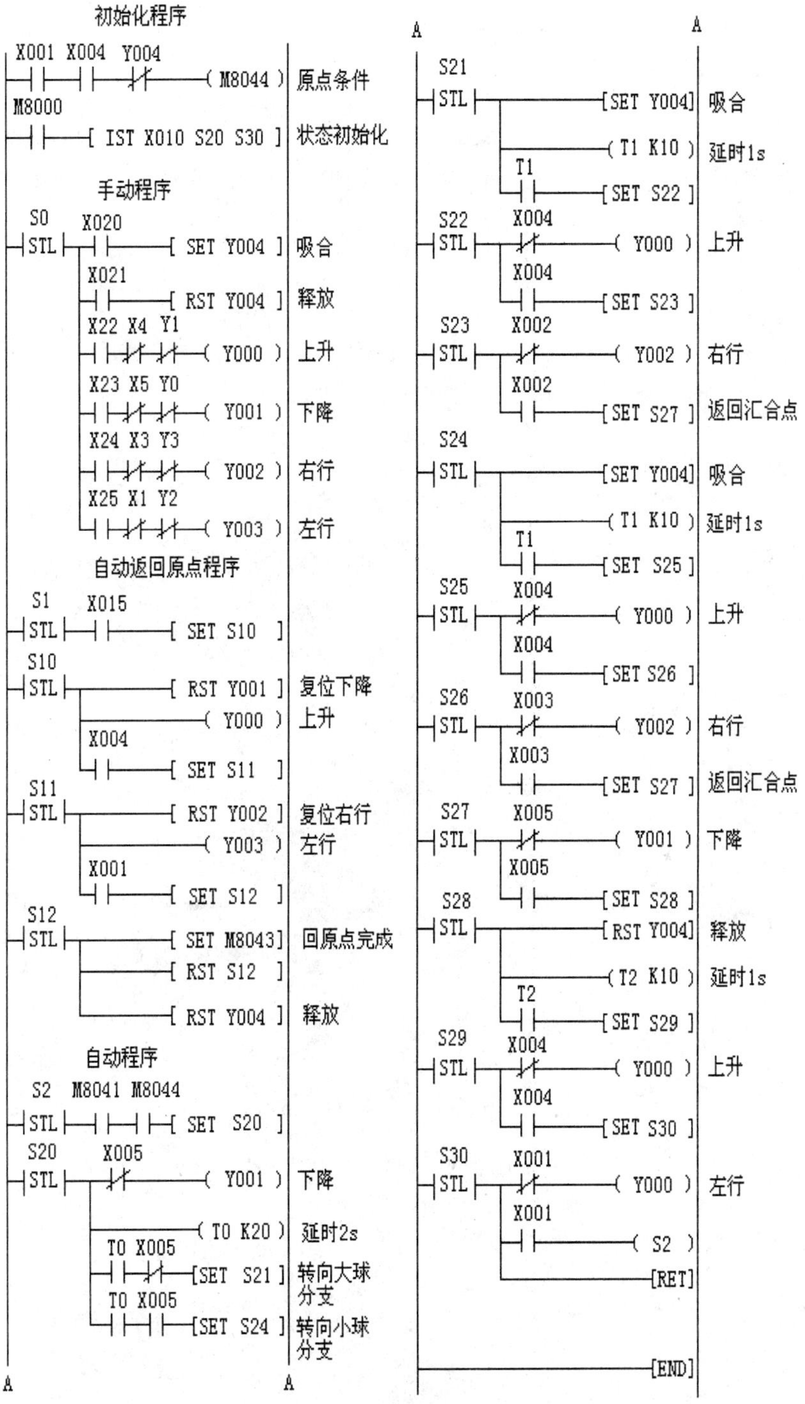

初始化程序

```
 X001 X004 Y004
├─┤├──┤├──┤/├──────────( M8044 )    原点条件
 M8000
├─┤├──────[ IST X010 S20 S30 ]      状态初始化
```

手动程序

```
 S0    X020
├STL├──┤├──────────[ SET Y004 ]     吸合
       X021
      ├┤├───────────[ RST Y004 ]    释放
       X22 X4 Y1
      ├┤├─┤/├┤/├────────( Y000 )    上升
       X23 X5 Y0
      ├┤├─┤/├┤/├────────( Y001 )    下降
       X24 X3 Y3
      ├┤├─┤/├┤/├────────( Y002 )    右行
       X25 X1 Y2
      ├┤├─┤/├┤/├────────( Y003 )    左行
```

自动返回原点程序

```
 S1    X015
├STL├──┤├──────────[ SET S10 ]
 S10
├STL├──────────────[ RST Y001 ]     复位下降
                   ( Y000 )         上升
       X004
      ├┤├───────────[ SET S11 ]
 S11
├STL├──────────────[ RST Y002 ]     复位右行
                   ( Y003 )         左行
       X001
      ├┤├───────────[ SET S12 ]
 S12
├STL├──────────────[ SET M8043]     回原点完成
                   [ RST S12 ]
                   [ RST Y004 ]     释放
```

自动程序

```
 S2   M8041 M8044
├STL├──┤├──┤├─────[ SET S20 ]
 S20   X005
├STL├──┤/├──────────( Y001 )        下降
                   ( TO K20 )       延时2s
       TO X005
      ├┤├┤/├───────[SET S21 ]       转向大球
                                    分支
       TO X005
      ├┤├┤├────────[SET S24 ]       转向小球
                                    分支
```

A   A

```
A                      A
 S21
├STL├──────────────[SET Y004]       吸合
                   ( T1 K10 )       延时1s
       T1
      ├┤├───────────[ SET S22 ]
 S22   X004
├STL├──┤/├──────────( Y000 )        上升
       X004
      ├┤├───────────[ SET S23 ]
 S23   X002
├STL├──┤/├──────────( Y002 )        右行
       X002
      ├┤├───────────[ SET S27 ]     返回汇合点
 S24
├STL├──────────────[SET Y004]       吸合
                   ( T1 K10 )       延时1s
       T1
      ├┤├───────────[ SET S25 ]
 S25   X004
├STL├──┤/├──────────( Y000 )        上升
       X004
      ├┤├───────────[ SET S26 ]
 S26   X003
├STL├──┤/├──────────( Y002 )        右行
       X003
      ├┤├───────────[ SET S27 ]     返回汇合点
 S27   X005
├STL├──┤/├──────────( Y001 )        下降
       X005
      ├┤├───────────[ SET S28 ]
 S28
├STL├──────────────[ RST Y004]      释放
                   ( T2 K10 )       延时1s
       T2
      ├┤├───────────[ SET S29 ]
 S29   X004
├STL├──┤/├──────────( Y000 )        上升
       X004
      ├┤├───────────[ SET S30 ]
 S30   X001
├STL├──┤/├──────────( Y000 )        左行
       X001
      ├┤├───────────( S2 )
                   ─[RET]
```

```
                   ─[END]
```

图 9-54　大小球分选控制系统梯形图